隋唐洛阳城与
洛阳全域旅游发展问题研究

SUITANG LUOYANG-CHENG YU LUOYANG QUANYU LÜYOU FAZHAN WENTI YANJIU

河南省高等学校哲学社会科学优秀著作资助项目

马 凌 祖恩厚 王 钰 著

郑州大学出版社

图书在版编目(CIP)数据

隋唐洛阳城与洛阳全域旅游发展问题研究 / 马凌，祖恩厚，王钰著. — 郑州：郑州大学出版社，2021. 9
（卓越学术文库）
ISBN 978-7-5645-7620-2

Ⅰ. ①隋… Ⅱ. ①马…②祖…③王… Ⅲ. ①地方旅游业 – 旅游业发展 – 研究 – 洛阳 Ⅳ. ①F592.761.3

中国版本图书馆 CIP 数据核字（2020）第 247587 号

隋唐洛阳城与洛阳全域旅游发展问题研究
SUITANG LUOYANGCHENG YU LUOYANG QUANYU LÜYOU FAZHAN WENTI YANJIU

策划编辑	孙保营	封面设计	苏永生
责任编辑	邰 毅	版式设计	凌 青
责任校对	席静雅	责任监制	凌 青　李瑞卿

出版发行	郑州大学出版社有限公司	地　　址	郑州市大学路 40 号（450052）
出 版 人	孙保营	网　　址	http://www.zzup.cn
经　　销	全国新华书店	发行电话	0371-66966070
印　　刷	郑州印之星印务有限公司		
开　　本	710 mm×1 010 mm　1 / 16		
印　　张	20	字　　数	331 千字
版　　次	2021 年 9 月第 1 版	印　　次	2021 年 9 月第 1 次印刷

书　　号	ISBN 978-7-5645-7620-2	定　　价	98.00 元

前　言

　　洛水汤汤,伊河绵长;邙山苍苍,禹立夏邦。四千多年前,二里头遗址的"嵌绿松石铜牌饰"睁开神秘的双眸,凝视着伊洛平原上被称作"斟鄩"的古老城市。"河出图,洛出书",遥远的传说吟唱着河洛文化的缘起。待到周平王营建洛邑,洛阳遂为天下之中。"宅兹中国",何尊上镌刻着先祖们溢于言表的自豪感。在这里,先祖们建起城市与家园,随着历史的发展,"中国"就成了我们伟大祖国的名字。

　　透过历史的烟云,斟鄩、西亳、洛邑、雒阳、神都、西京、洛阳……一串闪亮的名字如珠成链,串起了这座伊洛两河之间的城市与厚重华夏文明一样悠久的历史,成就了"三代之居"的无上荣光,见证了"若问古今兴废事"的兴衰荣辱,书写了"丰碑一般的城市"的发展变迁。在21世纪的今天,洛阳四月的牡丹与一千多年前的三彩釉陶一样缤纷多彩;庄严的石窟艺术与鲜活的河洛大鼓一样令人如痴如醉;五大都城的遗址与明堂天堂建筑在此辉映古今,连接诗与远方。几千年来,洛浦秋风吹过处,不知曾有多少人在此往来停驻。帝王将相定鼎天下,英雄豪杰跃马扬鞭,文人墨客彩笔风流。邵雍得意"洛阳人惯见奇葩,桃李花开未当花。须是牡丹花盛发,满城方始乐无涯"(《洛阳春吟》);秦观乐道"金谷俊游,铜驼巷陌,新晴细履平沙"(《望海潮》洛阳怀古);韦庄伤感"洛阳城里风光好,洛阳才子他乡老"(《菩萨蛮》);元好问则感慨"今古北邙山下路,黄尘老尽英雄"(《临江仙》)。时光暗换,岁月流转,这一切的人文历史与自然风光都积淀为洛阳的文化底蕴与动人神采,吸引着八方游客慕名而来。

　　现如今,洛阳是中国十佳魅力旅游城市,是中原城市群副中心城市。文化旅游业的发展在洛阳"十四五"发展蓝图中毫无例外地占据着重要地位,成为推动洛阳高质量发展的重要"增长极",日益凸显文化旅游在地方经济社会发展中的特殊地位和作用。随着洛阳对文化旅游业深度融合发展与政府投入力度的持续加大,洛阳旅游业呈现出欣欣向荣的景象,久负盛名的"千年帝都、牡丹花城"绽放出时代芳华。但与此同时,洛阳旅游业如何在更高起点上实现更有内涵、更有品位、更高质量的发展,无疑是摆在我们面前亟待解决的重要课题,也是现实发展难题。毋庸赘言,洛阳要推进更高水平的文化旅游事业发展,亟须进一步加强科学规划和系统研究——这也正是本书撰写的初衷。

洛阳拥有多处大遗址,如二里头夏都遗址、偃师商城遗址、西周成周城、汉魏洛阳城、隋唐洛阳城等,形成了"五都荟洛"的壮美景观。数量多、规格大、等级高、分布密集、时间跨度长,湮没在历史记忆中的这些大遗址,保存了几乎一部完整的中华民族古代史。这些遗址不仅有着重要的考古价值和历史价值,还有重大的旅游开发价值,蕴藏着巨大的旅游发展潜力。

本书遵循从基本分析到开发研究再结合个案的研究脉络,对隋唐洛阳城旅游现状、洛阳文化旅游现状及隋唐洛阳城对洛阳旅游的作用和影响等方面进行全方位分析阐释,并着力于隋唐洛阳城旅游保护与开发、隋唐洛阳城与洛阳国际文化旅游名城打造,以及全域视角下隋唐洛阳城旅游开发对策及智慧旅游背景下隋唐洛阳城旅游开发研究等进行多角度解构、立体化呈现。旨在对洛阳旅游文化特色和旅游产业资源进行系统梳理、对文化遗址进行合理开发和保护、对景区进行合理规划与文化研究分析,更加贴合实际去优化旅游业发展思路,整合旅游发展要素,丰富旅游产品业态,提升旅游体验质量,培育充分适应大众旅游消费新特征的核心竞争力,不断推动洛阳旅游业高质量发展。

本书基于多视角,主要对隋唐洛阳城与洛阳全域旅游发展问题进行研究。首先对洛阳文化旅游和隋唐洛阳城相关文献进行总结,通过借鉴前人的研究成果,咨询有关专家建议,最终选取具有代表性的问题进行分析,并将此作为调查问卷设计的基础。本书的最后还对女皇文化、隋唐洛阳城文创产品、隋唐洛阳城影视等个例的开发进行研究,借助这些优质的旅游资源,充分发挥不同资源的聚合优势,打造洛阳全域旅游范本,为洛阳旅游发展做出积极贡献。

本书在撰写的过程中参考了前辈学者的研究成果,也受到了很多同行专家的帮助和支持,谨在此表示诚挚的感谢。由于作者水平有限,时间仓促,尽管有良好的愿望,也做出了认真负责的努力,但书中难免存在不尽如人意的疏漏之处。恳请广大读者批评指正,以便今后有机会把本书修订得更加完善。

目录

上编　基本分析

第一章　洛阳文化旅游现状 ················· 3
　　第一节　洛阳文化概述 ················· 3
　　第二节　洛阳文化旅游概述 ················· 9
　　第三节　洛阳旅游现状分析 ················· 20
　　第四节　洛阳文化旅游发展论证 ················· 30

第二章　隋唐洛阳城旅游现状 ················· 36
　　第一节　隋唐洛阳城概述 ················· 36
　　第二节　隋唐洛阳城旅游现状分析 ················· 40
　　第三节　隋唐洛阳城旅游发展论证 ················· 48

第三章　隋唐洛阳城对洛阳旅游的作用和影响 ················· 54
　　第一节　隋唐洛阳城在洛阳的地位 ················· 54
　　第二节　隋唐洛阳城对于洛阳旅游发展的启示 ················· 57
　　第三节　隋唐洛阳城对洛阳旅游发展的作用 ················· 63

第四章　隋唐洛阳城文化旅游资源概述 ················· 68
　　第一节　古都文化 ················· 68
　　第二节　名人文化 ················· 73
　　第三节　诗歌文化 ················· 76

第四节　宗教文化 ·············· 86

第五节　园林文化 ·············· 89

第五章　隋唐洛阳城延伸文化资源概述 ·············· 102

第一节　隋唐洛阳城与陆上丝绸之路 ·············· 103

第二节　隋唐洛阳城与海上丝绸之路 ·············· 108

第三节　隋唐洛阳城与大运河 ·············· 111

第四节　隋唐洛阳城与茶叶之路 ·············· 113

第六章　隋唐洛阳城关联文化旅游资源概述 ·············· 116

第一节　隋唐洛阳城与邙山 ·············· 117

第二节　隋唐洛阳城与龙门石窟 ·············· 119

第三节　隋唐洛阳城与玄奘故里 ·············· 121

第四节　隋唐洛阳城与嵩山 ·············· 122

第五节　隋唐洛阳城与牡丹 ·············· 125

第七章　隋唐洛阳城旅游形式分析 ·············· 127

第一节　隋唐旅游形式概论 ·············· 127

第二节　帝王游 ·············· 130

第三节　文士游 ·············· 133

第四节　平民游 ·············· 137

第五节　入境游 ·············· 139

中编　开发研究

第八章　隋唐洛阳城旅游保护与开发 ·············· 145

第一节　隋唐洛阳城进行保护与开发的意义 ·············· 145

第二节　隋唐洛阳城保护与开发的关系 ·············· 151

第三节　隋唐洛阳城保护与开发的措施 ·············· 155

第九章　隋唐洛阳城与洛阳国际文化旅游名城打造 ·············· 159

第一节　洛阳打造国际文化旅游名城的意义 ·············· 159

第二节　隋唐洛阳城的国际影响 ·············· 165

第三节　隋唐洛阳城对于洛阳打造国际文化旅游名城的作用 ······ 172

第十章　全域视角下隋唐洛阳城旅游开发对策 ·············· 178

　第一节　全域旅游 ···································· 178

　第二节　全域旅游与洛阳 ···························· 184

　第三节　全域旅游与隋唐洛阳城 ···················· 190

第十一章　智慧旅游背景下隋唐洛阳城旅游开发研究 ········ 195

　第一节　智慧旅游 ···································· 195

　第二节　洛阳智慧旅游现状研究 ···················· 200

　第三节　隋唐洛阳城发展智慧旅游的对策 ············ 205

第十二章　隋唐洛阳城时尚旅游开发研究 ················ 214

　第一节　时尚旅游 ···································· 214

　第二节　时尚旅游与洛阳 ···························· 222

　第三节　时尚旅游与隋唐洛阳城 ···················· 229

下编　个例研究

第十三章　女皇文化、"神都洛阳"深度开发利用研究 ········· 237

　第一节　女皇文化——独一无二的帝王文化 ·········· 237

　第二节　"神都洛阳"——大放异彩的古都文化 ·········· 242

　第三节　女皇文化的旅游开发对策 ·················· 247

　第四节　"神都"洛阳的旅游开发思考 ················ 254

第十四章　隋唐洛阳城文创产品开发研究 ················ 260

　第一节　文创产品 ···································· 260

　第二节　洛阳文创产品开发 ························· 264

　第三节　隋唐洛阳城文创产品开发 ·················· 272

第十五章　隋唐洛阳城影视开发研究 ···················· 281

　第一节　影视对当代旅游的推动作用 ················ 281

　第二节　隋唐洛阳城影视开发的可行性 ·············· 290

　第三节　隋唐洛阳城影视开发对策研究 ·············· 296

参考文献 ··· 301

后记 ·· 309

上编 基本分析

第一章

洛阳文化旅游现状

第一节　洛阳文化概述

北宋熙宁三年(1070年),年届五十的司马光在知永兴军(今陕西西安)的路上,途经洛阳。"洛阳"这个名字对于正在主持编纂《资治通鉴》的司马光来说再熟悉不过,此刻洛河微漪,石窟庄严,夕阳下他仿佛看到那些过往时光在眼前历历重现又呼啸而过。感古慨今,他不禁提笔写下了那两首著名的《过故洛阳城》(二首):"四合连山缭绕青,三川滉漾素波明。春风不识兴亡意,草色年年满故城。""烟愁雨啸黍华生,宫阙簪蒉旧帝京。若问古今兴废事,请君只看洛阳城。"①

的确,洛阳这座古城见惯了鲜花着锦、烈火烹油般的熙攘繁华,也见惯了饿殍满地、易子而食的人间惨剧。繁盛破败、辉煌落寞、幸福苦难、笑语哀歌,古今兴废看洛阳,所言不虚。这座有着五千年文明史、三千多年建城史、一千五百余年建都史的故城、旧都,和中华民族的历史一样漫长,它经历过我国历史上发生过的许多重大事件,成为历史的见证者,也成为中华文化的有力代表。

---

① 司马光.司马温公集编年笺注[M].李之亮,笺注,成都:巴蜀书社,2009:306,307.

正如司马迁在《封禅书》中所言:"昔三代之(君)[居]皆在河洛之间。"①不仅我国第一个朝代夏在洛阳地区建都,商、西周、东周也在此建都。三代以降,西汉、东汉、曹魏、西晋、北魏、隋、唐、后梁、后唐、后晋等诸多朝代都曾建都洛阳,也因此为洛阳留下千年帝都的佳话。时至今日,沿洛河两岸,留下夏都斟鄩、商都西亳、汉魏洛阳城、西周成周城、隋唐洛阳城以及东周王城等五座都城遗址,形成"五都荟洛"的遗址奇观,从而为洛阳文化旅游开发奠定坚实的基础。

五千年源远流长的历史,孕育出厚重丰富的河洛文化。河洛文化,即处于黄河和洛河交汇处的广大河洛地区的文化。中华文化的源头文化是黄河文化,黄河文化的核心文化是河洛文化,河洛文化也因此被称为中华民族的根文化。辽阔的河洛大地,被视为中华文明的摇篮,被称为中华文明起源的"河图洛书"在此产生;曾长期影响我国历史的儒、道、佛三家或在此产生,或在此发源,或在此首传;玄学在此形成,理学在此光大;在我国的"四大发明"中,有三项(造纸术、印刷术和指南针)在洛阳诞生。洛阳也因此成为历代文人骚客的吟咏之地,历代名人雅士的喜居之地,诸多远居他乡、难回故土的河洛儿女的魂牵梦萦之地。

洛阳,还是文学哺育地。早在两千多年前,河洛大地就曾诞生过《诗经》"风、雅、颂"中的许多精彩篇章;《尚书》中,我国现存最古老的散文,也有多篇在洛阳写就;汉赋、乐府、唐诗、宋词、元曲,都有说不尽的洛阳吟咏;以三曹和"建安七子"为代表的建安文学,以白居易和元稹为首的"新乐府运动",都在洛阳形成。洛阳人虞初被后人视为小说的鼻祖,其撰写的《周说》被誉为"小说的滥觞";洛阳才子贾谊写就《过秦论》《鹏鸟赋》和《吊屈原赋》,班固在洛阳写就《两都赋》,张衡在洛阳写就《二京赋》,都是汉赋的经典之作;围绕在富豪石崇身边的"金谷二十四友"不乏潘岳、左思这样的文学名家;曹操的《蒿里行》和《薤露行》对毁于战火的古都洛阳心怀感伤;曹植的《洛神赋》被誉为千古名篇;诗圣杜甫成长于洛阳,其代表作,即著名的"三吏""三别"正是其从洛阳前往长安途中的所见所感;白居易在洛阳定居,同元稹、刘禹锡多有唱和,并在龙门香山上留下"香山九老"的佳话。以洛阳命名的诗

---

① 司马迁.史记[M].北京:中华书局,2001:1371.

歌数不胜数,以洛阳命名的典籍更是不胜枚举。西晋文学家陆机写有散文《洛阳记》,寥寥数语,写尽洛阳城的辉煌繁盛;北魏文学家杨玄之写有《洛阳伽蓝记》,以伽蓝寺庙暗喻洛阳城之兴衰;北宋大文豪欧阳修写有《洛阳牡丹记》,为国花牡丹著书立传,千古流芳;北宋文学家李格非写有《洛阳名园记》,追忆洛阳园林,感叹千古兴亡。不仅如此,洛阳还是史学最为重要的形成地之一。班固家族撰写的《汉书》成书于洛阳;陈寿在洛阳写成《三国志》;司马光的史学巨著《资治通鉴》也在洛阳完成。无数文学巨匠、史学巨擘,或在洛阳出生,或在洛阳成长,或对洛阳钟情,他们的才思在洛阳喷涌,他们的灵感在洛阳迸发,成就了一部部史学经典,一篇篇义学精品,使我国卷帙浩繁的文史著作更加熠熠生辉。

"生在苏杭,葬在北邙"是远迁苏杭的北方人追念故乡最真实的写照。被称为"东方金字塔"的邙山,是世界范围内古代陵墓群最为集中的区域之一。邙山之上,不仅埋葬着东汉、西晋、曹魏、北魏四个朝代的诸多帝王,王孙贵族、名门望族、文臣武将、文人雅士更是不计其数。早在唐朝时,著名诗人王建就曾发出感叹:"北邙山头少闲土,尽是洛阳人旧墓。旧墓人家归葬多,堆着黄金无买处。"①邙山在王建生活的中唐时期,就已经成为"堆着黄金无买处"的寸土寸金之地,可见墓葬数量之多、规格之高。在民国时期,邙山曾遭受中外盗墓分子的疯狂盗挖,在新中国成立初期,几乎沦为十墓十空的悲惨境地。即便如此,在近些年,仍有诸如北宋名相富弼、曹魏大将曹休等名人的墓葬被发现,由此可见邙山墓葬之丰富。

河洛乡音,婉转动听。汉代的全国通用语言"洛语",便是采用当时洛阳地区的雅言,它上承先秦时代的河洛古语,下启唐宋时期的古代汉语。在南北朝时期,"五胡乱华",大批汉人南迁,河洛雅言渐渐在我国南方普及。宋代的全国性语言称为"雅音"或者"正音",也是以洛阳读书音为标准。虽然在元明时期有所变化,但一直到清代中后期,洛阳读书音都是全国通用的标准音,是通行全国的"普通话"。②

以洛阳为代表的中原地区,自古便是"定鼎之地",同时也是群雄逐鹿的

---

① 曹寅,彭定求,杨中讷,等. 全唐诗(卷298)[M].北京:中华书局,1979:2.
② 佚名.古代普通话[N].广东:羊城地铁报,2014-10-9(A15).

战场。各方势力你方唱罢我登场,使以河洛地区为中心的中原大地战火频仍,兵灾不断,百姓黔首屡遭屠戮,多有伤亡。难以忍受的中原人民只好上演一出又一出"出埃及记",出走中原,向人烟稀少的南方地区迁徙。河洛文化、中原文化也得以与南方的当地文化融合,哺育出独具特色的客家文化。中原人民在魏晋南北朝、唐末五代、两宋之交、元末明初等四次大的迁徙之后,河洛文化逐步深入我国南方地区,客家文化因此渐渐形成,并在海内外产生重大影响。时至今日,包括江西、福建、台湾、广东、广西、贵州和四川在内的南方省份,泰国、老挝、柬埔寨、马来西亚、印度尼西亚在内的东南亚国家,日本、韩国等东亚国家,澳大利亚、美国、加拿大等大洋洲、美洲国家都有客家人的踪迹。而客家文化,根在河洛,福建、台湾等省份的客家人以及海外华人华侨来洛阳寻根问祖者络绎不绝。寻根问祖成为洛阳与沿海省份以及国外华人华侨沟通联络的重要手段之一。

姓氏文化也是河洛文化的重要表现形式。河洛地区,远古时期是中华民族的先祖黄帝和炎帝的主要活动区域;西周时,周公在洛阳制礼作乐;洛阳还是西周都城成周和东周都城王城的所在地。因此,许多始于炎黄,分封而来的姓氏,都源自河洛地区。前120个姓氏中,全部源自河南的有52个,部分源自河南的有45个,占前120个姓氏的80%以上。时至今日,这些与姓氏文化密切相关的家族文化、宗亲文化和宗族文化,将河洛文化装扮得格外美丽而丰饶,成为中华文化的精彩华篇。

洛阳,是"丝绸之路"的东方起点,洛阳人自古便具有开拓性的眼光与胸襟。春秋战国时期,洛阳商人走遍东周列国,使全国的货物在洛阳集中,又从洛阳运往全国各地以及更远的异国。洛阳人苏秦雄才大略,游说六国联合起来抗秦,成就"合纵"大业;洛阳人白圭深谙经商之道,在当时便成为远近闻名的富商大贾。东汉时期,班超投笔从戎,随军远征西域,后出使西域诸国,使得西域五十余国前来归附;班超的下属甘英更是走到波斯湾沿岸,与罗马帝国隔海相望。《后汉书·西域传》记载的西域诸国位置,都是以与京师洛阳的距离来衡量,如在今新疆莎车县一带的莎车国,与洛阳相距"万九百五十里";在今天阿富汗以及中亚诸国地界的大月氏国,与洛阳的距离是"万六千三百七十里";属于今天伊朗的安息国,"去洛阳二万五千里"。东汉时期的"永平求法"、北魏时期的"宋云西行",是比唐代时洛阳人玄奘"西天取经"还要更早的"西游记",他们沿"丝绸之路"前往西域,不仅为我国带来佛教文化,还为佛教在我国的传播做出了不朽的贡献。而今洛阳著名景区白马寺,便是为纪念永平求法时白马驮经的功绩而修建,它同时也是摄摩腾和竺法兰两位佛教大师的圆寂之地。洛阳地区不仅是中国早期经济文化政治的中心,还是中华文化传播之路和东西方文化的交融之所。

洛阳,是大运河的中心。这条以洛阳为中心,北起今天北京的涿郡,南至今天杭州的余杭,贯穿我国南北的大型水利工程,历时一千四百余年,至今仍在发挥它的作用。大运河是我国劳动人民的智慧结晶,为我国南北交通的畅通无阻做出过卓越贡献,同时还是世界水利史上的一大奇迹。运河的开凿历史,可以追溯到春秋时代的吴国,吴王夫差为了缩短军需路线,便派遣大量民夫开凿了邗沟,之后历代都有运河开建。到隋朝时,为了保证新都洛阳的物资供应,使北方和南方的物资可以通过大运河源源不断地运到洛阳,继而转运至都城长安,隋炀帝将这些运河和自然河流连接起来,使之成为横跨南北、流经十数省的大运河,成为"至今千里赖通波"的伟大工程。

洛阳,自古以雍容华贵的牡丹冠绝天下。无论是"武则天贬牡丹"的传说还是白居易、刘禹锡的诗作,都让洛阳牡丹弥漫着文化的芳香。正如北宋学者欧阳修在其名作《洛阳牡丹记》中所言:"牡丹出丹州、延州,东出青州,南亦出越州。而出洛阳者,今为天下第一。"①算是为洛阳牡丹正了名。牡丹之所以能够与洛阳结下千古缘分,除了"洛阳地脉花最宜,牡丹尤为天下奇"②之外,还与喜好牡丹、热爱牡丹的洛阳人有很大关系,据《洛阳牡丹记》记载:"洛阳之俗,大抵好花。春时城中无贵贱皆插花,虽负担者亦然。花开时,士庶竞为游遨,往往于古寺废宅有池台处为市,并张幄帘,笙歌之声相闻。"③时至今日,仍是如此。在百花盛开的四月,国色天香的牡丹在洛阳城随处可见,成为洛阳城最美的风景,也成为中外游客沉醉、流连洛阳城最为充分的理由。以洛阳牡丹为看点的洛阳牡丹花会,始办于1983年,从2010

---

① 欧阳修,丘濬,张邦基,等.洛阳牡丹记(外十三种)[M].上海:上海书店出版社,2017:2.

② 欧阳修.欧阳修全集(卷二)[M].北京:中华书局,2001:3.

③ 欧阳修,丘濬,张邦基,等.洛阳牡丹记(外十三种)[M].上海:上海书店出版社,2017:6.

年开始,正式升格为国家级节会,由我国文化和旅游部、河南省人民政府主办,称为"中国洛阳牡丹文化节"。而今,中国洛阳牡丹文化节已经成为洛阳展示自我、搭建平台、加强对外合作的重要窗口。洛阳,借助牡丹的力量走向世界。

周公营造洛阳,在此制礼作乐,东周时,圣人孔子曾入周问礼,洛阳成为儒教的肇始地;道教始祖老子长期在东周洛阳担任守藏室吏,孔子入周问礼时便曾在洛阳拜访过老子,洛阳是道教文化的形成地;东汉永平年间的"永平求法",将佛教文化首次带到洛阳,并在洛阳建造了我国历史上第一座官办寺庙白马寺,洛阳因此成为佛教的首传地。不仅如此,被中华民族奉为"人文之祖"的伏羲氏和五帝之一的大禹,还分别在黄河与洛河岸边,根据"河出图"和"洛出书"演绎八卦和九畴,成为中国哲学的起源。作为华夏文明的发源地和中华民族的发祥地,洛阳是最早的"中国"("中国"一词首见于西周青铜器何尊,"宅兹中国"之"中国"便指洛阳),是三教源流。

上天钟情洛阳,使洛阳群山环绕,洛水中流,又有伊河、瀍河、涧河哺育,山川秀美,风景迷人,河洛大地肥沃的土壤还养育出万紫千红、国色天香的牡丹。作为全国七大古都之一,洛阳是我国历史上建城史和建都史最长的古都,从夏朝一直到五代,建都史长达1500多年之久,因此留下丰富的文化遗存,使洛阳的后代子孙受用不尽。然而,也正因历史悠久、文化厚重、遗存众多,才使得洛阳在发展旅游时,颇有难以取舍之感。

中共中央总书记、国家主席习近平曾指出:"一个没有精神力量的民族难以自立自强,一项没有文化支撑的事业难以持续长久。"①同时,他还指出:"一个国家、一个民族的强盛,总是以文化兴盛为支撑的,中华民族伟大复兴需要以中华文化发展繁荣为条件。文化作为国家综合国力的重要标志,不仅走向历史的前台,而且还越来越进入国家政策的中心,文化战略成为国家发展战略的重要组成部分。"②

事实上,对于一座城市来说,文化是魂,文化是根,文化是力,文化是效。对于历史和文化源远流长的古都洛阳来说,文化更有着持久的影响力和深

---

① 习近平.在同各界优秀青年代表座谈时的讲话[N].中国青年报,2013-05-05(3).
② 赵明仁,肖云.民族伟大复兴要以中华文化发展繁荣为条件[N].光明日报,2013-12-4(1).

远的意义。打好文化牌,有助于洛阳万象更新,经济更上一层楼。

第二节 洛阳文化旅游概述

2006 年,香港凤凰卫视专门在洛阳做了一次寻根之旅,并制作纪录片《寻根——解密东方河洛文化》。该片共分 5 集,分别为《东方宝典》《五大学派》《千古玄奥——周易》《大迁徙》《根在河洛》。任主持人,同时也是文化学者的王鲁湘在节目中曾说过一句话,基本代表了洛阳的历史定位和文化旅游定位,他说:"如果还有另外一个城市同时拥有三符(河图、洛书、八卦)、三代(夏、商、周都城)、三教(儒、释、道)、三学(经学、玄学、理学),则洛阳把圣城的称号拱手相让。如果没有,则洛阳却之不恭。"与这句话相匹配的,是网上流传极广的一句话:"如果要看十年的中国,那就去深圳;如果要看百年的中国,那就去上海;如果要看五百年的中国,那就去北京;如果要看一千年的中国,那就去南京;如果要看三千年的中国,那就去西安;如果要看五千年的中国,那就去洛阳。"的确,说"五千年中国看洛阳",是毫不为过的。地处偃师二里头的夏都斟鄩遗址被史学界称为"华夏第一王都",那里是我国第一个王朝——夏朝的都城所在地,距今已经有近四千年之久。如果继续向前追溯,位于登封市告成镇王城岗的禹都阳城,被认为是大禹的"龙兴之地",距离洛阳不足百公里,也处于河洛文化圈之内;位于新安县的青要山,被认为是轩辕黄帝的密都。中华民族的先祖伏羲氏、轩辕黄帝、大禹等人都曾长期生活在河洛大地上,洛阳也因此成了解五千年中国的重要基点。

自古以来,洛阳便是文人墨客的游览吟咏之地,也是旅人游客心中的向往之地。每逢四月,游人如织,中外游客纷至沓来,一年一度的"中国洛阳牡丹文化节"是洛阳城最为繁盛的节日之一;每年九月,又有以"关林朝圣大典"为依托的"中国洛阳河洛文化旅游节",吸引闽越客家人、海外华侨华人前来寻根问祖;到了春节前后,又有"河洛文化庙会",多元化的民俗文化、令人眼花缭乱的特色小吃、新鲜刺激的各种游乐项目、琳琅满目的旅游商品和纪念品,也成为外地人看洛阳,体味河洛文化的重要途径。随着洛阳市委市政府对旅游产业越来越重视,对旅游业的投入逐步增加,洛阳的旅游产业正展现出欣欣向荣的局面。

一、洛阳文化旅游的节日

由于历史文化深厚,洛阳不仅成为我国"四大古都"之一,还是首批"历史文化名城",2011 年,更是被联合国国际减灾战略署、世界城市科学发展联盟、国际姐妹城市联盟联合授予"世界文化名城"称号①。因此,洛阳的旅游形式还是以文化旅游为主。源远流长的历史,根深土厚的文化,灿若星辰的遗迹遗存,正是洛阳旅游强有力的支撑和源源不断的资源供应。目前,洛阳以牡丹文化节、河洛文化旅游节为抓手,以龙门石窟、白马寺、关林、老城、王城公园、洛阳博物馆、天子驾六博物馆、天堂明堂、邙山陵墓群、老君山、隋唐遗址公园、丽景门和定鼎门等各色景观为文化旅游重点,积极进行推介展示,吸引中外游客纷至沓来。现对上述节日进行简要介绍。

(一)洛阳牡丹文化节

该节庆是以洛阳牡丹为主题,集赏牡丹、逛灯会、游洛阳于一身,以花为媒,广结善缘、广交朋友的大型综合经济文化交流活动。它的前身为洛阳牡丹花会,于 1983 年开始举办,至 2010 年时升级为国家级文化盛会,由国家文化部、河南省人民政府联合主办。

牡丹,是我国的国花,也是洛阳市的市花,它又叫作"洛阳花",姚黄、魏紫、洛阳红等牡丹名品都出自洛阳。洛阳因牡丹而芳,牡丹也因洛阳而贵。"庭前芍药妖无格,池上芙蕖净少情。唯有牡丹真国色,花开时节动京城。"唐代著名诗人、同时也是洛阳人的刘禹锡用一首《赏牡丹》写尽牡丹千古之美。无论是武则天贬牡丹的传说,还是诸如"国色朝酣酒,天香夜染衣""疑是洛川神女作,千姿万态破朝霞"这般的著名诗句,都将洛阳牡丹装扮得分外妖娆。厚重的牡丹文化,使得洛阳牡丹不仅以其芳馥雍容之姿冠绝群芳,更以深厚的底蕴名扬海内外。来过洛阳,看过牡丹的游客,便会明白,所谓"洛阳牡丹甲天下"绝对不是一句虚伪的夸赞,而是实实在在的写照。每年四月初,早开牡丹吐露芳蕊,中国洛阳牡丹文化节便揭开序幕。整整一个月的时间,各色牡丹怒放全城,雍容华贵,国色天香,令人沉醉。

---

① 李岚,李黎,刘守信.我市荣膺"世界文化名城"称号[N].洛阳日报,2011-8-12首版.

在举行了三十余年后,洛阳牡丹文化节不仅入选我国非物质文化遗产名录,更被我国人类学民族学研究会和国际节庆协会评为"最具国际影响力节庆",而今的它不仅成为洛阳人的荣耀,也是河南人的骄傲。

(二)洛阳河洛文化旅游节

以洛阳为中心的河洛地区,是我国先民最早的耕种劳作、休养生息之地,河洛文化由此也成为中华民族的根文化。随着越来越多的客家人以及海外华侨华人来到洛阳寻根溯源,洛阳河洛文化旅游节便应运而生。

洛阳河洛文化旅游节是以河洛文化为主题,以寻根问祖为主要内容的文化旅游活动,创办于 2010 年,于每年的九月中旬举行。尽管每届河洛文化旅游节的口号不同,但都是以寻根问祖为主题,以关林朝圣大典和"河洛寻根"周公庙颂祖大典等为主要内容。洛阳河洛文化旅游节是洛阳市继牡丹文化节之后的又一大旅游盛会和文化盛事,已经形成一定的品牌效应,在河洛文化节期间举行的文化、旅游、体育、经贸等活动精彩纷呈,每年都会吸引一大批中外游客前来。

二、洛阳知名景点

洛阳山清水秀、环境优美、历史文化又极为厚重,拥有为数众多的旅游景点。截至目前,洛阳有伏牛山、黛眉山两家世界地质公园;有龙门石窟、大运河和丝绸之路三项世界文化遗产(包含龙门石窟、回洛仓遗址、含嘉仓遗址、汉魏洛阳故城、隋唐洛阳城定鼎门遗址和新安汉函谷关遗址 6 项遗产遗址);有龙门石窟、龙潭峡、白云山、老君山和鸡冠洞 5 家 AAAAA 级景区;有关林、白马寺等 18 家 AAAA 级景区;并有 13 家 AAA 级景区,AAA 级以上景区拥有量位居全国城市首位。其中,如龙门石窟、白马寺、关林、天子驾六博物馆等在洛阳影响最大,在全国名头最响的景区都是文化旅游景区。

(一)洛阳旅游"老三篇"

1. 龙门石窟

龙门石窟和大同云冈石窟、敦煌莫高窟并称为"我国古代佛教石窟艺术的三大宝库",于 2001 年被联合国教科文组织列为"世界文化遗产"。它开凿于南北朝的北魏孝文帝时期,经过后代诸朝尤其是隋、唐时期的大规模营造,窟龛千计、造像众多、碑刻无数,成为我国古代艺术的经典之作。奉先寺、潜溪寺、宾阳洞、莲花洞、万佛洞、古阳洞和药方洞等有龙门石窟最有代表性的石窟造像;古阳洞和慈香窟遗存的二十方造像题记,被后人称为"龙门二十品",是我国书法魏碑体的代表作,而由初唐著名书法家褚遂良书写的《伊阙佛龛之碑》则被视为楷书的典范之作。不仅如此,由于建在伊河两岸的龙门山和香山之上,龙门石窟风景优美、山清水秀,自古以来,龙门山色便是"洛阳八景"的首要一景。唐代大诗人白居易晚年便居住在龙门,死后葬在龙门东山琵琶峰上,而今已经成为可供凭吊祭奠的著名景点——"白园"。因生产香葛而得名的香山寺则和白园毗邻而建,它始建于北魏熙平元年(516 年),至今已经有一千五百余年历史。白居易曾筹资重修香山寺,并写成《修香山寺记》,开篇便言:"洛都四郊山水之胜,龙门首焉,龙门十寺,观游之胜,香山首焉。"使得龙门、香山寺从此威名大震。白居易和好友胡杲、吉旼、郑据、刘真、卢慎、张浑、狄兼谟、卢贞等人经常在香山相聚,品茶吟诗,赏花斗酒,时人称为"香山九老",传为一时佳话。龙门石窟是洛阳,也是河南第一项世界遗产,龙门石窟的奉先寺卢舍那大佛更是河南省和洛阳市的文化旅游的历史文化名片。

2. 白马寺

白马寺首建于东汉明帝永平十一年(68 年)。其时,汉明帝派大臣蔡愔、秦景等人出使西域,拜求佛法。他们走到大月氏国(今阿富汗境至中亚一带),得遇摄摩腾和竺法兰两位高僧,遂邀请二人去大汉传教。明帝得知众人求法归来,又带回佛像、佛经,并请回高僧,遂建造寺庙。为了表彰白马驮经的功绩,便赐名"白马寺"。摄摩腾和竺法兰居住在白马寺,翻译了多部佛经,其中最著名的当属《佛说四十二章经》,它是我国第一部汉译佛经。摄、竺两位高僧死后葬在白马寺,寺内现今还有他们的墓冢。虽多次毁于战火,但白马寺的历史地位不曾改变,它是我国第一座官办寺院,是名副其实的第一古刹,是中国佛教的"释源"和"祖庭"。目前的白马寺是历经元、明、清三代的历史遗存,寺内的三世佛、二天将、十八罗汉等佛像多数为夹纻干漆造像,为元代所制,历时七百余年,非常珍贵。白马寺东有齐云塔院,以金代所建齐云塔而得名,它是中原唯一的一处比丘尼道场。齐云塔原名释迦舍利塔,始建于明帝时期,毁于战火之后,于金代重建,是洛阳目前现存最早的金代地面建筑。白马寺东南,有大唐名相狄仁杰之墓,今存石碑,上书"有唐忠臣狄梁公墓",于明万历二十一年(1593年)重立。虽然有学者怀疑这应该是曾经担任白马寺主持,被封为"梁国公"的薛怀义之墓,但由于人们愿意缅怀忠臣良相,仍然相信这便是狄仁杰之墓。而今,在白马寺西边,建有国际佛殿苑,分别有印度佛殿、缅甸佛殿、泰国佛殿,建设佛殿所需材料均为国外捐赠。国际佛殿苑的建造,不仅促进了我国与亚洲其他国家的佛教交流,还让白马寺有了一些异域风景,实在是一举两得。

3.关林

关林为三国时期蜀国名将关羽的首级埋葬之地。公元219年,吴国偷袭荆州,蜀将关羽败走麦城,为吴国所擒杀。吴主孙权害怕蜀国报复,就将关羽首级送至魏国,以图嫁祸给曹操。曹操识破孙权诡计,就在洛阳城南厚葬关羽,并建庙祭祀。现在的关林是明万历年间在原址上进行修建的,清代康熙五年(1666年),朝廷将明代所修关帝陵敕封为"忠义神武关圣大帝林",这是"关林"这一称呼的由来。关林从此也得以和山东曲阜的孔林并称为文武二圣之林。不仅如此,关林还是海内外最为著名的三大关庙之一,在诸多供奉、祭祀关羽的关庙之中,洛阳关林是唯一可以称为"林"的关庙。与"三孔"一样,关林也是冢、庙、林三祀合一的重要古代建筑群。时至今日,关林已经成为全球华人河洛寻根、认祖归宗的向往之地,因关林而缘起的关公信俗已经被列为国家级非物质文化遗产。关林之内,辟有洛阳古代艺术馆,收藏有古代墓志五千余方,石刻若干座,成为我国史书的有力补充,具有极为重要的史料价值、实物价值和艺术价值。在强调传统价值,弘扬传统文化的今天,关林更是有着重要意义,它是忠义之神关羽的象征,是河洛文化的有力代表,其文化价值和旅游价值有待更进一步挖掘。

(二)游客心目中评价较高的洛阳其他传统旅游景点

1.老君山

老君山位于栾川县,原名为景室山,是伏牛山脉的主峰之一,相传为东周时期文化名人老子的修炼之地。老子后来被道教尊为"太上老君",自诩是老子(原名李耳)后裔的唐朝统治者便将景室山更名为老君山,经过唐代的尊崇,老君山由此成为道教名山,是道教的主要流派全真派的圣地。唐太宗时期,在当时著名将领尉迟恭的支持下,朝廷在老君山巅修建了老君庙,由于庙宇使用铁椽铁瓦,因此被称为"铁顶",后人因而将老君山和武当山并称,"南有武当金顶,北有老君铁顶"。明万历年间,老君山更是被万历皇帝封为天下名山。除了道教文化,老君山最让游客流连忘返的还是其秀丽风景。游于山间,见苍松翠柏、瀑布激流;登临山顶,观苍茫云海,绚烂日出,不禁让人流连忘返。它不仅是世界地质公园,还是国家自然保护区,并于2010年被国家旅游局(今文化和旅游部)授予"AAAAA级旅游景区"称号,属于自然景观和人文景观并重的旅游景观。

2. 老城

老城是洛阳最早的建城区之一,它的建城历史,可以追溯到西周时期的成周城。由于多年战乱,隋唐洛阳城毁于战火,不堪使用。公元1217年,金在洛阳设立金昌府,并在隋唐洛阳城的东北隅修建新城,历元、明、清、民国,一直到1948年洛阳解放之时,城区的总体建筑格局大致保持不变,由此称为"老城",至今已经有八百余年历史。洛阳虽然有一千五百余年的建都历史,但作为都城的夏都斟鄩、商都西亳、西周成周城、东周王城、汉魏洛阳城、隋唐洛阳城都已经湮没于历史烟云、深埋在地下,老城是洛阳市现存最古老的地上城池。

老城文化气息浓厚,民俗风情醉人。漫步在东西大街之上,千百年的历史风云便印刻在这青石板铺就的道路上。路两边的临街店铺,古风古韵,厚重古朴的青砖房子,黑漆斑驳的宽大牌匾,临风飘荡的热闹旗幡,引导游客寻找到最具味道的洛阳。仅老城南北巷的书画一条街,就有店铺140余家,书画家们挥毫泼墨,便有万千风景,那些牡丹画,浓墨重彩,恬淡风流,深受中外游客的喜爱。沿街的小吃店,店面不大,但口味正宗,水席、不翻汤、浆面条、糊涂面、牛肉汤,好吃不贵。十字街夜市灯火辉煌,各地小吃流鲜飘香,令人垂涎,曾被《人民日报》官方微博评为"全国十大美食街"之一,成为洛阳和老城的一张亮丽名片。真不同水席、宴天下酒楼更是响当当的餐饮品牌。时至今日,老城的西大街,已经成为中外游客游览洛阳的重要景点,十字街夜市,更是成为美食爱好者的天堂。

3. 王城公园

因建立在东周王城遗址之上而得名的王城公园不仅是中华人民共和国成立以后洛阳市最早修建的公园,还是全国首座遗址保护公园。在进行城市开发时,对遗址进行保护,王城公园走在了全国前列。与此同时,王城公园还是中国洛阳牡丹文化节的诞生地以及多届牡丹花会的主会场。从 1955 年以来,王城公园不断植入名优牡丹,至今已经有 5 万多株,包含 680 多个品种,如姚黄、魏紫、洛阳红、豆绿、赵粉、二乔等著名品种争奇斗艳,使王城公园成为洛阳牡丹品种最为丰富的牡丹园区之一。

王城公园内还建有豫西地区最大的动物园——王城动物园。园内动物种类数量丰富,华南虎数量更多,达 34 只,位居全国第一。此外,王城公园还开辟了西周文化园区,包含河图洛书碑、韶乐台、仿铜周鼎、凤阙等,供游客追思凭吊。经营多样性是王城公园备受市民和游客欢迎的重要原因,每年河洛文化旅游节期间,王城公园举办金秋菊展;每年春节至元宵节期间,夜间举办迎春灯会。

4. 洛阳博物馆

洛阳博物馆于 1958 年开始建设,至今已经有六十多年历史。2011 年,洛阳博物馆由位于中州中路与王城大道交叉口东北角的老馆搬迁至新区隋唐里坊区西北隅的新馆。它是国家首批认定的一级博物馆,其内拥有 40 多万件馆藏文物,展出的有 1.1 万件之多,涵盖我国各个历史时期,馆藏文物数量在同类博物馆中名列前茅。主题馆为河洛文明展,以时间为顺序排列,分别为史前时期、夏商周时期、汉魏时期、隋唐时期和五代北宋时期,代表着河洛文明发展的辉煌历程,其文物之多,价值之高,让游客叹为观止。除了主题馆之外,还有 7 个专题馆,即珍宝馆、汉唐陶俑馆、唐三彩馆、石刻馆、书画馆、王绣牡丹艺术馆和牡丹花都特产展。其中以珍宝馆最受瞩目,像夏代的乳钉纹爵、镶嵌绿松石铜牌饰、商代的母鼓铜方罍、西周的兽面纹铜方鼎、东周的王作铜鼎、曹魏的白玉杯、北魏的泥塑人面像、唐代的唐三彩黑釉马,是我国不同历史时期的文物精品,它们是价值连城的国宝。于 1992 年在汉光武帝陵出土的东汉石辟邪是洛阳博物馆的镇馆之宝,它长 2.97 米,高 1.9 米,重 8 吨,体型之硕大,造型之精美,工艺之高超,在全国绝无仅有。洛阳博物馆的馆藏文物经常走出国门,代表国家参展,有着极高的关注度。

5. 天子驾六博物馆

2002 年,天子驾六车马坑的发现震惊中外,并入选当年我国的"考古十大发现"。车马坑气势恢宏,阵势浩大,代表着天子的威严,解决了史学界有关天子驾四匹马还是六匹马的争论,被视为"二十一世纪我国考古界的重大发现"。天子驾六博物馆以天子驾六车马坑为依托修建,除对考古发现的东周时期天子驾六车马坑进行原址保护外,还有一些有关东周王城、王陵考古发现的介绍以及东周出土文物的展出。天子驾六博物馆坐落于西工区王城广场北,和周公雕像隔中州路相望。另有唐宫路小学分馆,为2006年建设小学综合楼时发现,有2座车马坑和21座中型古墓葬,同样采用原址建馆的方式进行保护。作为举世无双的文物瑰宝,天子驾六车马坑遗址在世界范围内也是绝无仅有的。作为洛阳较有特色的主题博物馆,天子驾六博物馆以其独特性和专题性,傲立于洛阳博物馆之林。

6. 洛阳古代艺术博物馆

洛阳古代艺术博物馆原名"洛阳古墓博物馆",坐落于洛阳市北的邙山之上。洛阳古代艺术博物馆以历代古墓为依托而建,展区共有三个,即历代典型墓葬、北魏帝王陵和壁画馆,使游客可以全面了解我国古代的墓葬文化以及石刻、壁画等艺术形式,堪称"古代艺术史上的实证百科全书"。洛阳古代艺术博物馆是世界上第一座以古墓为主题的博物馆,也是目前我国面积最大、内容最全、收藏古墓数量最多、时间跨度最长的古墓博物馆。其中,馆内的北魏宣武帝景陵、安菩墓、卜千秋夫妇升仙图、打鬼图等都是我国古代艺术史上价值极高的重要遗存。

(三)洛阳市所辖县区的文化旅游景观

1. 汉光武帝帝陵

汉光武帝帝陵,当地俗称"刘秀坟",位于孟津县白鹤镇,于公元50年开始建设,洛阳博物馆的镇馆之宝石辟邪便在此出土。我国历史上多数皇帝在修建陵墓时,均选择背山面河,只有刘秀独一无二地选择枕河蹬山,因此汉光武陵被称为"千古一绝"。陵园内有隋唐时期所植柏树千余棵,至今已有一千多年的历史,这种"一园千古柏"的景象在全国范围内也是极为少见的。汉光武帝陵为全国重点文物保护单位,园内有神道、陵园和祠院,北面黄河,南依邙山,庄严肃穆,气势恢宏。

2. 龙马负图寺

龙马负图寺是为纪念我国文化源头之一的河图而建。相传远古时期,龙马负图,跃黄河而出,我国的人文始祖伏羲氏因而画出八卦。龙马负图寺位于孟津县会盟镇雷河村,相传于晋穆帝永和四年(348年)建设,至今已有一千六百余年的历史。寺中伏羲圣像碑上刻有龙马像,附《龙马记》曰:"龙马者,天地之精,其为形也,马身而龙鳞,故谓之龙马,龙马赤纹绿色,高八尺五寸,类骆有翼,蹈水不没,圣人在位,负图出于孟河之中焉。"虽因战乱频仍,屡建屡毁,但祭祀不绝,被视为"人根之祖,人文之源"。作为河图的出现地、易学的发源地,龙马负图寺不仅是炎黄子孙河洛寻根的圣地,还是中华文明源远流长的象征。

3. 王铎故居

王铎故居是明末清初时有"神笔"之称的著名书法家王铎的居住地,位于孟津县会盟镇老城村。王铎为崇祯二年(1629年)进士,后入南明弘光朝任次辅,而后降清,曾担任《明史》副总裁官。王铎以书法名世,诸书皆精,尤以草书为最佳,其草书大气磅礴,气象万千,章法奇巧,结构缜密,他也因此成为对后世产生重要影响的书法家。王铎故居修建于明末,至今已有近四百年的历史,历经战火,损毁严重,而今的建筑为新中国成立后重修。王铎故居分为故居和宅居"再芝园"两部分,肃穆壮观,景色优美。

4. 玄奘故里

玄奘故里依托我国著名高僧、佛教三大翻译家之一、《西游记》中唐僧的原型人物玄奘的出生地进行建设,位于偃师市缑氏镇陈河村。玄奘法师不远万里,前往印度寻求佛法,历十七载,遍游印度各重要寺院,悉心学习各种佛教流派学说,最终成为一代高僧。回到大唐以后,玄奘法师长期进行佛经翻译工作,为佛教在我国的传播和我国佛教事业的发展做出了重大贡献。记录其西行见闻的《大唐西域记》,不仅是研究中亚、南亚诸国风土人情的重要史料,还是研究佛教历史和遗迹的重要文献。玄奘故里共有七处景点,包括玄奘故居、皇家寺院佛光寺、陈家花园、凤凰台、马蹄泉、晾经台和西原墓地。

5. 千唐志斋

千唐志斋是我国目前唯一一座以墓志铭为主要展示内容的专题博物馆,为辛亥革命元老级名人张钫先生所建造,位于新安县铁门镇。张钫先生对金石字画颇有研究,尤其喜爱收藏墓志,为了存放他所收藏的众多墓志,就在其家乡故居之内专门建斋,即"千唐志斋",匾额为民国文化巨擘章太炎所书。千唐志斋共存放各种墓志碑碣共计1419件,其中1191件为唐代墓志,千唐志斋之名正是由此而来。这些墓志内容丰富,从皇亲国戚到贩夫走卒、文人墨客、道士僧侣,应有尽有,是唐代历史的有力补充,因此有"石刻唐书"之称。千唐志斋是全国重点文物保护单位,为国家二级博物馆,有着极为重要的文物、史料价值。

6.两程故里

两程故里是宋代理学大家程颢和程颐两兄弟的讲学著书之地,在嵩县田湖镇程村。程颢和程颐出生于洛阳,他们师从宋代大儒周敦颐,是理学的重要奠基人。由于二人长期在洛阳讲学,一生居于故乡,他们的学说因此也被称为"洛学"。随着理学在宋明时期产生越来越深远的影响,朝廷对程颢、程颐的褒奖也越来越高,宋代封伯,从祀孔庙;元代封公;明代诏封程村为两程故里,并建两程故里石坊;清代称两程为贤,两程故里因此成为远近闻名的文化圣地。两程故里现为全国重点文物保护单位,现存有两程祠和二程故里石坊两处遗迹可供凭吊。

(四)洛阳新的具有代表性的景点

进入 21 世纪之后,洛阳市加大对旅游产业的投入,推出一系列新景点,受到游客的欢迎。这些景点逐渐成为洛阳旅游的代表性景点,如定鼎门遗址景区、明堂天堂景区、隋唐城遗址植物园、洛邑古城和卫坡等。前三者虽然都是隋唐洛阳城大遗址保护的一部分,但由于景区内容和特色不同,故分别进行介绍。

1.定鼎门遗址景区

定鼎门遗址是世界文化遗产"丝绸之路"的重要组成部分。它始建于隋代炀帝时期,是隋唐洛阳城外郭城的正南门,也是当时东都洛阳城的标志性建筑。隋代时称建国门,唐代时,取"周武王迁九鼎,周公致太平"[①]之意,更名为定鼎。定鼎门从隋炀帝时期启用,到北宋末年,一直是洛阳城的正南大门,存在时间长达五百余年之久,是我国沿用时间最长的都城城门之一。隋炀帝曾在定鼎外设立四方馆,用于接待外国使者,处理国与国之间的外交关系,并与他们进行经贸交流。因此,定鼎门遗址成为洛阳作为"丝绸之路"东方起点的重要依据,是"丝绸之路"的标志性遗存。定鼎门遗址景区是

---

① 班固.汉书[M].长沙:岳麓书社,2008:630.

在定鼎门原址上进行保护性修建的,既有遗址实物,又有定鼎门的历史演变和隋唐洛阳城的模型展示,可以使游客全面了解定鼎门的前世今生。

2. 明堂天堂景区

明堂与天堂为我国历史上唯一一位女皇帝武则天所建造,均建在当时的国都——"神都"洛阳的南北中轴线上,成为洛阳城的权力中心和标志性建筑,同时也是隋唐洛阳城宫城区的核心所在。明堂是女皇处理朝政的地方,也叫"万象神宫",根据历史记载,明堂宽88米,高86米,为圆顶多边形,共有三层,最下层用来处理朝政,中层用于祭祀,最上层是圆顶亭子,可以一览洛阳城美景。天堂是女皇的礼佛堂,高约150米,是我国历史上最高的建筑之一,它的造型较奇特,为阁楼式,其内供奉有身形巨大的夹纻佛像。今天的明堂和天堂是在遗址上进行保护性修建的,位于老城区定鼎路与中州路交叉口东北角,和原有的明堂、天堂有所不同,但造型有所仿造。明堂景区有两层,上为万象神宫,下为遗址大厅,周边有若干专题厅,主要介绍武周时期的经济文化以及隋唐洛阳城遗址保护等情况;天堂景区外观五层,内有九层,寓意"九五之尊":一层为遗址保护厅;二层为接引堂;三层为释禅堂;四层为三昧禅堂;五层为法宝阁;六层为禅茶舍;七层为佛缘厅;八层为千佛堂;九层为天之圣堂,也是景区制高点,可以俯瞰洛阳市全景全貌。

3. 隋唐城遗址植物园

隋唐城遗址植物园位于洛龙区王城大道与古城路交叉口东北角,在隋唐洛阳城遗址上建设,是集遗址保护、植物观赏和洛阳山水游览于一体的综合旅游园区,于2006年投入使用。园内拥有包括以各色牡丹为主的专题性观赏园区17个,植物1000多种,休闲娱乐广场20个,并有湖泊湿地3万多平方米和水渠1万多米。它将自然景色和人文景观巧妙结合,春天百花盛开,繁花似锦;夏天绿树成荫,流水潺潺;秋天落叶纷飞,碧波荡漾;冬天银装素裹,分外妖娆。隋唐城遗址植物园作为隋唐洛阳城大遗址保护的一部分,不仅蕴含丰富的隋唐城文化,还有着丰富多彩的牡丹文化。因此,它不仅成为观赏牡丹的美景地,还是缅怀古迹,追思往昔的好去处。

4. 洛邑古城

洛邑古城位于老城区九都路与金业路交叉口东,于2017年4月10日正式开园营业,是洛阳市目前最新的旅游景点。洛邑古城虽为新建景区,但园区景观却历史悠久,园内文峰塔始建于宋代;旧城墙遗址最早可追溯到元朝;河南府文庙,原名叫金昌府文庙,于金代开始修建,明代嘉靖年间进行重修,其内大成殿为金代建筑,在我国同时代建筑中极为罕见;另有妥灵宫、新潭遗址、四眼井等都是历史保护建筑。除了遗址遗迹和文物遗存外,洛邑古城设有非物质文化遗产集群,用于各级非物质文化遗产的保护和展示。景区内文化景观独特,人文气息浓厚,商业氛围良好,集古典与现代于一体,使文化和科技有机结合,风光秀美,看点十足,是洛阳市进行文物保护、复兴传统文化、带动文化旅游的代表性景区。

5. 卫坡

卫坡,原为清代卫氏族人的私人宅院,因卫和魏同源,因此也叫魏家坡。清代乾隆年间,卫氏族人入朝为官之后,开始营建老家故宅,随着卫家的繁衍生息,卫氏老宅也不断进行扩建。经过百余年的修建,到清末时,已经成为格局合理、结构完整、功能齐全的家族宅院,是洛阳面积最大,也是保存最完整的清代历史建筑群。作为河南省历史文化名村,又被评为"中国传统村落"和"中国美丽乡村",卫坡以其较高的历史价值、文物价值和美学价值受到广泛关注。经旅游开发后,卫坡如今已经开门迎客,供游人免费参观。

洛阳,是千年帝都,也是牡丹花城;是河洛之根,也是人文之光;是文化圣城,也是旅游胜地。有为数众多的大型遗址,有灿若星辰的遗迹遗存,有恒河沙数的文化名人,有不可悉数的历史故事,这是洛阳旅游得天独厚的发展条件,也是洛阳发展文化旅游的优势所在。随着洛阳全域旅游的发展,以大洛阳、大文化、大旅游为主要内容的洛阳发展也将趁势而起。可以预见,在不远的未来,洛阳将有更气势磅礴、更独具一格、更富丽堂皇、更深入人心的人文景观出现,使得旅游经济因洛阳而起,洛阳经济因旅游而动,从而实现洛阳旅游的飞速发展和洛阳经济的再次腾飞!

第三节　洛阳旅游现状分析

一、近年来洛阳旅游发展现状

从 2015 年洛阳市接待境内外游客首次超过 1 亿人次开始,2016 年游客人数继续高歌猛进。2016 年,洛阳市接待游客总人数已经突破 1.142 亿人次,同比增长 9.5%;其中,接待入境游客达到 115 万人次,同比增长 14.5%;全市旅游总收入也突破 905 亿元,同比增长 16%[①]。由此可见,洛阳在国内外游客心目中的地位正稳步提升。

近 10 年来,洛阳市旅游业的发展势头良好,在河南省诸市中位列前茅。(详见表 1-1,根据洛阳市统计局每年公布的统计数据整理。)

表 1-1　洛阳市近 10 年旅游发展统计表

年份	年度接待游客/亿人次	同比增长/%	年度接待入境游客/万人次	同比增长/%	年度旅游总收入/亿元	同比增长/%	年度生产总值/亿元	同比增长/%
2007	0.400	42.6	26.2	21.1	194.7	42.4	1595.5	16.0
2008	0.457	14.1	30.8	17.5	224.0	15.3	1919.6	14.4
2009	0.531	20.2	37.3	21.6	260.0	20.6	2075.0	13.0
2010	0.608	12.0	45.8	20.0	302.0	15.0	2321.2	13.2
2011	0.687	13.0	53.0	15.1	348.0	15.2	2717.0	12.5
2012	0.777	13.0	61.3	15.6	402.7	15.7	3001.1	10.0
2013	0.861	10.8	70.0	14.3	485.0	20.4	3140.8	7.2
2014	0.950	10.0	84.2	20.2	601.0	23.9	3284.6	9.0
2015	1.043	10.1	100.4	19.6	780.0	29.8	3508.8	9.2
2016	1.142	9.5	115.0	14.5	905.0	16.0	3782.9	8.6

---

① 戚帅华,郑宝亚.2016 年度洛阳旅游行业盛典举行[N].洛阳日报,2017-01-08(2).

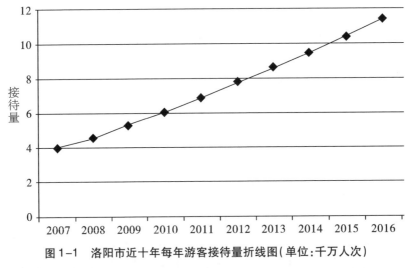

图1-1　洛阳市近十年每年游客接待量折线图(单位:千万人次)

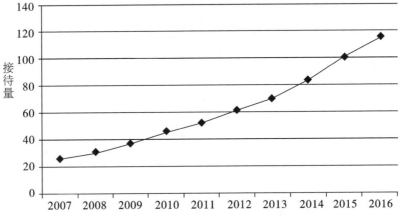

图1-2　洛阳市近十年每年入境游客接待量折线图(单位:万人次)

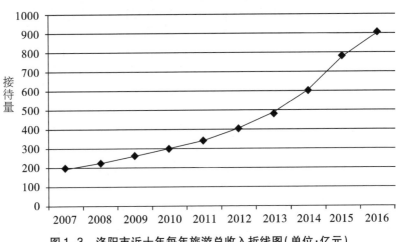

图1-3　洛阳市近十年每年旅游总收入折线图(单位:亿元)

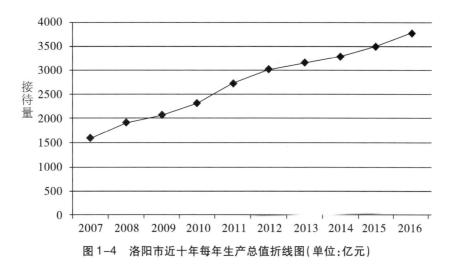

图1-4　洛阳市近十年每年生产总值折线图(单位:亿元)

由表1-1、图1-1、图1-2、图1-3、图1-4可以看出,无论是游客接待量还是入境游客接待量、旅游总收入,洛阳市都呈现出稳步增长的势头;每年超过两位数的增长态势高于洛阳市经济总体发展水平;旅游总收入占洛阳经济总量的比例逐年增加。

二、洛阳旅游发展态势

由于地处中原,交通便利,同时又是我国著名古都和世界文化名城,所以洛阳的旅游业具备较强的优势,能够出现较快增长。具体说来,洛阳旅游业呈现下列发展态势。

(一)发展势头良好

近些年,洛阳市抓住历史机遇,不仅将传统的牡丹花会和河洛文化节办得有声有色,还积极承办一些在国内外具有影响力的赛事,如2009年承办世界集邮界的奥林匹克——世界集邮展览,不仅很好地宣传了洛阳,还使得一系列经济旅游项目落户洛阳,为洛阳经济和旅游产业的腾飞增添了更多助推力量。另外,和国家级、省级知名电视台合作,进一步提高洛阳的知名度,也为洛阳旅游的发展做出重要贡献。如和央视合作纪录片《帝都泱泱》(2013年)、纪录片《牡丹》(2014年)、纪录片《天地洛阳》(2015年)等,在央视播出以后,收到了很好的宣传效果;2015年,浙江卫视的王牌节目《奔跑吧兄弟》,曾在白马寺、明堂天堂和定鼎门等景区录制节目,使全国观众得以领略洛阳之美。经过一系列项目的策划和一些措施的实施,洛阳在国内外的影响力越来越大,从而很好地推动了洛阳旅游的发展。由表1–1可以看出,近10年来,洛阳不仅每年游客接待量在逐年递增,旅游总收入也在逐年增加。而今的洛阳,每年游客接待量已经超过1亿人次,旅游总收入已经接近1 000亿元,和十年前的4 000万和194.7亿元相比,已经是天壤之别。目前,洛阳市正以"一带一路"倡议黄河流域生态保护和高质量发展重大国家战略为契机,以国家大遗址保护工程为抓手,广开言路,广集资源,广纳贤才,使洛阳的旅游经济再上台阶。

(二)品牌优势突出

作为千年帝都,又是牡丹花城,同时也是中华文明的重要发源地,洛阳有着得天独厚的品牌优势。河南省首家世界文化遗产龙门石窟,是全国乃至全世界游客来洛阳旅游最首要的选择,它不仅是我国石窟艺术和书法艺术的宝库,与其他石窟相比,它还有着更为优秀的自然景观。两阙对开,伊水中流,两山在望,寺隐山中,风景秀美;有"释源""祖庭"之称的白马寺,是我国最早修建并载入史册的官方寺庙,它不仅是参禅礼佛的圣地,还有着诸如齐云塔、狄仁杰墓等其他人文景观,也有着得天独厚的发展条件;全国关庙中唯一称为"林"的,与山东曲阜孔林并驾齐驱的关林,是忠义的象征,也是海内外华人寻根问祖时的必去之地。依托关林形成的关林批发市场是全国最大的商品批发市场之一,为游客旅游购物提供了极大便利。除龙门石窟、白马寺和关林外,近年来,洛阳也涌现了一批在全国初露锋芒的新兴旅游品牌,如有着"人间仙境"之称的白云山、有着"北国第一洞"之称的鸡冠洞、流泉飞瀑、景色奇美的龙潭大峡谷、云雾缭绕的道家圣地老君山等。AAAAA级景区是我国级别最高,最受游客欢迎的景区代表。截至2017年,河南省共有13处AAAAA级景区,其中洛阳就有4项,近三分之一,位列河南省之冠,这在全国地市级城市中也是不多见的。事实上,洛阳本身就是一个响当当的旅游品牌,洛阳牡丹、洛阳水席、河洛文化,对于全国游客来说,都有着较强的吸引力。品牌优势是一个城市旅游业发展的重要条件,所谓"桃李不言,下自成蹊",只有形成品牌效应,才能吸引游客纷至沓来。

(三)旅游形式多样

洛阳的旅游形式较为丰富,有以白云山、重渡沟为代表的自然风景;有以千唐志斋、关林为代表的人文景观；有以龙门石窟、白马寺为代表的佛教文化景观；有以上清宫、老君山为代表的道教文化景观；有以丽景门、老城为代表的老城文化景观；有以明堂天堂为代表的古都文化景观；有以农耕博物馆、涧西工业遗产街为代表的工业景观。而且，洛阳拥有以王城公园、中国国花园、国家牡丹园、隋唐遗址植物园等为代表的以牡丹为主要形式的主题观赏园；拥有以白云山、天池山、神灵寨等为代表的 7 家国家森林公园和 8 家省级森林公园；拥有以黛眉山、伏牛山为代表的 2 家世界地质公园。不仅如此，洛阳还拥有超过 100 家博物馆①，塑造"东方博物馆之都"文化新地标。除了国家一级博物馆——洛阳博物馆之外，还有以天子驾六车马坑为主题的天子驾六博物馆，以我国古代墓葬文化为主题的古代艺术博物馆，以河洛民俗文化为主题的洛阳民俗博物馆等，让人叹为观止，吸引着越来越多的人"为了一座博物馆，而来洛阳城"。此外，以老城十字街为代表的美食街，以洛阳水席、浆面条、小街锅贴、烫面角为代表的洛阳美食，也增添了洛阳旅游的趣味性和娱乐性。多样化的旅游形式能够满足不同层次、不同年龄段、不同需求、不同口味的游客，从而保证了洛阳旅游在国内外的影响力以及在国内外游客心目中的吸引力。

（四）旅游影响力大

2004 年，中央电视台就城市发展规划的科学性、经济活力、城市建设的创造力、城市环境的优雅度、历史文化的久远性和精神风貌等六个方面对全国 600 多座城市进行评估，最终选出"最佳中国魅力城市"，洛阳榜上有名。洛阳不仅是我国四大古都之一，还是世界文化名城，并多次被评为"全国优秀旅游城市"和"全国文明城市"。2011 年，"第二届世界城市科学发展论坛"在四川成都举办，洛阳在开幕式上被联合国国际减灾战略署、国际姐妹城市联盟、世界城市科学发展联盟联合授予"世界文化名城"称号，洛阳也成为我国唯一一座由联合国官方认定的"世界文化名城"②。2015 年，中国社会科学院中国舆情调查实验室在对美国、英国、日本等国家公民进行互联网

① 白云飞,智慧."东方博物馆之都"成洛阳新名片[N].洛阳日报,2020-10-12(2).
② 李岚,李黎,刘守信,等.我市荣膺"世界文化名城"称号[N].洛阳日报,2011-8-12 首版.

调查以及网络大数据的研究之后,最终确定"中国城市国际影响力 20 强",洛阳作为唯一一个非省会城市和北京、广州等城市一同入选①。在历史上,洛阳作为"丝绸之路"的东起点和大运河的中心城市,同时又是十三个朝代的都城,因此在国内外都有着深远的影响力,尤其像日本、韩国等东亚国家,更是对洛阳有着很深的文化情感,像日本著名旅游城市京都、奈良,都和洛阳有着千丝万缕的联系,随着洛阳"国际文化旅游名城"建设策略的逐步实施,洛阳的影响力也会越来越大。

(五)紧跟时代步伐

时代的发展,社会的进步,与每个城市息息相关。抓住历史机遇,把握现实良机,能够实现城市的转型升级,并有助于城市管理能力和服务水平的提升。隋唐大运河作为贯穿我国南北的大动脉,起到连通我国南北经济,推动文明发展进程的作用;而"丝绸之路"不仅是我国与域外国家的货物运输之路、经济往来之路,更是东西方文化交流和文明沟通之路。2014 年,大运河和"丝绸之路:长安—天山廊道的路网"申遗成功,双双成为世界文化遗产,而洛阳作为大运河的枢纽城市和"丝绸之路"的东方起点之一,成为全国唯一一座同时拥有这两项世界文化遗产的城市。这是洛阳的荣耀,而复兴大运河文化和"丝绸之路",也是洛阳的历史责任。洛阳市借助国家"一带一路"倡议,以大运河和"丝绸之路"为抓手,积极拓展思路,不仅联合中央电视台实施"重走丝路"计划,还建成"丝绸之路"主题公园和隋唐大运河博物馆,为丝路文化、大运河文化的传播和交流奠定坚实的基础。隋唐洛阳城定鼎门遗址和明堂天堂遗址,不仅是国家大遗址——隋唐洛阳城保护的重点工程,还是"丝绸之路"文化建设的重点项目。它们的建成,不仅使洛阳市是丝绸之路东起点的说法更有说服力,还间接推动了"丝绸之路"的申遗成功,定鼎门遗址也因此成为世界文化遗产的一部分。不仅如此,位于偃师市的二里头夏都文化遗址博物馆已开馆迎客,位于新安县的"丝绸之路"主题文化旅游公园和尸乡沟商都文化遗址公园等重点项目已经开建,集遗址保护和旅游开发于一体的"洛阳模式"将在全国范围内再次火起来。

---

① 化雅楠,薛国芳.洛阳进中国城市国际影响力 20 强,唯一非省会城市[N].大河报,2015-1-14(7).

(六) 发展潜力大

洛阳历史悠久,文化厚重,可以进行旅游开发的文化旅游资源比比皆是。洛阳目前拥有的,已经建成的,正在建设的旅游景点和旅游项目,只是洛阳市文化旅游资源的极少一部分。洛阳的古都文化、儒释道三教文化、忠义文化、河洛文化、历史名人、工业文化、神话传说、民俗文化、戏曲文化、饮食文化等都是洛阳得天独厚的文化旅游资源。而大运河和"丝绸之路",更是可以将洛阳与其他历史文化名城以及世界其他国家连接起来,共同把握历史脉搏,共同组建宣传阵营,共同策划旅游主题,共同构筑文化战线,从而推动大运河旅游和丝路旅游的发展,为洛阳旅游的发展增添新的活力。此外,洛阳拥有多处大遗址,如二里头夏都遗址、偃师商城遗址、西周成周城、东周王城、宜阳韩城、汉魏洛阳城、隋唐洛阳城以及邙山陵墓群等,数量多、规格大、等级高、分布密集、时间跨度长,将这些遗址串联起来,几乎就是中华民族一部完整的古代史。这些遗址不仅有着重要的考古价值和历史价值,还有着重大的旅游开发价值和较大的旅游发展潜力。

三、洛阳旅游发展存在的问题

由于面临外部竞争和内部发展困境,洛阳旅游远非尽善尽美。在近些年突飞猛进的发展中,也暴露出不少问题。

(一) 旅游资源丰富,但开发相对不足

洛阳的旅游资源极其丰富,似乎取之不尽,用之不竭。这是洛阳发展旅游业的优势所在,但与此同时,它也成为洛阳旅游发展的一大瓶颈。越是旅游资源丰富的城市越容易使人眼花缭乱,一时难以挑选,最终只能选择抓大放小,选重弃轻。然而,对旅游资源开发潜力的认知却是看法各异,因此便使得旅游资源丰富的区域,开发过于集中,而旅游资源稍显薄弱的区域,开发相对落后;对于以山水美景为主要特点的自然景观开发较多,而由于对历史人文的认知局限,人文景观的开发相对不足。并且,旅游开发投入大,耗时耗力,计划投入与实际操作又会出现诸多矛盾,即便是开发之后,也未必能达到预期目标。因此,开发商和投资者对旅游开发还是较为慎重的。总的来说,虽然洛阳旅游资源极为丰富,但由于投入不足,开发不够,造成严重的资源浪费,这对于作为全国优秀旅游城市的洛阳来说,是极为可惜的。

(二)旅游定位模糊,缺乏全局规划和整体思路

旅游宣传口号被视为一个城市或者景区进行旅游定位和自身形象宣传的主题内容,洛阳曾将"千年帝都、牡丹花城"作为旅游宣传口号,后来又增加了两句,变成"千年帝都、牡丹花城、丝路起点、山水洛阳"或者"华夏之源、丝路起点、千年帝都、牡丹花城",之后又曾用"国花牡丹城——洛阳"和"洛阳,一个国色天香的地方"等。除了对帝都和牡丹较为倚重之外,其他旅游形象均难以完全融入洛阳的旅游主题。事实上,洛阳旅游如果想要再上台阶,对旅游进行定位是必需的。洛阳是文化之根,文明之源,又和儒释道三教有着很深的关系,同时又是丝路起点和运河中心,并且是我国唯一一位女皇武则天认定的"神都洛阳",这些都可以进行旅游宣传,关键看如何取舍,才能吸引更多游客前来。此外,洛阳旅游的发展缺乏全局性规划和整体性思路,没有找到解决问题的关键所在,从而高屋建瓴地看问题,因此在旅游开发时难以取舍,无法对症下药。

(三)资源整合不够,受季节和旅游类型影响较大

每年四月,是洛阳牡丹盛开的季节,也是一年一度的中国洛阳牡丹文化节举办的日子。这段时间,是洛阳旅游的旺季,其他季节均不能和牡丹花开的春季相比。事实上,秋季也是外出观景的好季节。洛阳市后来在金秋九月举办河洛文化节,但无论受欢迎度还是影响力,均不如牡丹文化节。除了节假日之外,许多景区门可罗雀,让商家为之忧心忡忡。以旅游类型而言,自然风景受季节的影响较大,如以牡丹观赏为主的旅游园区,除四月可因观赏牡丹收取门票之外,其他月份只能免票经营,平时游客不足也在情理之中。而人文景观却是不受季节限制的,洛阳景区又以人文景观居多,如果方法得当,操作有方,是可以减少游客流失,使洛阳旅游受季节影响不那么严重的。总之,除牡丹之外,洛阳旅游应该拥有更多王牌,让自然风光和历史人文齐头并进,让更多旅游资源动起来,让更多旅游景区火起来。只有这样,才能吸引更多游客,并对游客产生持久的吸引力和影响力,才能取长补短,推动旅游的长远发展。

(四)旅游投入不够,基础设施不够完善

近些年,洛阳加大基础设施建设,架桥修路,原来脏乱差的龙门大道成

为城市的一道风景,以前拥堵不堪的城市街道也有所改善。虽然有了飞机场和高铁站,城市轨道交通也已开通运行,但洛阳与其他旅游城市相比,基础设施还是较为落后的,即便与邻近的郑州和西安相比,也稍显不足。代表洛阳城市形象的火车站和汽车站,秩序有待整顿,管理有待加强,服务水平有待提高,基础设施有待完善;通往主要景区的道路有待建设,规划要更加合理;对星级饭店、酒店的建设力度要加大,争取出现更多口碑好、好评度高、在全国有影响力的饭店和酒店;对具有河南风味、洛阳风情,能够讲述洛阳故事,彰显洛阳特色的餐饮业要大力扶持。这样一来,便可加深游客对洛阳的印象,满足游客的差异化需求。与此同时,应加强对城市整体环境的改造和对市民的教育,以"城市双修"、建设宜居城市和文明城市等为契机,使环境更优美,使街道更干净,使市区更整洁,使市民更文明。

(五)同质化较为严重,面临一定竞争危机

虽然洛阳的景区已经出现了一些知名品牌,但随着临近省份和周边市区旅游经济的发展,使得游客出现一些分流。陕西的省会西安和洛阳在历史上曾长期作为姐妹城和双子星存在,周文化、汉文化、隋唐文化等在两座城市都作为代表性文化存在,使得洛阳和西安在发展旅游时不可避免地存在一定程度的竞争。洛阳的白马寺虽然有"释源""祖庭"之称,但位于登封市的少林寺却后来者居上,盖过白马寺的风头。开封和洛阳一样,也是我国著名古都,开封的古城文化氛围相对浓厚,近些年,以清明上河园、龙庭、大相国寺等为代表的旅游景区也展现出勃勃生机,对洛阳文化旅游形成一定程度的冲击。平顶山的尧山、焦作的云台山是 AAAAA 级景区,在省内外拥有较高知名度,是当地响当当的旅游品牌,和洛阳的自然景区也存在竞争。洛阳景区和周边景区出现较为严重的同质化现象,使得洛阳旅游面临一定危机,尤其在高铁时代来临后,洛阳到西安只有 1.5 小时左右,到郑州只有40 分钟左右,游客的旅途更为方便快捷,一定程度上加深了洛阳旅游业的危机。

(六)旅游专业人才缺乏,管理和服务水平有待提升

洛阳旅游业的发展,离不开旅游专业人才的力量和智慧。对于洛阳多数景区而言,景区管理能力不足,工作人员的服务水平和服务意识有待提升。总体而言,洛阳多数景区还是较为欠缺旅游专业人才的。只有引入更

多的专业型人才,才能使得洛阳旅游出现可持续发展。洛阳旅游业要想实现大发展,一方面,需要专业的工作人员为游客做好服务;另一方面,需要专门的项目策划人员、产品营销人员等,推动洛阳旅游项目的发展,推动洛阳的旅游产品走向全国、走向世界。然而,作为一座中部城市,洛阳虽然有着丰富的旅游资源,但对发达地区和沿海城市的旅游人才吸引不足,即便是刚出校门的旅游专业毕业生,大多也不愿意到中部城市来,因为选择中部城市,往往意味着失掉更多机会,缩减施展才华的空间。洛阳市高校不多,而在本地高校之中,河南科技大学、洛阳师范学院、洛阳理工学院均设有旅游专业,专业招生人数少,毕业生能留在洛阳本地的更少。旅游专业人才的缺乏,已经成为洛阳旅游的一大瓶颈。

（七）旅游产品创新不足,对旅游业态把握不准

随着我国经济的发展,人民的物质生活也得到极大丰富。在物质生活满足之后,势必要追求精神生活。我国目前的旅游形式,正在由单纯的观光旅游向集观光、休闲、娱乐、购物、体验等于一体的综合式旅游转变,并且,未来的旅游方式将会以体验式旅游和休闲式旅游为主。旅游项目,强调旅游的休闲性,强调游客的参与性,对于游客来说,将会有更大的吸引力。而目前的洛阳旅游,依然以观光旅游为主,对于休闲旅游和体验旅游,准备尚显不足,尽管已经出现伏牛山滑雪场、凤翔温泉、中赫梦幻水世界、龙华欢乐园等一系列休闲体验旅游项目,但由于知名度不高,游客的休闲性和体验度也不够高,使得其发展前景不容乐观。

总之,通过上述分析可以看到,现今的洛阳旅游,优势与劣势明显,成绩与问题并存,在曲折中前进,在艰难中前行。所以,一方面,要正确看待当前的成绩,虽然每年的游客接待量和旅游总收入保持两位数的增长态势,但事实上,洛阳可以做得更好;另一方面,要正视当前的问题,虽然在发展中出现一些问题,但是可以克服、解决的。洛阳文化旅游,只有忘掉成绩,认清问题,实事求是,迎难而上,才能将未来之路走得更好。

第四节　洛阳文化旅游发展论证

早在隋唐时期,便有人感叹"汉魏文章半洛阳",由此说明洛阳文化之盛。作为出现河图洛书的城市,作为一座和中华文明历史等长的城市,作为三教渊源,玄理所出的城市,作为一座常常被文人雅士吟咏,被骚人墨客怀念的城市,将洛阳称为"文化圣城"毫不为过。作为一座历史久远,文化厚重的城市,洛阳发展文化旅游有着天然优势。

不仅如此,以河洛文化为代表的洛阳文化源远流长,遗址、遗存、名人事迹、历史典故很多,串联起来便是洛阳发展文化旅游的重要依据。如孔子入周向老子问礼的故事,不仅载于史册,在今天的洛阳,还有"孔子入周问礼"碑、"孔子西向问礼行车地"碑和老子故宅等遗存,而今却散落老城区和瀍河区的小巷深处,湮没无闻。如果运作得当,这些景观也是有着较强吸引力的文化景观。山水风景能够给游客以美的感受,人文景观除了拥有美感之外,还能让游客得到教育,受到启发。因此来说,洛阳文化是洛阳发展旅游的一大丰厚宝藏。

一、洛阳发展文化旅游的必要性

(一)以文化旅游复兴洛阳文化,是洛阳的城市责任

在历史上,洛阳曾长期是中华民族活动的中心区域,作为都城或陪都,一度成为全国的政治中心、经济中心和文化中心。无论是历史上风云变幻、跌宕起伏的政治军事事件,还是博大宏深、影响深远的社会文化思潮,多半都与洛阳有关。难怪北宋大政治家、文化学者司马光会感叹:"若问古今兴废事,请君只看洛阳城。"即便是元朝以后、民国之前,洛阳虽不再是经济文化重地,但还是河南府的所在地。直至新中国成立以后,随着河南省省会设在开封,之后转迁郑州,洛阳只能作为地级市而存在,实力已经大不如前。时至今日,洛阳不仅是四大古都之中唯一的非首都、省会城市,在转型发展之时,经济总量也被省会郑州超越,成为落差最大的古都之一。

一座城市的兴衰自有其历史原因和客观规律,但作为洛阳人却不能只沉湎于对昔日荣光的追怀之中。以洛阳为中心的河洛地区,曾有着祖先们的光荣与梦想,曾有着已经逝去的骄傲与辉煌。而今的洛阳,有责任让后来的历史铭记洛阳曾经辉煌的存在,而不是湮没于历史的故纸堆中无处可寻。通过发展文化旅游,以旅游的形式来展示洛阳多姿多彩的文化,来诉说洛阳城厚重久远的历史,来铭记当年的历史性事件,来还原当时的历史性建筑,

使洛阳重新找回荣耀。对于洛阳人来说,责任在肩。

(二)以文化旅游带热传统文化,是洛阳的时代要求

正如总书记习近平所言:"在5000多年文明发展进程中,中华民族创造了博大精深的灿烂文化,要使中华民族最基本的文化基因与当代文化相适应、与现代社会相协调,以人们喜闻乐见、具有广泛参与性的方式推广开来,把跨越时空、超越国度、富有永恒魅力、具有当代价值的文化精神弘扬起来,把继承传统优秀文化又弘扬时代精神、立足本国又面向世界的当代中国文化创新成果传播出去。"[①]传统文化是弘扬社会主义核心价值观的重要依据,是构筑我国文化长城的主要屏障。洛阳可以说是我国传统文化的"活化石",以周公庙为代表的周公文化是儒家文化的起源,孔子入周问礼,正是前来洛阳学习周公所制定的礼仪制度,因为它是儒家文化的核心;以上清宫、老君山为代表的老子文化是道家文化的起源,老子《道德经》的核心思想便是在洛阳形成;以关林为代表的忠义文化是传统文化的精华所在,从洛阳流传出去的关公信俗已经成为海内外华人华侨的共同信仰,来洛阳寻根问祖的海外游子日渐增多;白马寺作为佛教东传的"第一站",被视为佛教汉化的源头;班固在洛阳写成《汉书》,司马光在洛阳写成《资治通鉴》,《诗经》的许多精彩诗篇也是在洛阳完成,在汉赋、汉乐府、魏晋文章、唐诗和宋词之中,吟咏洛阳或与洛阳相关的诗词华章不胜枚举。洛阳拥有如此厚重的传统文化,以文化旅游带热传统文化,是时代赋予洛阳的崭新使命,也是洛阳的自我要求。

(三)以文化旅游推动旅游发展,是洛阳的经济需要

1953年随着国家"一五"计划的实施,七个大型国家级工业企业落户洛阳,洛阳轴承、中国一拖、洛阳玻璃,都曾是在全国响当当的品牌,洛阳也因此成为全国闻名遐迩的工业城市,洛阳市当年的工业生产总值曾经占据河南省半壁江山。然而,随着在新时期转型不力,洛阳在激烈的市场竞争中渐渐败下阵来,不仅经济实力被省会郑州超越,在其他方面也被兄弟城市紧紧追赶。由于辖区多山地丘陵,洛阳发展农业优势不足;由于老工业企业转型

① 习近平.建设社会主义文化强国　着力提高国家文化软实力[N].人民日报,2014-01-01(1).

难,洛阳工业后劲不足;由于地理位置和交通优势不如省会郑州,洛阳发展服务业竞争力不足。事实上,洛阳拥有厚重的历史和文化,这才是洛阳的核心竞争力,不仅与省内兄弟城市相比优势明显,即便放眼全国,能够和洛阳相媲美者也寥寥无几。因此,旅游搭台,经济唱戏,广交朋友,借力使力,发展文化旅游,以文化旅游推动洛阳的旅游发展,以旅游发展推动洛阳的经济振兴,是洛阳经济复兴的可行性方案。所以说,发展文化旅游,不仅是为洛阳旅游竖起一根支柱,也是给洛阳经济开出一剂"良药"。

(四)以文化旅游激发民族自豪感,是中华民族的呼声

道路自信、理论自信、制度自信和文化自信,是我国目前必须要准确把握的前行之路。其中,道路自信是"实现民族复兴的必由之路";理论自信是"铸就千秋伟业的科学指南";制度自信是"不断发展进步的根本保障";文化自信是"提升中国自信的根本动力"①。文化自信,作为"更基础、更广泛、更深厚的自信",是其他自信形成的基础。中华民族拥有源远流长的文化,中华文明是世界上唯一延续数千年而不中断的文明。与拥有五千年历史的中华文明相比,欧洲文明不过一千多年,美洲文明不过三百年,印度和埃及已经今非昔比,日本文明也是学习中华文明而来,是中华文明的"学生"。所以说,世界上,没有哪一种文明,像中华文明这般虽古常新,历久弥香;如此兼容并蓄,包罗万象;如此百折不挠,生命力顽强。文化自信,是要找回从鸦片战争开始我们便已经失落的话语权。作为河图洛书的故乡,作为先祖伏羲的生活地,作为儒释道三教的策源地,作为中华文明的主要发源地,洛阳以文化旅游来复兴河洛文化,能够为中华文明的辉煌增色添彩。

二、洛阳发展文化旅游的可行性

(一)丰富的文化资源,是洛阳发展文化旅游的资源优势

洛阳的文化资源丰富而又深厚,有着其他城市所不具备的资源优势。洛阳的河洛文化、宗教文化、礼仪文化、儒家文化、世俗文化、忠义文化、信仰文化、帝王文化、牡丹文化、丝路文化、运河文化、名人文化、都城文化、诗词

---

① 耿超,邢军杰.以"四个自信"推进中国特色社会主义事业[N].江西日报,2017–7–24(2).

文化、姓氏文化、寻根文化、戏曲文化、饮食文化、农耕文化、墓葬文化、两周文化、汉魏文化、隋唐文化,等等,都是洛阳文化旅游具有核心竞争力的优质资源。不仅如此,洛阳的许多文化资源都是独一无二的,如洛阳和儒、释、道三教关系密切,可称为"三教圣城";洛阳是河图洛书的产生地,可被视为中华文明的源头;我国历史上唯一的女皇武则天钟情洛阳,并在此建都;洛阳牡丹自古便有"甲天下"之说,在全国知名度最高;洛阳是夏、商、周的都城所在地,同时又是东汉和唐朝的都城,可被视为中华文化的"蓝本";洛阳不仅是儒家圣人孔子和道家圣人老子的相会地,还是诗仙李白和诗圣杜甫的相遇地。洛阳文化,信手拈来,便是优秀的旅游资源,开发成功的可能性极大。所以说,发展文化旅游,洛阳实力雄厚,潜力无限。

(二)便利的交通条件,是洛阳发展文化旅游的交通优势

洛阳因其得天独厚的位置,自古便是兵家必争之地。它为天下之中,是九州腹地,有"十省通衢"的美誉,有"得洛阳者得天下"之称。正因如此,洛阳才成为"丝绸之路"的起点和隋唐大运河的中心。时至今日,洛阳的地位虽不如当年那般紧要,但仍然是全国的战略要地。洛阳的铁路网四通八达,其中,洛欧班列由洛阳直通欧洲,陇海铁路贯穿东西,蒙中铁路、三洋铁路、焦柳铁路连通南北,更有呼南、郑西两条高铁由北向南,自东而西,交通优势明显。不仅如此,洛阳境内还有多条高速公路,其中连霍高速、郑卢高速从北部穿过,二广高速从东边穿越,宁洛高速直通南京,是走亲访友、自驾游的优势路线。此外,洛阳北郊还建有飞机场,它不仅是国家一类航空口岸,还是豫西地区至关重要的空中交通枢纽。便利的交通条件,为洛阳文化旅游的发展提供了便利。随着多条高铁、高速公路、城际铁路的开工建设,洛阳的交通优势将会越来越明显。

(三)"一带一路"和大运河,是洛阳发展文化旅游的战略优势

洛阳是全国唯一一个同时入选"丝绸之路"和大运河这两项跨省份、跨区域的世界文化遗产的城市,更重要的是,洛阳不仅是丝绸之路的东方起点,还是隋唐大运河的中心枢纽。这不仅是洛阳的荣耀,还是洛阳旅游发展的历史机遇。随着"一带一路"的逐步实施,我国将与丝路沿线国家扩大商品贸易,加深经济交流,加强文化交流则会成为发展必然。借助"一带一路"倡议,洛阳可与丝路沿线国家和地区的城市结成友好城市,从而进行联合旅

游推介,借此扩散洛阳的影响力;借助大运河申遗成功,洛阳可与运河沿岸诸城市结成"沿大运河城市旅游发展联盟",和北京、杭州等城市资源共享,利益共赢,这也将成为洛阳文化旅游走出去的一条捷径。当然,"打铁还需自身硬",洛阳可以借助"丝绸之路"和大运河的文化优势,建设一批与丝路文化和运河文化相关的旅游景点,重点推出游客喜闻乐见的休闲、体验旅游项目,将会使洛阳的文化旅游再上台阶。如目前已经启动的"丝绸之路"主题文化旅游公园,以及与丝路文化和大运河文化紧密联系的隋唐洛阳城国家遗址公园建设便是很好的开端。

(四)集保护与开发为一体的"洛阳模式",是洛阳发展文化旅游的实践优势

在洛河两岸,有着众多的文化遗存,其中被列入国家大遗址的便有二里头遗址、偃师商城遗址、东周王城、韩都宜阳故城、汉魏洛阳故城、隋唐洛阳城遗址和邙山陵墓群七个。如果算上跨省区的、丝绸之路和大运河等国家大遗址,洛阳就有九个之多。洛阳还是国家大遗址保护四大片区之一,大遗址密集,形式复杂,规格高,跨度久,西周成周城、东周王城和宜阳韩城,也是洛阳大遗址保护的重要组成部分。洛阳注重因地制宜,积极探索,勇于创新,从而摸索出一条适合自身的发展模式,之后被全国作为先进经验引用学习,因此该模式也被称为"洛阳模式"①。洛阳模式,是一条保护与开发并举之路,是一条政府主导,规划先行之路;是一条互利共赢,统筹兼顾之路;是一条坚持原则,求变求新之路。在进行文化旅游开发时,洛阳已经积累了许多丰富的经验,为后续的文化旅游开发打下了坚实基础,这正是洛阳发展文化旅游的实践优势。

洛阳文化深厚,旅游业充满活力,两者一旦结合,将发生奇妙的化学反应,为洛阳旅游的发展产生强大而持久的推动力量。因此可以说,洛阳发展文化旅游,优势明显,势在必行。相信在不远的将来,洛阳能够走出一条文化旅游顺畅发展的平坦之路,成为新的"洛阳模式",从而实现洛阳的经济振兴、旅游发展和文化复兴!

---

① 李伯谦,等.解读大遗址保护的洛阳模式[N].光明日报,2014-6-18(4).

第二章

隋唐洛阳城旅游现状

第一节　隋唐洛阳城概述

"洛阳城边朝日晖,天渊池前春燕归。含露桃花开未飞,临风杨柳自依依。小苑花红洛水绿,清歌宛转繁弦促。长袖逶迤动珠玉,千年万岁阳春曲。"这是隋炀帝杨广所作的《东宫春》①,桃红柳绿,洛水悠悠,看不尽的是隋代洛阳城美景。

"春蒐驰骏骨,总辔俯长河。霞处流紫锦,风前漾卷罗。水花翻照树,堤兰倒插波。岂必汾阴曲,秋云发棹歌。"这是唐太宗李世民的《临洛水》②,水花照树,堤兰插波,看不尽的是唐代洛阳城的千古风流。可惜,千年之后,隋炀帝和唐太宗眼中的洛阳美景早已经湮没于历史烟云。

隋唐洛阳城始建于隋朝大业元年(605 年),一直沿用至北宋末年,之后毁于战火。它作为城池使用的历史,有 530 余年之久,是我国使用年代最久的城池之一,同时也是使用最久的都城之一。

洛阳城是隋炀帝营建的新都。虽然因为横征暴敛,屡屡开河造渠,又连年征战,使得百姓怨声载道,后世对其评价争论较大,但隋炀帝不啻为我国

---

① 杜茂功.九都诗韵[M].北京:中国科学文化出版社,2001:79.

② 杜茂功.九都诗韵[M].北京:中国科学文化出版社,2001:83.

历史上雄才大略的帝王之一。隋炀帝不是太子时,便看到都城长安的局限性,虽然地势险要,易守难攻,但对全国的控制有些鞭长莫及,不如以洛阳为代表的山东地区。于是,在其继位当年,便立即在洛阳营建新都。新都洛阳历时八个月建成,虽然规模小于都城长安大兴城,却与大兴城在建筑制式上表现出许多不同之处,因此成为后世都城建造的范本。之后,隋炀帝以洛阳为中心,开凿大运河,使得从洛阳出发,北至涿郡(今北京),南至余杭(今杭州),都可以畅通无阻。从此以后,全国的粮食、丝绸、货物都可以源源不断地运往洛阳,之后转运长安。事实上,在当时,洛阳已经成为全国的经济中心和交通中心,重要性不言而喻。隋唐洛阳城作为隋朝都城的历史有十五年,至皇泰二年(619 年),王世充弑哀帝杨侗导致隋朝完全灭亡为止。

　　唐朝建立之后,洛阳为王世充控制,在此建立郑国,后为李世民所灭。洛阳在唐朝初期不复为都,在贞观二年(628 年),才改称洛阳宫。唐高宗李治继位后,以洛阳为东都,虽然作为陪都存在,但由于唐高宗和以长孙无忌为首的关陇集团的斗争加剧,唐高宗时常在远离长安的洛阳处理朝政,国家的政治重心也开始向洛阳转移。唐高宗患风疾之后,皇后武则天开始协助他处理国家事务,洛阳的政治地位得到提升。唐高宗去世后,其子李显、李旦先后继位,均为武则天所罢黜。在李旦继位的第一年——文明元年(684 年),武则天便将东都洛阳改称"神都",成为一国都城,并以太后身份临朝称制。载初元年(690 年),武则天又改唐为周,完成称帝梦想,并将神都洛阳作为国家都城。这种局面,一直延续到武则天去世时的神龙元年(705 年)。继位的是中宗李显,这是他二次为帝,李显降洛阳为东都,不复称神都。然而,唐王朝的权力并不为中宗所有,而是被韦皇后、安乐公主等把持。韦皇后准备效仿武则天并积极准备。景龙四年(710 年),睿宗李旦之子、临淄王李隆基协同太平公主发动唐隆政变,诛杀韦皇后等人,复立李旦为帝(李旦也是再度为帝)。两年之后,李旦将皇位传于李隆基,是为唐玄宗,是年改元,为先天元年(712 年)。唐玄宗继位之后,重用贤臣,励精图治,开创"开元盛世"。唐玄宗长期在洛阳居住,并在洛阳处理朝政。此时的洛阳,仍为唐朝东都。但在开元盛世后,志得意满的唐玄宗不思进取,他任用佞臣,宠幸杨妃,不理朝政,最终导致安史之乱。手握重兵的范阳节度使安禄山和史思明于天宝十四载(755 年)发动叛乱,次年攻入洛阳,并在洛阳自称大燕皇帝。

虽然安史之乱后来为名将郭子仪、李光弼等人平定,但唐朝已经元气大伤,开始走下坡路。唐朝末年,黄巢起义爆发,长安沦陷,唐僖宗的弟弟唐昭宗继承皇位,并于天复四年(904年)将都城迁往洛阳,改元天祐。但此时的唐王朝已经日薄西山,是年八月,唐昭宗被弑,哀帝继位,但在天祐四年(907年)便被武将朱温逼迫,以"禅让"的方式退位,唐朝从此灭亡。朱温称帝,改国号为梁,史称后梁,定都开封。洛阳于684年至705年、904年至907年为国都,于657年至684年、705年至756年为唐朝东都。唐朝(包含武周)时期,洛阳作为都城的历史有26年,作为东都的历史有80年。

进入五代之后,我国北方历经后梁、后唐、后晋、后汉和后周五个短命王朝。其中,后梁于909年至913年都洛阳,历太祖、废帝(朱友珪)、末帝三帝;后唐于923年至936年都洛阳,历庄宗、明宗、闵帝、末帝四帝;后晋高祖石敬瑭于937年至938年都洛阳,之后迁都开封,仍以洛阳为陪都。洛阳在五代时作为都城的历史有22年。五代的后晋、后周以及由洛阳人赵匡胤建立的宋王朝,均建都开封,但是仍以洛阳为陪都。到北宋末年,山河沦陷,洛阳为金人占据,经过连年战乱,洛阳城早已经是沧桑容颜,物是人非。

这便是隋唐洛阳城的历史。隋唐洛阳城可以称得上是我国都城建设史上的巅峰之作,它由隋代城市规划大家、建筑工程专家宇文恺设计。宇文恺将都城的规划设计和洛阳的山川地形进行很好的相融,使得自然、城市和居民有机统一,不仅体现了道家的"天人合一"思想,还蕴含着丰富奇妙的东方智慧。尤其是隋唐洛阳城中轴线上的"七天建筑",由南到北,分别为天阙(龙门石窟之伊阙)、天街(隋唐洛阳城外郭城门定鼎门到皇城南门端门之间的中轴大街)、天门(隋唐洛阳城宫城紫微宫的正南门应天门)、天津(洛河之上天津桥,"洛阳八景"之一的天津晓月便由此得名)、天枢(皇城端门外由武则天所铸纪念碑——"大周万国颂德天枢")、天宫(明堂或者叫"万象神宫",武则天处理朝政的地方,国家行政中枢)和天堂("通天浮屠",武则天礼佛的地方),分别对应天上的七个星座,故有"天上七星,人间七天"之称。隋唐洛阳城大约包含宫城、皇城、东城、郭城、上阳宫、含嘉仓城、离宫和西苑八个部分,占地约47平方千米,是我国面积最大、最雄伟、最华丽的古代都城之一。它于隋炀帝大业五年(609年)开始建设,一直沿用至北宋末年,作为都城或陪都的历史有半个多世纪之久,是我国历史上存在时间最长的建筑之一,也是彰显洛阳辉煌和中国荣耀的代表作。隋唐洛阳城是我国都城建设的"蓝本",有着极为深厚的文化内涵。它不仅是我国古代都城建制的实物史料,还是城市布局和社会生活研究的实证材料。在我国的都城发展史上,隋唐洛阳城对后世都城有着广泛而深远的影响,宋都汴梁、元大都、明清北京城都有着隋唐洛阳城的影子;日本和韩国的宫廷建制,也深受隋唐洛阳城的影响,日本的京都和奈良,部分格局及建筑便是由隋唐洛阳城和汉魏洛阳城仿制而来。

　　隋唐洛阳城的大规模兴建,有三个时期。第一个时期是在隋炀帝时期,为开创期。隋炀帝以宇文恺为总设计师,历时八个月,建成新都洛阳,并将天下的奇花异草、珍禽异兽、山石花木等纷纷运往洛阳,打造皇家园林——西苑;第二个时期是在唐高宗时期,为发展期。唐高宗为了摆脱关陇集团在长安城庞大势力的控制,将洛阳定为东都,对当时的洛阳宫进行修缮,并和武则天长期居于洛阳;第三个时期是在武则天时期,为辉煌期。武则天将东都洛阳升格为神都,建明堂,立宗庙,修建上阳宫,翻修神都苑,并将隋唐洛阳城中轴线上的建筑连接起来——组成"七天建筑",使之成为我国都城建造史上最华丽的建筑群之一。在武则天手中,隋唐洛阳城的城市规格、建造规模和政治功能,均达到顶峰。之后,隋唐洛阳城虽然在唐朝中后期复为东都,在五代时期屡为都城,但战乱连年,人祸不断,已经无力再进行大规模建设。尤其经过"安史之乱"和黄巢起义,叛军和农民起义军接连攻入洛阳,大肆破坏之后,洛阳城已经破败不堪,不再有隋炀帝时期的崭新模样,也不再有武则天时期的辉煌模样,这是令人极为惋惜的。而到了宋末,断壁残垣,雁叫狐鸣,隋唐洛阳城已经沦为一片废墟,使诗人只能发出黍离麦秀之感叹了。

　　"故国当年得意,射麋上苑,走马长楸。对葱葱佳气,赤县神州。好景何曾虚过,胜友是处相留。向伊川雪夜,洛浦花朝,占断狂游。胡尘卷地,南走炎荒,曳裾强学应刘。空漫说、蠖蟠龙卧,谁取封侯。塞雁年年北去,蛮江日日西流。此生老矣,除非春梦,重到东周。"①这是在北宋末年,开封、洛阳被金军攻占,逃亡岭南的诗词名家朱敦儒因思念家乡洛阳所作的《雨中花·岭

　　①　杜茂功.九都诗韵[M].北京:中国科学文化出版社,2001:338-339.

南作》。故国便是指洛阳,只可惜,那曾经"射麋上苑,走马长楸"的赤县神州——隋唐洛阳城,也只能在诗人的梦中找寻了。

第二节　隋唐洛阳城旅游现状分析

历经千年岁月,在群雄逐鹿、征战杀伐之间,隋唐洛阳城早已经不见于地面之上,它作为遗址被深埋地下,而今渐渐重见天日。作为我国保存最完整的大型遗址,隋唐洛阳城遗址不仅是首批入选国家大遗址保护的文保单位,还是洛阳首家由国家批复的国家考古遗址公园。隋唐洛阳城大遗址的保护与开发,是近些年来洛阳文化旅游开发建设的重中之重。最先开始建设的隋唐城遗址植物园,开工于2005年12月,并于2006年8月开园迎宾;然后是定鼎门遗址博物馆,开工于2007年3月,建成于2009年9月底,目前已经对游客全面开放;再后是明堂天堂景区,明堂复建于2009年,天堂复建于2013年4月,于2015年4月中国牡丹文化节期间开门迎客。九州池是武周时期的皇家园林,其遗址保护展示工程和景观提升工程项目于2013年3月开建,2019年9月开园;隋唐洛阳城的南大门——应天门遗址保护展示工程,于2016年10月开建,2019年10月对外开放;"两坊一街"即隋唐洛阳城内的宁人坊、明教坊和天街,是隋唐洛阳城最繁华的城区之一,"两坊一街"保护展示工程规划已经完成,预计近期开工;"七天建筑"之一、洛河上的著名景点——天津桥是"洛阳八景"之一"天津晓月"的原址,也是隋唐洛阳城最受文人墨客欢迎,诗词吟咏最多的名胜之一,天津桥遗址保护展示工程将再现"天津晓月"奇观,计划在2020年12月之前完工;南城墙保护展示工程尚未开始建设,计划在2020年12月之前完工。

预计到2021年,隋唐洛阳城遗址保护整体工程——"一区一轴一带"将基本完工。"一区"即隋唐洛阳的宫城区,主要包含应天门、明堂、天堂、太极殿、九州池等重要宫城建筑遗址以及宫城城墙、城门遗址等,占地大约108万平方米;"一轴"即隋唐洛阳城的中轴线,主要包含定鼎门、天街、天津桥、天枢、端门、龙光门以及南城墙等坐落在隋唐洛阳城中轴线上的标志性建筑遗址,总面积大约4平方千米;"一带"即南城墙遗址保护展示工程以及四方馆群等,东西长约 7200 米,南北宽约 300 米①。

洛阳博物馆可以说是隋唐洛阳城的拓展景区,一是新馆建设于隋唐洛阳里坊区的西北隅,和隋唐遗址植物园相接;二是馆前复制有"天枢",天枢意为"天下中枢",是"七天建筑"之一,被视为武则天的政治符号。洛阳博物馆新馆建设于 2007 年年底,建成于 2009 年 2 月,并于 2009 年 4 月作为"2009 年世界集邮展览"的主会场投入使用。2011 年 4 月初,洛阳博物馆实现整体搬迁并向公众开放。

龙门石窟也可列为隋唐洛阳城的延伸旅游项目。这是因为龙门石窟坐落于伊阙,即隋唐洛阳城的"七天建筑"之一的天阙。在龙门石窟,伊河两岸的香山和龙门山相对而立,伊水中流,因此叫伊阙。隋代时,因洛阳城的大门正对着伊阙,而天子又以龙自居,因此称伊阙为龙门,这便是龙门的由来,由此可见,龙门和隋唐洛阳城渊源极深。不仅如此,龙门石窟虽于北魏时期开始建造,但隋唐时期却是龙门石窟雕像最密集、艺术成就最高的时期,龙门石窟最具代表性的卢舍那大佛,便坐落于唐代开凿的奉先寺之内。奉先寺群雕是龙门石窟规模最大、技艺最精湛的一组佛雕,它是我国石雕艺术的经典之作,被誉为"石刻艺术的巅峰"。此外,万佛洞、看经寺、香山寺等都开凿或修建于唐代,并和女皇武则天有着很深的联系。唐代大诗人白居易便埋葬在龙门东山琵琶峰之上。

隋唐洛阳城的多项重点工程都在紧锣密鼓地实施着。目前作为旅游景点对外开放的,只有定鼎门遗址博物馆和明堂天堂景区。此外,便是两个与隋唐洛阳城大有关联的景区,即洛阳博物馆和龙门石窟。在不远的将来,隋唐洛阳城"一区一轴一带"整体保护工程以及最著名的"七天建筑"群才能完整展现在游客面前。

隋唐洛阳城作为洛阳大遗址保护的"天字第一号"项目,同时又是近些年洛阳文化旅游的重磅之作。可以说,隋唐洛阳城兴则洛阳文化旅游兴,洛阳文化旅游兴则洛阳旅游兴,洛阳旅游兴则洛阳经济兴,洛阳经济兴则洛阳腾飞指日可待。

---

① 孙自豪.我市召开会议专题听取隋唐洛阳城"一区一轴一带"项目推进工作汇报[N].洛阳日报,2012-8-8(2).

一、隋唐洛阳城旅游项目的发展态势

（一）崭露头角，成为洛阳新地标

洛阳，虽然有 5000 多年文明史，3000 多年建城史，1500 多年建都史，但在一次次毁于战火，一次次毁于兵灾之后，能够代表千年帝都的历史遗存大多深埋地下。洛阳最著名的龙门石窟、白马寺和关林三个景点，和洛阳作为千年帝都的名号并不相匹配。而隋唐洛阳城大遗址保护工程的开启，尤其是代表唐代鼎盛时期的武周王朝的地标性建筑——明堂和天堂的复建，不仅重现了当年的历史和辉煌，更为洛阳城留下了绚丽夺目的景观，并成为洛阳作为十三朝古都的见证，使洛阳旅游焕然新生。来洛阳的游客，无论观赏牡丹，还是朝拜关林，抑或求佛于白马寺、观艺术于龙门，几乎都要去明堂天堂景区看一看，见识女皇上朝的庞大阵势，感受天子朝堂的威严肃穆。当然，也有一些游客想当然地认为天堂是北京天坛代表性建筑祈年殿的复制品，这需要去做更好的宣传和讲解。事实上，天堂和天坛渊源已久，天坛在设计时，参考了多个古代建筑，其中便有唐代的天堂和明堂。而定鼎门博物馆作为隋唐洛阳城目前唯一一处世界文化遗产，已经越来越为游客所重视，它和另一处世界文化遗产龙门石窟、观赏牡丹的中国国花园、隋唐遗址植物园以及关林相距都不远，游客很容易将它们串联起来进行组合旅游。

（二）稳中求进，成为"申遗"推动力

隋唐时期的洛阳，不仅是丝绸之路的起点城市，也是大运河一线的中心城市。隋唐洛阳城的复建有着重大的意义和深远的影响。随着隋唐洛阳城的宫城遗址、含嘉仓遗址、定鼎门遗址、明堂遗址、天堂遗址陆续被发现，尤其是 2005 年以来国家大遗址保护工作的有序开展，隋唐洛阳城作为首批国家考古遗址公园积极推进建设，定鼎门遗址博物馆、明堂和天堂的复建工程陆续建成完工。在《保护世界文化和自然遗产公约》中规定世界文化遗产的入选标准，其中一项便是"能在一定时期内或世界某一文化区域内，对建筑艺术、纪念物艺术、城镇规划或景观设计方面的发展产生过大影响"，隋唐洛阳城显然符合这一标准。经过多方积极努力和我国的认真筹备，"丝绸之路：长安—天山廊道路网"和大运河于 2014 年入选世界文化遗产，而洛阳的汉魏洛阳故城、隋唐洛阳城定鼎门遗址、新安汉函谷关和含嘉仓遗址、洛口

仓遗址分别入选这两项世界文化遗产。其中,隋唐洛阳城定鼎门遗址、含嘉仓遗址和洛口仓遗址,都属于隋唐洛阳城大遗址的重要组成部分,因此可以说,对丝绸之路和大运河的申遗成功,隋唐洛阳城遗址工程做出了重大贡献。

(三)持续发力,成为洛阳旅游的加速器

隋唐洛阳城遗址保护的两大重点项目,定鼎门遗址博物馆和明堂天堂景区的建成并面向广大公众开放,使得洛阳旅游多了两支生力军,为洛阳旅游业的蓬勃发展做出了极大贡献。尤其是明堂天堂景区,它的出现,填补了洛阳作为十三朝古都缺乏相关宫廷景点的空白,迅速成为洛阳旅游的新名片。如前文表1-1所示:在明堂天堂景区开始迎客的2013年,洛阳市旅游总收入同比增长20.4%,接下来的2014年、2015年和2016年,该数据为23.9%、29.8%和16.0%,均高于2010年的15.0%、2011年的15.2%和2012年的15.7%。也就是说,在明堂天堂景区建成之前,洛阳的旅游总收入的增长率每年保持在15%左右,明堂天堂景区建成之后,洛阳旅游总收入的增长率较之前有了大幅增长。应该看到,该增长率与其他因素也有一定关系,但明堂天堂的建成却是功不可没的。可以预见,在不久的将来,隋唐洛阳城"一区一轴一带"遗址保护工程全面建成之后,必将以震撼的场面惊艳世界,又将以强大的动力带动洛阳旅游发展。

(四)推陈出新,成为大遗址保护的新模式

我国的大遗址保护工作大约于2002年开始启动。在2005年时,国家文物局组织编制了《"十一五"期间大遗址保护的总体规划》,将全国100处重点区域的大遗址列入项目保护库,并设立大遗址保护的专项经费。由于起步较晚,又没有现成的道路可以遵循,大遗址保护工作只是"摸着石头过河"。洛阳以大遗址密集、规格高受到广泛重视,隋唐洛阳城作为洛阳市大遗址保护的重点项目实施。"洛阳模式"因其科学性、合理性和先进性为省内外同行所重视,从而走出一条适合洛阳自身发展的大遗址保护之路。"洛阳模式"的突出特点便是创新、制度化、与时俱进。近些年,洛阳大遗址保护工作积累的政府主导、规划先行、考古前置、关注民生、真抓实干等经验,受

到同行们的肯定,并开始在全国范围内推广。① 由隋唐洛阳城遗址保护工程实践得来的"洛阳经验""洛阳模式"是弥足珍贵的,它不仅适用于隋唐洛阳城的保护与开发,对我国其他区域的大遗址保护工作也有重要的启示作用。

(五)科学规划,成为周边发展的领头羊

旅游景区对周边发展的带动作用是极为明显的。隋唐洛阳城遗址保护工程,不单单是对遗址的保护以及对旅游资源的开发,由于政府主导,规划先行,科学安排,合理布局,隋唐洛阳城遗址保护在建设初期就制定了科学合理的发展规划。由于隋唐洛阳城遗址许多部分与当今的洛阳市区都是重叠的,以隋唐洛阳城大遗址保护为抓手,积极推动洛阳城区建设,成效较为明显。以明堂天堂景区周边为例,在建设该景区之前,中州路和定鼎路周边只是普通民房,车流熙攘、人声嘈杂,小商小贩占道摆摊,商家无序经营的现象较为严重,使得定鼎路和中州路交叉口成为洛阳最拥堵的区域之一。为了推进九州池项目建设,对洛阳浮法玻璃厂实施搬迁;为了推进应天门遗址的保护,对洛阳日报社实施搬迁。不仅如此,保留周公庙,扩建成周公庙博物馆;对明堂天堂周边的棚户区实施搬迁;将中州路扩展,定鼎路、玻璃厂路和唐宫路也旧貌换新颜。经过一些强有力措施的实施,隋唐洛阳城的宫城区域面貌为之一新,居民的生活环境大大改观,附近的楼盘价格也出现较大幅度的上涨。"在保护、展示好大遗址的同时,也推动了城市旧城区改造、棚户区拆迁、城市环境美化、大遗址周边环境改善、旅游经济发展,甚至对地方产业结构调整、城市发展方向调整等方面都产生了一定的积极意义。"②

(六)后劲较足,成为洛阳发展的绩优股

定鼎门遗址博物馆和明堂天堂景区的开门迎客只是开端。待明堂天堂西侧的九州池遗址保护展示工程、西南侧的应天门遗址保护展示工程、向南的天津桥"天津晓月"景区还原工程与定鼎门遗址博物馆北端的"两坊一街"遗址保护工程建成后,将九州池、明堂天堂、应天门、天津桥、两坊一街、定鼎门等景区连接汇合起来,会使隋唐洛阳城国家遗址公园成为我国最大的遗

---

① 杜金鹏.解读大遗址保护的洛阳模式[N].光明日报,2014-6-18(4).
② 刘修兵.让保护与发展和谐共赢 河南大遗址保护初显成效[N].中国文化报,2014-11-11(5).

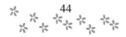

址保护公园。其集观赏性、娱乐性、体验性、商业经营、购物等于一体的综合型特性,也将满足不同层次、不同年龄段的游客需求,使得隋唐洛阳城国家遗址公园不仅能够成为洛阳市最值得游览的旅游景区之一,更会成为洛阳市最引人瞩目的文化旅游奇观。当然,规模如此之大,景点如此密集,投入如此之多的遗址保护工程,也有着较大的商业开发价值。以隋唐洛阳城建设为契机,洛阳市能够改造城市生态,优化城市环境,美化市民家园,盘活洛阳经济,造福后世子孙。以此来说,一业兴带来百业旺,隋唐洛阳城国家遗址公园作为洛阳发展的一支绩优股是显而易见的。

二、隋唐洛阳城旅游项目存在的问题

"摸着石头过河"固然有着筚路蓝缕的贡献,但没有现成的道路可走,没有约定俗成的规则可以遵循,所以,隋唐洛阳城项目在进行建设时,也暴露出一些问题。

(一)景区吸引游客,但留不住游客

作为新开发的两处旅游景区,定鼎门遗址博物馆和明堂天堂景区,在一定程度上调动了游客的游览积极性。从外表看来,定鼎门雄伟壮丽,明堂富贵逼人,天堂高大壮观。不仅如此,定鼎门还是世界文化遗产,明堂则是武则天的"金銮殿",而天堂是武则天的"礼佛堂"。尤其2010年,由香港导演徐克执导,著名演员刘德华、刘嘉玲、梁家辉等人主演的商业历史大片《狄仁杰之通天帝国》的上映,更是点燃了游客,尤其是年轻游客的游览热情,希望能够看到如影片中所说的"万象神宫"(明堂)和"通天浮屠"(天堂)的真实面貌。然而,明堂天堂景区并非真实还原历史上的明堂和天堂,更和电影中的虚构和想象差距甚大,因此游客不会看到心目中的明堂与天堂。即便是后来做了几次调整,明堂天堂的外观仍有许多不尽人意之处,令人惋惜。此外,由于缺乏相关实物来充实,不论是定鼎门还是明堂和天堂,都显得空洞无物,可供参观和游览的景观太少,难以对游客形成持续吸引,使其长久逗留。对于多数游客来说,明堂和天堂只是高大而空洞的建筑,对遗址本身又缺乏兴趣。因此,在最近两年,游览明堂天堂景区和定鼎门遗址博物馆的游客持续减少。

（二）景点过于分散,不能很好地协同作战

对于多数游客来说,隋唐洛阳城的概念是较为模糊的,是指隋唐遗址植物园,还是指定鼎门遗址博物馆,抑或是指明堂天堂景区? 其实,它们都是隋唐洛阳城的有机组成部分,但用其中任何一个来指代整个隋唐洛阳城,都难免会以偏概全。事实上,和这些景区的过于分散不无关系,由于距离较远,无法使用通票进行游览,几处景区只能各自为政,无法进行协同作战和联合营销,使得游客很难将它们组合起来观赏。而景区的门票价格也不尽合理。就文物价值和观赏度来说,明堂、天堂和龙门石窟还有相当的差距。但世界文化遗产定鼎门遗址的门票30元,明堂、天堂景区的门票却达到120元,比龙门石窟的票价还要高,价格偏高而观感较差,使得明堂、天堂景区难以获得游客的口碑。如果能够将隋唐洛阳城之内的各相关景区连接起来,组成有机整体,多看几处风景,即便门票价格贵一些,游客也会觉得物有所值甚至物超所值。而景区的成功运营,并不需要依靠门票经济来支撑。有时候,实行免票制度,在商业、租赁、娱乐和体验等项目上获取利润,所得收入也许会远远大于门票经济。

（三）营销思路不明,营销策略不足

目前,无论是定鼎门遗址博物馆还是明堂天堂景区,都没有让人过目不忘的旅游宣传口号,也没有令人印象深刻的营销策略。即便是在隋唐洛阳城国家考古公园的官方网站上,也只有景区的粗略介绍和几张景区图片,难以吸引游客。无论是作为世界文化遗产的定鼎门,还是武则天的办公、礼佛场所明堂、天堂,其实都有很多看点和营销卖点。所谓"酒香也怕巷子深",有景区,有故事,有噱头,却只是"养在深闺人未识",这是极为可惜的。在智能手机大面积普及的今天,互联网、移动网络悄然改变着我们的生活,手机不离手,已经成为许多人的生活常态,微信等社交软件和人的生活联系得越来越紧密。在这样的情形下,利用微信公众号、百度营销号等进行宣传和营销是极好的方式,也是我国10多亿网民们喜闻乐见的方式。只可惜,隋唐洛阳城在利用互联网进行营销方面做得还不够。与隋唐洛阳城相关联的公众号,只有"定鼎门遗址博物馆"和"洛阳隋唐城遗址公园",而且,发文较少,阅读量也不高,由此看来,关注度也不会很高。如果隋唐洛阳城相关景区能够利用微信公众号、抖音等平台对景区历史人文进行推介、对景区活动进行宣

传,和游客产生互动,能增加游客的好感和景区的知名度。总之,隋唐洛阳城营销思路是不明确的,营销策略也缺乏多样性和丰富化。

(四)经营种类较单薄,缺乏经营新思路

无论定鼎门遗址博物馆还是明堂天堂景区,目前的经营方式都是以出售门票为主。尽管明堂天堂景区成立有表演团队,定时表演一些节目,如《万国来朝》《神宫大乐舞》《武皇之威》《百官上朝》等,但只是简单的唐风表演,缺乏深度和内涵,缺乏对历史的挖掘和对礼仪的考究,更缺乏多样化的表演形式,因此难以让游客留下深刻印象。尽管也有一些影视和3D动画展示,但是不够吸引人,缺乏更为灵活和生动的表演手法。景区之内,经常出现一些和整体风格不相协调的摆设,如在明堂天堂景区内部,曾出现有恐龙展览和军用飞机展览等。如果能够以大唐文化和女皇文化为主题,推出一些娱乐项目和游客体验项目,使得经营形式更丰富,经营内容更充实,则会提高明堂天堂景区的知名度、美誉度和好评度,使其更受游客欢迎。定鼎门遗址博物馆也是如此,除了遗址本身和隋唐洛阳城的全景沙盘之外,就是一些内容简介,对游客缺乏足够的吸引力。

(五)文旅产品创新不足,难以满足游客的多样化需求

隋唐洛阳城是洛阳旅游资源开发建设的重点项目。隋唐时期是我国封建社会鼎盛时期,尤其是武则天时期的武周王朝,上承唐太宗李世民的贞观之治,下启唐玄宗李隆基的开元盛世,是唐代经济发展、政治清明、老百姓安居乐业的一大高峰,被后世称为"贞观遗风"。隋唐洛阳城,内涵丰富,文化多样,元素众多,可供开发成文创旅游产品的文化元素符号更是不胜枚举。极为可惜的是,无论在定鼎门遗址博物馆还是在明堂天堂景区,甚至是洛阳旅游市场上,让游客印象深刻的文旅产品均太少。游客所能见到的,只是一些较为常见之物,如女皇手机链、唐饰服装玩偶等,洛阳本土研发的隋唐文旅产品更是寥寥无几。乘时而动,顺应形势,推陈出新,灵活应变,才是洛阳市文旅产品开发的指路明灯。如何让唐三彩焕然新生,如何让仿古青铜器活泼可爱,如何让明堂天堂变成游客喜闻乐见的文旅产品,洛阳文旅企业要积极寻找应对之策。

(六)投入过大,单靠中央拨款和地方财政难以支撑

隋唐洛阳城国家遗址公园,是我国目前最大的大遗址公园,也是洛阳第

一座开建并即将建成的国家遗址公园。由于占地面积大，涉及区域广，又广泛分布在较为繁华的市区，需要大量资金和人力物力的投入，仅仅靠国家文物局的专项拨款以及地方财政支出，只是杯水车薪。想要顺利地开展建设，必须扩展思路，例如PPP模式（即public，private，partnership）。PPP模式是目前常见的一种融资模式，指政府与私人组织之间的公私合营模式，政府与社会主体利益共享，风险共担，全程合作，以达到双赢的效果。具体到隋唐洛阳城项目，就是遗址中心区域周边的地方，进行联合开发，或者做成政府和商家共同运作的商业项目。这样一来，不仅可以增加资金来源，减轻政府的压力和负担，也能从商业专门团队的运作中学习到宝贵经验，使经营种类更加丰富、管理更加有序、营销方式更加时尚，从而更为顺畅地盘活景区经济。

（七）商业气息过浓，冲淡了景区的严肃性和神圣性

PPP模式的重点在于商业经营的参与原则，即不能喧宾夺主。但这种情况正是目前洛阳旅游景区普遍存在的问题，其中天堂、明堂景区表现得尤为明显。天堂内有九层，其中三昧禅堂、神茶社、佛缘堂等地都有明显的商业性质；而明堂景区的出口便是琳琅满目的旅游商品。虽然景区出于经营需要进行一些商业开发、组织一些商业活动无可厚非，但明堂是处理朝政的地方，天堂是参禅礼佛的地方，自有其严肃性和神圣性。商业活动可以在景区另辟区域专门进行，甚至可以进行深度策划和巧妙构思，使商业中心成为游客向往的旅游购物"天堂"，而在明堂和天堂之内，则应该尽量减少商业活动和商业经营，以保证其严肃性和纯洁性。

第三节　隋唐洛阳城旅游发展论证

"三月草萋萋，黄莺歇又啼。柳桥晴有絮，沙路润无泥。禊事修初毕，游人到欲齐。金钿耀桃李，丝管骇凫鹥。转岸回船尾，临流簇马蹄。闹翻扬子渡，蹋破魏王堤。妓接谢公宴，诗陪荀令题。舟同李膺泛，醴为穆生携。水引春心荡，花牵醉眼迷。尘街从鼓动，烟树任鸦栖。舞急红腰软，歌迟翠黛低。夜归何用烛，新月凤楼西。"这是唐代大诗人白居易在洛河畔所作的《三月三日被禊洛滨》诗①,描写白居易生活的中唐时代洛河岸边芳草萋萋,黄莺啼叫,春水荡漾,惹人迷醉的美丽景象。

洛阳的帝都时代,夏商周太过遥远,汉魏晋过多演义,五代各朝太过短暂,只有隋唐时代的洛阳,在我国诗歌发展的巅峰时期经常被吟咏、被歌颂、被铭记、被怀念。

就像写下千古名句"锄禾日当午"的李绅,在经历宦海浮沉,重回洛阳之后,心中涌起物是人非、一眼万年的沉重感。他于《重入洛阳东门》中哀伤地写道:"商颜重命伊川叟,时事知非入洛人。连野碧流通御苑,满阶秋草过天津。每惭清秋容哀齿,犹有华簪奇病身。驱马独归寻里巷,日斜行处旧红尘。"②

隋唐洛阳城,在诗里,在画里,在《隋书》里,在《新唐书》和《旧唐书》里,也在每个有着历史沧桑感和文化使命感的文人学者的梦里。作为后世之人,作为炎黄子孙,作为洛阳城的继承者,当代洛阳人有责任,有使命,让隋唐洛阳城重见天日,重新回到那美景醉人、游人如织的热闹繁华场景中。有深埋地下千年的遗址遗迹,有历史,有文化,有文物,有故事,有国家的大力支持,有洛阳人的众志成城,隋唐洛阳城的旅游发展盛况可期!

一、发展隋唐洛阳城旅游的必要性

(一)洛阳旅游的发展需要隋唐洛阳城来推动

洛阳旅游资源丰厚,但名气高、人气旺,又最具推动力的旅游项目还是每年一次的中国牡丹文化节。"千年帝都,牡丹花城。"如果说帝都和牡丹是洛阳旅游两大支柱的话,那么牡丹这根支柱很是粗壮毋庸置疑,帝都这根支柱对比之下却显细弱。二里头夏都遗址、偃师商城遗址、西周成周城遗址、东周王城遗址、汉魏洛阳城遗址、隋唐洛阳城遗址,这些深埋在地下的洛阳城如果不被发掘,"千年帝都"只能停留在考古学和历史文化知识的层面。还好,隋唐洛阳城国家遗址公园的建设让洛阳旅游有望重回"帝都时代",明堂天堂的复建,使得洛阳又恢复往日古都风采。相信在不远的将来,如果

---

① 杜茂功.九都诗韵[M].北京:中国科学文化出版社,2001:187.
② 杜茂功.九都诗韵[M].北京:中国科学文化出版社,2001:199.

"一区一轴一带"得以建成,隋唐洛阳城历史上著名的"七天建筑"得以恢复,隋唐洛阳城不仅会成为大遗址、大景区,还将会使洛阳旅游在牡丹之外,拥有又一个旅游品牌识别度,从而实现帝都和牡丹并行的两条腿走路。两大支柱共同支撑,对于洛阳旅游的腾飞,意义非凡。

(二)洛阳大遗址保护需要隋唐洛阳城来带动

大遗址保护,不仅是国家和政府的事情,更是每个华夏儿女应尽的责任和义务。因为这些历经沧桑、久经风雨的大遗址,不仅是华夏文明的过往和历史,更是中华民族的现在和未来,它们和中国人同在一根,同处一源,根系相生,血脉相连。建立国家遗址公园,能够通过遗址和旅游相结合的方式,使游客对遗址有更为清晰的了解,让历史与现实联系起来,过去和未来联系起来,从而使历史场景更加真实,历史人物更加丰满,历史脉络更加清晰。随着考古旅游的逐渐兴起,遗址的重要性将为越来越多的游客所认识。扛起肩上保护历史遗址和文物建筑的责任,让我国的遗址保护工作出现全面动员、全民参与的局面,这将更有利于遗址保护工作的开展。

对洛阳大遗址保护工作来说,隋唐洛阳城国家遗址公园的建立只是迈出第一步。目前,汉魏洛阳城遗址保护工程正在紧锣密鼓地开展,二里头夏都遗址保护工程也已经通过国家立项投入建设,后续还有大运河、丝绸之路、邙山陵墓群、西周成周城、东周王城、宜阳韩城等大遗址的保护工作将陆续展开。相信在不远的将来,洛阳的帝都游将会更有韵味,更有特色,亮点多多,精彩不断。万事开头难,隋唐洛阳城打造国家遗址公园也是洛阳大遗址保护工作极为重要的一步。其一,建立隋唐洛阳城国家遗址公园时得到的经验和总结的教训,都是洛阳大遗址保护工作的重要财富;其二,隋唐洛阳城旅游开发的成功,能对后续的大遗址保护和开发产生刺激作用,使后续工作开展更顺利,从而更有利于洛阳大遗址保护工作的后续实施。

(三)中华民族的文化自信需要隋唐洛阳城来激发

隋唐是我国古代社会政治文化发展的高峰。据史书记载,隋炀帝曾在洛阳城接待外国使者。为了证明中国的富强,隋炀帝大宴诸国使者,对他们大加赏赐。《隋书·音乐志》记载:"每岁正月,万国来朝,留至十五日,于端门外,建国门内,绵亘八里,列为戏场。百官起棚夹路,从昏达旦,以纵观之。至晦而罢。伎人皆衣锦绣缯采。其歌舞者,多为妇人服,鸣环佩,饰以花毦者,殆三万人。"①武则天统治时期的武周王朝,经济繁盛,文化发达,她本人也极为注重与外国的交流,曾多次在洛阳接待外国使者,并遣使通好,对契丹、吐蕃、突厥等少数民族,注重教化,使之归顺,成为大唐子民。大隋气魄,大唐自信,是我国民族自信心的体现,也是中华民族和其他民族友好交流、和平往来的象征。因此可以说,隋唐洛阳城遗址不仅仅是中华民族历史和文化的一部分,更是中华儿女自豪、自尊、自信的表现。通过隋唐洛阳城国家遗址公园的建立,使游客见证气象万千的隋唐风流,有助于激发他们的自豪感、自尊心和自信心。

(四)历史文化教育需要隋唐洛阳城来提供实物佐证

五千年的中华文化,五千年的文化中国,源远流长,根深叶茂。作为世界古文明中唯一不曾断代并延续至今的文明,中华文明更加需要对历史的传承,对文化的继承和对文明的延续。因此,对后世子孙进行历史和文化教育是必须做的。只有如此,才能承前启后,继往开来。隋唐洛阳城曾是世界上经济最繁华、人口最多、格局最科学的都城,它不仅仅是中华文明的一部分,更是中华文化灿烂辉煌的有力见证。因此,隋唐洛阳城国家遗址公园可以作为爱国教育基地,让后代子孙在陶醉于隋唐洛阳城美景的同时,享受隋唐文化的熏陶,接受中华古文化的教育,从而更好地继承我国的传统文化,成为中华文化的传承人。对于住在洛阳城的市民来说更是如此,隋唐洛阳城是洛阳作为古都辉煌的象征,是河洛文化的范本,是洛阳历史和文化的"名片"。让子女通过隋唐洛阳城了解洛阳的历史和文化,可以激发他们热爱祖国、热爱家乡的意识。

二、隋唐洛阳城旅游发展的可行性

(一)历史遗存众多,是发展隋唐洛阳城旅游的有力支撑

在洛阳众多历史遗迹中,隋唐洛阳城遗址是保存较为完好的大遗址。隋唐洛阳城遗址虽与东周王城遗址部分重合,但在宋代以后,并不作为主城区存在。金代时,在洛阳设立金昌府,因原来的隋唐洛阳城已经破败不堪,便在东北角另筑新城,之后被元、明、清、民国沿用,成为现今的洛阳老城。

---

① 魏征,等.隋书·音乐志[M].北京:中华书局,1973:381.

隋唐洛阳城遗址就这样被完好保存下来,之后没有进行大规模建设和开发。新中国成立后,经过数十年的考古研究和现场发掘,隋唐洛阳城的主要建筑遗址,如明堂、天堂、定鼎门、应天门、天津桥、九州池、上阳宫等,大致范围都已经确定,为隋唐洛阳城国家遗址公园的建立与建设创造了条件。除了对这些遗址进行保护之外,在原址上建立相关建筑群,复原历史建筑,也有着充足的条件,因此为相关旅游开发策略的实施提供了可能。不仅如此,如前文所述,像龙门石窟和洛阳博物馆等,都和隋唐洛阳城有着紧密联系,更为建立隋唐洛阳城大景区、发展隋唐洛阳城大旅游奠定了良好基础。

(二)与大运河、丝绸之路紧密相连,能够形成联动效应

隋唐大运河在隋朝炀帝时期便基本建成。当时修建大运河的主要原因便是勾连南北,使南北货物都能够源源不断运输到新都城洛阳。这样不仅能够为都城长安提供物资,还为丝绸之路上充足的货物供应打下基础,隋朝洛阳城也因此成为隋唐大运河的中心枢纽。史书上曾多次记载,在隋唐时期,皇帝在洛阳城接待外国使者,由大运河运输而来的瓷器、丝绸和茶叶,经由洛阳,转运丝绸之路,远销中亚和欧洲。在我国"一带一路"倡议的带动下,跨省份、跨国度的运河游、丝路游,将会在世界范围内悄然走红。隋唐洛阳城不仅是隋唐大运河的中心,也是丝绸之路的东起点,因其至关重要的作用,将会成为运河游和丝路游的重要一站。如果隋唐洛阳城国家遗址公园不仅从很高的历史文化价值,还有丰富多彩的旅游形式和精彩纷呈的旅游项目,能够满足游客的多样化旅游需求,其旅游开发成功的可能性便会大大增加。

(三)作为一项重要大遗址,能够与其他大遗址形成群组效应

在国家文物局于2016年11月公布的《大遗址保护"十三五"专项规划》中,"十三五"期间,全国重点保护与建设的大遗址共有153处,其中位于洛阳的有二里头遗址、偃师商城遗址、汉魏洛阳故城、隋唐洛阳城遗址、邙山陵墓群等,跨省区与洛阳相关的有大运河、丝绸之路和万里茶路,无论规格还是数量都在全国居于前列。随着大遗址保护工作的深入开展,洛阳的国家遗址公园也会越来越多。随着"华夏第一王都"——夏都二里头遗址保护工程、"我国历史上沿用时间最长的都城"——汉魏洛阳故城保护工程、"商朝最初的都城"——偃师商城遗址保护工程的陆续建成,洛阳的大遗址将会惊

艳全国,继而会推动洛阳崭新旅游线路的出现——都城遗址游和国家大遗址游。届时,隋唐洛阳城遗址将会和洛阳的其他国家大遗址一起,形成绝妙奇观,从而使洛阳文化旅游更有看点,也会使游客在洛阳逗留的时间延长,继而提升洛阳旅游的好评度和美誉度,使洛阳旅游的品牌度和知名度进一步增加。

(四)主要景区位于城市中心区域,为游客提供便利的旅游条件

隋唐洛阳城作为当时在全国乃至全世界范围内首屈一指的国都,占地面积较大,几乎覆盖目前洛阳市区的所有区域,使得隋唐洛阳城遗址,而今广泛分布于西工区、洛龙区、涧西区、老城区、瀍河区和伊滨新区。目前已经建成的景区,如明堂天堂景区在定鼎路和中州路交叉口东北角,定鼎门博物馆在临近洛浦公园的古城路;在建的景区,如九州池、应天门,都和明堂天堂同处西工大商业圈内;天津桥在洛浦公园内,"两坊一街"和定鼎门临近,都在今天洛阳的主城区。总体来说,隋唐洛阳城国家遗址公园不仅和洛阳火车站相距不远,还和公交中心临近,拥有多条公交线路,而正在建设的地铁线路——1号线和2号线都与之相邻,交通便利,四通八达,不仅有利于游客出行,更有利于游客餐饮住宿、休闲娱乐、游览购物、从事商业活动,等等。因此,隋唐洛阳城的旅游发展有着同类景区所不能比拟的先天优势。

"天津桥下冰初结,洛阳陌上人行绝;榆柳萧疏楼阁闲,月明直见嵩山雪。"①这是唐代著名诗人孟郊的《洛桥远望》,描写天津桥畔洛阳城的美丽冬景。孟郊写此诗时,亦是本书写作时节,笔者的心境,和千年前的孟郊类似,希望隋唐洛阳城的美景早日复现。相信在不远的将来,随着隋唐洛阳城国家遗址公园和洛阳地铁的建成,洛阳作为旅游城市的优势将会越来越明显,在全国的地位将越来越突出,品牌效应也会越来越彰显,对洛阳市"国际旅游文化名城"建设更是会产生重要推动作用。

---

① 杜茂功.九都诗韵[M].北京:中国科学文化出版社,2001:199.

第三章

隋唐洛阳城对洛阳旅游的作用和影响

第一节　隋唐洛阳城在洛阳的地位

洛阳是我国著名古都,因其建都时间长、建都朝代多而被誉为"十三朝古都"和"千年帝都",它和古都西安,并称为"我国古都史上的两颗明珠"。洛阳作为都城的历史最远可追溯到我国第一个王朝夏朝。大约在公元前1735 年,夏朝国君太康便居于洛阳境内,即在今偃师市二里头的国都斟鄩。其后,商朝、西周、东周、东汉、曹魏、西晋、北魏、隋朝、唐朝、后梁、后唐和后晋等 12 个大大小小的王朝共 105 个帝王以此为都,时间跨度长达近二千七百年。隋唐洛阳城作为洛阳最后一座都城,以其沿用时间长、知名度高、规模大而受到瞩目。因此,隋唐洛阳城在洛阳历史上影响深远,具体表现在以下 5 个方面。

一、隋唐洛阳城是洛阳历史不可或缺的一个环节

我国的历史,从上古时期的三皇五帝算起,有五千年之久。其间,群雄逐鹿,各方争斗,天灾常有,人祸不断,战争连年,许多城市早已经毁于战火,历史风貌在现实中无处可寻,只有在历史的书页里,才能寻找到一些蛛丝马迹。以洛阳为代表的中原地区,更是因为处在群雄逐鹿的中心区域而遭遇更多战争,屡屡出现"白骨露于野,千里无鸡鸣"的悲惨场景,十户九空甚至

十户十空都屡屡见于史册。因此,河洛地区很难留下历史遗存,这便是如今的洛阳虽然贵为"十三朝古都"和"千年帝都",却没能留下像样的能够代表古都文化的宫殿、城池、城墙等遗址遗存的主要原因。但幸运的是,洛阳的历史被记录在史册里,经过考古工作者的辛勤劳动,已经渐渐厘清了其中脉络,使洛阳的历史,从夏朝一直到民国的近4000年里,都能找到实地实物为历史注解。在洛阳市境内,有夏朝的都城遗址偃师二里头;有商朝的都城遗址偃师尸乡沟商城;有西周的成周城;有东周的王城;有从东汉到北魏,历经曹魏、西晋和北魏的汉魏洛阳故城;有从隋至唐,再至五代,最后到北宋,沿用半个多世纪之久的隋唐洛阳城;有从金代开始修建,历经元、明、清一直沿用至今的洛阳老城。这是洛阳的幸运,在历经兵燹之后,还能追寻历史脉络,找到一座又一座的城池遗址。在有着五千年之久的洛阳历史里,隋唐洛阳城是不可或缺的一个环节,少了它,洛阳历史便不完整。

二、隋唐洛阳城是洛阳国家大遗址中最引人瞩目的

国家大遗址是在我国历史上具有重要影响的遗址遗迹。我国的大遗址保护,以"六片、四线、一圈"为重点。[①] "六片"为西安、洛阳、荆州、成都、曲阜、郑州;"四线"为长城、丝绸之路、大运河、茶马古道;"一圈"为陆疆、海疆。而四线之中,丝绸之路、大运河和茶马古道,都和洛阳关系密切。由此可见,洛阳在国家大遗址中具有举足轻重的地位。

在《大遗址保护"十三五"专项规划》中,洛阳有二里头遗址、偃师商城遗址、汉魏洛阳故城、隋唐洛阳城遗址和邙山陵墓群入选,跨省域入选的有丝绸之路、大运河和万里茶路。在洛阳的这些国家大遗址中,隋唐洛阳城既是丝绸之路东起点,又是隋唐大运河中心城市,再加上自身的历史文化优势,因此成为最引人瞩目的一座。正因如此,国家在洛阳进行大遗址保护工作时,便从隋唐洛阳城着手,首先便建立隋唐洛阳城国家遗址公园。其中,已经建成的定鼎门遗址博物馆,在2014年作为"丝绸之路"的一项遗址被列入世界文化遗产,而明堂天堂景区,更是洛阳古都文化的代表,成为洛阳旅游的新地标。

---

① 杨雪梅.大遗址保护将建"六片四线一圈"[N].人民日报,2011-11-29(5).

三、隋唐洛阳城是洛阳古都文化的一个灿烂瑰宝

隋唐洛阳城曾经是隋炀帝营建的新都,在唐代时是与长安城并驾齐驱的东都,在武则天时更是武周王朝至高无上的"神圣之都"——神都,此后还是五代后梁、后唐、后晋的国都,以及后汉、后周、宋朝的陪都。这里,是武则天的龙兴之地,是唐玄宗的夺权之地,是狄仁杰、娄思德、姚崇等唐代名相的崭露头角之地;这里,是杜甫、刘禹锡、元稹、李贺的故乡,是大诗人白居易、大书法家颜真卿的长居地、长眠地,是李白、高适、王维、孟浩然等大诗人的赏花弄柳之地,是文学艺术家韩愈、杜牧、李龟年的吟风弄月之地;吴道子在此绘出千古长卷,李龟年在此谱出不朽乐曲。即便在北宋时,洛阳也是闻名遐迩的文化之都,欧阳修、司马光、王安石、范仲淹、苏轼、邵雍等政治、文化名人先后在此游览风光,安享生活。并且,这里还是名相吕蒙正、富弼的老家,是理学创始人程颢、程颐的故乡。著名文学家苏轼的弟弟苏辙在《洛阳李氏园池诗记》中曾感慨:"洛阳贵家臣室,园囿亭观之盛,实甲天下。"邵雍的孙子邵博也曾感叹:"洛阳名公卿园林,为天下第一。"[①]"洛阳园林甲天下"的名声不胫而走。"甲天下"的还有北宋的洛阳牡丹,正如前述,欧阳修在《洛阳牡丹记》中所言:"牡丹出丹州、延州,东出青州,南亦出越州。而出洛阳者,今为天下第一。"欧阳修所言不虚,洛阳牡丹惊闻天下,古已有之。因此可说隋唐洛阳城是洛阳古都文化的最佳代表。

四、隋唐洛阳城是代表洛阳辉煌的最后一座古都城

洛阳作为古都的历史有一千五百余年之久,从大约公元前 1735 年的夏朝太康时代便已经是全国的政治、经济和文化中心,直到五代时的后晋之后,洛阳才不再为首都,到北宋之后,则进一步失去其全国性地位。隋唐洛阳城作为洛阳最后一座都城遗址,代表着古都洛阳最后的辉煌。

隋炀帝时,隋唐洛阳城曾有过万国来朝的大场面,大业六年(610 年),隋炀帝在洛阳城端门外搭设戏台,吹吹打打,乐声在五十里之外都能听到。前来中国的西域诸国使者在酒馆吃吃喝喝,并不要钱,这样的款待方式,持续

---

① 徐金星.河洛史话[M].郑州:中州古籍出版社,1995:475–481.

将近一个月,让使者们对中国的富庶大为惊叹。此后,隋炀帝每年都要在洛阳大摆宴席款待西域的商人和使者。这种情况一直持续到隋炀帝逃离洛阳。在唐高宗和武则天时,洛阳也曾有过四野八荒朝拜的繁盛场面,这是唐王朝发展的上升期,政治清明,国家富庶,老百姓安居乐业,歌舞升平。只可惜,这样的场面却成为洛阳城的落日余晖。

五、隋唐洛阳城是洛阳宗教文化的一座高峰

西周时,周公在洛阳制礼作乐,东周时,孔子曾入周问礼,因此说,洛阳是儒家文化的渊源之地;东汉时,白马驮经使佛教在我国首传,因此说,洛阳是佛家文化的首传地;东周时,老子曾在洛阳长期担任守藏室吏,形成道家思想,因此说,洛阳是道家文化的形成地。道教和佛教在我国是在曲折中发展,到隋唐时期才真正走向成熟,并蔚为大观。佛教传入中国之后,经过五六百年的发展,到隋唐时进入开宗立派的新时期,如华严宗、何泽宗都创立于洛阳,黄龙宗也于北宋时在洛阳创立。如大福先寺、佛授记寺、大遍空寺和龙兴寺等都是当时名重一时的寺庙,大福先寺更是全国知名的佛教文化交流中心。道教的全真清净派、全真南无派等于北宋时在洛阳创立,邙山之上的上清宫是著名的皇家道观,与其相关的道教故事曾影响了道教发展史。因此可以说,隋唐洛阳城的宗教文化是洛阳宗教文化发展的一座高峰。洛阳之所以能够成为宗教圣地,和隋唐洛阳城的宗教发展有着密切的联系。

第二节 隋唐洛阳城对于洛阳旅游发展的启示

隋唐洛阳城是我国都城建造史上的巅峰之作,其建造规制不仅影响后世的都城和城市建设,在东亚文化圈也曾产生积极影响。对于当时的人们来说,洛阳城不仅是全国的政治、经济和文化中心,还是人人向往的旅游胜地。在当时,明堂和天堂是全国最雄伟的建筑,上阳宫是最华丽的宫殿建筑群,神都苑和九州池有着全国最美的风景。天津桥风月无限,游人如织;在皇家花苑里,在私人园林中,牡丹千娇百媚,万紫千红。龙门山色、马寺钟声、洛浦秋风、天津晓月、平泉朝游、邙山远眺、铜驼暮雨等都是洛阳城最美丽、最动人的风景。

京洛重新年,复属月轮圆。云间璧独转,空里镜孤悬。

万方皆集会,百戏尽来前。临衢车不绝,夹道阁相连。

惊鸿出洛水,翔鹤下伊信。艳质回风雪,笙歌韵管弦。

佳丽俨成行,相携入戏场。衣类何平叔,人同张子房。

高高城里髻,峨峨楼上妆。罗裙飞孔雀,绮带垂鸳鸯。

月映班姬扇,风飘韩寿香。竟夕鱼负灯,彻夜龙衔烛。

欢笑无穷已,歌咏还相续。羌笛陇头吟,胡舞龟兹曲。

假面饰金银,盛服摇珠玉。宵深戏未阑,兢为人所难。

卧驱飞玉勒,立骑转银鞍。纵横既跃剑,挥霍复跳丸。

抑扬百兽舞,蹒跚五禽戏。狻猊弄斑足,巨象垂长鼻。

青羊跪复跳,白马回旋骑。忽睹罗浮起,俄看郁昌至。

峰岭既崔嵬,林丛亦青翠。麋鹿下腾倚,猴猿或蹲跂。

金徒列旧刻,玉律动新灰。甲荑垂陌柳,残花散苑梅。

繁星渐寥落,斜月尚徘徊。王孙犹劳戏,公子未归来。

共酌琼酥酒,同倾鹦鹉杯。普天逢圣日,兆庶喜康哉。

《和许给事善心戏场转韵诗》①是隋代著名文学家,有"一代文宗"之称的薛道衡笔下的洛阳。当时的洛阳,万方集会,百戏正酣,车马不绝,热闹非凡。

晓日清明天,夜来嵩少雨。千门尚烟火,九陌无尘土。

酒绿河桥春,漏闲宫殿午。游人恋芳草,半犯严城鼓。

《洛阳清明日雨霁》②这是唐代诗人李正封笔下的洛阳。当时的洛阳,千门烟火,九陌洁净,河桥春回,宫殿清明,良辰美景,风貌正好。

洛阳宫阙郁嵯峨,千古荣华逐逝波。

---

① 杜茂功.九都诗韵[M].北京:中国科学文化出版社,2001:76-77.

② 杜茂功.九都诗韵[M].北京:中国科学文化出版社,2001:211.

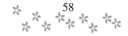

别殿秋高风渐沥,后园春老树婆娑。

露凝碧瓦寒光满,日转觚棱暖艳多。

早晚金舆此游幸,凤楼前后看山河。

《游洛中内》①是宋代诗人苏舜钦笔下的洛阳。当时的洛阳,宫阙嵯峨,碧瓦露凝,别殿秋高,后园春老,一片沧桑看不尽。

隋唐洛阳城虽然已经掩埋地下,当年景色,当年故事也消失在历史烟云之中;当年风物,当年游人,早已经无处可寻,但隋唐洛阳城当年的旅游盛况值得借鉴和学习,并对洛阳当今旅游形成一定启示作用。具体说来,主要表现在以下七个方面。

一、结合洛阳山川风貌发展旅游

隋朝大业元年(605年),隋炀帝便命当时最著名的城市规划和建筑工程专家宇文恺在河洛地区建造隋朝的新都城,这便是隋唐洛阳城的缘起。在建造洛阳城时,宇文恺并未像建造都城大兴城(即长安城)那样严格按照中轴线对称的格局来,而是根据道家"天人合一"思想,结合洛阳的山川风貌来规划洛阳城。洛阳的母亲河洛河被当作天上的银河;宫殿区被当作天帝所居紫微宫;天街为天子之街,与天上的"天街"星座相对应;天津为天界之港口,连通银河(洛河)和天帝居(紫微宫);洛阳城的宫殿区,并未像长安城那样处于都城中心,而是结合洛阳的地貌,坐落在都城东北的高地之上;宫城中轴线也并非严格意义上的城市之中轴线,而是和天上的星座相对应。隋唐洛阳城的这种结合当地山川风貌来建设城市的做法,成为我国城市建造的范例,之后为中外许多城市所效仿,如扬州、杭州、日本京都等。

结合当地山川风貌来发展旅游,不仅可以节省精力,节约人工成本和运输成本,还能将当地自然风光和人文资源统一起来,从而更加满足不同层次游客的不同需求,并体现对大自然的尊重。进行旅游开发,不应该以破坏当地生态环境为代价,只有表现出对大自然的尊重和敬畏,才能顺应天时地利,将旅游开发工作做好。

---

① 杜茂功.九都诗韵[M].北京:中国科学文化出版社,2001:291.

二、打造具有核心竞争力的旅游景区

隋炀帝时期和武则天时期,是隋唐洛阳城城市建造的两座高峰。从隋炀帝到武则天,终于将隋唐洛阳城中轴线上的"七天建筑"建成。"七天建筑",即天阙(伊阙)、天街、天门(应天门)、天津(天津桥)、天枢、天宫(明堂)和天堂,象征以"紫微宫"为中心的天上三垣,成为我国都城建造史上最华丽的中轴线建筑。将天上的天帝所居"搬"到人间,使帝王顺理成章地成为天帝的代言人,成为真正的"天子"。明堂和天堂,作为武周时期全国政治中心和佛教中心,不仅是隋唐洛阳城最高的两座建筑,也是最富丽堂皇的两座建筑,成为隋唐洛阳城的象征物,使前来洛阳的人们见之如见帝王,从而生出畏惧之心和崇敬之情。

对于洛阳旅游来说,就是要像建造明堂、天堂和"七天建筑"一般,不断开发具有核心竞争力的旅游景区。无论自然风光还是人文景观,都是独一无二、与众不同的,这样容易取得"不鸣则已,一鸣惊人"的效果。因此,洛阳旅游,要不断寻找最能代表洛阳历史和文化、最突出洛阳山川地理特征的核心旅游资源进行开发,打造洛阳旅游景区的核心竞争力,以彰显洛阳旅游的优势,从而吸引更多游客。

三、借助文化养生思想,使洛阳旅游更符合休闲度假理念

隋唐洛阳城在建造时,便围绕道家"天人合一"思想展开,而"七天建筑"之一的天阙(伊阙),两山对开,伊水中流,不仅是山水清幽之地,也是佛教鼎盛之地。于北魏时期开始开凿的龙门石窟,在唐朝时达到建造高峰。位于奉先寺的卢舍那大佛,是龙门石窟景区最高的造像,便建造于武则天时期。以奉先寺、香山寺为代表的佛教寺院,香烟袅袅,钟声悠悠,成为隋唐洛阳城最美妙的风景,吸引佛教信徒和文人墨客纷至沓来。难怪在龙门石窟长居、长眠的白居易会感叹:"洛都四郊山水之胜,龙门首焉;龙门十寺观游之胜,香山首焉。"邙山翠云峰之上的上清宫是洛阳北郊的制高点,站在上清宫,能够俯瞰隋唐洛阳城全景。与此同时,上清宫也很好地体现了道家思想,山势险峻,万木成林,一片清幽,是修道养生的好去处。唐高宗李治、唐玄宗李隆基,宋真宗赵恒都曾前往上清宫朝圣,接受道教文化的洗礼。

随着我国经济出现较快增长，居民的生活水平也得到较大幅度的提高。当物质生活得到满足之后，人们对精神世界的追求也会越来越强烈。当人们的工作、生活压力越来越大时，便希望通过某种途径来排减压力。因此，向往山林，通过道教的辟谷、佛教的闭关等方法达到减肥和消除压力的目的，也越来越成为现代都市居民的一种时尚行为。作为佛教的首传地、道家思想的形成地，洛阳有着丰厚的宗教文化和养生文化。因此，可以借助洛阳山水风景之胜，人文资源之多，宗教思想之厚的特色，将洛阳建设成"休闲度假之都，宜居宜商之城"，成为中外游客休闲度假的好去处。

四、借助洛阳河流众多的优势，开展水上旅游

隋唐洛阳城在建造时，便将洛河作为天上的银河来对待，洛河因此成为隋唐洛阳城的内河。与此同时，洛河还是隋唐大运河主河道通济渠的一部分。通济渠西段"自东都洛阳，西引谷水、洛水，东循阳渠故道，由洛水入黄河"①。不仅如此，古水自西北、瀍水自东北、伊水自东南分别流入隋唐洛阳城。此外，人工挖凿漕渠、运渠、泄城渠等渠道，使隋唐洛阳城之内水系四通八达②，不仅方便了城市供水和居民用水，还使得隋唐洛阳城水上交通运输极为发达。经由大运河转运而来的全国货物能够畅通无阻地到达隋唐洛阳城的每个角落，并能转运至各个码头，使隋唐洛阳城成为名副其实的全国交通运输中心，成为当时全国最大的商业大都市和世界闻名的商业之城。

隋唐洛阳城对洛阳水系的充分利用，可以成为洛阳开发水上旅游的范本。时至今日，洛河、瀍河、涧河等河流依旧流经洛阳市区，伊河穿龙门石窟景区而过，在偃师和洛河汇流。不仅如此，洛阳市内还拥有多道防洪渠。借助发达的水系，对河流渠道进行改造，不仅可以美化洛阳市区的环境，使居民的生活更美好，还可以开展水上运动和水上旅游，使洛阳旅游花样更多，内容更丰富，为洛阳打造休闲度假之都增添更多旅游项目。

---

① 石蕴璞.通济渠：运河首期工程　黄淮贯通水道[N].洛阳日报，2011-10-27(11).
② 马依莎.隋唐东都洛阳城水系浅析[J].洛阳理工学院学报(社会科学版)，2011(4)：4-8.

五、满足游客不同需求,推动全民化旅游

隋唐洛阳城是一座国际大都市,帝王将相在此居住、文臣武将在此闲居、文人墨客在此唱和、中外客商在此经商,更有许多平民百姓在此生活。所以说,隋唐洛阳城兼容并蓄,包罗万象,使得不同层次的游客在隋唐洛阳城都能看到不同的风景,寻找到不同的内涵。尤其到了上巳节等适合出游的好时节,洛阳城人潮汹涌,川流不息,成为全民出游的写照。

而今,通过举办中国洛阳牡丹文化节、中国洛阳河洛文化旅游节等节庆活动,在适合出游的春季和秋季,洛阳正吸引着国内外游客纷至沓来,云集影从。与此同时,洛阳还要倡导全民化旅游理念,增加旅游景点,增设旅游项目,突出洛阳特色,彰显时尚特征,使旅游适合不同层次、不同理念的游客。让热爱文化的游客能在洛阳看到古都文化;让前来休闲的游客能够缓解疲劳,释放压力;让热爱时尚旅游,追求探险刺激的游客能够拥有更多体验乐趣;使儿童游客游有所乐,使青年游客游有所好,使中年游客游有所享,使老年游客游有所看,真正使全民旅游在洛阳兴起。

六、借助洛阳旅游资源优势,打造全域旅游

隋唐洛阳城在其所处的时代,拥有至高无上的地位。它是隋炀帝营建的新都,它是唐高宗、唐玄宗所倚重的东都,它是武则天所推崇的神都,它是后梁、后唐、后晋的都城,它是后汉、后周和北宋的陪都。对于前来隋唐洛阳城的游客来说,无论是龙门山色还是马寺钟声,无论是铜驼暮雨还是天津晓月,都比不上洛阳城的高山仰止。正是它的庄严、它的雄伟、它的博大、它的繁华,吸引着来自国内外的游客以朝圣的心情瞻仰它、观赏它、亲近它。也就是说,对于大多数游客而言,隋唐洛阳城是当时闻名遐迩的文化之都和旅游名城,它本身就是一个大景区。

这种将一个城市作为一个旅游整体的概念,在当今也得到广泛应用,这便是全域旅游。在洛阳发展全域旅游,就要把洛阳当成一个开放的景区,在洛阳城随处可观花,到处可看景。这便要求对城市整体的美化,不仅要讲求绿化面积,还要重点开建小景点,使洛阳城成为风景宜人的旅游名城,再现隋唐洛阳城当年的景色,重塑洛阳旅游业的辉煌。尤其要加强对城市公园、

社区花园的建设,不仅使本地居民安居乐业,还使游客随处便可欣赏到美丽风景,提高游客对洛阳的美誉度。

七、借助洛阳人文资源优势,推动人文旅游

对于唐宋许多游客来说,来隋唐洛阳城旅游,不仅仅是欣赏帝都的美景,更是对传统文化的缅怀。这正如南宋诗人陆游所言:"永怀河洛间,煌煌祖宗业。"黄河和洛河交汇处的这片土地,曾是夏、商、周三代所居,曾是东汉、曹魏、西晋、北魏都城所在的汉魏洛阳故城所在地。在唐宋时,还遗留有汉魏洛阳故城废墟,断壁残垣,一片凄凉,冷雨无声,使游客生出《黍离》之悲。"一树摧残几片存,栏边为汝最伤神。休翻雨滴寒鸣夜,曾抱花枝暖过春。与影有情唯日月,遇红无礼是泥尘。上阳宫女诗思多,莫寄人间取次人。"①这是北宋学者李觏的《残叶》,面对萧瑟宫殿,空有一番感慨。那时的人,来到隋唐洛阳城,最易发思古之幽情。

时至今日,隋唐洛阳城也成为古都洛阳的写照,书写了洛阳作为古都最后的辉煌。洛阳发展旅游,要借助悠久的历史、深厚的文化等历史文化资源优势,使洛阳的人文旅游再上台阶。除了龙门石窟、白马寺、关林之外,挖掘如周公庙、孔子问礼碑、邵雍故居、范仲淹墓、二程故里、颜真卿墓、玄奘故里等人文遗址、名人墓葬、名人故居这些优秀人文资源,使游客在游山玩水、赏花看景之余,有更多地方能够凭吊,有更多景点能够发思古之幽情,追慕古圣先贤,寻找圣人遗迹。

第三节　隋唐洛阳城对洛阳旅游发展的作用

"洛阳云树郁崔嵬,落日行人首重回。山势忽从平野断,河声偏傍故宫哀。《五噫》拟逐梁鸿去,六印休惊季子来。惆怅青槐旧时路,年年无数野棠开。"②这是金元之际,诗人杨果所写的《洛阳怀古》。在诗人看来,此时的洛阳充满国破家亡的惆怅。北宋时期,洛阳作为宋人的"西都",是一座文化之

---

① 杜茂功. 九都诗韵[M].北京:中国科学文化出版社,2001:302-303.
② 杜茂功. 九都诗韵[M].北京:中国科学文化出版社,2001:352.

城。这里不仅是富弼、吕蒙正、程颢、程颐等达官贵人、学者诗人的故乡，也是邵雍的"安乐窝"，司马光的"独乐园"，欧阳修、王安石、苏轼等人都曾长居于此。然而，到了金元时期，洛阳城早已经宫城残破，万户萧条，成为山河破碎的真实写照。那时诗人们眼中的洛阳，最多的便是作为古都而存在，在此缅怀古迹，追忆往昔。也许，在他们看来，金元洛阳城，就像出身名门却没落风尘的贵族女子，满身都是往昔，满眼都是怜惜。

的确，隋唐洛阳城宫阙万间，挥汗如雨，车水马龙，万国来朝的繁盛场景还在诗人梦中。那种鼎盛与繁荣，是这般难忘，那是洛阳城最后的辉煌，因此在他们的记忆中时隐时现，难以忘怀。即便是在今天，我们谈论洛阳，谈论洛阳旅游时，隋唐洛阳城也是一道永恒的风景。

一、隋唐洛阳城是洛阳古都游的文化地标

隋代时，奉隋炀帝杨广之命，当时顶级的建筑专家宇文恺开始在洛河两岸营建东都。这座因河而建的都城，是当时世界上最大的城市之一，也是我国历史上最大的城市之一。唐代沿用了隋代的洛阳城，并专门进行了修缮，尤其是武则天时期，建造的明堂天堂以及著名的"七天建筑"更是隋唐洛阳城的地标。隋唐洛阳城是世界都城建造史上的典范之作，我国后世的都城几乎都有它的影子。由于"山河拱戴，形势甲于天下"，洛阳屡屡成为群雄逐鹿之地，以洛阳为代表的中原地区是我国最易遭受兵灾，苦难最为深重的区域。因此，不但夏商周三代在洛阳的都城已经被深埋地下，就连汉魏洛阳城、隋唐洛阳城这般的巍巍大都也毁于战火。在此后的一千多年里，洛阳不为古都，遗留下来的作为古都的存在少之又少。隋唐洛阳城国家遗址公园的兴建，尤其是多座历史建筑的再建与复原，将会使洛阳以崭新的姿态屹立于我国古都之林，使洛阳的古都游名副其实。因此，隋唐洛阳城的"再造"可谓是恰逢其时。超大型园林对一座城市旅游的影响是深远而重大的，如北京的故宫、颐和园，西安的大唐芙蓉园、开封的清明上河园。隋唐洛阳城不仅是洛阳的"故宫"，也是洛阳的"清明上河园"，景观遍布洛河两岸，明堂天堂雄伟壮丽，"七天建筑"气势雄浑，"天津晓月"奇景再现，洛阳城的复古风貌进一步彰显，千年帝都因此实至名归。

二、隋唐洛阳城是运河游的焦点城市

不仅如此,隋炀帝建造东都洛阳,其中一大重要原因便是使水运更为便利、快捷。洛阳,可以说是一座因运河而兴起的城市。在我国境内开凿人工河流的年代,虽然最早可以追溯到两周时期,如春秋时期吴国修建邗沟;战国时期魏国修建鸿沟;秦朝修建灵渠等。但真正将我国南北方连接起来,贯穿南北,还是隋炀帝时期建造的大运河。大业元年(605 年),在登基之初,隋炀帝便修建通济渠,西段使洛水与黄河相连,东段引黄河水入淮河,与邗沟相接,直通长江。大业四年(608 年),又向北开凿永济渠,引沁水、卫水、淇水,通航到天津,经永定河直达涿郡,也就是今天的北京①。这条运河呈"人"字形,洛阳便在"一撇"和"一捺"连接的中心位置,是运河的中心之城。隋唐洛阳城在当时是全国的航运中心,是南北货物重要的集散地,是著名的货运之都。隋炀帝巡幸江都(今天的扬州),由大运河返回东都洛阳时,曾引得全国震动,万人空巷。虽然随着洛阳历史地位的下降,元代时运河改道,不再经过洛阳,但洛阳与大运河依然有着千丝万缕的联系。随着大运河成功申遗,由此而兴盛起来的运河游将会给运河沿岸城市带来新的发展契机。洛阳这座曾经的运河中心,也会因运河游再添旅游热点。隋唐洛阳城国家遗址公园会成为运河游的重要支点,游客在此追忆隋唐盛景,发思古之幽情,势必会成为世界文化遗产——大运河的焦点旅游景区。大运河城市旅游推广联盟和大运河文化带产业联盟于2014 年 6 月和 2017 年 12 月相继成立,运河沿线城市抱团取暖、合作共赢的意识逐渐增强。洛阳如能把握机遇,与运河城市积极联合,使运河游蓬勃开展,将会取得更好的成效。

三、隋唐洛阳城是洛阳丝路游的重要支点

在隋唐时期的洛阳城内,曾多次出现驼队浩浩荡荡出发,满载而归,举城为之疯狂的场面。隋大业六年(610 年),隋炀帝邀请西域的酋长和商人,在东都洛阳参加商品交易会,使得洛阳城出现如火如荼的商品交易场面,可被视为中国历史上第一次商品交易会——"洛交会"。隋炀帝设西海郡、河

---

① 邵如林. 运河中心话洛阳[M]. 北京:中国旅游出版社,2015:57-61.

源郡等,武则天设北庭都护府,为丝绸之路的畅通以及东西方货物和文化的交流做出很大的贡献。可以说,隋唐洛阳城是丝绸之路辉煌的见证。"一带一路"对全球经济发展产生了重要的推动作用,越来越多的国家参与到由我国倡议的"一带一路"中来,借以加强与我国的联系,并以此振兴本国经济。不仅如此,"丝绸之路"的"长安—天山廊道路网"也于2014年成功入选世界文化遗产。可以预见,在不远的未来,丝绸之路将为越来越多的国家所熟知,从而推动我国丝路游的发展。早在2014年,便有人提出"以旅游助推丝绸之路经济带建设",认为"中国作为古丝绸之路的发源地、丝绸之路经济带建设的倡导者,应主动对接中亚、西亚和欧洲沿途国家,在现有国际旅游合作交流的基础上,促使这一经济带尽早形成旅游经济共同体,促进沿途国家之间开展旅游合作"①。丝绸之路旅游联盟和丝绸之路国际城市联盟相继于2015年6月和9月成立,洛阳作为两个联盟的会员单位,与其他城市"资源共享、市场共促、形象共推、责任共担",推动旅游产品的一体化开发推广和联合营销,对洛阳丝绸之路相关景区的宣传和推广,具有极为重要的作用。隋唐洛阳城是洛阳丝路游的重要支点,不仅拥有定鼎门遗址博物馆这样的世界文化遗产单位,还有明堂天堂景区这样的唐代洛阳城的象征,在建的"两坊一街"更是当时商贾云集、游人齐聚之地。因此,对于推动丝绸之路旅游来说,隋唐洛阳城有着极为重要的历史地位和现实意义。

四、隋唐洛阳城拥有独特的旅游资源

隋唐时代是我国历史上的鼎盛时代,作为国家都城的隋唐洛阳城是当时世界上最大的城市之一。因此,即便是成为历史遗迹的今天,它的内容之丰富,文化之厚重,也是其他历史文化名城所难以比拟的。

第一,它拥有独特的都城文化。和方方正正的隋唐长安城不同,它依河而建,格局又和天象相映照,展现出"天人合一"的建筑格局,成为后世宫殿建筑和园林的有力参照。隋唐洛阳城的都城文化是洛阳古都游的文化依托,是洛阳较为独特的旅游资源。

第二,隋唐洛阳城拥有独特的帝王文化,尤其是隋炀帝杨广和我国历史

---

① 杨柳.以旅游助推丝绸之路经济带建设[N].人民日报,2014-7-3(2).

上唯一的一位女皇武则天,隋唐洛阳城与之密切相关。隋炀帝虽然不是"明君",但也是位雄才大略的皇帝,开凿大运河,完善科举制,他的功绩载于史册,并彪炳千秋;武则天将洛阳定为"神都",其命运和洛阳紧密相连。如果开发较好,隋唐洛阳城的帝王文化能够成为优秀的旅游资源,为洛阳旅游业的发展增添一支生力军。

第三,它拥有独一无二的宗教文化。唐代是我国历史上少有的既尊崇道家也信奉佛教,同时又主推儒家的王朝之一。儒、道、佛在唐代的恩怨纠葛,是三教在我国历史上既相互联系,又相互斗争的发展缩影。隋唐洛阳城有儒家元圣周公的庙宇——周公庙,有武则天礼佛的天堂,有见证隋唐佛教兴盛发展的龙门石窟,不远处有相传为道家始祖老子所居的上清宫,在我国古都之中是较为罕见的。

第四,它拥有独特的影视旅游资源。隋唐洛阳城是隋炀帝、武则天、狄仁杰、上官婉儿长期生活的城市,又是隋唐战乱时兵家必争之地。我国古装影视剧屡屡以隋唐洛阳城为故事发生的背景,并且,狄仁杰和武则天还是影视剧里的常客。如果要以影视剧为抓手,推动洛阳的影视游,隋唐洛阳城必将是最重要的文化载体之一。

可以想见,在不远的将来,隋唐洛阳城国家遗址公园不仅会成为洛阳旅游引人瞩目的奇观,还会成为洛阳城的文化地标,和龙门石窟、白马寺、关林一起,为游人津津乐道,让洛阳人自豪。

第四章

隋唐洛阳城文化旅游资源概述

　　隋唐洛阳城作为城市沿用五百三十余年之久，是洛阳作为古都使用年数仅次于汉魏洛阳故城的都城遗址，是古都洛阳的最后辉煌，从此之后，洛阳便因为地位的衰落而"泯然众人"。事实上，从隋朝到北宋，正是我国封建社会发展的黄金时期。科举制度在全国的推行，使得更多寒门子弟脱颖而出，国家也因此选拔到更多人才。唐朝玄宗之前、宋朝神宗之前，都是我国历史上政治清明、国家发展的好时代。唐高祖、唐太宗、唐高宗、武则天、唐玄宗，都算是较有作为的君主，"贞观之治""贞观遗风""开元盛世"让唐朝成为我国历史上最强大的朝代，真正达到万邦来朝的盛世局面。北宋国力积弱，但政治经济和文化思想空前繁荣，宋太祖、宋太宗、宋真宗、宋仁宗和宋神宗，都是较有作为的君主，"咸平之治""仁宗之治""熙丰变法"让北宋的政治达到前所未有的清明，物质文明更是发展到前所未有的高度。

　　隋唐洛阳城作为隋炀帝营建的新都、唐高宗和唐玄宗倚重的东都、武则天推崇的神都、宋太祖和宋太宗魂牵梦萦的故乡和北宋名副其实的文化之都，得以积累悠久的历史和丰厚的文化，使得隋唐洛阳城成为洛阳古都文化的代表者和洛阳文化的集大成者，为洛阳的文化旅游积累众多的资源。

第一节　古都文化

　　作为隋、唐时期的国家都城以及北宋的陪都，隋唐洛阳城有着深厚的古都文化。从都城遗址到文化遗存,从历史典籍到考古发掘,都为隋唐洛阳城的古都文化提供了诠释和注解。具体说来,隋唐洛阳城的古都文化表现在以下五大方面。

一、隋唐洛阳城是后来都城建造的范本

隋唐洛阳城从隋朝炀帝年间开始建造,到武则天时期达到城市建造的高峰,前后历经一百余年之久。隋唐洛阳城与隋唐长安城不同,与之前包括汉魏洛阳故城在内的任何一个都城都不尽相同。它采用道家"天人合一"思想理念,将洛阳的山川河流融入都城建造中,并将隋代的天文观体现在新都之中。它以龙门伊阙为天门,即"天阙";以洛水为银河,以宫殿为紫微宫,并有天津、天街等,中轴线上的建筑便是以天宫紫微宫为中心的三垣,不仅将洛阳城建成国家都城,还建成名副其实的"天子所居"。因此,隋唐洛阳城是不规则的,并不像长安城那样以中轴线为中心东西严格对称,而是结合洛阳的山川风貌,将宫殿区建造在整座城偏东北的高地之上。也就是说,隋唐洛阳城不像是一座严格意义上象征皇权至高无上的国家都城,而更像一座山水园林城市。整个洛阳城更像是一座皇家园林,是帝王们的休闲度假之都。隋唐洛阳城中轴线上的"七天建筑",被称作我国都城建造史上最华丽的中轴线建筑,代表着我国都城建造的一大高峰,为后世许多城市所模仿,影响甚至波及东亚文化圈的韩国和日本。

以武则天时期建造的明堂而言,它是隋唐洛阳城两座最高的建筑之一(另一为天堂),也是整座城最富丽堂皇的建筑,是我国历史上最宏伟的木质结构建筑之一。据《中国建筑史》记载:"毁乾元殿,于其地作明堂。以僧怀义为使,凡役数万人。明堂高二百九十四尺,方三百尺。凡三层,下层法四时,各随方色,中层法十二辰,上为圆盖,九龙捧之。上层法二十四气,亦为圆盖,以木为瓦,夹纻漆之,上施铁凤,高一丈,饰以黄金。中有巨木十围,上下通贯,栭、栌、樀梲,借以为本。下施铁渠,为辟雍之像,号曰万象神宫。"[①]武周时期的明堂,是融政治、宗教和教化为一体的建筑,是国家的象征。在我国历史上,西周、曹魏、北魏、北宋和明清时都建有明堂,但武周时期的明

---

① 梁思成.中国建筑史[M].天津:百花文艺出版社,1998:97.

堂是历代明堂之中气势最恢宏的。北京的天坛祈年殿便是以隋唐洛阳城的明堂为蓝本建造的,可见其产生的深远影响。

二、隋唐洛阳城承载了半部隋唐五代北宋史

隋唐洛阳城作为城池使用的历史,从隋朝大业元年(605 年)开始,一直到北宋靖康元年(1126 年),进犯北宋的金国西路军攻陷洛阳为止,在这五百余年间,隋唐洛阳城曾发生了许多震惊全国的大事件,如隋炀帝修运河、乘龙舟出游、大宴西域使者、三次征高句丽和巡视西域北疆;王世充占据洛阳,建立郑国;李世民大战王世充,在洛阳接见取经归来的洛阳人玄奘,征高句丽;唐高宗以洛阳为东都,大宴西域使者,封禅泰山,造上阳宫和合璧宫;武则天称帝,以洛阳为神都,任用酷吏,提拔狄仁杰,建明堂天堂,提升佛教地位,立天枢,杀酷吏来俊臣,立李显为皇太子,改革科举制度,病故;武氏被铲除;唐玄宗毁天枢,任贤相,开创"开元盛世";安史之乱;牛李党争;李白、杜甫和高适在洛阳会面;白居易居龙门香山与刘禹锡、元稹相唱和;新乐府运动的兴起;朱温篡唐;李存勖以唐代梁;石敬瑭建立后晋;洛阳人赵匡胤、赵光义、赵普显名于乱世;欧阳修撰写《五代史》《新唐书》;司马光撰写《资治通鉴》;宋仁宗修嵩阳书院;理学家邵雍迁入洛阳;洛阳人程颢、程颐以理学知名全国,理学也因此称"洛学";等等。

也就是说,从隋朝到北宋的五百多年里,于史有载的大事件大多与隋唐洛阳城有关;我国文化史上发生的重要事件,也多半与隋唐洛阳城有关。因此从一定意义上说,隋唐洛阳城承载了半部隋唐五代北宋史,洛阳辉煌的古都文化在隋唐洛阳城熠熠生辉。

三、隋唐洛阳城成为我国城市发展的蓝本

隋唐洛阳城布局紧凑,结构合理,尤其借助洛阳的地理地形条件,使隋唐洛阳城能够因地制宜,最大限度地展现城市的秀美风情。它借助洛阳发达的水系优势,构建发达的城市水系网,洛水中流,横穿隋唐洛阳城而过;古水自隋唐洛阳城西北流入,流经神都苑和上阳宫;瀍水从安喜门附近流入,流经北市和漕渠汇流;伊水从长厦门附近流入,流经南市汇入运渠;通济渠从厚载门和定鼎门附近分别流入,最终汇入洛水。除了洛水、伊水、瀍水和

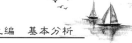

古水之外,还有运渠、通济渠、漕渠、泄城渠等多条人工渠道,使得隋唐洛阳城水上交通运输极为发达,极大便利了洛阳城的居民来往和货物运输,尤其使得隋唐洛阳城内的三大市场——北市、南市和东市面貌为之一新,极大促进了隋唐洛阳城的商业繁荣。正如《哈佛中国史》所言:"洛阳与长安主要的不同是洛阳及其市场和跨地域贸易所要依靠的是水上交通的便利。"①与此同时,隋唐洛阳城还是一座运河上的城市。它是隋唐大运河的货物运输中心,南来北往的货物通过洛河和通济渠源源不断地从全国各地进入洛阳,然后由洛阳运往京城长安。也就是说,隋唐洛阳城能够充分运用当地的山川地理盘活交通运输路线,对河流利用达到最大化;商业区在居民区之内,对商业的繁荣具有极大的促进作用。因此,它成为后世城市发展的蓝本。

四、隋唐洛阳城是闻名遐迩的世界名城

洛阳是中华民族的根文化——河洛文化的发源地,是夏商周三代的定鼎地,是儒、释、道三教的重要渊源地,是十三朝古都,是丝绸之路的东起点,是隋唐大运河的中心,是闻名遐迩的中华圣城。从汉魏开始,洛阳曾六次跨入世界性大都市的行列,其中以隋唐洛阳城最为显著。当时洛阳城的人口在百万以上,商贾云集,货物堆山,来自波斯、天竺的客商在洛阳城购买货物,通过丝绸之路运往西方,然后再将西亚、北非、欧洲等地的货物,源源不断地运往洛阳城来贩卖;来自日本和朝鲜的遣唐使、留学生和僧人,奔走在河洛大地上,更有不少人在此居住,并在此长眠。在世界历史上,隋唐洛阳城也是闻名遐迩,正如《哈佛中国史》所言:"在北方,最重要的外贸中心是两都长安和洛阳。其国际人口不同于南方的港口,主要要由突厥人、回鹘人和粟特人组成,与群集交州、番禺和福州的占婆人、高棉人、爪哇人及僧伽罗人形成了对照。"②

气势恢宏的隋唐洛阳城曾经令前来洛阳的各国使者难以忘怀,它的构造也影响了韩国、日本等东亚国家。像日本的藤原京、平城京(今奈良)和平安京(今京都)三大古城遗址,无论建造样式还是规划布局,都和隋唐洛阳城

①　陆威仪.哈佛中国史[M].张晓东,冯世明,译.北京:中信出版社,2016:85-86.
②　陆威仪.哈佛中国史[M].张晓东,冯世明,译.北京:中信出版社,2016:153-154.

有着很深的关联。以京都为例,京都即平安京,始建于日本桓武天皇时期,并于公元794年成为日本首都,一直到19世纪天皇前往东京为止,作为日本都城的历史有一千多年之久。在京都,"洛""京洛""洛阳"等汉字随处可见,京都街头的街碑通常写着"洛阳第某番"的字样,也就说第几号;在日语中,"入洛"便是进京的意思;在日语中,"洛"都是指京都或者首都;直到今天,京都的北边还叫洛北,难怪许多前往日本的我国游客会感叹:"要去京都寻找隋唐时期的洛阳。"

五、隋唐洛阳城是古都洛阳的辉煌之作

在洛阳十三朝古都的历史进程中,而将隋唐洛阳城作为都城的有五个,即隋、唐、后梁、后唐、后晋,占洛阳十三朝的近五分之二。古都洛阳的都城遗址有六座,即二里头夏都遗址、偃师商城遗址、西周成周城遗址、东周王城遗址、汉魏洛阳故城和隋唐洛阳城遗址。隋唐洛阳城是洛阳最后一次作为都城,也是洛阳最后一座都城遗址。但隋唐洛阳城无论是建造风格还是规划设计,与之前的都城相比都具有前瞻性和创新性,因此成为古都洛阳的辉煌之作。

龙门石窟是河南省首个世界文化遗产,也是古都洛阳的荣耀。它开凿于北魏时期,在唐朝时期达到发展高峰,其中,龙门石窟最高的卢舍那大佛造像,便修建于武则天时期。唐朝时期的龙门,寺庙有十余座之多,香火鼎盛,信徒络绎不绝,唐高宗、武则天、唐玄宗等帝王曾多次亲临礼佛避暑,宋之问、白居易、刘禹锡等文人雅士曾多次游览参观,龙门山色更是成为隋唐洛阳城首屈一指的景观。此外,古都洛阳的另一荣耀牡丹,相传便在是隋朝时移入东都洛阳,经过洛阳文化的浸润和河洛大地的滋养,在宋朝时便已经是"天下第一"。北宋时,许多私家园林以培育牡丹为荣,如姚黄、魏紫、赵粉等都是名动天下的洛阳牡丹名品。花开锦绣,古都风流,成为隋唐洛阳城难得一见的奇妙景观。像佛教首传寺庙白马寺、道教圣地上清宫,都和隋唐洛阳城有着很深渊源。因此说,隋唐洛阳城代表着古都洛阳最后的辉煌,也是毫不为过的。

第二节 名人文化

从隋朝到北宋的五百多年间,正是我国封建社会日益走向成熟和鼎盛的时期,涌现出灿若群星的名人,使河洛大地熠熠生辉,使隋唐洛阳城光耀千古。具体说来,隋唐洛阳城的名人共有以下五类。

一、帝王

其一,扬名洛阳的皇帝,以营建新都洛阳城、修建大运河的隋炀帝杨广和将洛阳命名为神都,并修建明堂和天堂的女皇武则天最为知名。

其二,多次驻跸洛阳的皇帝,如在洛阳宫接见取经归来的高僧玄奘大师的唐太宗李世民、前往上清宫朝拜还愿的宋真宗赵恒等。

其三,出生于洛阳的皇帝,开创"开元盛世"的唐玄宗李隆基;出生在洛阳夹马营、之后黄袍加身成为开国君王的宋太祖赵匡胤以及赵匡胤的弟弟宋太宗赵光义等。

这些帝王,是隋唐洛阳城优秀的名人文化资源,也是具有巨大开发潜力的旅游资源。以武则天为例,作为我国历史上唯一一位女皇帝,其生平向来为文学影视作品所看重,几乎每年都有以她为主角的影视剧出现。如果使用得当,武则天将成为隋唐洛阳城的核心旅游资源。

二、宰辅

其一,名声显赫,闻名后世的宰辅。如受武则天提拔,政绩卓越,对唐有大功勋,被后人塑造成断案高手的名相狄仁杰。

其二,长期在洛阳执政的宰辅。如坚持己见维护李唐的裴炎,中正刚直的魏玄同,兢兢业业尽职尽责的张光辅,曾参与神都洛阳建设的忠君宰相李昭德,曾监造天枢的武周宰相姚璹,两度为相的陆元方,明哲保身的两朝宰相豆卢钦望,文臣为将、镇守边关的唐休璟,洁然自守、学识俱佳的崔玄玮,沉稳有谋、能断大事的名相张柬之,上书直谏的桓彦范,持平无私、纲条悉举的武元衡以及写成千古名作《资治通鉴》的文豪宰相司马光等。

其三,出生于洛阳的宰辅。如为人正直、能文能武的隋朝名将元寿,拥立少帝杨侗继位艰难维持局面的元文都,大唐元老功臣、功高盖主的长孙无忌,国之柱石、改革名相张说,中庸立身、无功无过的卢迈,精通儒学、器识谨重的曹确,"半部论语治天下"的北宋名相赵普,刚直持正、三度为相的名臣吕蒙正,布衣献策的张齐贤,不辱使命、坚守成规的富弼,倡导民族和谐的温仲舒,卓有政绩的参知政事王曙等。①

目前,如狄仁杰,已经成为影视开发的热门 IP,洛阳作为狄仁杰的扬名之地和长眠之地,对其进行旅游开发的条件更是充足。而洛阳名相云集,完全可以挖掘名相文化,使其成为隋唐洛阳城的优势旅游资源。

三、文化名人

其一,以文显名的名人。如从小在洛阳长大,从洛阳前往长安途中挥泪写就"三吏""三别"的杜甫;晚年长居香山而今长眠白园的大诗人白居易;曾在洛阳悠游唱和的李白和高适;因"永贞革新"三起三落的刘禹锡;和白居易一起发起"新乐府运动"的元稹;一生命运坎坷的李贺;曾两次前往洛阳并到金谷园凭吊的晚唐杰出诗人杜牧;在洛阳定居的"古文运动发起者""唐宋八大家"之首的韩愈;深谙民间疾苦的洛阳诗人元结;认洛阳为故乡的改革领袖范仲淹、北宋古文运动领袖欧阳修;曾在洛阳做官的"三苏"之一苏辙以及宋末流亡岭南的洛阳诗人陈与义等。

其二,以学问显名的名人,如通博五经的一代名儒徐文远;生前居于洛阳,死后葬在洛阳的北宋理学家邵雍;成长于洛阳,知名于全国的北宋理学开创者程颢和程颐;与司马光同修《资治通鉴》的官员学者范祖禹;撰写《洛阳名园记》的北宋著名学者李格非以及老成持重的"东莱先生"吕本中等。

其三,以艺术显名的名人。如建造隋代都城大兴城和洛阳城的著名建筑学家宇文恺;长居洛阳的唐代著名书法家"草圣"张旭;《随身备急方》的作者、名医张文仲;曾在上清宫绘制《五圣图》的画圣吴道子;精通音律的宫廷乐师李龟年;死后葬于洛阳偃师、有"颜筋"之称的著名书法家颜真卿;唐代最负盛名的笛子演奏家李谟;行草俱佳的五代书法家杨凝式;擅山水、工书法、篆籀隶楷皆精通的五代书画家和文字学家杨忠恕,以及擅长佛道鬼神画

---

① 曹自立,周景巧,韩忠厚. 九都宰辅[M]. 北京:中国科学文化出版社,2001:249-389.

的北宋著名画家武宗元等。①

文化名人以其功名垂青史、妙手著华章受到世人敬仰。目前,对文化名人故居、墓葬进行保护修缮和旅游开发的例子比比皆是,一方面,可以为名人故居和墓葬的修缮和保护提供资金;另一方面,可以开展爱国主义教育,使后代子孙铭记祖先们曾创造的文化辉煌。像白居易的长眠之地白园、邵雍故居安乐窝、两程故里、范园等都已经成为洛阳的知名旅游景点。洛阳文化名人众多,有很多名人故居和墓葬可供开发。这是一笔宝贵的文化旅游资源,几乎是取之不尽用之不竭的,因此使得洛阳文化旅游开发潜力巨大。

四、宗教名人

洛阳的宗教名人众多。如西行五万里、前往印度求取佛法的著名佛学翻译家、高僧玄奘;在洛阳写就科技名著《大衍历》的高僧一行;曾游历洛阳大多数寺院,为中日文化交流做出巨大贡献的高僧鉴真;在洛阳悟道的道教"北五祖"之一吕洞宾;在洛阳创立内丹学的道士朗然子;佛教作家道世;禅宗北派之祖神秀;佛经翻译家义净;御用僧人薛怀义;中印佛学家菩提流志;"开元三大士"善无畏、金刚智、不空;华严五祖宗密;茅山法主王远知;药王孙思邈;体玄先生潘师正;贞一先生司马承祯;玄静先生李含光;"八仙"之一张果老;道门论辩家李筌;"醉仙"谭峭;等等。

作为高僧玄奘的故乡,洛阳偃师缑氏镇已经对玄奘文化进行相关旅游开发,如玄奘故里、唐僧寺、玄奘灵苑等,打响"玄奘故里"品牌。事实上,玄奘不仅是高僧和佛教翻译家,还是旅行家,更是我国著名神话小说《西游记》的主人公。目前,《西游记》已经成为我国最热门的影视改编 IP 之一,近些年,几乎每年都有改编自《西游记》的影视作品出现,并取得较好的票房成绩。如 2013 年,由周星驰执导的《西游·降魔篇》,取得票房 12.46 亿元,成为当年的国内票房冠军;2014 年,由郑保瑞执导的《西游记之大闹天宫》,取得票房 10.46 亿元,是当年的国内票房季军;2015 年,由田晓鹏执导的动画片《西游记之大圣归来》,取得票房 9.56 亿元,进入当年的国内票房前十;2016 年,由郑保瑞执导的《西游记之孙悟空三打白骨精》,取得票房 12 亿元,

---

① 李恒雀,等.九都名人[M].北京:中国科学文化出版社,2001:178-320.

是当年的国内票房第五名;2017 年,由徐克执导的《西游·伏妖篇》,取得票房 16.49 亿元,是当年的国内票房第五名;2018 年,由郑保瑞执导的《西游记之女儿国》,取得票房 7.2 亿元等①,由此可见,《西游记》改编炙手可热的程度,在国内无出其右。因此,洛阳要在玄奘故里上多做文章,不仅要打玄奘牌,还要打《西游》牌。

五、著名将领类

"位列云台将,功成凌烟阁",曾是我国古代将领的梦想。洛阳曾是北魏王室所在,是全国举足轻重的战略要地,隋朝开国名将尤其多,即便是唐朝、五代和北宋,也有许多名将在洛阳征战杀伐,立下不朽战功。因此,隋唐洛阳城成为名将云集之地。如北魏皇室出身的隋朝开国将领元胄;平定南朝的隋朝开国大将韩擒虎;文韬武略、战功赫赫的隋朝开国将领王谊;为人正直、战功卓越的隋朝开国将领元谐;隋末将领卫玄;平定江南、第胜统一之战的隋朝开国将领贺若弼;为官清廉、文武全才的宇文福;才智过人的常胜将军元景山;一代名臣元岩;文武兼备的父子名将丘和、丘行恭;抵抗外侮的隋朝名将长孙晟;瓦岗寨领袖李密;平定"安史之乱"、收复洛阳的唐朝名将郭子仪;死后葬在洛阳的北宋开国名将石守信;原籍洛阳的抗金名将种师道;等等。

这些名将,是洛阳的骄傲,尤其是众多洛阳籍或者出生于洛阳的将领,更应该为家乡人民所铭记。如果以这些将领为重点进行旅游开发,开辟洛阳名将园或者洛阳名将文化博物馆等,不仅会成为远近闻名的爱国教育基地,还能使洛阳旅游增添"铮铮铁骨"的又一特色标签。

第三节　诗歌文化

洛阳的诗歌文化源远流长,说洛阳是"中华诗歌之乡"也是毫不为过的。在魏晋时,便曾有"天下文章半洛阳"的说法,可见当时文风之盛。作为唐朝的东都、武周时期的神都、五代的都城或陪都、北宋的西京,隋唐洛阳城是唐

---

① 据电影票房数据库 http://58921.com/.

诗宋词主要发源地。唐诗宋词浸润下的隋唐洛阳城,也是诗词文化兴盛之地。

一、出生或游历于洛阳的诗词名家

其一,洛阳籍诗词名家。如在巩义出生、成长于洛阳的"诗圣"杜甫;自称"家本荥上,籍占洛阳"的诗豪刘禹锡;"新乐府运动"的开创者、北魏皇室后裔洛阳人元稹;"长吉体诗歌开创者"、有"诗鬼"之称的唐代著名诗人、河南福昌(今宜阳县)人李贺;《全唐诗》录诗五卷的唐代宰相、洛阳人张说;曾作《次北固山怀古》的洛阳诗人王湾;以五言诗见长的洛阳诗人元结;擅长七律的洛阳诗人刘沧;擅长诗赋、善画山水的洛阳诗人刘方平;《全唐诗》录诗两卷的唐代宰相、洛阳缑氏人(今偃师市东南)武元衡;《全宋词》存词四首的洛阳诗人刘几;曾任北宋宰辅的洛阳人吕蒙正、富弼;北宋末年著名洛阳词人陈与义;等等。

其二,在洛阳长居的诗词名家。如"上官体"的开创者、位列宰相的上官仪(曾在洛阳为官多年);曾作传世名篇《代悲白头吟》的唐代诗人刘希夷(汝州人士,旅居洛阳多年);大诗人白居易(晚年隐居洛阳,并埋葬在洛阳龙门);有"文章四友"之称的李峤(历任高宗、武后、中宗时期的兵部尚书);《游子吟》的作者、和贾岛并称"郊寒岛瘦"的著名诗人孟郊(举家迁往洛阳,定居洛阳立德坊);香山九老之一的刘真(晚年隐居洛阳);关心民间疾苦的诗人张籍(在洛阳和白居易、刘禹锡等人相唱和,留下多篇名作);《全唐诗》存诗一卷的宰相李德裕(在洛阳伊阙有平泉别墅,洛阳八景之一的"平泉朝游"便是此处);与孟郊多有唱和的刘言史(元和年间长居洛阳);《全唐诗》存诗一卷的于武陵(晚年定居嵩山别墅);晚唐怀古诗代表人物许浑(在洛阳做官,长居于此);年幼时举家迁往洛阳的布衣文士张齐贤;葬于洛阳的"庆历新政"代表人物范仲淹;任西京留守,长居洛阳的北宋文坛领袖欧阳修;晚年隐居洛阳的宰相文彦博;晚年隐居洛阳的官员刘几;在洛阳定居的理学家邵雍;居洛阳十五年,在洛阳建"独乐园"的文学家、史学家司马光;等等。

其三,曾来洛阳做官或者交游的诗词名家。如在隋代为官的薛道衡,曾有名句"人归落雁后,思发在花前";"初唐四杰"之一的骆宾王,曾在洛阳游历;唐代诗文运动革新先驱陈子昂;曾在邙山怀古的沈佺期;和沈佺期并称

"沈宋"的初唐著名诗人宋之问;全唐诗存诗四篇的诗人韦述;以《望月怀远》名动一时的诗人张九龄;山水田园诗派代表诗人孟浩然(曾游历洛阳,并留下多首作品);边塞诗代表诗人李颀(天宝年间游历洛阳,晚年隐居巩义);边塞诗代表人物王昌龄(天宝年间在洛阳做官,以《芙蓉楼送辛渐》名世);山水田园诗派代表诗人、"诗佛"王维(曾游历洛阳,以《洛阳女儿行》名世);"诗仙"李白(曾游历洛阳,在洛阳遇见杜甫,结下深厚友谊);山水田园诗派代表诗人储光羲(曾在洛阳游历,和李白、日本人晁衡交游甚多);古文运动先驱李华(开元年间进士,"安史之乱"曾在洛阳受伪职);以《枫桥夜泊》名扬天下的诗人张继(曾羁留洛阳,在洛阳游历,怀古);《全唐诗》存诗三首的张万顷("安史之乱"曾在洛阳受伪职);"大历十才子"之一的钱起(曾在龙门香山游历);山水田园诗派代表诗人韦应物(曾任洛阳丞);《全唐诗》存诗四首的冯著(德宗年间任洛阳尉);有"五言长城"之称的刘长卿(曾作《龙门八咏》);边塞诗代表人物李益(曾在洛阳任河南少尹);"新乐府运动"的先导诗人王建(曾在洛阳作多首怀古诗);"唐宋八大家"之首、"文起八代之衰"的韩愈(曾因公务旅居洛阳);诗画双绝的顾况(曾在洛阳游历,写《洛阳陌》诗);以《从军行》名世的陈羽(曾在洛阳游历,作《洛下赠徹公》);诗文赋俱佳的张仲素(曾羁留洛阳,作《夜闻洛滨吹笙》);以"国色朝酣酒,天香夜染衣"扬名的李正封(曾任职洛阳,作《洛阳清明日雨霁》);与白居易、刘禹锡交游唱和的令狐楚(居洛阳,有《赴东都别牡丹》诗);骑驴吟诗的"苦吟客"贾岛(曾拜谒苏秦墓,作《经苏秦墓》);和刘禹锡、贾岛多有唱和的姚合(曾在东都洛阳游历);以"千首诗轻万户侯"的张祜(邓州人,曾寓居洛阳,作《洛阳感寓》);《全唐诗》存诗六首的厉玄(曾和姚合等相唱和,作《猴山月夜闻王子晋吹笙》);晚唐诗坛领袖杜牧(曾游历洛阳,并在洛阳怀古);恃才傲物的诗人雍陶(和贾岛、徐凝等人在洛阳唱和);和杜牧齐名的晚唐代表诗人李商隐(沁阳人,曾在洛阳游历);《全唐诗》存诗一卷的章碣(曾路过洛阳,作《东都望幸》);《全唐诗》存诗四卷的吴融(曾在洛阳怀古,作《上阳宫辞》);和白居易、元稹交游唱和的徐凝(在白居易任河南尹时来到洛阳);《全唐诗》存诗一卷的鲍溶(曾旅居洛阳,作《洛阳春望》);花间词派代表人物韦庄(黄巢起义时逃居洛阳);《全唐诗》存诗一卷的顾非熊(曾旅居洛阳,作《天津桥晚望》);诗文俱佳的司空图(曾在洛阳怀古);《全唐诗》存诗一卷的裴夷直(在洛阳和白居易相唱和);曾在洛阳怀古的邵谒;曾在洛阳吟咏牡丹并怀古的罗邺;曾在洛阳怀古的晚唐代表诗人罗隐;曾参与黄巢起义的著名诗人皮日休(曾作《洛中寒食》诗);花间派代表词人温庭筠(曾作《洛阳》诗);著名诗僧贯休(曾作《洛阳尘》);北宋诗文运动的领袖梅尧臣(与欧阳修在西京洛阳唱和);曾在金谷园怀古、以"梅妻鹤子"名世的林逋;曾在洛阳游历的北宋诗文运动主要倡导者苏舜钦;曾任西京留守推官的书法家蔡襄;曾在洛阳游历的文学家韩维;曾在洛阳游历的大文豪苏轼及其兄弟苏辙;"苏门四学士"之一张耒(曾在洛阳任职);"苏门四学士"之一晁补之(曾在洛阳赏牡丹);抗金名将宗泽(曾游历洛阳,并在洛阳怀古);《全宋词》录词二十四首的陈灌(曾游历洛阳,作《满庭芳》《临江仙》词);等等。①

这些诗词名家,或为洛阳人,或在洛阳长居,或在洛阳游历,或在洛阳做官,对洛阳有着极为深厚的感情。他们所作诗词,成为我国古代文学史上的精品之作,他们在洛阳所作以及与洛阳有关的诗词,点缀着洛阳文学的璀璨星空,使洛阳诗歌蔚为大观,成为古都洛阳的文化底蕴和文学内涵,也成为洛阳文化旅游取之不尽用之不竭的资源和素材,给洛阳旅游增添更多文化注解。如在我国文学史上鼎鼎大名的杜甫、白居易、刘禹锡、元稹、李贺、欧阳修、司马光等诗词名家,都是优秀的文化旅游资源,白居易在洛阳有墓地白园可供凭吊;杜甫在洛阳偃师有墓地可供凭吊;宜阳县建有李贺纪念馆;洛阳有司马光研究会,独乐园遗址现今留存;欧阳修曾作《洛阳牡丹记》,亲自为洛阳牡丹著传立说等,这些旅游资源都可以进行旅游开发,以使这些诗词名家"活"起来,"火"起来。

二、隋唐洛阳城产生的诗歌思想

(一)初唐的宫体诗与初唐四杰

初唐,即唐高祖李渊开国至唐高宗当政这段时期。正如元代作家辛文房在《唐才子传·陈子昂传》中所说:"唐兴,文章承徐、庾余风,天上祖

---

① 杜茂功.九都诗韵[M].北京:中国科学文化出版社,2001:75-333.

尚。"①徐为徐陵,庾为庾信,两人均是南北朝文学的集大成者,也是"宫体诗"的代表性诗人。由于隋代较短,从隋文帝建立隋朝,到隋朝灭亡,只有38年时间。取隋而代的唐朝事实上是隋朝的"近亲",大部分文臣武将都是隋朝旧部。在初唐诗坛,南朝宫体诗的影响还较为严重,如唐朝元老长孙无忌、许敬宗、虞世南和陈叔达等人,所写诗作多数仍属宫体诗的范畴。在高宗朝权倾一时的老臣上官仪是初唐诗坛具有较大影响的诗人,他曾在洛阳写《入朝洛堤步月》诗:"脉脉广川流,驱马历长洲。鹊飞山月曙,蝉噪野风秋。"②已经将五言诗写得雅致脱俗,但仍未脱离宫体诗的窠臼。上官仪可谓是初唐洛阳诗坛的代表人物,其诗作绮错婉媚,被当时许多诗人效仿,时人称为"上官体"。

但真正使初唐诗歌为之一变的,是陈子昂和有"初唐四杰"之称的王勃、杨炯、卢照邻、骆宾王。其诗作言辞优美,情真意切。最为重要的是,一改宫体诗内容空洞的缺点,言之有物,或豪迈,或高洁,或沉郁,或激昂,都是在抒发自己的情感。陈子昂和骆宾王都曾在洛阳游历。陈子昂在洛阳道旁与友人依依相别,作《春夜别友人》诗纪念:"银烛吐青烟,金樽对绮筵。离堂思琴瑟,别路绕山川。明月隐高树,长河没晓天。悠悠洛阳道,此会在何年。"③骆宾王曾浪迹洛阳,写有《咏美人在天津桥》诗:"美女出东邻,容与上天津。整衣香满路,移步袜生尘。水下看妆影,眉头画月新。寄言曹子建,个是洛川神。"④无论是写所见还是写别离,都已经气象万千,从而在初唐诗坛吹出一股清新之风。

(二)盛唐诗歌的万千气象

盛唐,即武则天当政到唐玄宗开创"开元盛世"这段时期。经过唐太宗的"贞观之治",唐高宗、武则天的"贞观遗风"和唐玄宗的"开元盛世",唐朝最终由激流成为江海,从细小走向广阔,成为我国封建社会一座不能忽视的高峰。国家统一,政治清明,经济繁荣,文化昌盛,与国外交流频繁,社会生

① 李斌城.中国古代思想史·隋唐五代卷[M].广西:广西人民出版社,2006:265—266.
② 李斌城.中国古代思想史·隋唐五代卷[M].广西:广西人民出版社,2006:266.
③ 杜茂功.九都诗韵[M].北京:中国科学文化出版社,2001:90.
④ 杜茂功.九都诗韵[M].北京:中国科学文化出版社,2001:89.

活安定,最终成就大唐盛世。就连诗歌也一改初唐宫体诗的风格,题材更为丰富,气势更为壮阔。对个体的尊重,对自我的表达,最终使得盛唐诗歌包罗万象,气象万千,呈现出百花齐放、百家争鸣的繁盛局面。

1. 宋之问、沈佺期创律诗

宋之问和沈佺期是活跃在武周时期洛阳城的诗人。两人诗名不相上下,时人并称为"沈宋"。沈宋二人对诗歌进行改革,从而创造新的诗歌种类——律诗,使诗歌工整对仗、讲究平仄、严格押韵,从而为近体诗的发展打下良好基础。据《新唐书·宋之问传》记载,武则天游洛阳龙门,曾让侍从们赋诗应景,并以赐予作诗又快又好者锦袍作为奖赏,左史东方虬最先做完,武则天便把锦袍给了东方虬。这时,宋之问也写好献上来,武则天看到宋诗大为赞赏,便把锦袍从东方虬手里夺过来赐给宋之问。这便是"夺锦袍"的故事。由此可见,宋之问的才华确实很高。不过,他和沈佺期依附张易之兄弟,人品很差,被认为是文人无行的典型。宋之问有《寒食还陆浑别业》诗,曰:"洛阳城里花如雪,陆浑山中今始发。旦别河桥杨柳风,夕卧伊川桃李月。伊川桃李正芳新,寒食山中酒复春。野老不知尧舜力,酣歌一曲太平人。"①伊川、陆浑都在洛阳市境内。沈佺期有《邙山》诗,曰:"北邙山上列坟茔,万古千秋对洛城。城中日夕歌钟起,山上惟闻松柏声。"②以此表达对人生短暂、生命无常的感叹,堪称唐代七言绝句的精华。

2. 应制诗

武则天和唐玄宗本身便具有很高的文学修养,同时也是被《全唐诗》收录有诗作的诗人。因此,他们喜欢在游山玩水,节日聚会之时,让群臣作诗表达对山水的喜爱,对风景的欣赏以及对太平盛世的歌颂。古代臣僚,或官宦家庭出身,或进士及第,通常都会吟诗作赋,寻章摘句,作诗自然不在话下。像这样应时应景的奉命所作,便是应制诗。《全唐诗》收录的应制诗不少,写作者包括狄仁杰、宋之问、沈佺期、李峤、杜审言、姚崇、宋璟和苏味道等这样的贤臣名士。不过,应制诗多半为应付之作,格调不高,言之无物,内容空洞,精品较少。由于武则天以洛阳为神都,唐玄宗也多在洛阳处理国家

---

① 杜茂功. 九都诗韵[M]. 北京:中国科学文化出版社,2001:90-91.
② 杜茂功. 九都诗韵[M]. 北京:中国科学文化出版社,2001:92-93.

大事,所以在隋唐洛阳城产生的应制诗较多。像狄仁杰的《奉和圣制夏日游石淙山》诗,便是一首应制诗,其诗曰:"宸晖降望金舆转,仙路峥嵘碧涧幽。羽仗遥临鸾鹤驾,帷宫直坐凤麟洲。飞泉洒液恒疑雨,密树含凉镇似秋。老臣预陪悬圃宴,余年方共赤松游。"①武周久视元年(即公元700年)五月十九日,武则天同诸大臣同游嵩山石淙山,自己作诗一首,并命皇太子李显、相王李旦以及诸大臣作诗纪念。共有十六首和诗,狄仁杰这首便是其一,它也是《全唐诗》中唯一收录的狄仁杰诗作。

3. 山水田园诗

热爱生活的唐代人对大自然会生出欢喜之情,并把这种欢喜之情写成诗,作成歌,于是便有了唐诗的一个独特类型——山水田园诗。诗人们乐山乐水,向往田园,像陶渊明一般向往"归田园居",使得唐代的山水田园诗题材丰富,佳作频出,名家云集。其中,以王维、孟浩然等人最为杰出。孟浩然为仕途失意之人,屡试不第,最终归隐山林,修仙悟道。王维和孟浩然一般,仕途不畅,最终隐于山林之间求佛问道。他们对自然的热爱是真热爱,不是装装样子,故作姿态,因此才将诗歌写得恬淡而明快,清静而自然。王维在洛阳所作的诗歌以《洛阳女儿行》最为知名,但最能代表其山水田园风格的却是《归嵩山作》,其诗曰:"清川带长薄,车马去闲闲。流水如有意,暮禽相与还。荒城临古渡,落日满秋山。迢递嵩高下,归来且闭关。"②恬静、安然,还有对山林的向往,确是山水田园诗的佳作。孟浩然曾作为玄宗朝宰相诗人张九龄的幕僚,因此在洛阳旅居多年,作有洛阳诗多首,其《洛中访袁拾遗不遇》,曰:"洛阳访才子,江岭作流人。闻说梅花早,何如北地春。"③寥寥几语,便将寻访友人不遇的失落和惆怅表现得淋漓尽致。

4. 边塞诗

隋唐时期,我国大一统,幅员辽阔,接壤的国家和民族甚多,不时有民族矛盾和国家之间的摩擦产生,因此也就出现了坐落在边塞的边关。镇守边关的将士们面对的常常是诸如"大漠孤烟直,长河落日圆"这般的凄美场景和"燕山雪花大如席,片片吹落轩辕台"这般的冷寂场景,因此,气氛常常显

① 彭定求,等. 全唐诗·第四十六卷[M]. 北京:中华书局,1960:238-240.
② 杜茂功. 九都诗韵[M]. 北京:中国科学文化出版社,2001:103-104.
③ 杜茂功. 九都诗韵[M]. 北京:中国科学文化出版社,2001:98-99.

得苍凉激越。即便是惯于吟风弄月的文人们，来到边关之后，也会显得壮阔豪迈，有"只解沙场为国死，何须马革裹尸还"的英雄气概，写起诗来，当然也是铁骨铮铮，金戈铁马。这便是唐诗中独树一帜的边塞诗，代表人物有岑参、王昌龄、李益和高适等人。其中，王昌龄有"诗中夫子""七绝圣手"之称，其诗作意境高远，令人膜拜。他曾在洛阳居住多年，即便是远在他乡，也对洛阳充满感情，在其名诗《芙蓉楼送辛渐》诗中便说："寒雨连江夜入吴，平明送客楚山孤。洛阳亲友如相问，一片冰心在玉壶。"①令人为之击节赞叹。李白在洛阳龙门所作《冬夜醉宿龙门觉起言志》，也有边塞诗的气势，其诗曰："醉来脱宝剑，旅憩高堂眠。中夜忽惊觉，起立明灯前。开轩聊直望，晓雪河冰壮。哀哀歌苦寒，郁郁独惆怅。傅说板筑臣，李斯鹰犬人。欻起匡社稷，宁复长艰辛。而我胡为者？叹息龙门下。富贵未可期，殷忧向谁写？去去泪满襟，举声梁甫吟。青云当自致，何必求知音？"②

（三）中唐诗歌的现实主义

中唐，即唐玄宗后期到唐文宗前期这段时期，也就是从"安史之乱"到"黄巢起义"之前。经历了"安史之乱"，唐朝开始走下坡路，唐朝的统治者和官员从举国欢腾的盛世梦中猛然醒来，天灾人祸不断，社会矛盾陡然激化，朝廷内部，宦官专权；朝廷外部，藩镇割据，朝廷力不从心，捉襟见肘。多方压迫下的老百姓，流离失所，无家可归，灾难深重。于是，唐朝的诗人们开始关注现实，为下层劳动人民鼓与呼，并将现实主义题材融入诗作，使唐诗成为现实事件的记述者，更成为唐朝历史的记录者。这其中，以"诗圣"杜甫和大诗人白居易最为显著，其他如元结、孟郊、刘禹锡和元稹等也较为知名。洛阳是现实主义诗作的重镇，杜甫、刘禹锡、元稹是洛阳人，白居易、孟郊和元结等人则长居洛阳。杜甫的现实主义诗作以"三吏""三别"最为知名，正是写于"安史之乱"时叛军和唐军在洛阳对峙时期。杜甫从洛阳省亲返回华州任所，将一路上的所见所闻写了出来，这便是有"诗史"之称的"三吏""三别"。"三吏"即《新安吏》《石壕吏》和《潼关吏》，"三别"即《新婚别》《垂老别》《无家别》，除《潼关吏》外，其余都写于洛阳境内。"新安"即今天的洛阳

---

① 杜茂功.九都诗韵[M].北京：中国科学文化出版社，2001：103.
② 杜茂功.九都诗韵[M].北京：中国科学文化出版社，2001：103.

市新安县,《新安吏》诗曰:"客行新安道,喧呼闻点兵。借问新安吏:'县小更无丁?''府帖昨夜下,次选中男行。''中男绝短小,何以守王城?'肥男有母送,瘦男独伶俜。白水暮东流,青山犹哭声。'莫自使眼枯,收汝泪纵横。'眼枯即见骨,天地终无情! 我军取相州,日夕望其平。岂意贼难料,归军星散营。就粮近故垒,练卒依旧京。掘壕不到水,牧马役亦轻。况乃王师顺,抚养甚分明。送行勿泣血,仆射如父兄。"①至今读来,仍令人为之涕下。白居易在洛阳所作《上阳白发人》也是现实题材的经典之作,其诗曰:"上阳人,红颜暗老白发新。绿衣监使守宫门,一闭上阳多少春。玄宗末岁初选入,入时十六今六十。同时采择百余人,零落年深残此身。忆昔吞悲别亲族,扶入车中不教哭。皆云入内便承恩,脸似芙蓉胸似玉。未容君王得见面,已被杨妃遥侧目。妒令潜配上阳宫,一生遂向空房宿。秋夜长,夜长无寐天不明。耿耿残灯背壁影,萧萧暗雨打窗声。春日迟,日迟独坐天难暮。宫莺百啭愁厌闻,梁燕双栖老休妒。莺归燕去长悄然,春往秋来不记年。唯向深宫望明月,东西四五百回圆。今日宫中年最老,大家遥赐尚书号。小头鞋履窄衣裳,青黛点眉眉细长。外人不见见应笑,天宝末年时世妆。上阳人,苦最多。少亦苦,老亦苦,少苦老苦两如何! 君不见,昔时吕向《美人赋》,又不见,今日《上阳白发歌》!"②上阳白发人之苦,不输琵琶女和卖炭翁,让人为之掩面叹息。

(四)晚唐诗歌的颓废主义

晚唐,即唐文宗后期至唐哀宗时期,也就是黄巢起义之后的唐朝。经历"安史之乱"和"黄巢起义",曾经八方来朝的唐朝已是四面楚歌,曾经如日中天的唐朝已是日薄西山,曾经气势雄浑的唐朝已是气息奄奄。统治者骄侈淫佚,不思进取;大臣们相互倾轧,结党营私;百姓们灾难深重,苦无活路,只好起来造反。诗人们觉得社会黑暗,却又无能为力,只好借诗歌来诉说苦闷。在这期间,无论是对现实的批判还是对美景的欣赏,都带有大难临头的末世色彩,有着严重的颓废倾向。晚唐诗坛的代表人物,为被后世称为"小李杜"的李商隐和杜牧,其他如皮日休、陆龟蒙、罗隐、司空图、温庭筠和韦庄

① 杜茂功.九都诗韵[M].北京:中国科学文化出版社,2001:126-127.
② 杜茂功.九都诗韵[M].北京:中国科学文化出版社,2001:166-168.

等也是名家。李商隐曾在洛阳闲居,写《天津西望》诗,其诗曰:"虏马崩腾忽一狂,翠华无日到东方。天津西望肠真断,满眼秋波出苑墙。"①虽是写安史之乱,却有命运无力之感。杜牧也曾在洛阳游历,并在金谷园、洛阳桥、桃花夫人庙咏怀古迹,其《金谷园》诗曰:"繁华事散逐香尘,流水无情草自春。日暮东风怨啼鸟,落花犹似坠楼人。"②其《题桃花夫人庙》诗曰:"细腰宫里露桃新,脉脉无言几度春。至竟息亡缘底事,可怜金谷坠楼人。"③在洛阳两用"坠楼人",看来在他眼中,真有日月凋零之感。

(五)婉约词和豪放词

在宋代,随着世俗生活的日渐成熟,商业也得到繁荣,尤其是国家经历五代战乱,再度统一之后,经济正逐步走向繁盛。随着人民生活水平的提高,歌舞乐曲等民间文化形式也开始走向多样化。在此时,诗作为对仗工整、平仄严整的文学形式已经不能完全满足世俗需要,而句子有长有短的词便迅速发展起来,并在宋代成为能够和唐诗并驾齐驱的文学形式。

在北宋前期,词作深受唐末五代兴起的"花间词"词风的影响,写的都是离愁别绪、闺怨旅思,被称为婉约派,代表人物是柳永、欧阳修和晏殊。到了北宋中期,以苏轼为首的知名文士,开拓了词作的境界,使之豪迈奔放,气势非凡,因此被称为豪放派,代表人物除苏轼外,还有苏辙、王安石等人。曾在西京洛阳担任留守推官的欧阳修举家定居洛阳,不料却因为替改革派范仲淹辩护惹怒朝廷被贬。在离开洛阳前,欧阳修作《浪淘沙·把酒祝东风》,其词曰:"把酒祝东风,且共从容。垂杨紫陌洛城东。总是当时携手处,游遍芳丛。聚散苦匆匆,此恨无穷。今年花胜去年红。可惜明年花更好,知与谁同?"④满腔的离愁别绪无处安放,只好诉诸洛城美景,有万般无奈在心头。苏轼因"乌台诗案"谪居黄州五年之久,终于等来升迁。他要去汝州上任,在离开黄州前,写就《满庭芳·归去来兮》,其词曰:"归去来兮,吾归何处?万里家在岷峨。百年强半,来日苦无多。坐见黄州再闰,儿童尽、楚语吴歌。山中友,鸡豚社酒,相劝老东坡。云何。当此去,人生底事,来往如梭。待闲

---

① 杜茂功.九都诗韵[M].北京:中国科学文化出版社,2001:241.
② 杜茂功.九都诗韵[M].北京:中国科学文化出版社,2001:228.
③ 杜茂功.九都诗韵[M].北京:中国科学文化出版社,2001:233-234.
④ 杜茂功.九都诗韵[M].北京:中国科学文化出版社,2001:282-283.

看秋风,洛水清波。好在堂前细柳,应念我、莫剪柔柯。仍传语,江南父老,时与晒渔蓑。"①看淡世事之后,心情旷达,汝州离洛阳不远,因此,苏轼打算在"洛水清波"旁"闲看秋风",终老一生,洛阳成为他心灵的最后归宿。

第四节　宗教文化

在中国思想史上,影响最大的宗教是土生土长的道教和源于古印度的佛教以及属于哲学伦理学范畴内的儒家思想。其中与洛阳渊源最深的便是佛教文化。

作为隋朝的新都,唐朝的东都,武周的神都,洛阳和隋唐时期的宗教政策有着极深的关联,隋唐帝王在不同时期的宗教政策都影响着洛阳的宗教文化。在洛阳,曾发生许多在我国宗教史上影响深远的大事。如佛教华严宗在洛阳创立;高僧一行在洛阳写就科技名著《大衍历》;佛教何泽宗在洛阳创立;为中日文化交流做出巨大贡献的高僧鉴真曾游历洛阳大多数寺院;唐哀帝在洛阳邙山建立太微宫;道教"北五祖"之一的吕洞宾曾在洛阳悟道;朗然子在洛阳创立内丹学等。此外,隋唐时期的洛阳,宗教名人众多,出身佛教的有佛教作家道世、禅宗北派之祖神秀、佛经翻译家玄奘、义净、御用僧人薛怀义、中印佛学家菩提流志、"开元三大士"善无畏、金刚智、不空、华严五祖宗密等;出身道教的有茅山法主王远知、药王孙思邈、体玄先生潘师正、贞一先生司马承祯、玄静先生李含光、道门论辩家李筌、"醉仙"谭峭等。

不仅如此,许多佛教和道教的经典著作也在洛阳成书,或与洛阳渊源极深。《般若波罗蜜多心经》《大般若经》《阿弥陀经》等佛家经典为洛阳人玄奘大师所翻译;《圆觉经》由天竺僧人佛陀多罗翻译于洛阳白马寺;《华严经》由僧人实叉难陀翻译于洛阳大遍空寺;《华严金师子章》由僧人法藏著于洛阳佛授记寺;《玄纲论》由唐代道士吴筠著于洛阳嵩山;《玄珠录》由唐代道士王玄览在洛阳写成。

隋唐时期,洛阳名寺云集,名观众多,信徒熙熙攘攘,香客虔诚之至,梵音隐约,香火不绝。如佛教的有大福先寺、佛授记寺、大遍空寺、长寿寺、天

① 杜茂功.九都诗韵[M].北京:中国科学文化出版社,2001:319-320.

竺寺、天宫寺、龙兴寺、菏泽寺、广福寺、香山寺;道教的有玉清玄坛、上清宫、弘道观、开元观、圣真观、通玄观等均为史上有名的寺观,许多历史大事便在这些地方发生。其他寺观更是不胜枚举(详见表4-1)。因此,隋唐洛阳城有着厚重的宗教文化,这是洛阳较有特色的一笔珍贵文化旅游资源。

表4-1　洛阳隋唐时期宗教场所一览表①

宗教归属	名称	年代	所在位置
佛教	洛雁寺	隋代	洛阳城西南延秋
	慧日道场	隋代	洛阳皇城景运门内道右
	法云道场	隋代	洛阳皇城景运门内道右
	敬爱寺	隋代	洛阳城内
	天女寺	隋代	洛阳城内
	云花寺	隋代	洛阳城内
	光发寺	隋代	洛阳城内
	汉王寺	隋代	洛阳城内
	延庆寺	隋代	洛阳城内
	大福先寺	唐代	洛南十方院或在瀍河区塔湾村洛河边
	佛授记寺	唐代	洛南楼子村
	大遍空寺	唐代	洛阳玻璃厂院内
	长寿寺	唐代	洛南十方院之南
	天竺寺	唐代	龙门石窟景区香山寺北端
	天宫寺	唐代	安乐窝村北洛河岸边
	龙兴寺	唐代	洛南东庄以南、古洛渠以北

---

①　赵荣珣.九都释道[M].北京:中国科学文化出版社,2001.

续表 4-1

宗教归属	名称	年代	所在位置
佛教	菏泽寺	唐代	安乐窝村北洛河岸边
	广福寺	唐代	具体位置不详
	景福寺	唐代	洛阳城内
	敬善寺	唐代	洛阳城南
	奉先寺	唐代	洛阳龙门西山南
	奉国寺	唐代	洛阳城内行修坊
	崇化寺	唐代	洛阳城内旌善坊
	安国寺	唐代	洛阳城内宣风坊
	昭成寺	唐代	洛阳城内道光坊
	太平寺	唐代	洛阳城内归义坊
	卫国寺	唐代	洛阳城内殖业坊
	华严寺	唐代	洛阳城内景行坊
	太原寺	唐代	洛阳城内积德坊
	广爱寺	唐代	洛阳城内
	皇觉寺	唐代	洛阳龙门西山
	东魏国寺	唐代	洛阳城内
	菩提寺	唐代	洛阳龙门西山
	广化寺	唐代	洛阳龙门东山
	乾元寺	唐代	洛阳龙门东山
	宝应寺	唐代	洛阳龙门广化寺南
	香山寺	武周	龙门石窟景区香山之阳
	大云寺	武周	洛阳城内毓材坊
	佛光寺	武周	洛阳皇城大内
	同德寺	武周	洛阳皇城大内
道教	玉清玄坛	隋代	洛阳宫城内景云门
	上清宫	隋代	洛阳城徽安门外北邙山上翠云峰
	通真玄坛	隋代	洛阳皇城景云门内道左
	弘道观	唐代	洛阳城修文坊(今安乐窝南)
	开元观	唐代	洛阳城内
	圣真观	唐代	洛阳北市东立和坊(今洛阳一高中校址)

续表 4-1

宗教归属	名称	年代	所在位置
道教	通玄观	唐代	东都洛阳敦化坊(今洛阳栖霞宫)
	老君庙	唐代	洛阳邙山半山腰
	福唐观	唐代	洛阳城内崇业坊(今洛南西岗村)
	玉清玄坛	隋代	洛阳宫城内景云门
	龙兴观	唐代	洛阳城内明教坊(今洛南赵村)
	景云观	唐代	洛阳城内修业坊(洛南西岗村北)
	麟迹观	唐代	洛阳城内敦化坊(今洛南栖霄宫)
	景龙观	唐代	洛阳城内道德坊(今洛阳南关)
	全真观	唐代	洛阳城内宣教坊(今洛南狮子桥)
	道冲观	唐代	洛阳城内绥福坊(今洛南白碛)
	太微宫	唐代	洛阳城内积善坊(洛阳西工下池)
	弘道观	唐代	洛阳城内清化坊(洛阳十字街北)
	开元观	唐代	洛阳城内
	安国观	唐代	洛阳城内正平坊(今洛南赵村北)
	凌空观	唐代	洛阳城内
	延唐观	唐代	洛阳城内

第五节　园林文化

　　洛阳,群山环绕,伊洛瀍涧四水中流,自古便气候宜人,土壤肥沃,山清水秀,万物生长,适合人居。因此,早在五千年前,伏羲、炎帝等上古领袖便带领先民们在此生活。到了隋朝,隋炀帝又看中这块风水宝地,在此营建都城,这便是隋唐洛阳城的前身。为了使洛阳城拥有更优美的风景,隋炀帝从全国各地搜集奇花异草、珍禽异兽、宝石珍木运往洛阳,建造皇家园林。到了唐朝,唐高宗将洛阳定为东都,为了减轻关陇贵族集团给自己的压力,他长期在洛阳居住,并对洛阳的皇家园林进行修整;将都城定在洛阳的武则天,更是大肆建造皇家园林,使洛阳城有了更多风光秀美的皇家园林。经过隋、唐、五代等朝代,历经三百余年的发展,到了北宋时期,隋唐洛阳城不仅是山清水秀、风景宜人的锦绣繁华之地,还是遗存随处、古迹遍地的文化之都。因此,北宋的闲居官员、退休宰辅和文人墨客都喜欢在西京洛阳建造宅院,遂使得洛阳园林繁盛一时,以至于理学家邵雍感叹:"人间佳节唯寒食,天下名园重洛阳。"①苏轼的弟弟苏辙,是"三苏"之一,也在"唐宋八大家"之列,他曾任河南推官,因此在洛阳生活多年,对洛阳名园了如指掌。在他的《洛阳李氏园池诗记》中曾感叹说:"洛阳古帝都,其人习于汉唐衣冠之遗俗,居家治园池,筑台榭,植草木,以为岁时游观之好。其山川风气,清明盛丽,居之可乐。平川广衍,东西数百里,嵩高少室,天坛王屋,冈峦靡迤,四顾可挹。伊、洛、瀍、涧,流出平地。故其山林之胜,泉流之洁,虽其间阎之人与公侯共之。一亩之宫,上瞩青山,下听流水,奇花修竹,布列左右,而其贵家巨室园圃亭观之盛,实甲天下。"②因被诬陷为司马光"元祐党"成员而被迫辞官的学者李格非,回到西京洛阳,并在此长居。由于对园林的喜好,在遍访洛阳名园之后,写就《洛阳名园记》,成为北宋私家园林的重要文献,尤其在隋唐洛阳城毁于宋末战乱之后,《洛阳名园记》便成为尤为重要的洛阳园林史料。

一、隋唐洛阳园林

借助大运河的交通优势以及城内交通水系网,洛阳在隋唐时期成为全国的交通中心和经济中心。随着园林建造工艺在隋唐时期日渐成熟,隋唐洛阳城内不仅拥有多处大型皇家园林,也有不少王公富室致力于园林建造,更有一些文人雅士参与进来,遂使得隋唐时期的洛阳园林名重一时,数量更是达到惊人的两千余处之多。其中,较为知名的园林,在隋代时,有皇家园林西苑、华林苑、榆柳园和平乐园。在唐代时,有皇家园林上阳宫、狮子园、归仁园、集贤园、太平公主园、李德裕园和白居易园等。

① 杜茂功.九都诗韵[M].北京:中国科学文化出版社,2001:295-296.
② 转引自徐金星,许桂声.河洛史话·隋唐洛阳园林[M].河南:中州古籍出版社,1995:472-475.

(一)隋代园林

1.西苑

修建于隋炀帝大业元年（605年），又叫会通苑，唐初改名为芳华苑，武周时期，武则天将其命名为神都苑，以和神都洛阳相匹配。在唐代，也称上苑、上林苑和东都苑。唐高宗和武则天曾对西苑进行修缮，西苑在唐代时虽较隋代规模略小，但气势不减，仍为当时天下闻名的皇家园林。当年，隋炀帝下诏令天下的草木鸟兽进贡到京师洛阳，便放置在西苑之内，几年之后，西苑珍禽异兽云集，奇花异草不可胜数。为了营造仙境的感觉，隋炀帝将西苑建成周长二百余里的大海，在海上，有方丈、蓬莱、瀛洲三座"仙山"；西苑之内，另有十六座别院，以安置来自全国各地的花木山石，西苑也因此有"万园之园"的美誉。它是北方园林的代表，也是后世园林的滥觞。我国南方的苏州园林，北方的皇家园林圆明园，布局手法和建造风格都有西苑的影子。西苑南至伊阙，北至邙山，西至新安县，是我国最大的皇家园林。

2.华林园

具体修建年代已不可考。东汉时称芳林园，三国曹魏时，因避齐王芳讳改称华林园，在汉魏洛阳故城内，北魏时对其进行大规模建造，但历经东汉、曹魏、西晋和北魏等四代的华林园在东魏时毁于战火。隋代时，隋炀帝在洛阳城重建华林园。据史记载，隋炀帝曾在华林园积翠池边让来自全国各地的戏班子演百戏，让宫女们观看。南宋著名诗人马之纯曾写《古华林苑》诗对之进行纪念，其诗曰："当时园上想欢娱，不见当时见画图。缥缈神仙来绛阙，分明人世有蓬壶。庭花唱断风生砌，莲荡归来月满湖。万点华灯星似缀，明朝簪珥得青芜。"[①]

3.榆柳园

在隋唐洛阳城宽政坊，最早为隋炀帝建造，因园内多植榆树和柳树，故名榆柳园。榆柳园是隋代皇家园林，是隋炀帝培植榆树和柳树的皇家植物园，其内榆树高大，杨柳依依，景致优雅，在唐代时，仍为皇家园林。

4.平乐园

在今孟津县平乐村附近，位于汉魏洛阳故城，为隋炀帝时建造。"平乐"

---

① 杜茂功.九都诗韵[M].北京:中国科学文化出版社,2001:347.

之名,出自东汉"平乐观"。永平五年(62 年),东汉明帝为迎接西域入贡飞燕铜马,筑"平乐观",平乐因此得名。隋朝末年,隋军和瓦岗军曾为争夺回洛仓在平乐园附近发生大战,隋军在平乐园修整,被李密率领的十万瓦岗军围攻,双方激战数日,最终以隋军几乎全军覆没而告终。

(二)唐代园林

1. 上阳宫

修建于唐高宗时期,在武则天时期曾对其进行大规模修整和建设,位于洛阳宫西。为司农韦机奉命建造,但因其太过华丽,韦机受弹劾被免职。幸运的是,上阳宫保留下来,成为洛阳城最华丽的皇家宫苑。上阳宫由六部分组成,即观风殿、化成院、麟趾院、芬芳殿、本院及西上阳宫,气势磅礴,风光秀美,既是帝王寝宫,又是可供游玩的皇家园林。上阳宫南临洛水,西与谷水相接,东靠近皇城右掖门,位于今天洛阳市区的洛河以北,涧河以东,纱厂路以南,金谷园路以西,占地面积大约有八平方千米。上阳宫为唐高宗李治和武则天长居之处,因此为历代诗人所吟咏。白居易作有《白发上阳人》诗,白居易的好友元稹也有同名诗,诗人王建写有《上阳宫》,其诗曰:"上阳花木不曾秋,洛水穿宫处处流。画阁红楼宫女笑,玉箫金管路人愁。幔城入涧橙花发,玉辇登山桂叶稠。曾读列仙王母传,九天未胜此中游。"①

2. 狮子园

狮子以"百兽之王"而著称,不怒自威,令人不寒而栗。在佛经中,狮子用来形容佛陀的无畏和伟大。在唐高宗和武则天时期,曾专门在定鼎街东面的宜人坊建造"师子园(即狮子园)",在它的对面,便是隋炀帝建造的榆柳园,在今天的东董庄东南。②

3. 归仁园

为唐代宰相牛僧孺所建,因位于东都洛阳的归仁里,故名归仁园。牛僧孺是中唐的重要政治人物,中唐著名政治事件"牛李党争",便是他和李德裕各站一队,相互倾轧,使中唐的政治局面更加黑暗。牛僧孺担任宰相长达 19 年之久,在晚年时,因惧祸退居洛阳,修筑归仁园养老。归仁园几乎占据整

---

① 杜茂功.九都诗韵[M].北京:中国科学文化出版社,2001:155.
② 郑贞富.伊洛河边兽中王:洛阳狮子记[N].洛阳晚报,2014-6-25(8).

个归仁里,是唐代私家园林中面积最大的一座,其内瀑布飞湍,溪流潺潺,古木参天,绿荫遍地,更单独开辟有桃园和李园,还有种植面积极大的牡丹园和芍药园。据《旧唐书·牛僧孺传》记载:"洛都筑第于归仁里,嘉木怪石,置之阶庭,馆宇清华,竹木幽邃,主人经常和白居易吟咏其间,以无复进取之怀。"①

4.集贤园

为中唐时期的杰出名臣裴度所建造,位于洛南里坊区东南、履道里西侧,因所处位置为里坊区的集贤里而得名。裴度是宪、穆、敬、文四帝时的四朝宰相,后因受宦官排挤,归隐洛阳养老。据《旧唐书·裴度传》记载:"东都立第于集贤里,筑山穿池,竹木丛翠,有风亭水榭,梯桥架阁,岛屿回环,极都城之胜概。"②裴度在集贤园和白居易、刘禹锡等诗人多有唱和,白居易曾写有《裴侍中晋公以集贤林亭即事诗三十六韵见赠》诗,收录在《全唐诗》中。

5.太平公主园

为太平公主居所。太平公主是唐高宗李治和武则天的小女儿,也是武则天最为宠爱的女儿。因其备受宠爱,所以在洛阳建造多处宅邸,太平公主园在积德坊。另外,太平公主在积善坊和尚善坊也有宅邸。

6.李德裕园

即中唐著名宰相李德裕在伊阙之南建造的平泉山庄或者平泉别墅。"洛阳八景"之一的"平泉朝游"便是由此而来。据《太平广记》记载:"初德裕之营平泉也,远方之人,多以异物奉之,求数年之间,无所不有。"③李德裕自己撰有《平泉山居草木记》,里面详细记载木本树种、花卉、水生植物和珍稀药苗六十余种。为此,李德裕得意地说:"其伊、洛名园所有,今并不载。岂若潘赋《闲居》,称郁栋藻丽;陶归衡宇,嘉松菊之犹存。"④李德裕虽不是洛阳人,但李氏坟茔在洛阳,李德裕把洛阳当成自己的故乡,把平泉山庄作为一生的事业来经营。

---

① 刘昫,等.旧唐书[M].北京:中华书局,2000:3042-3043.
② 刘昫,等.旧唐书[M].北京:中华书局,2000:3005-3020.
③ 李昉,等.太平广记[M].北京:中华书局,1961:3271.
④ 肖俊玲.李德裕与平泉山庄:一个私人领域的文化解读[J].西安文理学院学报(社会科学版),2013(6):20-26.

7. 白居易园

即我国唐代大诗人白居易在履道坊的宅院,距裴度的集贤园不足200米,今天的位置在洛河之南的狮子桥村东边,已经发掘出宅院遗址。根据《旧唐书·白居易传》记载:"初,居易罢杭州,归洛阳。于履道里得故散骑常侍杨凭宅,竹木池馆,有林泉之致。家妓樊素、蛮子者,能歌善舞。居易既以尹正罢归,每独酌赋咏于舟中,因为《池上篇》曰:'东都风土水木之胜在东南偏,东南之胜在履道里,里之胜在西北隅,西闬北垣第一第,即白氏叟乐天退老之地。地方十七亩,屋室三之一,水五之一,竹九之一,而岛树桥道间之。'初,乐天既为主,喜且曰:'虽有台池,无粟不能守也。'乃作池东粟廪。又曰:'虽有子弟,无书不能训也。'乃作池北书库。又口:'虽有宾朋,无琴酒不能娱也。'乃作池西琴亭,加石樽焉。"[①]《长恨歌》《琵琶行》等传世名篇便写作于此。

唐代洛阳名园甚多,不能一一记述(详见表4-2)。

表4-2　唐代洛阳名园一览表

园林名称	园林主人	所在位置	类型
魏王池	原属太宗魏王李泰,后归高宗长宁公主	惠训坊	贵族园林
岐王山池	岐王李范	惠训坊	贵族园林
太平公主园	太平公主	积德坊	贵族园林
魏徵山池	魏徵	劝善坊	私家园林
姚开府山池	姚崇	慈惠坊及询善坊	私家园林
归仁园	牛僧孺	归仁坊内	私家园林
白居易园	白居易	履道坊	私家园林
樱桃岛	李仍淑	履信坊	私家园林
集贤园	裴度	集贤坊	私家园林
张嘉贞亭馆	张嘉贞	思顺坊	私家园林
依仁亭台	崔玄亮	永通坊	私家园林

---

① 刘昫,等.旧唐书[M].北京:中华书局,2000:2955-2967.

续表 4-2

园林名称	园林主人	所在位置	类型
履信池馆	元稹	履信坊	私家园林
柳当楼台		履信坊	私家园林
崇让园	苏颋	崇让坊	私家园林
韦璀山池	韦璀	崇让坊	私家园林
王茂元东亭	王茂元	崇让坊	私家园林
奉亲园	薛贻简	温柔坊	私家园林
李著作园		仁风坊	私家园林
苏味道亭子	苏味道	宣风坊	私家园林
袁象先园	袁象先	睦仁坊	私家园林
王守一山亭院	王守一	思恭坊	私家园林
午桥南别墅	狄仁杰卢氏堂姨	洛阳城外午桥南	私家园林
贾常侍林亭	贾至		私家园林
蔡起居郊馆	蔡孚	郊外	私家园林
阙口别业	李憕	城南伊阙	私家园林
崔礼部园亭	崔泰之	伊阙附近	私家园林
龙门北溪庄	韦嗣立	龙门	私家园林
唐卿山亭		东城外	私家园林
王明府山亭		郊外	私家园林
高氏林亭	高正臣	洛阳	私家园林
李氏园林	李十四	郊外	私家园林
郑协律山亭		郊外	私家园林
洛城新墅	牛僧孺	洛阳城外	私家园林
绿野堂	裴度	洛城定鼎门外午桥	私家园林
永通别业	刘略	洛阳东南门永通门外	私家园林
卢尚书庄		洛阳东门建春门外	私家园林
邓韶别墅		建春门外	私家园林
李氏庄		永通门外	私家园林
郑家林亭		洛阳	私家园林

续表4-2

园林名称	园林主人	所在位置	类型
槐亭	皇甫曙	洛阳	私家园林
萧尚书亭子	萧昕	洛阳	私家园林
尉迟司业水阁	尉迟汾	洛阳城东	私家园林
窦使君水亭	窦庠	洛阳	私家园林
都城别墅	卢简求	洛阳	私家园林
东都别墅	李航	洛阳	私家园林
雪堆庄	薛氏	郊外	私家园林
李德裕园	李德裕	龙门伊阙南	私家园林
平泉东庄	令狐楚	李德裕园南	私家园林
韦楚老别墅		李德裕园东南	私家园林
伊川别墅	张诚	洛阳伊川	私家园林
金谷园林	王氏	金谷园附近	私家园林
郭仁钧别墅		上东门外	私家园林
左氏庄		郊外	私家园林
东溪别业	河南尹裴氏	洛阳都门郊外	私家园林
东门别墅	郑仁钧	上东门外	私家园林
精思院		正平坊安国观之内,为玄宗之女玉真公主所建	寺观园林

注:根据李浩《唐代园林别业考录》整理

二、北宋洛阳园林

洛阳是"三代之居",也就是说,在夏、商、周时,洛阳便是一国之都,至北宋时,已经有十三个朝代在洛阳建都,跨越时间长达两千多年。因此,对于北宋时期的人们来说,洛阳既是陪都、西京,又是源远流长的古都和文化厚重的文化之都。再加上宋太祖赵匡胤、宋太宗赵光义、宰相赵普等开国元勋都是洛阳人,北宋的祖陵便位于洛阳近郊的巩义,更增添了洛阳的神圣感。许多闲居贵族、退休官员、文化臣僚和名士文人都喜欢来洛阳定居,以至于各界名流云集洛阳,建亭造园,种花植树,使洛阳名园名重一时。北宋学者李格非在绍圣二年(1095年)写成《洛阳名园记》,对洛阳的名园进行盘点记述,共有19处洛阳名园被列入文章,其中,属于宅园性质的有6处,即富郑公园、环溪、湖园、苗帅园、赵韩王园和大字寺院。属于单独建置的游憩园性质的有10处,即董氏西园、董氏东园、独乐园、刘氏园、丛春园、松岛、水北胡氏园、东园、紫金台张氏园和吕文穆园。属于以培植花卉为主的花园性质的有两处,即归仁园和李氏仁丰园。①

(一) 宅院型园林

1. 富郑公园

富郑公即洛阳人富弼,曾两次担任北宋宰相,受封郑国公,为北宋的一代名相。富弼和范仲淹推行"庆历新政",在神宗朝因反对王安石变法隐退洛阳。富郑公园便是富弼在家乡洛阳的宅邸。据《洛阳名园记》记载:"洛阳园池,多因隋唐之旧,独富郑公园最为近辟,而景物最胜。"又说:"郑公自还政事归第,一切谢宾客。燕息此园,几二十年,亭台花木,皆出其目营心匠,故逶迤衡直,恺爽深密,皆曲有奥思。"②园中有探春亭、四景堂、方流亭、紫筠堂、荫樾亭、幽台、重波轩、梅台、卧云堂、四景堂等亭台景观。富弼经营富郑公园二十年之久,在洛阳名园之中富郑公园景色最胜,自然也在情理之中。

2. 环溪

为皇祐年间进士王开祖的宅院。园内有大池环抱华亭和凉榭,所以称为"环溪"。凉榭南有景楼,可以远望嵩山和龙门,峰峦叠翠,景色宜人;北有风站台,可以远望洛阳城,宫殿城楼,层层叠叠,气势非凡;西有锦厅、秀野台,锦厅可容纳数百人,宏大壮丽,"在洛中无逾者"。

3. 湖园

因园中有大湖而得名,在唐代时,原为名相裴度的一处宅院,在石桥庄附近,时称"石桥别墅"。北宋初年曾为做过宰相的张齐贤的宅邸。张齐贤三岁时随家人迁往洛阳,在洛阳长大,曾在宋太祖赵匡胤马前献治国策略十条,被称为"布衣献策",之后在太宗朝担任宰相,罢相后归隐洛阳。李格非

---

① 周维权. 中国古典园林史[M]. 北京:清华大学出版社,2008:356—366.
② 周维权. 中国古典园林史[M]. 北京:清华大学出版社,2008:261-271.

感叹:"洛人云:'园圃之胜,不能相兼者六:务宏大者少幽邃;人力胜者少苍古;多水泉者难眺望。'兼此六者,惟湖园而已。"对湖园不吝赞美之词。园中有百花洲、四并堂等景点,"百花醋而白昼眩,青萍动而林阴合,水静而跳鱼鸣,木落而群峰出,虽四时不同,而景物皆好"①。

4.苗帅园

节度使苗侯之园,故名,苗侯可能为元祐年间的保康军节度使苗授。苗侯在全国寻找栖身之处,最终选定西京洛阳。苗帅园为五代时后周宰相王溥的旧宅院,苗侯购置后,花费巨资进行整修,使其焕然一新。园中种植有高大的七叶树,栽种大片竹林,并引入伊河之水,可承载十余条石船,水清林秀,为北国水乡。

5.赵韩王园

赵韩王便是赵普,受封韩王。赵普是赵匡胤兄弟的"死党",赵匡胤曾留下"雪夜访赵普"的佳话。赵普也不负众望,以"半部论语治天下",成为一代名相。赵韩王园便为赵普在洛阳的宅院,赵普以太师身份致仕,衣锦还乡,回乡不久便去世了。其子孙并不在洛阳居住,因此,赵韩王园虽风景秀美,名声在外,却有些冷清。

6.大字寺院

为唐时白居易在履道坊的旧宅,在北宋时被张氏购得一半,辟成会隐园。在建造之初,有堂有亭,堂有水,亭有木,只可惜在李格非游览时,堂亭已经不复存在,只有水、木还在,会隐园也成了大字寺院。

(二)游览型园林

1.董氏西园

为富豪董氏游园,董氏名已不考。董氏西园的特点便是树木幽深,如在山林,即便是炎炎夏日,也有清风徐来,令人神清气爽,再加上鸟鸣幽林,百花盛开,更令人心旷神怡。园中草木茂盛,道路纵横交错,游览者往往会迷失道路,就像进入迷宫一样。

2.董氏东园

为富豪董氏的另一处游园。董氏破产之后,东西两园无人管理,渐渐荒

---

① 周维权.中国古典园林史[M].北京:清华大学出版社,2008:318-325.

芜,但风景尚佳。东园有十搂粗的栝树,果实像松子儿一样大。园中有流杯、寸碧二亭,有含碧堂,水流湍急,瀑布飞泻。董氏当年曾在此大宴宾客,欢饮达旦。

3. 独乐园

为北宋政治家、大文豪司马光的园林。司马光因反对王安石变法,离开京城汴梁,来西京洛阳定居,在尊贤坊北部买地二十亩辟为园林,取"独乐乐不如与人乐"之意,名曰"独乐园"。要论独乐园的面积,可能比不上其他任何一座名园,但"山不在高,有仙则名;水不在深,有龙则灵",因为司马光居于此,独乐园便声名远播。司马光的传世史书《资治通鉴》便是在独乐园完成。园中有读书堂、浇花亭、弄水种竹轩、见山台、钓鱼庵、采药圃等景点。

4. 刘氏园

为小官僚刘氏的园林。刘氏园结构合理,建筑适当,园内"楼横堂列,廊庑回缭,阑楯周接,木映花承,无不妍稳"①,洛阳人称其为"刘氏小景"。但在李格非写作《洛阳名园记》时已经一分为二,再也不能与其他名园争锋了。

5. 丛春园

原为位列"洛阳三贤"的司马光门徒尹材的园林,后来卖给隐居洛阳的理学家邵雍。园内乔木高大,"桐梓桧柏,皆就行列",颇为寂静;内有丛春亭,可以观赏滔滔洛水,水过天津桥,"洪下皆大石,底与水争,喷薄成霜雪,声闻数十里"。站在丛春亭下听水,也是一种美妙的体验。

6. 松岛

因园内松树众多得名。松岛为五代权臣袁象先所建,北宋时为曾任宰辅的李晋所有,之后归于吴氏。园内有亭榭池沼,广植松木,又有渠水引入,使得园中水流缓缓,静谧安然,绕松木而过,因此成为松岛。洛阳园林之中,以广种松木闻名的,独此一家。

7. 水北胡氏园

胡氏园在邙山脚下,园内有瀍河汇入,为胡氏所有,由相隔不远的两个园子组成。胡氏园最大的特点便是巧用天工,不费人力,借瀍河之水,蜿蜒曲折,"水清浅则鸣漱,湍瀑则奔驶,皆可喜也";有瀍水汇聚而成的深池,池

---

① 周维权. 中国古典园林史[M]. 北京:清华大学出版社,2008:261–271.

边有观景台,登临四望,洛阳城繁华一片,亭台楼阁不可胜数,远望伊河、洛河如飘带,萦绕洛阳城,美景不可胜收。

8. 东园

为宋代名相文彦博的园林,原为一处药圃。园内有瀍水引入,烟波浩渺,如在江湖之上。水边建有渊映堂和瀍水堂,倒影映在水中,就像堂也建在水上一般。另有湘肤堂和药圃堂。东园与文彦博居处相去不远,老人九十高龄,还能拄杖出游,兴致很高。文彦博历仕四朝,为相五十年,人望很高。

9. 紫金台张氏园

张氏园和东园临近,和东园一般,引入瀍水,并广植竹木,使得波光粼粼,树木掩映,竹林青秀,也是观景的好去处。《河图志》所说的"黄帝坐玄扈台"可能便在此处。

10. 吕文穆园

为北宋名相、洛阳人吕蒙正在伊水之滨的园林。吕蒙正以状元夺魁,三度为相,封徐国公,授太子太师,谥号"文穆",因此称吕文穆园。园子引入伊水,并在伊水上流,春秋不枯竭,长年水色潋滟。园内木茂竹盛,水上建有亭子。

(三)花卉园

1. 归仁园

原为唐代权相牛僧孺的宅邸,北宋为李姓中书侍郎所有,因在归仁坊而得名。归仁园很大,占据整个归仁坊,北有千株牡丹芍药,中有百亩竹林,南有桃林和李林。在宋时,是洛阳人观赏牡丹的惯常去处。

2. 李氏仁丰园

为北宋学者李格非的园第。李格非是名门之后,父祖辈出自名相韩琦门下,李格非本人是大文豪苏轼的弟子,并且他还是南宋著名女词人李清照的父亲。仁丰园种植有桃李、梅杏、莲菊各数十种,牡丹、芍药至百余种,加上从外地运来的紫兰、茉莉、琼花、山茶等奇花异卉,花木品种有千余种之多,可以与当年李德裕的平泉山庄相媲美。园内有四并、迎翠、濯缨、观德和超然五处亭子。

唐宋时期,洛阳名园众多。从隋代到北宋,隋唐洛阳城曾经拥有的园林,有上千座之多,你衰我盛,你枯我荣,就这样持续五百余年。正如李格非所说:"予故尝曰:'洛阳之盛衰,天下治乱之候也。'方唐贞观、开元之间,公卿贵戚开馆列第于东都者,号千有余邸。及其乱离,继以五季之酷,其池塘竹树,兵车蹂践,废而为丘墟。高亭大榭,烟火焚燎,化而为灰烬,与唐俱灭而共亡,无余处矣。予故尝曰:'园圃之废兴,洛阳盛衰之候也。'且天下之治乱,候于洛阳之盛衰而知;洛阳之盛衰,候于园圃之废兴而得。则《名园记》之作,予岂徒然哉?"①洛阳园林的兴衰史,是隋唐洛阳城的兴衰史,是中华文化的兴衰史。因此,洛阳园林是历史的见证者,更是隋唐洛阳城的见证者。

而今,经过考古发掘,已经找到洛阳园林遗址多处,如果对其进行保护性复建,使洛阳园林的部分面貌重现洛阳,对于洛阳旅游业来说,将是一大亮点。毕竟,重建洛阳园林,既可欣赏优美风景,又可追忆往昔,缅怀先贤。洛阳园林,自然风景与文化情怀并重,必将成为游人观花赏景、追思怀古的好去处。

---

① 陈振鹏,章培恒.古文鉴赏辞典[M].上海:上海古籍出版社,1997:1431-1434.

第五章

隋唐洛阳城延伸文化资源概述

隋唐洛阳城是隋朝的新都、唐朝的东都、武周的神都,五代后梁、后唐、后晋的都城以及后汉、后周的陪都、北宋的西京,因此,其都城文化及其拓展延伸资源极为丰富。

一、陆上丝绸之路

隋唐洛阳城曾是人口超过百万的国际性大都市,商业贸易极为发达。络绎不绝的中外货商,在洛阳贩卖来自西亚、北非及欧洲的香料、宝石、犀角、玉器。同时,中国的丝绸、陶瓷和茶叶等货物运往遥远的异域他乡。迤逦叮当的驼队和马匹满载货物,奔波往来在中国和西域以及亚非欧等国家的路上,这便是德国地质物理学家李希霍芬所说的"丝绸之路"。它不仅连通着中国和中亚、北非、欧洲之间的商品贸易,还推动着东西方文化的交流。伴随着绸缎、玉石、瓷器、茶叶和香料往来的,是佛教、祆教、景教的传经布道,是葡萄酒、兽角杯和交领尖帽的时髦风尚,是琵琶、羯鼓、筚篥和胡旋舞的妙响风情。在隋唐的多数时期,这条丝绸之路是繁荣而开放的。

二、海上丝绸之路

在唐代时,有一条从广州通夷海道的海上线路,从南方沿海城市广州出发,向国外贩卖丝绸、瓷器、茶叶和铜铁器等四大宗商品,并从国外运回香料、花草、奇珍异宝等特色商品,之后由国内水道尤其是大运河运往洛阳,部分商品由洛阳经陆路转运至长安。这便是由法国东方学家沙畹提出的海上丝绸之路。海上丝绸之路虽然在秦汉时期便已经在我国东南沿海形成,但真正成为一条繁盛的商路还是在隋唐时期。隋唐洛阳城作为当时全国的商业中心,是多数经海上丝绸之路运回的货物的终点。

三、大运河

大运河是我国人民建造的一项伟大水利工程。作为水利工程,它比都江堰受益的地区和人口更大;作为一项人工建造工程,它比长城更能发挥优势和作用。大运河的开凿始于隋炀帝时期,以东都洛阳为中心,北起涿郡(今北京),南至余杭(今杭州)。大运河开凿以后,南方的丝绸和茶叶,北方的粮食和货物,都能源源不断地运输到东都洛阳,一部分货物在洛阳进行存储,另一部分货物由陆路运往京城长安。在隋唐洛阳城附近的大运河通济渠河道边缘建造的含嘉仓和回洛仓,是隋朝至北宋时期我国最大的粮仓。

四、万里茶路

我国的茶叶种植历史可追溯到先秦时期;在两汉时期,茶叶种植扩展到长江中下游;到了魏晋南北朝时期,江浙和东南沿海地区便有了广泛种植;而在隋唐时期,随着以洛阳为中心的大运河的开凿,茶叶贸易更加繁荣。通过大运河和陆路运输,茶叶几乎遍布我国的各个地区。在京城长安和洛阳,都有专门的茶叶贸易区,以销售来自全国各地的茶叶;在西域边境城市,茶叶贸易也极为繁荣。作为全国交通中心和商业贸易中心的洛阳,更是全国茶叶热销中心。

这些陆上及水上商路,是促进隋唐洛阳城繁荣的主要推动力量,它们使得隋唐洛阳城与国内外的联系加强,因此成为隋唐洛阳城极为重要的延伸文化,也是现今洛阳倚重的文化旅游资源。

第一节　隋唐洛阳城与陆上丝绸之路

一、隋唐丝路与洛阳

2014年6月22日,我国和哈萨克斯坦、吉尔吉斯斯坦共同申报的"丝绸之路:长安-天山廊道路网"文化遗产项目被世界遗产大会认定为世界文化遗产。这是世界首个以联合申报的形式成功列入《世界遗产名录》的丝绸之路项目,也是我国第一个跨国联合申报世界遗产的项目。[①] 其中,洛阳作为丝绸之路东起点被认定,并有汉魏洛阳城遗址、隋唐洛阳城定鼎门遗址(含宁人坊、明教坊)、新安汉函谷关遗址三个景点被列入世界文化遗产。[②]

隋唐洛阳城定鼎门遗址(含宁人坊、明教坊)成为世界文化遗产,是世界对隋唐洛阳城为丝绸之路做出重要贡献的极大肯定。我国东西方商品贸易可以追溯到先秦时期,丝绸之路的历史最早当在西汉武帝时期,以张骞凿空西域为标志性事件。在东汉时期,丝绸之路曾经"三绝三通",每一次丝路的畅通和断绝都与东汉王朝的繁盛和衰败有关。其间,班超、班勇父子和耿恭三人功不可没。尤其投笔从戎的班超,他出身史学世家,其父班彪、长兄班固和妹妹班昭都是著名史学家,但班超却立志建功封侯,最终以坚忍毅力平定西域,使一度中断的丝绸之路再度畅通,班超也因此成为打通东汉丝绸之路的头号功臣,成为在历史上和张骞并驾齐驱的丝路元勋。

魏晋时期,西域国家曾和中原产生普遍联系,丝绸之路重新畅通。但在南北朝时期,由于"五胡乱华",国家分裂严重,南朝历经宋、齐、梁和陈四代,北朝更是出现了"五胡十六国",丝绸之路因而断绝,只是在定鼎洛阳的北魏时期,我国与西方世界曾有过短暂的商品和文化交流。其间,波斯使团曾多次达到洛阳,宋云和惠生也曾"西天取经",从天竺带回多部佛经,使洛阳的佛教文化更加丰富。

隋朝初年,虽然隋文帝统一中国的南方与北方,但突厥人却占领着西域至里海间的广大区域,吐谷浑人也盘踞河西走廊,使丝绸之路阻断多年。隋炀帝继位后,对西域问题极为重视,派遣亲信裴矩经营西域。裴矩对西域实施"金元加大棒"的外交政策,一方面,分化突厥,培植亲隋势力,打击仇隋政权;另一方面,与西域诸国交好,并出兵攻打吐谷浑,使吐谷浑被迫南迁,丝绸之路重新畅通。隋朝在西域取得的一系列成果,使隋炀帝大为高兴,大业五年(609年),他遂出巡河西,并在燕支山与西域诸国国王会面,场面喜庆而

---

① 杨元勇.丝绸之路申遗成功,三国联合申报规模罕见[N].广州日报,2014-6-23(1).

② 常书香."双申遗"成功! 洛阳世界遗产跃至6处[N].洛阳日报,2014-6-23(1).

热烈。大业六年(610年),隋炀帝在京城洛阳大宴西域使者,在洛阳端门街陈列百戏,官员百姓均穿上华衣美服,洛阳城鲜花着锦、烈火烹油般的繁盛场景,使西域使者大为叹服,并对中国的强盛羡慕不已。丝绸之路上的贸易往来又重新兴盛起来。

取隋而代的唐朝李氏家族,和隋朝杨氏同属关陇贵族,因此,唐朝可谓是隋朝的"近亲",许多政策也是隋朝的延续。作为我国历史上最强盛的王朝之一,唐朝拥有当时世界上战斗力最强的军队,因此,在第二任皇帝唐太宗李世民统治时期,唐朝便打败东突厥和吐谷浑,使漠北漠南臣服于唐朝。大将侯君集平定高昌,唐朝设立安西都护府。第三任皇帝唐高宗李治统治时期,唐朝又击败西突厥,并将安西都护府升格为安西大都护府,管辖范围更广。武则天时期,从安西大都护府中拆分出北庭大都护府,使安西、北庭两大都护府在唐朝西部并行,其治所安西和庭州,正是天山北部和南部两条丝绸之路上的交通枢纽。此外,安西大都护府的四大重镇,即安西、疏勒、于阗、碎叶(后为焉耆),分别坐落在丝绸之路的交通要道上,使得丝绸之路纵横交错,四通八达,畅通无阻。唐玄宗时期,唐朝与西方世界进行贸易和文化交流的丝绸之路已经形成网状结构,使唐朝的对外贸易极为繁盛。

洛阳作为唐朝的东都和武周的神都,是唐朝(武周)对外贸易的重镇。在隋唐洛阳城的三大市——东市、南市和北市上,既贩售着来自全国各地的商品,也贩售着来自西域、波斯和东罗马帝国的商品。定鼎门是隋唐洛阳城外郭城正南门,在隋朝时叫建国门,位于城市中轴线的最南端,与龙门的伊阙遥遥相望。在对定鼎门遗址进行考古挖掘时,考古人员在门址南侧发现一段唐代路面,上面留存有人的脚印、动物蹄印和车辙等遗迹,尤其是骆驼蹄印,成为丝绸之路沿线以骆驼作为主要运输工具进行商贸活动的独特物证,也印证了西域与中原的密切往来。由此可见,隋唐洛阳城与丝绸之路有着极为密切的关联。①

事实上,当时通过丝绸之路与隋朝和唐朝进行商品贸易交流的有不少是世界性大帝国,如横跨欧亚的东罗马帝国、占据整个西亚的波斯王朝,还有后来居上,在欧、亚、非三大洲都占据大片土地的大食倭马亚王朝,它们通

---

① 姜春晖.定鼎门:东方农耕文明鼎盛的见证[N].洛阳日报,2013-6-28(2).

过陆上丝绸之路与中国进行经济往来和文化交流,使东方世界和西方世界沟通加深,联系加强,贸易扩大,进一步促进了世界经济的繁荣。

但盛极而衰,唐王朝经过唐太宗时期的"贞观之治",唐高宗和武则天时期的"贞观遗风",唐玄宗前期的"开元盛世",发展达到顶峰。而后,由于唐玄宗在统治后期,任用奸人为相,罢黜贤才名士,沉浸在太平盛世的光景里不思进取,最终导致手握重兵的安禄山和其部下史思明野心膨胀,发动"安史之乱",攻陷洛阳和长安二京,逼迫唐玄宗亡命巴蜀,镇守西域的唐朝军队也不得不返京平乱。最终,唐王朝虽然在郭子仪和李光弼的坚守下打败叛军,收复两京,保住江山,但西域的吐蕃和回鹘势力却趁势而起,控制西域,再加上西部邻国大食加快了对西亚蚕食的脚步,唐王朝心有余而力不足,让丝绸之路再度断绝,从此失去对西域的控制。

北宋时期,赵家王朝虽然治国有道,使得经济繁荣,我国进入商品经济较为发达的时期,但对西域始终鞭长莫及。再加上海上丝绸之路的兴起,更多外国商品经由东南沿海进入中国,产自五大名窑的瓷器也通过海上丝绸之路远销东南亚、南亚和北非,陆上丝绸之路逐渐衰落,直到蒙古人建立横跨欧亚大陆的大帝国,才重新繁荣起来。不过,在当时,由于全国政治局面的变化和经济中心的转移,洛阳在丝绸之路上的地位也明显衰落。

二、文化交流之路

佛教是源于古印度的外来宗教,得益于丝绸之路的文化传播和交流,在我国落地生根,开花结果,并成长为能够和我国本土宗教——道教并驾齐驱,影响我国两千余年历史的一大宗教。洛阳白马寺之所以被称为"释源""祖庭",是因为它是我国第一座官办寺院,被认为是佛教传入我国的起点,洛阳也因此被称为"佛教首传地"。东汉明帝年间,蔡愔、秦景等人奉皇帝之命,沿着丝绸之路寻求佛法,最终在西域遇到高僧摄摩腾和竺法兰,并请求他们入汉地传法。明帝专门为两位高僧为两位高僧建造佛寺,为表彰白马驮经的功绩,以"白马寺"命名,摄摩腾和竺法兰也因此成为我国佛教的两大鼻祖。北魏时,信奉佛教的胡太后命高僧宋云、惠生再度西行求法,宋云和惠生经丝绸之路,最终到达古印度,在游历著名佛教圣地乌场国和佛教中心犍陀罗之后,返回京师洛阳,并带回100多卷佛经,使佛教文化在北魏出现极度繁荣的局面。唐朝时,洛阳人玄奘以私人身份前往古印度寻求佛法,一路经历千难万险,九死一生,最终到达印度,成为一代高僧。返回中国之后,唐太宗李世民对他礼遇甚隆,在洛阳宫予以接见。玄奘翻译佛经多卷,并口述求法经历,经徒弟辩机撰写成《大唐西域记》,成为研究中古时期中亚、南亚诸国的历史、地理、宗教、文化和中西交通的珍贵资料。与此同时,它也是研究佛教史学、佛教遗迹的重要文献。武则天时期,僧人义净从海上丝绸之路到达印度,游历佛教国家30余个,之后,由海上丝绸之路返回,带回梵本经论约400部、舍利300粒。到达洛阳后,得到崇尚佛教的武则天的极力表彰,武则天亲至上东门外迎接,敕住佛授记寺,之后,义净又在当时洛阳的佛教中心大福先寺担任主持。义净在洛阳翻译佛经56部,和鸠摩罗什、真谛、玄奘并称"佛教四大译经家"。义净在长安荐福寺圆寂,之后归葬洛阳。

除了有我国僧人走出国门,不远万里,前往古印度求法,在当时被称为"胡僧"的西域乃至印度僧人也一路跋涉来到中国传播佛教。许多胡僧因为佛法高妙、德行高远载于我国史册,并受到国人的敬仰,佛学大师菩提流志便是其中之一。菩提流志原名达摩流志,拥有很高的佛学修养,声名远播。唐高宗倾慕其声誉,派遣使者邀请达摩流志来中国传法。达摩流志到达洛阳后,高宗已经去世,不过,他却为更崇尚佛教的武则天所尊崇。达摩流志先住在佛授记寺,之后住在大福先寺,翻译佛经11部,为佛教在中国的传播做出重要贡献,武则天因此下诏为其改名为"菩提流志"。菩提流志156岁时去世,葬于洛阳龙门西北原。有"开元三大士"之称的善无畏、金刚智和不空,也是外来高僧的代表。善无畏为中天竺乌荼国人,金刚智为南天竺摩赖耶国人,不空为北天竺人,师从金刚智,并随金刚智来到中国。三位"胡僧"在中国传播佛法,受到玄宗皇帝的隆重礼遇,他们不仅翻译佛经,还开创了佛教八大宗派之一的密宗,三人也被称为密宗创始人,善无畏为创祖,金刚智为初祖,不空为二祖。洛阳为密宗最为重要的传教之地,善无畏在洛阳大福先寺翻译佛经多部,去世后葬在洛阳龙门西山广化寺内庭;金刚智在洛阳广福寺圆寂,葬在洛阳龙门之南的伊川右岗;不空在洛阳广福寺受戒,和师父金刚智积极奔走,传扬密宗。金刚智圆寂后,不空为光大密宗不遗余力,他翻译佛教典籍140余部,成为佛经翻译的最后一位集大成者。经中外高僧的推动和朝廷的支持,洛阳成为唐代的一大佛教中心,大福先寺、佛授记寺和广福寺等洛阳寺院遂成为在全国较有影响力的名寺。

不仅佛教,祆教(琐罗亚斯德教)、景教(基督教的聂斯托利派)和摩尼教(中国称为"明教")等外来宗教也在唐代时传入中国,并在中国完成了本土化转变。唐朝政府对宗教较为宽容,对外来文化海纳百川,兼容并蓄,因此,这些外来宗教不仅和我国本土宗教共生生存,还互相融合,互相影响,使得唐朝的宗教出现极为繁荣的局势。在当时的隋唐洛阳城中,不仅建有祆教、景教和摩尼教的寺院,在里坊间还有外国人居住区。如被阿拉伯人打败的波斯人在其首领卑路斯和阿罗撼的带领下,便通过丝绸之路于上元二年(675年)到达洛阳,唐高宗将修善坊、立德坊等里坊区划为波斯人社区,供他们居住。在隋唐洛阳城建春门外大街的东端,有波斯王陵区(在今偃师市高龙镇高崖村南),卑路斯和阿罗撼等波斯王族便葬在此地。① 祆教是波斯的国教,作为波斯人首领的阿罗撼便是洛阳祆教的教主,在隋唐洛阳城的修善坊、会节坊、立德坊、南市西坊等波斯人社区,都设有祆教寺庙。

除宗教之外,通过丝绸之路传至我国的还有蔬菜、水果、舞蹈、乐曲等。如唐人称为"波斯草"的菠菜、欧洲的甘蓝,便是唐代传入中国的;菩提树、莲花、水仙、郁金香和石榴等草木花卉也在此时传入;西域的胡琴、胡旋舞等乐器、舞蹈和乐曲在唐代时风靡一时;西域的服饰装束为唐人所效仿,成为一种流行时尚。此外,古印度的历法和制糖技术、西域的养马术、中亚的酿酒术,也在唐朝时悄然传入中国,并滋润着中华文化的成长,最终成为中华文化的重要组成部分,为中华文明的发展和壮大做出重要贡献。

我国的文化科技通过丝绸之路传播出去之后,同样滋润着西方世界。我国除丝绸、瓷器和茶叶之外,制造、冶炼和农业技术也曾传入西方,促进了西方文明的成长。我国的农作物、中药等,也使得古印度、波斯、阿拉伯和欧洲等国家和地区的人民免受饥寒之苦和疾病困扰,成为中华文化对世界文明做出的突出贡献。

第二节　隋唐洛阳城与海上丝绸之路

海上丝绸之路,即我国与其他国家通过海上进行商品贸易、经济往来和

---

① 郑贞富.天枢最后的秘密:波斯大酋长迁居洛阳记[N].洛阳晚报,2014-9-17(8).

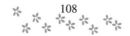

文化交流的线路。我国的海上丝绸之路起源于先秦时期,主要有两条线路,即南海线路和东海线路。南海线路从广州或者泉州出发,经中南半岛以及南海诸国,穿过印度洋,进入红海,最后抵达东非和欧洲,沿途经过100多个国家和地区,南海线路是经过国家最多的丝绸之路,也是最长的线路之一。东海线路从山东半岛出发,先后到达朝鲜半岛和日本列岛,也有部分商船顺流南下,到达东南亚。海上丝绸之路虽然在先秦时期便有萌芽,并在秦汉时期形成,但真正的发展兴盛期却是在唐宋时期,而在明清时有所转变,彼时虽然实行闭关锁国政策,但海上丝绸之路并没有因此隔断。

海上丝绸之路由法国著名汉学家埃玛纽埃尔-爱德华·沙畹(Emmanuel-èdouard Chavannes)于1913年首次提出。沙畹将我国史学名著《史记》首次翻译成法文,使《史记》在欧洲无阻碍推广,成为举世公认的欧洲汉学泰斗。并且,他还是国际敦煌学研究的先驱,著名敦煌学大师伯希和、马伯乐便出自他的门下。在沙畹于1913年出版的汉学名著《西突厥史料》中曾有"丝路有陆海两道。北道出康居,南道为通印度诸港之海道,以婆庐羯沘为要港。又称罗马Justin与印度诸港通市,而不经由波斯,曾与遣使至阿拉伯西南remen与Himyarites,命其往印度购丝,继而转售于罗马人,缘其他常有舟航至印度"①语。不过,早在唐代,我国便有"广州通海夷道"的叫法,事实上便是指从广州出发,经南海,通往印度、北非和欧洲的海上丝绸之路。

洛阳和海上丝绸之路的关系密切。《后汉书·郑弘传》曾记载:"建初八年,(弘)代郑众为大司农。旧交址七郡贡献转动,皆从东冶(今福建福州)泛海而至,风波险阻,沉溺相系。弘奏开零陵、桂阳峤道,于是夷通。至今遂为常路。"②旧交址七郡即指西汉武帝时设置的南海、苍梧、郁林、合浦、交趾、九真、日南郡,七郡大体辖有今广东、广西大部及越南的北部、中部。东汉以后,洛阳到林邑的(今越南中部)主要走向为:从洛阳南下,经鲁阳(今河南鲁山)、宛县(今河南南阳)、穰县(今河南邓州)、襄阳(今湖北襄樊)、南郡(今湖北江陵)、零陵、桂阳、龙编(今越南河内东天德江北岸),最后到达林邑。

① 埃玛纽埃尔-爱德华·沙畹. 西突厥史料[M]. 冯承钧,译. 北京:中华书局,1958:167.

② 范晔. 后汉书[M]. 河南:中州古籍出版社,1996:386.

在隋唐时,由于隋唐大运河的开凿,走水路较为便捷,直接从洛阳出发,至江州(今江西九江),再南下至洪州(今江西南昌),然后经"梅岭之路"到广州,从广州出海西南行经林邑、赤土,再通往欧洲和非洲①。隋炀帝大业四年(608年),赤土国(古国名,在今马来半岛南部)派遣使者来中国上贡,隋炀帝龙颜大悦,遂派遣常骏出使赤土。常骏于该年十月到达赤土,赤土王派30艘船迎接他,以厚礼相待,之后派其子随常骏前往洛阳谢恩。

隋唐时期,为了向中国学习先进的政治制度、文化典籍和科学技术,从630年到894年,日本共派遣遣唐使来中国19次,成为中日文化交流史上的一大盛事,并推动了日本的国家转型和文化成长。在此之前,日本还曾向隋朝派遣使者,有4次之多。遣唐使乘坐船只,从日本出发,沿着朝鲜半岛和辽东半岛航行,横渡渤海湾口,抵达山东半岛,之后从陆路抵达洛阳,再从洛阳出发去长安。在新罗统一朝鲜半岛以后,和新罗关系不甚融洽的日本,便走东海,在长江口登陆,之后走大运河经水路到达洛阳,之后由洛阳从陆路行至长安。也就是说,洛阳是遣唐使们重要的一站。作为唐朝的东都和武周时期的都城,洛阳是大唐文化的代表者,因此遣唐使们和留学生们游历洛阳,学习大唐先进的文化。隋炀帝、唐高宗和武则天曾在洛阳接见遣隋(唐)使,尤其是659年,第四次遣唐使在津守吉祥的带领下,在东都洛阳觐见唐高宗,并参加当年十一月举行的冬至祭天大典,经过对大唐礼仪制度的实地观摩,津守吉祥在回国之后便成为日本著名的礼仪通。665年,守大石率领第五次遣唐使来到中国,刚好赶上唐高宗和武则天在嵩山封禅,守大石有幸参观了封禅大典。因此可以说,是海上丝绸之路使得中国和日本的交流逐渐加深。

洛阳是海上丝绸之路东海线路的主要目的地,也是海上丝绸之路南海线路的主要出发地。② 陆上丝绸之路和海上丝绸之路在洛阳交汇,使洛阳成为两条丝绸之路的重要连接城市。因此,无论对于陆上丝绸之路还是海上丝绸之路来说,洛阳都具有重要意义。

---

① 徐金星. 义净与洛阳:兼说洛阳与海上丝绸之路[N].洛阳晚报,2015-6-17(8).
② 徐金星. 义净与洛阳:兼说洛阳与海上丝绸之路[N].洛阳晚报,2015-6-17(8).

第三节　隋唐洛阳城与大运河

2014年6月22日,第38届世界遗产大会通过投票表决的方式,决定将中国大运河列入《世界遗产名录》。至此,我国的大运河申遗工作圆满成功。大运河,是一个跨度较大的整体联线型文化遗产项目,它包含京杭大运河、浙东大运河和隋唐大运河等重要三段,地跨北京、天津、河北、河南、山东、江苏、安徽和浙江8个省市27个城市的27段河道和58处遗址点,河道总长1011千米。洛阳作为隋唐大运河的中心,有幸成为大运河申遗的主要城市,并且,洛阳有两项遗址成为大运河文化遗产,这便是含嘉仓遗址和回洛仓遗址。① 其中,含嘉仓遗址位于现今洛阳老城区北(隋唐城的东北部),始建于隋大业元年(605年),是我国古代最大的储粮仓库之一,历经隋、唐、五代和北宋等多个朝代,沿用五百余年。回洛仓遗址位于现今瀍河回族区邙山南麓的马坡村、小李村西,西距瀍河约600米,南距隋唐洛阳城外郭城北墙约1.2千米,是隋唐洛阳城主要的仓储设施。

早在先秦时期,我国便开凿有运河。如春秋末年吴国开凿胥溪、邗沟、黄沟等运河;战国时期秦国开凿灵渠以及郑国修建郑国渠;西汉开凿漕渠;东汉末年,曹操开凿白沟、平房渠、泉州渠和新河等运河;曹魏时期,修通汴渠、开凿贾侯渠、讨房渠和广槽渠等运河。这些运河和我国的自然江河相连接,使我国的水上交通运输大为便利。隋朝时,在此基础上,隋炀帝创造性地开凿了大运河。隋朝大运河共分四段:即通济渠、邗沟、永济渠和江南运河。通济渠于大业元年(605年)开凿,从板渚引黄河水,注入淮水;在同年,又开通邗沟,使通济渠和江南运河相连接;永济渠于大业四年(608年)开凿,引沁水,向南和黄河相连,向北到达涿郡(今北京);江南运河于大业六年(610年)疏浚,将历史上从先秦到南朝开凿的江南诸运河相连接,使我国南方地区水路为之畅通。不过,至隋朝末年时,永济渠部分河段已经淤塞。唐朝做了大量大运河疏浚工作,如四疏汴渠;五浚山阳渎(邗沟);治江南运河;二凿丹灞水道;三治褒斜道;疏浚嘉陵江故水道;治理灵渠和黄河汾水道等,

---

① 常书香.“双申遗”成功! 洛阳世界遗产跃至6处[N].洛阳日报,2014-6-11(1).

并开凿了广济渠，最终使得大运河畅通无阻，使唐朝的漕运因此发达兴旺，为唐朝的经济发展和商品贸易繁荣打下坚实基础。隋唐大运河最终形成了以洛阳为中心，北至涿郡(今北京)，南至余杭(今浙江杭州)，全长近5000千米的超级水利工程，成为连接我国南北交通的大动脉。

作为隋唐大运河的中心，洛阳在隋唐大运河历史上具有举足轻重的地位。通济渠东段，便是从隋唐洛阳城的西苑，引谷水，汇洛水，之后经由阳渠故道注入黄河，使黄河两岸、大江南北的货物均能通过大运河运往洛阳。在隋唐洛阳城内有着极为发达的水路交通网，尤其通过运渠、漕渠等人工渠道使大运河最终和隋唐洛阳城的东市、南市和北市等三大市相连接，源源不断的货物供应使三大市得到充足的物资供应，最终成为全国最繁华的一大商品集散交流中心。正因为洛阳有着其他城市不可比拟的水上交通优势，隋炀帝才将回洛仓和含嘉仓等国家粮仓设在洛阳近郊，这样一来，不仅能够确保洛阳的粮食供应，还能供给长安。唐朝时，回洛仓废弃，含嘉仓成为"天下第一粮仓"。唐王朝规定：东都洛阳以东的租米都先集中在含嘉仓，再由含嘉仓通过陆路运至陕州。含嘉仓因此成为全国最大的粮仓。根据有关史料记载，唐天宝八载(749年)，全国主要大型粮仓的储粮总数为12 656 620石，其中含嘉仓就有5 833 400石，占了将近1/2。① 也就是说，唐王朝近一半的粮食储备都在含嘉仓，由此可见，含嘉仓之于隋唐洛阳城和唐王朝的重要地位。

正如联合国教科文组织《保护世界文化和自然遗产公约》中指出："它(大运河文化)代表了人类的迁徙和流动，代表了多维度的商品、思想、知识和价值的互惠和持续不断的交流，并代表了因此产生的文化在时间和空间上的交流与相互滋养。"②因为洛阳，大运河最终能够和陆上丝绸之路、海上丝绸之路连接起来，使我国和外部世界的商品贸易和文化交流畅通无阻，并使得我国在隋唐时代的影响力波及全世界；因为大运河，洛阳在全国的地位大大提升，一跃成为全国的商贸中心和交通中心，并一度成为全国的政治中心、经济中心和文化中心，在世界的影响力也大大提高。"没有东都洛阳的

---

① 姜春晖，邓新波.含嘉仓：深埋地下的隋唐传奇[N].洛阳日报，2013-6-5(2).

② 洛阳师范学院大运河研究中心.洛阳在隋唐大运河的历史地位与现实影响[N].洛阳日报，2018-1-17(1)，(3).

桥梁和枢纽地位,隋唐大运河就没了核心,没了灵魂,也就无法起到沟通南北的作用;没有大运河,东都洛阳,乃至全国的经济和文化就会黯然失色,隋唐大运河不仅为洛阳增光添彩,更是全国经济文化的大动脉。"①

只可惜,随着洛阳在全国的地位衰落,大运河也改道,不再呈"人"字形,而直接从北京到杭州,成为"一"字形。隋唐洛阳城和隋唐大运河盛衰同时,因为两者几乎同时在宋代以后衰落。

第四节 隋唐洛阳城与茶叶之路

茶文化是我国古老而独特的文化。我国是茶叶和茶文化的输出国,也是世界茶树的原产地,早在六七十万年前,在我国的云贵高原和四川盆地便有野生茶树出现。我国人民对茶叶的使用历史可追溯到先秦时期,从两汉到魏晋,再到南北朝,我国茶树种植从四川的巴蜀地区渐渐蔓延到长江中下游、江浙以及福建等东南沿海省份。隋唐时期,我国再度统一,国家富强,政治清明,尤其是隋炀帝开凿大运河,使得以洛阳为中心,北至涿郡(今北京),南至余杭的水道畅通,从而推动隋唐时期的商业贸易,茶叶因此得以通过大运河和驰道运输到我国北方的广大地区,饮茶也为都城长安和洛阳的上层人士所接受,成为一种时尚潮流。

唐代茶文化领域的重要事件便是陆羽撰写了我国第一部茶叶专著——《茶经》。《茶经》对茶叶的生产历史、源流、现状、生产技术以及饮茶技艺、茶道原理等进行论述,成为具有划时代意义的一部茶学著作,陆羽也因此被后人称作"茶圣"。

洛阳也有一位茶学名人,这便是嗜茶如命的卢仝。卢仝祖籍河北范阳,生活在中唐时期,是"初唐四杰"之一的著名诗人卢照邻的嫡系子孙。卢仝早年隐居洛阳近郊的少室山,自号玉川子,之后迁往东都洛阳,与韩愈、贾岛、孟郊、李贺、张籍等诗人文士在洛阳唱和诗文,这群诗人因此被时人称为韩卢诗派或韩孟诗派。卢仝喜好饮茶,并以茶会友,饮茶也成为韩卢诗派的

---

① 洛阳师范学院大运河研究中心.洛阳在隋唐大运河的历史地位与现实影响[N].洛阳日报,2018-1-17(1),(3).

重要活动。卢仝曾著有和陆羽的《茶经》齐名的《茶歌》,其歌曰:"日高丈五睡正浓,军将打门惊周公。口云谏议送书信,白绢斜封三道印。开缄宛见谏议面,手阅月团三百片。闻道新年入山里,蛰虫惊动春风起。天子须尝阳羡茶。百草不敢先开花。仁风暗结珠蓓蕾,先春抽出黄金芽。摘鲜焙芳旋封裹,至精至好且不奢。至尊之余合王公,何事便到山人家?柴门反关无俗客,纱帽笼头自煎吃。碧云引风吹不断,白花浮光凝碗面。一碗喉吻润,二碗破孤闷。三碗搜枯肠,惟有文字五千卷。四碗发轻汗,平生不平事,尽向毛孔散。五碗肌骨清,六碗通仙灵。七碗吃不得也,唯觉两腋习习清风生。蓬莱山,在何处?玉川子乘此清风欲归去。山上群仙司下土,地位清高隔风雨。安得知百万亿苍生命,堕在颠崖受辛苦。便为谏议问苍生,到头还得苏息否。"①另外,卢仝还有其他几首茶诗,如《忆金鹅山沉山人》诗云:"君家山头松树风,适来入我竹林里,一片新茶破鼻香,请君速来助我喜。"又如《客谢行》诗云:"君若随我行,必有煎茶卮。"②由此可见卢仝的饮茶之好以及对茶叶之喜。之后,卢仝因受"甘露之变"牵连,在长安遇害,死后归葬洛阳,其墓在伊川县彭婆镇许营村北万安山一带。后人曾认为唐代对茶业影响最大最深的三件事是:陆羽作《茶经》、卢仝作《茶歌》和赵赞"茶禁"(即对茶征税)③。卢仝也被后人称为"茶仙",甚至在秉承中华茶道的日本,卢仝也被尊为茶道始祖,可见其影响极大。

佛教是茶文化的重要推动力量。佛教禅宗起源于从南天竺不远千里来到中国的菩提达摩。达摩于北魏孝明帝时期来到洛阳,在游遍洛阳寺庙之后,最终决定在洛阳附近的少室山修行,之后,达摩收了一位来自龙门香山寺的弟子,这便是禅宗二祖慧可。在将衣钵传于慧可之后,达摩便在洛阳一带传教,去世之后被众弟子葬于宜阳县的熊耳山。禅宗代代传承,到第六代时,分裂成以神秀为首的北禅宗和以惠能为首的南禅宗,洛阳便是北禅宗的传教中心。神秀以佛性高远,声名远播为武则天所敬重,遂被邀请至神都洛阳传扬佛法,北禅宗遂在洛阳名重一时。禅宗认为饮茶也是参禅修行的一部分,讲究"禅茶一味"。饮茶的习惯被寺院一直保持着,就连民间也深受影

---

① 彭定求,等.全唐诗(上)[M].上海:上海古籍出版社,1986:970.
② 郑贞富.且尽卢仝七碗茶:洛阳城里访茶仙[N].洛阳晚报,2013-5-28(8).
③ 郑贞富.且尽卢仝七碗茶:洛阳城里访茶仙[N].洛阳晚报,2013-5-28(8).

响,饮茶渐渐成为老百姓生活的一部分。

茶文化在唐朝的兴起,反过来也推动了茶叶贸易的发展,使得唐宋时期的茶叶之路极为兴盛。隋唐洛阳城的茶叶之路有两条,一条是水路,通过大运河将南方的茶叶运往洛阳,之后转运长安,经丝绸之路,运往西域、波斯和大食;另一条是陆路,由湖北过襄樊、经南阳,到达洛阳,之后通过陆上丝绸之路运往国外。此外,还由洛阳经山西,往西北诸省运转。事实上,无论丝绸之路还是茶叶之路,都是商品流通、经济交流和文化融合之路。通过丝绸之路和茶叶之路,连通东方和西方,使得世界文明最终携手,并交汇在一起。像日本的茶道、土耳其、英国、美国和阿根廷的茶文化,都深受我国影响,尤其曾经是东罗马帝国所在地的土耳其,其茶文化的形成无疑受到陆上丝绸之路的极深影响。

第六章

隋唐洛阳城关联文化旅游资源概述

　　隋唐洛阳城不仅孕育出灿烂辉煌的文化,还衍生出许多与之相关联的文化资源,成为洛阳优秀文化的一部分,使古都文化更加博大精深、包罗万象。

　　由于隋唐洛阳城关联文化较多,本章只选取其中主要关联文化作为论述主题,如邙山、龙门石窟、玄奘故里、嵩山和牡丹等。

　　宋代以来,"生在苏杭,葬在北邙"被当时人当作一种幸事。有着"东方金字塔"之称的邙山,不仅是隋唐洛阳城北部的天然屏障,更是洛阳的文化圣山。在邙山之上,不仅埋葬着众多帝王将相,还有不可计数的文人雅士,是洛阳古都文化的重要组成部分。正因如此,邙山陵墓群才和隋唐洛阳城一起,入选我国的国家大遗址项目。

　　作为洛阳首家世界文化遗产,同时也是河南首家世界文化遗产,我国三大石窟艺术宝库之一的龙门石窟而今已经成为洛阳乃至河南的一大文化地标。龙门是洛阳的龙门,是世界的龙门,更是隋唐洛阳城的龙门。隋唐洛阳城中轴线上的"七天建筑"之一的"天阙",便是指龙门石窟的伊阙,并且成为龙门石窟象征的奉先寺卢舍那大佛便建造于武则天时期。龙门石窟的唐代造像,以其数量多,艺术水平高,内容丰富居于历代领先地位。

　　洛阳所管辖的偃师市缑氏镇陈河村,是我国佛教高僧,也是我国佛教三大翻译家之一玄奘法师的故乡。玄奘和其弟子共翻译佛经七十五部,为佛教在我国的传播做出巨大贡献。明清以来,由于神魔小说《西游记》的风靡,更让玄奘法师一跃成为我国最知名的僧人。

嵩山是我国五大名岳之一,被称为"中岳"。嵩山不仅是一座自然风光秀美的名山,还是一座文化名山,其少室山的少林寺不仅是千年古刹,还是著名的"禅宗祖庭"。时至今日,随着少林寺的声名远播,嵩山成为全世界佛教及中国功夫爱好者心中的圣地。事实上,早在隋唐时期,嵩山便已是天下名山。唐高宗和武则天曾到嵩山封禅,使嵩山名声大振。

牡丹不仅是洛阳的市花,还是我国的国花。"洛阳牡丹甲天下",中外游客趋之若鹜,纷纷于每年四月来洛阳看牡丹。洛阳牡丹,兴盛于隋唐,甲天下于宋,洛阳牡丹正是得到隋唐洛阳城的文化滋养,才使其美名传扬天下。而今,每年一度的中国洛阳牡丹文化节,已经成为洛阳最为重要的旅游盛会,也是全国知名的节庆活动。

第一节　隋唐洛阳城与邙山

洛阳是河洛文化的发源地和中心区域,也是名扬天下的十三朝古都。早在四五千年前,我国先民便在洛河畔休养生息,建巢为家。在沿洛河两岸,东西不足100千米的范围内,分布着夏都二里头遗址、偃师商城遗址、东周王城遗址、汉魏故城遗址和隋唐洛阳城遗址六大都城遗址,这种"五都荟洛"的现象,不仅在全国少有,即便在全世界范围内也是较为罕见的。邙山,横卧在洛阳市北,不仅是洛阳的天然屏障,还是五大都城的依靠,尤其汉魏洛阳故城和隋唐洛阳城,都在邙山脚下,和邙山"相依相偎",共生共存。正因为如此,海拔只有300米左右的邙山,成为洛阳的一座文化圣山,并被史学界称为"东方金字塔"。

"北邙山头少闲土,尽是洛阳人旧墓。旧墓人家归葬多,堆著黄金无买处。天涯悠悠葬日促,冈坂崎岖不停毂。高张素幕绕铭旌,夜唱挽歌山下宿。洛阳城北复城东,魂车祖马长相逢。车辙广若长安路,蒿草少于松柏树。涧底盘陀石渐稀,尽向坟前作羊虎。谁家石碑文字灭,后人重取书年月。朝朝车马送葬回,还起大宅与高台。"[①]这是中唐诗人王建所写《北邙

---

① 杜茂功.九都诗韵[M].北京:中国科学文化出版社,2001:155.

行》。在唐朝中期,北邙山上已经"少闲土",并且"堆著黄金无买处",一代又一代洛阳人,生于此,长于此,终老于此,埋葬于此;一朝又一朝,兴于此,衰于此,盛于此,亡于此。

邙山,是崤山余脉,东西绵亘只有190多千米,在名山大川遍布的洛阳市境内,只是较不起眼的一座。但其北有黄河,南有洛河,站在邙山之上眺望,无论汉魏洛阳城还是隋唐洛阳城的美景,都尽收眼底,因此成为在洛阳建都的帝王们最为理想的安眠之地,"邙山远眺",也因此成为"洛阳八景"之一。东周、东汉、曹魏、西晋、北魏以及五代时期的 6 个朝代的 24 个帝王的陵墓都在邙山近遭,其中,东周王墓 8 座、东汉帝陵 5 座、曹魏帝陵 1 座、西晋帝陵 5 座、北魏帝陵 4 座和五代后唐帝陵 1 座,跟随皇帝埋葬在邙山的贵族大臣更是不计其数。此外,邙山还埋葬着"三个后主"——三国西蜀后主刘禅、南朝陈后主陈叔宝和五代南唐后主李煜。还有许多名人埋葬于此,如战国著名纵横家苏秦和张仪,秦国宰相吕不韦,西汉名将樊哙,西汉文学家,"洛阳才子"贾谊,东汉定远侯班超,唐代"诗圣"杜甫,唐代著名诗人孟郊,唐代大书法家颜真卿,武周名相狄仁杰,北宋开国功臣石守信,明福王朱常洵和清初著名书法家王铎等。据初步统计,邙山陵墓群面积为 756 平方千米,有大型的封土墓 970 多座,古墓葬更是有数十万之多。埋葬帝王和名人之多,墓葬之集中,使得邙山陵墓群成为全国著名帝陵区,也因此被划为国家大遗址。此外,位于巩义的北宋王陵也在邙山不远处,北宋九帝中除宋徽宗和宋钦宗客死他乡之外,其余七帝都埋葬于此,加上赵匡胤的父亲赵弘殷的陵墓,巩义宋陵区共有"七帝八陵"。北宋著名大臣如寇准、包拯等人陪葬于此,陪葬的王公贵族、文臣武将更是有上千人之多,宋陵因此成为邙山王陵文化和墓葬文化的重要组成部分。

邙山因为埋葬着东周到北魏的六代帝王,并且拥有众多的名人墓葬,在唐代便成为诗人文士的吟咏之地。"北邙山上列坟茔,万古千秋对洛城。城中日夕歌钟起,山上惟闻松柏声。"①这是初唐诗人沈佺期的《邙山》。"洛阳北门北邙道,丧车辚辚入秋草。车前齐唱薤露歌,高坟新起白峨峨。朝朝暮暮人送葬,洛阳城中人更多。千金立碑高百尺,终作谁家柱下石。山头松柏

---

① 杜茂功. 九都诗韵[M]. 北京:中国科学文化出版社,2001:92.

半无主,地下白骨多于土。寒食家家送纸钱,乌鸢作窠衔上树。人居朝市未解愁,请君暂向北邙游。"①这是中唐诗人张籍的《北邙行》。"散漫黄埃满北原,折碑横路辗苔痕。空山夜月来松影,荒冢春风变木根。漠漠兔丝罗古庙,翩翩丹旐过孤树。白杨落日悲风起,萧索寒巢鸟独奔。"②这是晚唐诗人刘沧的《过北邙山》。此外,白居易、孟郊、刘禹锡和元稹等诗人都曾在邙山怀古。

不仅如此,唐代最为著名的皇家道观上清宫也坐落在邙山翠云峰上,使邙山成为隋唐洛阳城最为重要的道教圣地。不仅唐高宗多次亲临,唐哀宗和宋真宗等帝王也曾到上清宫朝拜。此外,吕祖庵和下清宫也在邙山。唐宋时期,每逢清明重阳,来邙山烧香朝拜的人们络绎不绝。正因如此,迁往江南的南宋人才感叹:"生在苏杭,葬在北邙。"不仅因为邙山是北宋祖陵所在地,更是因为邙山是中原人的文化圣地。

第二节　隋唐洛阳城与龙门石窟

尽管洛阳名山大川众多,名胜古迹又俯仰皆是,但既是世界文化遗产又是国家 AAAAA 级景区的旅游景点却只有龙门石窟一处。

据《太平寰宇记》记载:"初,炀帝尝登邙山,观伊阙,顾曰:'此非龙门耶,自古何因不建都于此?'仆射苏威对曰:'自古非不知,以俟陛下。'帝大悦,遂定议建都焉。"③按照此说,隋炀帝正是看中伊阙为"龙门",才将隋朝新都城建在洛阳。事实上,龙门之名正是因隋炀帝而兴起,并取代之前的"伊阙"。正是由于隋炀帝的推动,隋唐洛阳城中轴线上最华丽的"七天建筑",坐落在最南端的便是"天阙",也就是龙门伊阙。隋炀帝乘坐龙舟出游,归来之时,龙舟队从宫城区一直排到龙门,成为洛阳城最壮丽的景观,曾使洛阳城万人空巷。

龙门石窟还是佛教圣地。在隋唐时期,坐落在龙门山和香山的寺庙便有十余座之多,被称为"龙门十寺",像奉先寺、香山寺、潜溪寺和看经寺等都

①　杜茂功.九都诗韵[M].北京:中国科学文化出版社,2001:152.
②　杜茂功.九都诗韵[M].北京:中国科学文化出版社,2001:258-259.
③　乐史.太平寰宇记[M].北京:中华书局,2007:1134.

是隋唐洛阳城的知名寺院。并且,在隋唐时期,龙门高僧云集,像有着"开元三大士"之称的佛教密宗创始人和传承人善无畏、金刚智和不空都曾在龙门修行;著名佛教翻译家、高僧义净曾在龙门译经,圆寂后葬于龙门;禅宗二祖慧可曾在龙门求法,之后拜菩提达摩为师等。龙门遂在唐代佛教界名重一时。

龙门石窟之中,规模最大、艺术最精湛的雕像,便是奉先寺群雕,龙门石窟的"形象代言人"卢舍那大佛便是奉先寺群雕之首。奉先寺开凿于唐高宗咸亨三年(672年),为当时的皇后武则天以脂粉钱两万贯所建造。大佛面容丰满,表情沉静,体态安详,慈眉善目,就像是一位慈祥睿智的中年妇人,和武则天有颇多相似之处。坐落在香山之上的香山寺也是由武则天命名并进行建造的。香山寺风光秀美,景色宜人,成为武则天的避暑胜地。武则天与群臣曾在香山寺赋诗,并留下"香山赋诗夺锦袍"的千古美谈。

唐代大诗人白居易可谓是龙门的忠实粉丝。从大和三年(829年)担任太子宾客分司,回到洛阳,一直到会昌六年(846年)逝世,白居易晚年的十八年都在洛阳度过,并且和龙门有着很深的感情。唐大和六年(832年),白居易捐资六七十万贯,对香山寺进行重修,并撰写《修香山寺记》,文中对龙门和香山寺推崇至极,"洛都四郊山水之胜,龙门首焉,龙门十寺,观游之胜,香山首焉",遂使香山寺的威名大震。白居易和其他八个老人胡杲、吉旼、郑据、刘真、卢慎、张浑、狄兼谟、卢贞经常在香山寺聚会,饮茶作诗,观景下棋,优哉游哉,被后人称为"香山九老",香山九老后来成为长寿的代名词。会昌四年(844年),为了方便当地老百姓生活,白居易出钱开挖了龙门山附近阻碍舟行的石滩,建筑被后人称为"白堤"的堤坝。不仅如此,白居易和刘禹锡等诗人在龙门唱和,写诗作文,并自号"香山居士",以表示对香山的钟爱。会昌六年,白居易在洛阳家中去世,尊其遗愿,家人将其葬在龙门香山寺旁边,这便是现今龙门石窟景区的著名景点白园。而今的白园,已经成为人们追思凭吊大诗人白居易的胜地。

正是因为其景色优美、文化厚重,龙门才成为唐宋时期文学家的吟咏之地。初唐诗人李峤有《清明日龙门泛游》诗;开元名相、文坛领袖张说有《奉酬韦祭酒嗣立,偶游龙门北溪,忽怀骊山别》诗;边塞诗行家李颀有《宿香山寺石楼》诗;"诗仙"李白有《秋夜宿龙门香山寺》和《冬夜醉宿龙门觉起言志》诗；"诗圣"杜甫有《龙门》和《游龙门奉先寺》诗；山水田园诗派名家韦应物有《龙门游眺》和《游龙门香山泉》诗；状元宰相武元衡有《春题龙门香山寺》诗；大诗人白居易有《秋日与张宾客舒著作同游龙门醉中狂歌凡二百三十八字》《晚归香山寺因咏所怀》《香山寺二绝》等诗作；刘沧有《登龙门敬善寺阁》《经龙门废寺》和《题龙门僧房》等诗；齐己有《送僧游龙门香山寺》诗；北宋名相吕蒙正有《读书龙门山》诗；北宋婉约词派代表词人梅尧臣有《游龙门自潜溪过宝应精舍》诗；北宋著名文学家欧阳修有《游龙门分题十一首》《和龙门晚望》等诗；北宋文学家、史学家司马光有《龙门》诗；北宋末年洛阳诗人陈与义有《龙门》诗；等等。正是这么多诗词名家的吟咏，才使得龙门文化气息更加浓厚。

第三节　隋唐洛阳城与玄奘故里

玄奘，俗名陈祎，是洛州缑氏（今河南洛阳偃师）人，玄奘故里在偃师市缑氏镇陈河村。玄奘是东汉名臣陈寔之后，父亲陈惠曾做隋官，在隋亡之后隐居不出。玄奘是陈惠第四子，11 岁时便随法名长捷法师的二哥念佛诵经，13 岁时在洛阳净土寺出家。年长之后，在全国广为游历，之后深觉佛法高妙，非中国本土所能达，必须要到佛教的发源地——天竺去。于是他偷偷出行，历经千难万险，最终达到天竺（即古印度），并成长为一代高僧。之后，玄奘从天竺回到中国，当时的皇帝唐太宗李世民在洛阳宫鸾仪殿接见了他。在唐太宗的支持下，玄奘在长安设立译经院，召集来自国内外的知名佛教学者翻译佛经。玄奘更是亲自译经，根据有关统计，玄奘翻译经书达 75 部之多，共计 1335 卷，代表作品有《大般若经》《心经》《解深密经》《瑜伽师地论》和《成唯识论》等经书，尤其是《瑜伽师地论》，受到唐太宗的高度重视，亲自为其撰写序言《大唐三藏圣教序》。继任的唐高宗对玄奘更是尊崇有加，曾亲自为其撰写《大唐皇帝述三藏圣教记》。

远在长安的玄奘心思故乡，他多次请求皇帝让他去故乡近郊的嵩山少林寺译经，但遭到皇帝拒绝。最终，玄奘于麟德元年（664 年）在长安圆寂，葬于陕西白鹿原。故土难回，成为玄奘永远的遗憾。

玄奘法师是我国著名佛经翻译家，由他口述，弟子辩机笔录的《大唐西域记》是蜚声中外的游记名著。其中记述了玄奘法师亲历的 110 个以及得之传闻的 28 个城邦、地区、国家的概况,包含疆域、气候、山川、风土、人情、语言、宗教和佛寺等内容,并且,还有大量的历史传说和神话故事。此书成为研究中古时期中亚、南亚诸国历史、地理、宗教和文化的珍贵资料,也是东方文化交流研究不可或缺的读本。此外,它还是佛教史学和遗迹研究的重要参考文献。正是得益于《大唐西域记》的帮助,印度著名的佛教中心那烂陀寺的废墟、王舍城的旧址、鹿野苑古刹和阿旃陀石窟等历史遗迹和佛教遗址才得以重见天日。与此同时,《大唐西域记》还是翻译语言最多的中国著作,目前,国外有许多学者从事《大唐西域记》研究。《大唐西域记》和意大利人马可·波罗的《马可·波罗游记》、日本僧人圆仁的《入唐求法巡礼记》并称为"世界三大海外游行日记"。

　　玄奘取经的故事,后来被明代文学家吴承恩改编成神魔小说《西游记》,并成为我国的"四大名著"之一,其中的唐僧玄奘也因此成为文学作品中的经典形象而深入人心。在改编自同名小说的央视版《西游记》的推动下,玄奘更是成为家喻户晓的知名银幕形象。唐僧玄奘和其西游取经的故事,已经成为影视业的一大"金矿"。

　　目前,在玄奘老家,有两处景点与玄奘有关,一处是位于偃师市缑氏镇陈河村的玄奘故里,即玄奘故居所在地;另一处是位于偃师市缑氏镇东南约两千米的唐僧寺村北的唐僧寺。该寺相传为玄奘幼时听经之寺,原名灵岩寺,之后曾改名兴善寺,在明朝万历年间更名为唐僧寺并延续至今。在寺的西北墙外有唐僧墓,民间传说唐僧葬在此地。在西天取经故事于全国大热的背景下,无论玄奘故里还是唐僧寺,都应该抓住机遇,创立旅游品牌。与此同时,还要大力弘扬玄奘文化,倡导西游精神,使玄奘法师的事迹永远流传,使玄奘法师的精神永远传承下去。

第四节　隋唐洛阳城与嵩山

　　在河南博物馆,有一块金光闪闪的镇馆之宝,它是迄今为止所发现的唯一一件女皇武则天的遗物。这便是除罪金简。久视元年(700 年),女皇武则天登上嵩山,以极为隆重的礼仪祭天,希望通过这种方式向上天赎罪,并命令太监胡简将除罪金简从嵩山最高峰峻极峰抛下。之后,除罪金简便消失在茫茫大山之中,一直下落不明。直到1982年为采药农民所得,并献于国家,除罪金简才得以保存在河南博物院供人参观。事实上,除了除罪金简之外,武则天和嵩山还有着更密切的联系。

嵩山,在古时被称为"外方",在夏商时,被称为"崇高""崇山"。西周时,被称为"岳山"。之后国人以嵩山为中岳,称为"中岳嵩山"。嵩山属于伏牛山脉的一部分,由太室山和少室山组成。举世闻名的禅宗祖庭少林寺便坐落在少室山间。嵩山在古都洛阳的东郊,自古便是洛阳在东方的重要屏障,因此和洛阳有着极为紧密的联系。

经过数千年的文化积淀,嵩山已经成为一座闻名遐迩的文化名山。2010年8月,嵩山历史建筑群被认定为世界文化遗产,成为河南省继洛阳龙门石窟和安阳殷墟之后的第三处世界文化遗产。事实上,嵩山自古便是三教的渊源之地。于东汉明帝时期建造的法王寺,是我国最早建造的佛教寺院之一,比有着"释源""祖庭"的洛阳白马寺仅仅晚了三年。而始建于北魏孝文帝时期的少林寺,更是有"禅宗祖庭"之称。此外,嵩山之上,还有会善寺、嵩岳寺、永泰寺和清凉寺等诸多古寺,佛教文化源远流长,极为兴盛。不仅如此,嵩山还是道教名山。始建于秦的中岳庙是著名道教圣地。始建于汉武帝元封元年(前110年)的崇福宫也是道教名家云集之地,北魏的寇谦之、唐朝的刘道合、宋朝的董道绅、金代的邱长春等道长,均曾在崇福宫主持道场。位于嵩山南麓的嵩阳书院,在北宋时声名远播,理学大儒、洛阳人程颢、程颐曾在嵩阳书院授课,嵩阳书院因此得以和河南商丘的睢阳书院、湖南长沙的岳麓书院、江西庐山的白鹿洞书院齐名,并称为"四大书院",嵩阳书院也成为名重一时的儒学圣地。此外,嵩山还存有我国最古老的天文台——观星台,为元代科学家郭守敬所设计,是目前我国唯一一座元代观星台。无论从天文学还是建筑学来看,观星台都有着很高的史料价值,也因此成为世界上最著名的天文学建筑物之一。

在我国历史上,封禅是一件大事。"封"为祭天,"禅"为祭地,合起来便是祭祀天地。我国古代帝王们在天平盛世或者祥瑞来临时通常要进行封禅,以标榜自己的功绩。在我国历史上,统一六国的秦始皇嬴政、开创汉武盛世的汉武帝刘彻和开创"光武中兴"的东汉开国皇帝刘秀等都曾举行过封禅大典。在唐代时,创下"贞观遗风"的唐高宗、女皇武则天和开创"开元盛世"的唐玄宗等皇帝也曾进行封禅。历史上封禅嵩山的有周武王姬发和汉武帝刘彻。但汉武帝封禅嵩山,形式大于内容。诸如秦始皇、汉武帝和光武帝等皇帝封禅的重要地点都是东岳泰山,唐高宗和唐玄宗封禅也是在泰山进行的(在武则天的劝说下,唐高宗虽有心到嵩山封禅,却直到病故也未能成行)。只有武则天,将封禅大典放在了中岳嵩山。天册万岁元年(695 年)12 月,武则天率领文武大臣来到嵩山,行封禅之礼。"初一日,武则天先到嵩岳太室山中峰上的登封坛行祭天之礼,礼毕亲自撰文刻立《大周升中述志碑》于峰顶。然后于初三日来到少室山下万羊岗顶的封祀坛行祭地之礼,礼毕命武三思撰文、薛曜书丹,刻制了《大周封祀坛碑记》,立于坛上。祭天禅地、登封告成后在朝觐坛(今登封嵩阳书院前)接受朝廷百官和外国使节朝贺。"①为了庆祝封禅礼成,武则天大赦天下,改元万岁登封,并将当年定为万岁登封元年。此外,还改嵩阳县为登封县,阳城县为告成县,登封和告成的名称沿用至今,现今的告成为告成镇,归登封市管辖。

除了到嵩山封禅之外,武则天还多次前往嵩山观景避暑,有八到十次之多。有着"天中盛景"和"小桂林"之称的石崇河向来以潭碧、洞幽、峰奇、石怪、林茂、谷深著称于嵩山。"石崇会饮"是嵩山八大景之一,这个景点的形成便与武则天有关。唐久视元年(700 年)五月十五日,武则天和两个儿子李旦、李显及侄子武三思、大臣狄仁杰和姚崇等人来到石崇河游玩避暑。龙颜大悦的武则天在此大宴群臣,并赋诗一首,同时也令诸位随从大臣写诗纪念。连同武则天的那首,这次聚会共成诗十七首,编成诗集,武则天亲自为诗集作序,即《夏日游石淙诗并序》。并命当时著名的书法家薛曜书写后,刻在崖壁上,这便是保存至今的石淙河摩崖题记。石崇会饮之后,石崇河每年被禊的习俗沿袭下来,并在登封当地形成极为丰富的民间文化。

---

① 乔凤岐.武则天封禅嵩山略论[J].淮北师范大学学报(哲学社会科学版),2009,30(3):34-36.

第五节　隋唐洛阳城与牡丹

在洛阳民间,流传着这样一个故事。相传,武则天称帝之后,居住在长安。有一年冬天,武则天忽然想看百花盛开,就对着百花下了一道御旨:"明朝游上苑,火速报春知。花须连夜放,莫待晓风吹。"众花神想起武则天对王皇后和萧淑妃的狠毒,甚至连自己的孩子都不放过,不禁瑟瑟发抖,都不敢忤逆她,纷纷于夜间悄悄绽放。只有牡丹仙子认为花开花落自有时,人间帝王不应管,坚持不遵旨盛放。第二天,武则天出游上苑,看见百花盛开,万紫千红,却未有牡丹。武则天盛怒之下,命令太监宫女找来柴火,一把火将院中的牡丹烧个精光,最后还不解恨,当天便把牡丹连根拔起,运送到洛阳北部以贫瘠闻名的邙山上。谁知,来到洛阳之后,牡丹非但没有绝种,反而在邙山之巅开得更鲜艳了。这便是"武则天贬牡丹"的故事,清代文学家李汝珍曾在其小说《镜花缘》中进行了细致的讲述。

一座城市,有山,则雄浑;有水,则灵秀;有文化,则厚重;有花,则芬芳。上天钟情于洛阳,既有群山绵延,又有四河中流。更难得的是,艳冠群芳的牡丹每年四月如期开放,使得历史悠久、文化厚重的洛阳城风华绝代,花香四溢。

牡丹进入洛阳之后,在洛阳落地生根,借着洛阳的水土和气候优势,开始展现出更为强大的生命力。之后,洛阳人又培育出多种牡丹,使得洛阳牡丹之名传遍天下。到北宋时期,洛阳牡丹已经被称作"天下第一"了。经过洛阳人一千多年的辛勤培育,而今的洛阳牡丹有黑、红、黄、绿、白、紫等9大色系,品种更是有1100多个,总数量达到4000多万株。其中,洛阳牡丹的特色品种,姚黄被称为"花王"、魏紫被称为"花后",如赵粉、二乔、洛阳红、御衣黄、青龙卧墨池、白雪塔和豆绿等都是驰名天下的牡丹名品。

洛阳牡丹,不仅有着悠久的历史,还有着深厚的文化。早在唐代时,诗人文士们便对其欣赏和吟咏,以至于有关洛阳牡丹的诗词名句多不胜数。如有"诗豪"之称的唐代著名诗人刘禹锡曾作《赏牡丹》诗:"庭前芍药妖无格,池上芙蕖净少情。唯有牡丹真国色,花开时节动京城。"[1]诗人令狐楚写

---

[1]　杜茂功.九都诗韵[M].北京:中国科学文化出版社,2001:191.

有《赴东都别牡丹》诗:"十年不见小庭花,紫蕚临开又别家。上马出门回首望,何时更得到京华。"①诗人徐凝写有《牡丹》诗:"何人不爱牡丹花,占断城中好物华。疑是洛川神女作,千娇万态破朝霞。"②诗人罗邺有《牡丹》诗:"落尽春红始著花,花时比屋事豪奢。买栽池馆恐无地,看到子孙能几家。门倚长衢攒绣毂,幄笼轻日护香霞。歌钟满座争欢赏,肯信流年鬓有华。"③诗人罗隐有《牡丹》诗:"艳多烟重欲开难,红蕊当心一抹檀。公子醉归灯下见,美人朝插镜中看。当庭始觉春风贵,带雨方知国色寒。日晚更将何所似,太真无力凭阑干。"④宋代时,洛阳是天下牡丹栽培中心,有着"甲天下"之名,因此,吟咏牡丹的诗词更是比比皆是。如诗人王禹偁有《芍药花开忆牡丹》诗:"风雨无情落牡丹,翻阶红药满朱栏。明皇幸蜀杨妃死,纵有嫔嫱不喜看。"⑤梅尧臣有《洛阳牡丹》《紫牡丹》《白牡丹》和《禁中鞓红牡丹》等诗,可见其对洛阳牡丹的钟爱。北宋文学家欧阳修也是钟爱牡丹至深之人,他曾专门为洛阳牡丹立传,写就《洛阳牡丹记》,并有《洛阳牡丹图》诗,其中开篇便说:"洛阳地脉花最宜,牡丹有为天下奇。"⑥成为吟咏洛阳牡丹的名篇佳句。理学家邵雍有《牡丹吟》诗:"一般颜色一般香,香是天香色异常。真宰功夫精妙处,非容人意可思量。"⑦诗人晁补之有《次韵李秬新移牡丹》诗:"笑倚东风几百般,忽疑落渚在江干。玉容可得朝朝好,金盏须教一一干。送目汉皋行已失,断魂巫峡梦将残。七闽溪畔防偷本,四照亭边更着栏。"⑧洛阳诗人陈与义也有《牡丹》诗:"一自胡尘入汉关,十年伊洛路漫漫。青墩溪畔龙钟客,独立东风看牡丹。"⑨也正是这些诗词佳句,使得洛阳牡丹之名声威远播,吸引中外游客纷至沓来。

① 杜茂功.九都诗韵[M].北京:中国科学文化出版社,2001:212.

② 杜茂功.九都诗韵[M].北京:中国科学文化出版社,2001:246.

③ 杜茂功.九都诗韵[M].北京:中国科学文化出版社,2001:260.

④ 杜茂功.九都诗韵[M].北京:中国科学文化出版社,2001:260.

⑤ 杜茂功.九都诗韵[M].北京:中国科学文化出版社,2001:271.

⑥ 杜茂功.九都诗韵[M].北京:中国科学文化出版社,2001:279-281.

⑦ 杜茂功.九都诗韵[M].北京:中国科学文化出版社,2001:297.

⑧ 杜茂功.九都诗韵[M].北京:中国科学文化出版社,2001:330.

⑨ 杜茂功.九都诗韵[M].北京:中国科学文化出版社,2001:331.

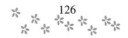

第七章

隋唐洛阳城旅游形式分析

第一节　隋唐旅游形式概论

　　"旅游媚年春,年春媚游人。徐光旦垂彩,和露晓凝津。时嘤起稚叶,蕙气动初蘋。一朝阻旧国,万里隔良辰。"①这是活跃在南朝的著名诗人沈约所写的《悲哉行》。在诗中,首次提到"旅游"一词。旅游,旅为出行,游为游览,有出行和游览的双重含义。

　　作为历史久远的文明古国,我国产生旅游的时间较早。据《穆天子传》记述,周穆王巡行四方,行至西方较远的昆仑山,并见到西王母。老子以青牛为交通工具出游,出函谷关之后不知所踪。孔子周游列国,曾困于陈蔡之间,还曾入周问礼等等,既是有目的的出行,又是一路赏景的游览。秦朝建立之后,始皇帝以为大功告成,遂在骊山建造阿房宫,"五步一楼,十步一阁;廊腰缦回,檐牙高啄;各抱地势,钩心斗角"②,是欣赏风景,愉悦心情的好去处。汉朝时,汉武帝建上林苑,也是为了自己和后宫嫔妃能够快乐出游。到了魏晋南北朝时期,文人士大夫纵情山水,放浪形骸,旅游更是他们释放自

---

　　① 沈约.沈隐侯集[M].清光绪十八年善化章经济堂重刊本:278.
　　② 上海辞书出版社文学鉴赏辞典编纂中心.杜牧诗文鉴赏辞典[M].上海:上海辞书出版社,2016:133.

我的方式,最著名的有竹林七贤、谢灵运和陶渊明等人。

　　旅游成为一种流行形式并日渐繁盛是在隋唐时期。隋朝统一之后,隋文帝杨坚宵衣旰食治理国家,到炀帝时,国力达到鼎盛,经济发展,人民生活水平的提高使出游有了更多可能,不仅隋炀帝可以乘坐龙舟多次前往江都,就连老百姓也养成春天外出郊游的习惯,后来形成风俗。唐朝时,经过高祖李渊、太宗李世民、高宗李治、武则天、玄宗李隆基等人的开明统治,经济出现前所未有的繁荣,国力也有了较大幅度的提升,唐代的两大盛世,"贞观之治"和"开元盛世"都出现在这一时期。经济上的繁荣使唐朝人雄姿英发,个性张扬,而旅游正是他们追求个性解放,追寻理想价值的独特方式。正如唐代大诗人,"诗仙"李白在其名诗《庐山谣寄卢侍御虚舟》中所说:"我本楚狂人,凤歌笑孔丘。手持绿玉杖,朝别黄鹤楼。五岳寻仙不辞远,一生好入名山游。"①在《上安州裴长史书》中,他也曾说道:"大丈夫必有四方之志,乃仗剑去国,辞亲远游。"②因此,这一时期外出旅游,成为举国上下之常态。他们或像贾岛一样,骑着毛驴,独自旅游,四处行吟,将祖国的大好河山、秀美风景都化作悠悠诗意;或像李白、杜甫和高适一样,结伴出游,遍访名胜古迹,将优美诗篇散落在中原大地的角角落落。

　　在隋唐时期,我国已经拥有丰富多彩的旅游文化。帝王每逢节日、春节或者盛夏,都会带着后宫嫔妃到山间行宫居住,避暑纳凉、泡温泉,更有甚者,借着封禅的名义游历名山大川。达官贵人、王公大臣每当春季,便浩浩荡荡到郊外的山上、河边旅游,优哉游哉,不亦快哉,就如"诗圣"杜甫在其诗作《丽人行》中所言:"三月三日天气新,长安水边多丽人。态浓意远淑且真,肌理细腻骨肉匀。绣罗衣裳照暮春,蹙金孔雀银麒麟。"③文官墨吏、士子举人,他们或由于异地做官,或由于升迁贬谪,或由于进京赶考,或由于入省应试,都会远离故里,告别亲人,或走在人迹罕至的山道旁,或乘船行走在江河上,或穿梭在乡野间,见识不同的风景,拥有迥然不同的人生旅程。

　　① 萧涤非,程千帆,马茂元,等.唐诗鉴赏辞典[M].上海:上海辞书出版社,1983:292-294.

　　② 李白.李太白全集[M].北京:中华书局,1977:1243-1251.

　　③ 萧涤非,程千帆,马茂元,等.唐诗鉴赏辞典[M].上海:上海辞书出版社,1983:438-440.

此时，已经出现了专门以旅游为目的的群体，即游客或称游人。如唐代诗人李正封在其《洛阳清明日雨霁》诗中便说："酒绿河桥春，漏闲宫殿午。游人恋芳草，半犯严城鼓。"①唐代诗人刘得仁在其《上巳日》诗中也写道："未敢分明赏物华，十年如见梦中花。游人过尽衡门掩，独自凭栏到日斜。"②这些游人或欣赏山川美景，或流连名胜古迹，或沉湎花开花落，或痴迷松木竹林，堪比当代职业驴友。

此外，由于气势雄浑、自信自尊的大国气度和包罗万象、兼容并蓄的隋唐气象，四周诸国纷纷遣使通好，或为经商贸易，或为文化交流，或为学习隋唐的文化、典籍以及政治制度。各国使者的纷纷到来，为隋唐时期的旅游增加一项专门类别——外国使者游。他们或行走在丝绸之路上，或翻山越岭，或穿越茫茫戈壁，或漂泊于江河湖海，最终到达长安和洛阳，为他们的人生增加宝贵经历，也为旅途增添一些异国亮色。

作为国都的长安和洛阳，是文人墨客的朝圣之地，因此，长安和洛阳的旅游，在全国居于领先地位，以其丰富多彩的形式引领着全国潮流，并始终保持着旺盛的旅游热度。即便到了五代和北宋，它们还经常被诗人们吟咏、为歌姬们唱诵，让人流连忘返。

与长安相比，洛阳的交通位置的优势，似乎更胜一筹。隋炀帝在洛阳营建新都，一方面出于政治考虑，可以借以控制全国；另一方面，也出于出行方便考虑，可以以洛阳为起点，通过贯穿南北的大运河，使南方和北方从此畅通无阻。南方的繁华城市杭州和扬州，北方的繁华城市涿郡（今北京），乘船便至，无论运输货物还是游山玩水，都是极为便利的。洛阳因居于中原，不仅是九州腹地，还是十省通衢；不仅是战略要地，还是交通要塞。去京城长安，东都洛阳是必经之路，而有大运河勾连南北，无论东出还是西进，无论南下还是北上，都十分便捷。加之隋唐时期，洛阳牡丹盛极一时，天下闻名，使得洛阳成为游人心中最佳的旅游目的地。洛阳种植牡丹正是始于隋代，隋炀帝在洛阳城西郊建设皇家园林西苑，征召各地的奇花异草、珍禽异兽入驻其中，其中，易州（今河北易县）进贡二十箱牡丹，其后，便有"清明次五时牡

① 杜茂功.九都诗韵[M].北京：中国科学文化出版社,2001：211.
② 梅庆吉.唐诗之春[M].辽宁：大连出版社,2009：85-87.

丹华"的记载。在盛唐时,由于唐高宗李治和武则天对牡丹的钟爱,牡丹便在洛阳广泛种植。到中唐时,洛阳牡丹已经名扬天下。因此,唐代著名诗人、洛阳人刘禹锡才有"唯有牡丹真国色,花开时节动京城"之语。到了牡丹花开的季节,洛阳"城中看花客,旦暮走营营"①,人流熙攘,朝夕不绝,挤满了看花游客,可谓盛况空前。

京师所在,交通便利,地理优越,有景可赏,有花可看,有古可怀,多种因素使洛阳成为隋唐旅游的最佳代言人。因此,研究隋唐时期的旅游形式,隋唐洛阳城可谓最好例证。

第二节　帝王游

洛阳天下之中的位置以及四通八达的水陆交通网,为居住在洛阳城内的帝王们提供了极为便利的出游条件,尤其是驿路驰道的修建和大运河的连通南北,更是让帝王们组织大型出游团队外出旅游成为可能。隋唐时期的帝王大多对出游有偏爱,他们既喜欢效仿秦皇汉武,去泰山、嵩山等名山封禅,还喜欢巡游四方,彰显天子威仪,震慑敌对势力。不仅如此,帝王们还喜欢在洛阳营造皇家园林,以满足自己的游乐心理。隋炀帝营造西苑,使之成为继汉武帝时期上林苑之后的又一座超大型皇家园林,"周二百里,其内为海,周十余里,为蓬莱、方丈、瀛洲诸山,高出水百余尺,台观殿阁,罗络山上,向背如神。北有龙鳞渠,萦纡注海内,缘渠作十六院,门皆临渠……穷极华丽"②。武则天时期的九州池也是一座著名皇家园林,唐高宗李治和武则天不仅多次在此悠游,还曾在此举办宴会,大宴群臣。

由于隋唐实行两都制,长安和洛阳并称西东两都。除了隋炀帝杨广、隋恭帝杨侗、唐高宗李治、女皇武则天等人常住洛阳之外,唐太宗李世民、唐玄宗李隆基等皇帝也曾多次前往洛阳。唐代后期,军阀割据,宦官干政屡屡出现,京师长安动荡不堪,皇帝们留在洛阳的时间较多。东西两都出游,成为皇帝们外出旅游的一大方式。浩浩荡荡的帝王仪仗队经常往来于长安和洛

---

① 杜茂功.九都诗韵[M].北京:中国科学文化出版社,2001:182.

② 司马光.资治通鉴[M].北京:中华书局,1956:5620.

阳之间，极尽奢华，令时人叹为观止。正如唐代诗人王建在《行宫词》中所写到的那样："上阳宫到蓬莱殿，行宫岩岩遥相见。向前天子行幸多，马蹄车辙山川遍。"①隋炀帝杨广在从东都洛阳返回京师长安时，还曾作《还京师诗》以纪之，"东都礼仪举，西京冠盖归。是月春之季，花柳相依依。云跸情驰道，雕辇御晨晖。嘹高铙笳奏，葳蕤旌旆飞。后乘趋文雅，前驱厉武威"。② 李世民对洛阳的美丽景色流连万分，趁着春季狩猎，抒发游乐心情："春蒐驰骏骨，总辔俯长河。霞处流紫锦，风前漾卷罗。水花翻照树，堤兰倒插波。岂必汾阴曲，秋云发棹歌。"③而他在洛阳宫的鸾仪殿小住时，又作了《鸾仪殿早秋》的诗作："寒惊蓟门叶，秋发小山枝。松阴背日转，竹影避风移。提壶菊花岸，高兴芙蓉池。欲知凉气早，巢空燕不窥。"④

在隋唐众多帝王之中，隋炀帝杨广是游兴最浓的一位。据统计，在他当政的十五年间，真正住在京师长安和洛阳的时间很少，大部分时间都奔波在出游路上。在继位第一年（即公元604年），他出游江都，直到第二年春天才返回洛阳，"上自伊阙，陈法驾，备千骑万乘，入于东京"⑤，可见其出游盛况。继位第三年，他向北巡视榆林，第四年又出长城，远至塞外。609年，他西行至张掖，在此大宴西域诸国酋长；610年，再游江都；611年至614年，隋炀帝三次亲征高句丽，到达涿郡（今北京）；615年，巡视长城，结果却被突厥人围困在雁门，差点丧命于此；616年，他第三次从洛阳出发，乘坐龙舟，经大运河前往江都，之后，隋炀帝一直在江都居住，直到被下属绞死。隋炀帝每次出游，声势都极为浩大，据《大业拾遗记》记载，隋炀帝首次从洛阳出发前往江都时，"帝御龙舟，萧妃乘凤舸，锦帆彩缆，穷极侈靡。舟前为舞台，台上垂蔽日帘，帘即蒲泽国所进，以负山蛟睫幼莲根丝贯小珠间睫编成，虽晓日激射，而光不能透。每舟择妙丽长白女子千人，执雕板缕金楫，号为殿脚女"⑥。

① 王建.全唐诗[M].北京：中华书局，1999：1722.
② 杜茂功.九都诗韵[M].北京：中国科学文化出版社，2001：80.
③ 杜茂功.九都诗韵[M].北京：中国科学文化出版社，2001：83.
④ 杜茂功.九都诗韵[M].北京：中国科学文化出版社，2001：83.
⑤ 魏征，等.隋书上[M].北京：中华书局，1973：66.
⑥ 都宝.大业拾遗记.中国社会科学网[EB/OL].（2013-11-19）[2019-10-20].
http://www.cssn.cn/shujvkuxiazai/xueshujingdianku/zhongguojingdian/sb/zsl_14311/dysyj/201311/t20131119_842822.shtml

相比隋炀帝对自己的"龙兴之地"江都(今扬州)的情有独钟,女皇武则天更钟情洛阳近郊的嵩山。武则天曾先后八次前往嵩山,或为封禅,或为避暑,或为游览,与嵩山结下不解之缘。天册万岁元年(695年),武则天在嵩山进行封禅,将嵩山所在的嵩阳县改为登封县,登封,即"登山封禅"之意,并一直沿用至今。久视元年(700年)的秋天,武则天率领群臣在嵩山脚下的石淙河游玩,并在乐石上举行宴会,她还写了一首《夏日游石淙》诗作为纪念:"三山十洞光玄箓,玉峤金恋镇紫微。均露均霜标胜壤,交风交雨列皇畿。百仞高崖藏日色,千寻幽洞浴云衣。且驻欢筵赏仁智,雕鞍薄晚杂尘飞。"①李显、李旦、狄仁杰等17位臣僚也应武则天的要求作诗,可见武则天的游性很浓,宴会也较为隆重。

除了以视察疆土、登山封禅的名义进行巡游之外,帝王们还会在农耕之时或者重大节日到京城的郊外祭祀天地,祈求神灵护佑,让老百姓五谷丰登、六畜兴旺。

对于古代旅游来说,帝王巡游的意义极为重大,它的带动作用极为明显。

第一,隋唐帝王的出游使国家道路网得到改善,使旅游设施得到更新,为后来者的旅游提供极大便利。以隋炀帝为例,为了方便出游,隋炀帝修筑驰道,"发河北十余郡丁男凿太行山,达于并州,以通驰道",又在山西东南"开直道九十里"②,使太原到洛阳的道路由此畅通。与此同时,他又修造"御道",从陕西榆林一直达到涿郡,和大运河相接。勾连南北的大运河修建以后,"商旅往还,船乘不绝",不仅使隋炀帝三巡江都成为可能,更方便了来往商贾,哺育后世一千余年。时至今日,运河两岸人民还在享受大运河的哺育。以洛阳、长安为中心,由驰道、直道、御道构筑起来的陆地交通运输网和以洛阳为中心的大运河与若干支流构筑起来的水路交通运输网,不仅为隋唐帝王的巡游提供了便利,还使得沿线的驿站、旅馆、茶社、饭店也如雨后春笋般出现,直接促进了我国古代旅游业的发展,使得我国旅游业在隋唐时期得到发展。

---

① 彭定求,等.全唐诗[M].北京:中华书局,1980:58.

② 魏征,等.隋书[M].北京:中华书局,1973:68.

第二,隋唐帝王们的出游对贵族和平民阶层的旅游热形成强有力的带动。每逢重大节日,帝王们会前往如寺庙道观等宗教场所,为祖先祈福,祈求天尊佛祖保佑风调雨顺、国泰民安。以武周时期为例,在神都洛阳城,寺庙就有四十余处之多,其中以福先寺、安国寺、太平寺最为著名。这些寺庙香客云集,信徒众多,其中最重要的一个原因便是它们由皇室修建,是名副其实的皇家寺庙。位于龙门的香山寺,武则天曾在此举办龙门诗会,诗作最佳的将由皇帝赏赐锦袍,最先成诗的是左史东方虬,武则天便将锦袍赐给他,之后看宋之问所写诗作气势磅礴,便将锦袍从东方虬手中夺过,转而赏赐给宋之问。因而留卜"龙门夺袍"的佳话。到白居易生活的中唐,龙门和香山寺依然游人如织,重要原因便是民众基于对武则天的想象而发起旅游,可见帝王巡游对贵族平民旅游热的带动意义是较为明显的。

第三,帝王巡游驻跸之地往往会成为旅游胜地。在隋炀帝三游江都之后,江都在唐代时便成为远近闻名的旅游城市。《黄鹤楼送孟浩然之广陵》是大诗人李白的著名诗篇,"故人西辞黄鹤楼,烟花三月下扬州。孤帆远影碧空尽,唯见长江天际流",诗人对孟浩然去扬州(即江都)的羡慕之情溢于言表。武则天封禅的嵩山、多次前往参观的龙门石窟也是如此,传说龙门石窟奉先寺的卢舍那大佛便是根据武则天的形象塑造,其旅游推动意义较为明显。武则天时期兴建的"七天建筑"之一天津桥,不仅是游客观花赏月的好去处,是成为洛阳著名景观"天津晓月",还和龙门山色、马寺钟声一起,并列"洛阳八景"。还有帝王们曾经御封、题诗、题字的地方,也会迅速成为旅游景点,引来游人如潮。

第三节 文士游

以数量众多、质量上乘的唐诗称雄于我国古代文学史的唐代,是诗人们文思泉涌,挥笔千言的绝佳时代,也是文人们交游唱和的黄金时期。唐代的文人士子雄姿英发,仰天大笑,仗剑江湖,诗酒人生,留下一串串优美的诗行,哺育后世一千余年。历史名都长安和洛阳,自然成为他们的向往之地,被他们所歌颂,所传唱。

洛阳和长安是当时文士最为集中的地方,最主要是因为京城是举行科举考试的地方,同时也是士子们"十年寒窗无人问,一举成名天下知"之地。科举考试为隋炀帝首创,目的便是让广大寒门士子有出人头地的机会,并借此平衡政局,加强中央集权。唐代对隋代的政治制度进行了全面继承,延续了科举考试,且又积极进行改进和创新,从而使科举考试更适应国家要求和时代发展。

从隋炀帝开始,一直到唐代末年,作为两京之一的洛阳都是全国最重要的科举考场之一。根据史书记载,武则天曾在载初元年(690 年)二月,在洛成殿对贡人进行策问,被视为我国科举殿试的开端。唐玄宗在长安和洛阳的宫殿中,先后八次亲自对科举应试者进行面试。唐代宗时,全国性灾荒接连发生,交通不便,便有大臣建议省试改在长安和洛阳两处举行。隋唐洛阳城的许多里坊区,便是士子们的聚集之地,如"观德坊"是隋朝最高学府国子监的所在地,"修文坊"是隋朝国子监的学子们求学之地,正平坊是唐朝国子监的所在地。在每年科举之时,全国各地的士子们都会聚集洛阳城,一边等待参加考试,一边诗文唱和,广交朋友。洛阳城内天津桥、铜驼街、龙门、洛浦、金谷园等处成为士子们游乐玩耍的天堂。"洛阳天子县,金谷石崇乡。草色侵官道,花枝出苑墙。书成休逐客,赋罢遂为郎。贫贱非吾事,西游思自强。"①这首《洛阳作》便是唐代诗人张继为求取功名旅居洛阳期间所作,虽然未有功名,却也是踌躇满志。

由于洛阳是当时的世界性大城市,同时又是京城所在地,因此在隋唐时便成为有名的文化之都。像许多知名文人李白、杜甫、白居易、元稹、刘禹锡、韩愈等人,或出生在洛阳,或把洛阳当成第二故乡,或在洛阳长期逗留,都和洛阳结下不解的缘分。自幼在洛阳姑母家长大的诗圣杜甫,以洛阳人为骄傲,他曾满怀深情地写成《洛阳》一诗:"洛阳昔陷没,胡马犯潼关。天子初愁思,都人惨别颜。清笳去宫阙,翠盖出关山。故老仍流涕,龙髯幸再攀。"②白居易晚年在龙门香山居住,把洛阳视为第二故乡,他曾写出《洛中春游呈诸亲友》:"莫叹年将暮,须怜岁又新。府中三遇腊,洛下五逢春。春树花珠颗,春塘水麹尘。春娃无气力,春马有精神。并辔鞭徐动,连盘酒慢巡。

① 杜茂功.九都诗韵[M].北京:中国科学文化出版社,2001:119-120.
② 杜茂功.九都诗韵[M].北京:中国科学文化出版社,2001:125.

经过旧邻里,追逐好交亲。笑语销闲日,酣歌送老身。一生欢乐事,亦不少于人。"①年华老去,美景又来,应当快乐出游,笑语酣歌,全诗自得之情溢于言表。

东都洛阳,宫殿巍峨,洛水之畔,风光秀美,自然少不了文人间的相遇与别离。李白、杜甫和高适三人,曾在洛阳龙门相遇。白居易和刘禹锡、元稹这两个土生土长的洛阳人结为好友,白居易和元稹开启唐代诗歌史上著名的"新乐府运动",二人并称元白。不仅如此,像洛阳城内的归仁坊,是中唐著名权臣牛僧孺在洛阳的宅院所在地,他曾多次和白居易、刘禹锡在此相聚。绿野堂在洛阳城长厦门外南五里处,有"大唐第一名相"之称的裴度、白居易和刘禹锡在此多有唱和。刘禹锡写有《三月三日与乐天及河南李尹奉陪裴令公泛洛禊饮各赋十二韵》一诗:"洛下今修禊,群贤胜会稽。盛筵陪玉铉,通籍尽金闺。波上神仙妓,岸傍桃李蹊。水嬉如鹭振,歌响杂莺啼。历览风光好,沿洄意思迷。棹歌能俪曲,墨客竞分题。翠幄连云起,香车向道齐。人夸绫步障,马惜锦障泥。尘暗宫墙外,霞明苑树西。舟形随鹢转,桥影与虹低。川色晴犹远,乌声暮欲栖。唯余踏青伴,待月魏王堤。"②此作便是他和白居易以及河南尹李钰陪同裴度于三月三日上巳节在洛河畔举行修禊时所写。当时白居易也写有一诗,名曰《三月三日祓禊洛滨》:"三月草萋萋,黄莺歇又啼。柳桥晴有絮,沙路润无泥。禊事修初半,游人到欲齐。金钿耀桃李,丝管骇凫鹥。转岸回船尾,临流簇马蹄。闹翻扬子渡,蹋破魏王堤。妓接谢公宴,诗陪荀令题。舟同李膺泛,醴为穆生携。水引春心荡,花牵醉眼迷。尘街从鼓动,烟树任鸦栖。舞急红腰软,歌迟翠黛低。夜归何用烛,新月凤楼西。"③记述的是同一件事情。白居易晚年常和朋友在香山聚会,吟诗作画,下棋悠游,被人称为"香山九老"。

由于洛阳是两周旧都,又是汉魏古京,身在洛阳,容易发思古之幽情,在洛阳怀古,遂成为文士们的一大爱好。杜甫、王建、张继、白居易、李贺、杜牧、李商隐等人游历在天津桥畔,金谷园里,北邙山头,常常有今非昔比、过往如梦之感。"彩楼歌馆正融融,一骑星飞锦帐空。老尽名花春不管,年年

① 杜茂功.九都诗韵[M].北京:中国科学文化出版社,2001:185.
② 杜茂功.九都诗韵[M].北京:中国科学文化出版社,2001:194.
③ 杜茂功.九都诗韵[M].北京:中国科学文化出版社,2001:186.

啼鸟怨东风。"①这是唐代诗人张继的《金谷园》，充满了对西晋富豪石崇和其宠妾绿珠的追思之情。"北邙山头少闲土，尽是洛阳人旧墓。旧墓人家归葬多，堆著黄金无买处。天涯悠悠葬日促，冈坂崎岖不停毂。高张素幕绕铭旌，夜唱挽歌山下宿。洛阳城北复城东，魂车祖马长相逢。车辙广若长安路，嵩草少于松柏树。涧底盘陀石渐稀，尽向坟前作羊虎。谁家石碑文字灭，后人重取书年月。朝朝车马送葬回，还起大宅与高台。"②这是唐代诗人王建的《北邙行》，充满了对世事浮云、万世沧桑的喟叹。"紫泉宫殿锁烟霞，欲取芜城作帝家。玉玺不缘归日角，锦帆应是到天涯。于今腐草无萤火，终古垂杨有暮鸦。地下若逢陈后主，岂宜重问后庭花。"③这是唐代李商隐的《隋宫》，充满了对短命王朝穷兵黩武的嘲讽。

有相聚便有别离，有欢愉便有哀愁。如同长安的灞桥一般，洛阳的天津桥、洛河边，在隋唐时也是伤感别离之地。诗人们挥一挥衣袖，在美景如画的洛阳城边，送走亲朋至交。"河桥送客舟，河水正安流。远见轻桡动，遥怜故国游。海禽逢早雁，江月值新秋。一听南津曲，分明散别愁。"④这是唐代诗人储光羲的《洛桥送别》，洛桥美景如画，却应和着离愁别绪。不久之后，有友人返回江东，诗人又在洛河边为他送行，即《洛中送人还江东》："洛城春雨霁，相送下江乡。树绿天津道，山明伊水阳。孤舟从此去，客思一何长。直望清波里，唯余落日光。"⑤天津树绿，伊水山明，清波落日，孤舟遥逝，风景无限好，难忘在分别。大诗人李白也在洛阳相继送别裴图海、杨山人等人，他在《送杨山人归嵩山》中动情地写道："我有万古宅，嵩阳玉女峰。长留一片月，挂在东溪松。尔去掇仙草，菖蒲花紫茸。岁晚或相访，青天骑白龙。"⑥

惺惺相惜的文人雅士们在美景如画的洛阳城尽情游览，尽兴唱和，在看惯洛阳城的繁华之后，也将锦绣华章留给后人，使后人传唱千年。因此，隋唐之际的文士游是浪漫多姿的，也是风情醉人的，它承前启后，继往开来。

---

① 杜茂功. 九都诗韵[M]. 北京:中国科学文化出版社,2001:120.
② 杜茂功. 九都诗韵[M]. 北京:中国科学文化出版社,2001:155.
③ 杜茂功. 九都诗韵[M]. 北京:中国科学文化出版社,2001:242.
④ 杜茂功. 九都诗韵[M]. 北京:中国科学文化出版社,2001:114.
⑤ 杜茂功. 九都诗韵[M]. 北京:中国科学文化出版社,2001:115.
⑥ 杜茂功. 九都诗韵[M]. 北京:中国科学文化出版社,2001:113.

第四节　平民游

平民百姓是旅游的参与者,也是游客的中坚力量。广大平民阶层不能像皇帝那般动辄远行,也不能像文士那般辞亲远游。在旅游行为还没有深入民间的隋唐时期,多数平民不会有目的地走出城市,跨越省份去旅行。但近郊之游还是较为常见的。与王侯将相五花八门的旅游形式相比,平民旅游较为简单,一般分为节庆游和季节游两种。

隋唐时期的节庆,较大的有上元夜、上巳节、清明日、寒食节和盂兰盆会等。上元夜,即我们现在的元宵节,在阴历正月十五夜晚,富人们燃灯,平民们结伴出游,彻夜观灯。上巳节,即三月三日,可以进行修禊活动。寒食节,为纪念春秋时期晋国重臣介子推而设,在冬至后的一百零五天,清明节前一两天,人们扫墓祭祀,寄托哀思。清明日,即二十四节气中的清明,在寒食节结束后,人们外出踏青,喜庆洋洋。盂兰盆会,是一个佛教节日,七月十五这天,武则天曾多次在京城洛阳的天堂举行盂兰盆会,以表彰孝道,之后成为我国本土文化和外来文化相结合的一大节日。季节游一般以春季为宜,此时春水泛滥,杨柳依依,桃红柳绿,莺歌燕舞,人们走出家门,来到小河边,田野外,借以舒畅心情,愉悦身心。

隋炀帝曾于大业六年(610 年)在洛阳城端门外组织大型游乐活动,给前来洛阳觐见的西域酋长商贾观看。从全国各地汇集洛阳的艺人们或表演杂技,或表演舞蹈,或表演武术,或表演魔术,让远道而来的客人们叹为观止。据《资治通鉴》记载,炀帝"于端门街盛陈百戏,戏场周围五千步,执丝竹者万八千人,声闻数十里,自昏至旦,灯火光烛天地,终月而罢,所费巨万,自是岁以为常"[①]。那时节,洛阳城人头攒动,熙来攘往,黎民百姓来来去去,兴高采烈,就连隋炀帝也偷偷扮成老百姓,混在人堆里看热闹。唐高宗调露二年(680 年)的上元夜,陈子昂、长孙正隐、陈嘉言等六人同游洛阳,赏景观灯,每人各作一首诗,记载当时盛况。陈子昂作《上元夜效小庾体》:"三五月华新,遨游逐上春。相邀洛城曲,追宴小平津。楼上看珠妓,车中见玉人。芳宵殊

---

①　司马光.资治通鉴[M].北京:中华书局,1956:5649.

未极,随意守灯轮。"①长孙正隐所作《上元夜效小庾体同用春字》:"薄晚啸
游人,车马乱驱尘。月光三五夜,灯焰一重春。烟云迷北阙,箫管识南邻。
洛城终不闭,更出小平津。"②六人的诗作虽然风格各异,质量也是参差不齐,
但均描绘了洛阳城上元夜的盛况,那时的洛阳,就是一座不夜城。诗人苏味
道有《正月十五夜》诗:"火树银花合,星桥铁锁开。暗尘随马去,明月逐人
来。游伎皆秾李,行歌尽落梅。金吾不禁夜,玉漏莫相催。"③记载的正是唐
代上元夜,东都洛阳开禁,天津铁桥打开,火树银花,游人如织的热闹场面。
歌姬们浓妆艳抹,尽显风流,她们一边赏灯,一边轻声唱着《梅花落》,在马蹄
起落间,尘土飞扬,明月和游人相映成趣。唐代学者刘肃撰写的笔记小说
《大唐新语》对神龙年间元宵夜开禁的情况也有所描述,"神龙之际,京城正
月望日盛饰灯影之会。金吾弛禁,特许夜行。贵族戚属及下隶工贾,无不夜
游。车马骈阗,络绎不绝,人不得顾。王主之家,马上作乐,以相夸竞"。④ 可
谓盛况空前。

三月三日上巳节是隋唐时期的重要节日。隋炀帝在上巳节时,曾与群
臣在西苑相聚,他们一边饮酒,一边看着木刻制品浮在水面上,随处转动。
上巳节原为修禊之日,后来就成了隋唐人士踏春的日子。诗人孟浩然写有
《上巳洛中寄王九迥》:"卜洛成周地,浮杯上巳筵。斗鸡寒食下,走马射堂
前。垂柳金堤合,平沙翠幕连。不知王逸少,何处会群贤。"⑤描写洛阳上巳
节的诸多习俗,如斗鸡、走马、射箭等。陈子昂和席元明参加了洛阳县令王
氏举办的上巳节宴饮,写就同名诗《三月三日宴王明府山亭》,陈子昂诗曰:
"暮春嘉月,上巳芳辰。群公禊饮,于洛之滨。"席元明诗曰:"日惟上巳,时亨
有巢。中尊引桂,芳筵藉茅。书僮橐笔,膳夫行炰。烟霏万雉,花明四郊。
沼蘋白带,山花紫苞。同人聚饮,千载神交。"⑥虽然是对王羲之兰亭集会的
效仿,但这种过节方式在当时极为流行。洛阳的上巳节氛围浓厚,气氛热
烈,即便离开洛阳之后,也会对洛阳过上巳节的情形念念不忘。诗人沈佺期

---

① 曹寅等. 全唐诗[M].上海:上海古籍出版社,1986:335.
② 曹寅等. 全唐诗[M].上海:上海古籍出版社,1986:237.
③ 曹寅等. 全唐诗[M].上海:上海古籍出版社,1986:114.
④ 刘肃. 大唐新语[M].北京:中华书局,1998:78.
⑤ 杜茂功. 九都诗韵[M].北京:中国科学文化出版社,2001:113.
⑥ 陈贻焮. 增订注释全唐诗(第一册)[M].北京:文化艺术出版社,2001:483.

便有《和上巳连寒食有怀京洛》，他写道："天津御柳碧遥遥，轩骑相从半下朝。行乐光辉寒食借，太平歌舞晚春饶。红妆楼下东回辇，青草洲边南渡桥。坐见司空扫西第，看君侍从落花朝。"①他怀念洛阳城边，天津桥上游人如织、热闹欢快的过节场景。

其他如寒食节、清明日、盂兰盆节等，既是扫墓尽孝的节日，也是外出踏青、走亲访友的日子。平民百姓也会借着过节的名义，赏花戏水、寻春游乐、载歌载舞，到大自然中抒发情怀，释放情感，以此表达对自然的歌颂和对生命的眷恋。尤其像洛阳这般水系发达、河流众多的城市，更是为百姓的外出游玩提供了广阔的场所，使他们能够集在河滨，聚于河上，从而快乐愉悦地出游。

种花赏花，也是洛阳城的一大风景。正如宋代大文豪欧阳修在《洛阳牡丹记》中所言："洛阳之俗，大抵好花。春时城中无贵贱皆插花，虽负担者亦然。花开时，士庶竞为游遨，往往于古寺废宅有池台处为市井，张幄帘，笙歌之声相闻。"隋朝时，隋炀帝在洛阳城引入牡丹，经唐高宗和武则天之后，牡丹在唐代时便已经在洛阳城蔚为壮观。大诗人白居易作《白牡丹》诗，说"城中看花客，旦暮走营营"②，可见当时看花之盛况。诗人徐凝作《牡丹》诗，说"何人不爱牡丹花，占断城中好物华。疑是洛川神女作，千娇万态破朝霞"③，自然也不是虚言。不仅牡丹，桃花、梨花、杏花等花朵盛开的时节，人们也会走出家门，呼朋引伴，看花赏景。

平民的游乐，虽比不上贵族游乐那般隆重，但也有着同样的热切之情；虽比不上文士游乐那般高雅，但也别有一番野趣。虽然身份不同，但出游的快乐却是相同的。

第五节　入境游

"万国朝天中，东隅道最长。吾生美无度，高驾仕春坊。出入蓬山里，逍遥伊水傍。伯鸾游太学，中夜一相望。落日悬高殿，秋风入洞房。屡言相去

① 曹寅，等. 全唐诗[M]. 上海：上海古籍出版社，1986：438.
② 杜茂功. 九都诗韵[M]. 北京：中国科学文化出版社，2001：182.
③ 杜茂功. 九都诗韵[M]. 北京：中国科学文化出版社，2001：246.

远,不觉生朝光。"①这是唐代诗人储光羲的《洛中贻朝校书衡,朝即日本人也》诗,写给好友晁衡。晁衡是日本人,日本名叫阿倍仲麻吕,是日本在奈良时代派来中国游学的留学生。晁衡在唐朝的国子监学习之后,在开元年间高中进士,之后深得皇帝唐玄宗李隆基的赏识,历任左春坊司经局校书、门下省左补阙、卫尉少卿、秘书监兼卫尉卿等职,并在唐肃宗时擢升左散骑常侍兼安南都护。晁衡热爱大唐,喜欢中华文化,和李白、王维、储光羲等诗人名士都是好友,相互之间多有唱和。晁衡曾在洛阳担任教书郎,和旅居洛阳的诸多诗人都保持着真挚的友谊。储光羲的上述诗作,便为当时所写。

隋唐时期是我国经济发达、文化先进、政治开明的历史时期。不过,当时的日本却处于奴隶社会向封建社会的过渡期,急切希望通过政治、经济和文化变革来改变落后的面貌,一衣带水的近邻中国便是他们学习的最好榜样。据不完全统计,仅有唐一朝,日本前来中国学习的"遣唐使"团队便有13次之多,如果算上到唐朝的"迎入唐使"和"送客唐使",差不多有近20次。②这些遣唐使到唐朝以后,全面学习中国的政治制度、文化礼仪和科学技术,返回日本之后成为日本建设的中坚力量。

不仅仅日本,像东边的近邻朝鲜,西边的波斯、大食,南边的印度、越南、泰国等国家,甚至远在欧洲的东罗马帝国以及非洲诸国,都和我国产生了很深的联系。长安和洛阳作为当时世界上最大的城市,使者往来不绝,外商云集,留学生也不罕见,他们身穿五颜六色的衣服,有着不同的肤色,说着不同的语言,热闹非凡。洛阳作为丝绸之路的起点和大运河的中心,外国人通过丝绸之路和大运河来到洛阳,在此游学交流、开展贸易、游玩唱和,成为洛阳城最别致的一道风景。隋唐洛阳城的里坊区,分布着商品云集的南市、东市和西市等三大市场,其中南市——丰都市最大。根据史书记载,在隋代,"丰都市,周八里,通门十二,其内一百二十行,三千余肆,甍瓦齐平,遥望如一,榆柳交荫,通衢交注"③;在唐代,"东都丰都市,东西南北居二坊之地,四面各开三门。邸凡三百一十二区,资货一百行"④。各国货物堆积如山,商贾熙来

① 杜茂功.九都诗韵[M].北京:中国科学文化出版社,2001:113–114.

② 张仁忠.中国古代史[M].北京:北京大学出版社,2006:284.

③ 张玉书,等.佩文韵府[M].上海:上海书店据商务印书馆本影印,1983:332.

④ 韦述,辛德勇.两京新记[M].西安:三秦出版社,2006,14.

攘往,商品交易量极大。这些商品基本上都是通过丝绸之路和大运河运输而来。根据北宋司马光所撰写的《资治通鉴》记载:"帝(隋炀帝)以诸蕃酋长毕集洛阳,丁丑,于端门街盛陈百戏。戏场周围五千步,执丝竹者万八千人,声闻数十里。自昏达旦,灯火光烛天地,终月而罢,所费巨万。自是岁以为常。诸蕃请入丰都市交易,帝许之。先命整饰店肆,檐宇如一,盛设帷帐,珍货充积,人物华盛,卖菜者亦借以龙须席。胡客或过酒食店,悉令邀延就坐,醉饱而散,不取其直,给之曰:'中国丰饶,酒食例不取直。'胡客皆惊叹。其黠者颇觉之,见以缯帛缠树,曰:'中国亦有贫者,衣不盖衫,何如以此物与之,缠树何为?'市人惭不能答。"①为了炫耀中国富庶,隋炀帝几乎是不计成本。这些外国使者回到家乡后,向本国人讲述在中国的见闻,本国人在艳羡的同时,也会对中国生出向往之心。于是,往来于中国和他国之间的驼队、来中国求学的留学生日益增多。他们游历中国,为中国的强大所叹服,为博大精深的中华文化所折服。1981年,在洛阳南郊的龙门东山上,发现唐定远将军安菩夫妇合葬墓。安菩为西域安息国首领的后裔,因立下赫赫战功,被封为定远将军。在安菩墓中,挖掘出一枚罗马金币,是东罗马皇帝福克斯时代的铸币,可见在唐朝时,我国便已经与欧洲有了紧密联系。

在洛阳城的里坊区,隋唐时居住着大量外国人,并出现诸如景教、祆教、摩尼教等许多外国宗教寺院。在洛阳城北的邙山上,曾出土许多外国人墓志铭,并发现有他们的墓葬。近些年在洛阳发现的外国人墓志中,有许多墓志规格较高,如阿罗撼墓志。阿罗撼是波斯大酋长,在唐朝担任将军。如康大农墓志,墓主"少而英敏,气概不群……察纵多能,博通才艺,逍遥自得,不干荣位,既而世袭衣缨,生资丰握,家僮百数,藏镪百万"②。他在洛阳过着富庶优渥的生活,优哉游哉,不亦乐乎。有学者统计,在洛阳出土的丝路银币,以波斯萨珊王朝为最多,约有333枚。③龙门石窟的许多洞窟,便是由西域人开凿,如古阳洞北有永昌元年(689年)的造像题记,写明"北市香行社官

---

①　司马光.资治通鉴[M].北京:中华书局,1956:5645.

②　洛阳文物工作队.洛阳出土历代墓志辑录[M].北京:中国社会科学出版社,1991:126.

③　范振安,霍宏伟.洛阳泉志[M].兰州:兰州大学出版社,1999:156.

安僧达、录事史玄策、康惠澄等一心供奉"①,安、史、康等都是西域人士,以国为姓。他们在洛阳北市经营香料生意,家境殷实,因此才能花费巨资在龙门石窟造像进行纪念。在洛阳出土的唐三彩中,有许多胡人和骆驼的形象,这些胡人有商人,有武士,有奴隶,各种身份不一而足。由此可见,在隋唐时期的洛阳城,曾有许多外国人在此生活、学习、游历、经商,成为东西方文明交流的使者。

隋唐时期的洛阳城,是"当时唯一之大市场"②,不仅肩负着国内商品货物集散转运的重担,还承担着我国和其他国家进行商品贸易、文化交流的重任。在洛阳城生活和游历的外国人,不仅让自己的人生在中国开花结果,同时还将美丽的丝绸、名贵的瓷器、先进的制度、灿烂的文化带回国内,促进本国的贸易发展和东西方的文化交流,为不同文明的碰撞、交流和传承,做出较大贡献。

①　宿白.隋唐长安城和洛阳城[J].考古,1978(6):409-425,401.
②　王孝通.中国商业史[M].上海:上海书店,1984:94.

中编 开发研究

第八章

隋唐洛阳城旅游保护与开发

第一节　隋唐洛阳城进行保护与开发的意义

　　隋唐洛阳城是我国古代辉煌历史的见证者。同时,隋唐洛阳城作为大运河的中心城市和丝绸之路的起点城市,在世界上也有着广泛而深远的影响。1963 年,隋唐洛阳城被列为河南省级文物保护单位。1988 年,又被列为全国重点文物保护单位。2005 年,国家文物局编制《"十一五"期间大遗址保护总体规划》,全国 100 处大遗址被纳入保护计划,其中便有隋唐洛阳城遗址。它不仅是国家大遗址保护项目,同时还是丝绸之路申遗的重点项目。2011 年 10 月,国家文物局公布第一批 12 项国家遗址公园名单和 23 项立项名单,隋唐洛阳城成为洛阳首个被列入的项目。2010 年 6 月,隋唐洛阳城遗址的主体之一的"明堂遗址保护展示工程"动工建设,标志着隋唐洛阳城国家遗址公园开始建设,它不仅是洛阳旅游开发的"天字第一号"项目,也是国家大遗址保护在洛阳的首个项目,因此格外受到关注。而今,隋唐洛阳城国家遗址公园的部分景区,如定鼎门遗址博物馆、明堂天堂景区等已经完工并开门迎客,其他项目正在积极建设之中。对隋唐洛阳城进行保护和开发,不仅是洛阳市乃至我国文物保护工作的重中之重,还是洛阳市旅游开发的重中之重,因此要予以重视。

一、对隋唐洛阳城遗址进行保护的意义

(一)对隋唐洛阳城遗址进行保护,是国家文化传承与创新的要求

对文化遗产、文物等进行保护,在西方国家开始较早。被视为西方文明摇篮的希腊,文物古迹众多。早在 1834 年,希腊就出台保护古迹的法律,是世界首部文物保护法律。之后,法国、英国、日本等国家也陆续出台相关法律对文物进行保护。20 世纪六七十年代,随着各国对文物保护工作的重视,国际遗产保护组织制定了一系列措施,提出若干倡议,用以协调世界各国的遗产保护工作。1972 年 11 月,《保护世界文化和自然遗产公约》在巴黎获得通过,为全世界的遗产保护工作提供了指导。我国于 1985 年加入该公约,从 1987 年长城成为世界文化遗产开始,截至 2017 年底,我国共拥有世界自然和文化遗产 52 处,和意大利并列成为世界遗产最多的国家。洛阳是河南省首个拥有世界文化遗产的城市,目前拥有世界遗产三项,即龙门石窟、大运河和丝绸之路,也是河南拥有世界遗产最多的城市。与此同时,洛阳又是拥有国家大遗址最多的城市之一。在 2016 年 11 月由国家文物局公布的《大遗址保护"十三五"专项规划》中,洛阳的二里头遗址、偃师商城遗址、汉魏洛阳故城、隋唐洛阳城遗址邙山陵墓群被列入国家大遗址,不仅如此,大运河、丝绸之路、万里茶路等跨省份大遗址在洛阳也有区域分布。正如习近平总书记所说:"文物承载灿烂文明,传承历史文化,维系民族精神,是老祖宗留给我们的宝贵遗产,是加强社会主义精神文明建设的深厚滋养。保护文物功在当代、利在千秋。"①对于国家而言,大遗址是祖先们最为重要的历史文化遗存,将大遗址保护好,是国家层面的要求。因此,隋唐洛阳城的保护与开发具有积极的意义。

(二)对隋唐洛阳城遗址进行保护,是洛阳文化旅游发展的需要

在洛阳现存大遗址中,二里头遗址、偃师商城遗址、汉魏洛阳故城、邙山陵墓群等广泛分布于洛阳和偃师附近的郊区农村,对其保护相对简单。但隋唐洛阳城遗址则不然,它的大部分区域与现今洛阳市区重合,随着洛阳经济建设的持续深入,对隋唐洛阳城的保护也将变得越来越难。此外,由于隋

---

① 潘婧瑶.习近平谈文物保护工作的三句箴言[N].人民日报,2014-4-13(1).

唐洛阳城在洛阳城区之下,无论是动员市民的搬迁工作还是对遗址的勘探和挖掘工作,都困难重重。正因如此,才要更加重视对隋唐洛阳城遗址的保护工作,使其免受因经济发展、商业开发带来的恶意侵占和肆意损坏。同时,保护隋唐洛阳城遗址,也是保护洛阳的核心旅游文化资源。只有保护核心旅游文化资源不受损坏,以隋唐洛阳城为主题展开的各种旅游形式才能顺利开展。

(三)对隋唐洛阳城遗址进行保护,是公民的社会责任

正如习近平总书记所言:"保护文物是时代赋予我们的神圣使命,绝不能让祖先留下的宝贵精神财富受到损毁。"[①]中华民族是自强不息的民族,也是灾难深重的民族。在战乱和兵燹中,亭台楼阁,舞榭歌台,总被雨打风吹去;无数繁华,屡屡归于尘土。这般的沧桑巨变,一眼万年,洛阳是最好代表。在洛河沿岸,短短十多公里长的区域,竟分布着夏都斟鄩、商都西亳、西周成周城、东周王城、汉魏洛阳城、隋唐洛阳城等跨越近三千年时间长度、十多个朝代的六大都城遗址。造成这些遗址损毁的原因众多,但以人为破坏居多。这些遗址的存在告诉我们,落后就要挨打;人不犯我,我不犯人;"国虽大,好战必亡,忘战必危",不侵略别人,但也要有自我保护的能力;只有齐心协力,众志成城,才能使国土免于战争。而今的中国,不仅是世界第二大经济体,同时也是世界上军事力量最强大的国家之一,已经有能力御敌于国门之外,也有能力使国家免于战争,免受分裂。与此同时,今日今时,国人会更加珍惜和平安宁的繁荣局面,也更为珍惜来之不易的和平,并会与一切破坏和平的行为做斗争。对隋唐洛阳城这样的大遗址进行保护,是时代发展的需要,也是人民群众的呼声。责任在肩,保护遗址和文物,是每个公民应尽的责任。

(四)对隋唐洛阳城遗址进行保护,是教育子孙后代的需要

华夏民族历史悠久,中华文明源远流长。古巴比伦人、玛雅人都曾创造过灿烂辉煌的文明,但早已烟消云散。在希腊、埃及、印度等地,古希腊人、古埃及人和古印度人也曾拥有强盛的国力,发达的经济和丰富的文化,但今

---

① 隋笑飞,等.留住历史根脉 传承中华文明:习近平总书记关心历史文物保护工作纪实[N].北京青年报,2015-1-1(1).

天的希腊、埃及和印度人却有着和他们截然不同的风俗习惯和生活方式。只有中国延续至今,只有中华文明从未断流,今天的中国人还能看到几千年前的"四书五经""诸子百家"的各类著作,还有《山海经》《楚辞》等古书。其中最重要的原因,便是中华文明的博大包容、并蓄兼收和与时俱进。隋唐洛阳城,正是中华民族海纳百川、兼容并蓄的代表。无论隋朝还是唐朝,对西域诸国、朝鲜日本等中华以外国家都表现出欢迎和友好的姿态,愿意就先进的文化、科技、制度等与之交流。外国人生活在隋唐洛阳城,没有自卑感,他们为大隋气象、大唐气度所感染,从而爱上这个国度,爱上这座城市,生前所居,死后长眠。在洛阳邙山之上,埋葬着许多粟特人、日本人和朝鲜人便是有力证明。对隋唐洛阳城遗址进行保护,为子孙后代保留一片历史文化教育基地,向他们讲述源远流长的中华文化,讲述中华文化的博大与深远,宽容与包容,可以激发他们的自豪感,产生热爱祖国的使命感,从而更好地建设祖国,使中华文明得以更好地延续和传承。

当然,仅仅保护还是不够的。对隋唐洛阳城进行开发,使它能够以崭新的面貌、全新的姿态,出现在世人面前,这才是使历史鲜活起来的更好方式。

二、对隋唐洛阳城进行开发的重要意义

(一)对隋唐洛阳城进行开发,可以更好地推动隋唐洛阳城的保护工作

对隋唐洛阳城遗址进行保护是国家大遗址保护的工作要求,同时也是洛阳文物保护工作的重中之重。但同时也应看到,大遗址保护工作的实施,既要对原住地居民实行拆迁,又要在遗址原址进行规划设计,并采取相应的科学技术,从而更好地进行保护。因此,大量资金的投入是必须的,如果仅仅靠国家文物局的资金扶持和政府财政部门拨款,则远远不能满足其大量的资金需求。在进行保护的基础上,对与遗址有关的历史文化资源进行开发,如适当建设筑亭台楼阁,推出一些旅游项目等,这样一来,便能吸引游客,留住游客,受到游客的欢迎。一方面,可为大遗址保护积累资金,从而推动后续保护的有序开展,使遗址保护工作持久化;另一方面,也可使游客和市民在游览的同时,接受文物保护知识的普及与教育,使文物保护工作更加深入人心,从而更有利于后续文物保护工作。隋唐洛阳城在原址上进行保护所建设的明堂和天堂景区、定鼎门遗址博物馆,而今已经成为洛阳市的重

点景区,虽然只是当代复原或者模仿建筑,但也能让游客一窥历史的真实和文化的厚重,从而让他们愿意主动去了解明堂、天堂和定鼎门的历史,继而认识到保护隋唐洛阳城遗址的重要性,愿意自发投入文物保护工作中去,与一切破坏文物保护工作的行为做斗争。

(二)对隋唐洛阳城进行开发,可以使文化更生动,历史更鲜活

对多数游客和市民而言,历史虽然是源远流长的,但也是枯燥的;文化虽然是沧桑厚重的,但也是单调的。许多人只是从书本上寻找历史和文化,但书本上的历史和文化,看不见,摸不着,多半要靠自己的丰富想象才能让文化更生动,让历史更鲜活。遗址也正是如此,作为实物,多数深埋地下,即便经过考古工作者的辛勤劳动,使它得以重见天日,也只是坍塌的建筑,往日的辉煌无处可寻,昔日的荣耀已经不在,即便拥有再丰富的想象力,也只能管中窥豹,尽管有些许斑点,却不能完全见识它的全貌。与遗址相比,旅游景区的表现形式便可以更丰富,更多变,通过仿造原貌的建筑形式使遗址再现当年的高大与雄伟,瑰丽与辉煌;通过声光电等表现形式,使遗址更为生动和丰富;通过资料介绍等形式,使遗址的前世今生更广为人知。对于游客而言,这样的游览方式便会更容易接受,文化会因此更生动,历史也会因此更鲜活。如果说遗址需要保护的话,那么遗址要想成为旅游景区便需要进行开发。经过旅游开发,《清明上河图》和《东京梦华录》成就了开封市的著名旅游景点清明上河园和著名史诗舞蹈《大宋·东京梦华》。对于多数游客而言,清明上河园的游览效果比《清明上河图》更好,而大型史诗舞蹈《大宋·东京梦华》的观赏效果也要比《东京梦华录》更好。因此来说,明堂、天堂、定鼎门、九州池再现洛阳,对洛阳的旅游价值比只是国家大遗址的隋唐洛阳城遗址更高。

(三)对隋唐洛阳城进行开发,可以使之成为洛阳旅游的生力军

长期以来,洛阳的旅游宣传口号为"千年帝都,牡丹花城"。每年四月,牡丹花开娇艳,国色天香,风华绝代,引得四方游客纷至沓来,以牡丹观赏为主要内容的中国洛阳牡丹文化节经过三十余年的举办,至今已经成为国家级盛会,为洛阳旅游经济的发展做出了突出贡献,洛阳名曰"牡丹花城"也是实至名归。而洛阳作为"千年帝都"的看点着实太少,没有作为天子之都的巍峨宫殿,没有作为帝王之城的巍巍城墙,千年帝都,对于前来洛阳的游客

来说,多半只是存在于想象之中。从隋炀帝大业元年(605年)开始,一直到后晋天福三年(938年),有着作为都城的334年历史,如果算上后汉、后周、北宋作为陪都的历史,其都城历史更是长达500余年。因此,隋唐洛阳城是洛阳作为古都的历史见证者,也是洛阳古都文化的代表者。对隋唐洛阳城进行开发,尤其是对隋唐洛阳城鼎盛时期存在的"七天建筑",即天阙(伊阙)、天街、天门(应天门)、天津(天津桥)、天枢、天宫、天堂进行复建和还原,不仅能够再现洛阳作为古都的辉煌,还能提升古都洛阳在游客心目中的好评度和美誉度,从而成为洛阳旅游的一支生力军。继隋唐洛阳城之后,汉魏洛阳城、夏都二里头以及偃师商城,都会建设国家遗址公园。相信在不远的未来,作为千年帝都的洛阳绝对会实至名归,从而让洛阳的古都游熠熠生辉,让前来洛阳的游客不虚此行,让"古今辉映、诗与远方"的洛阳更加深入人心。

(四)对隋唐洛阳城进行开发,可以让更多的人了解中国,了解洛阳

作为有着五千年文明史的中华,有着悠久的历史,灿烂的文化。作为龙的传人的中国人,勤劳勇敢,自强不息。但由于一度的故步自封,闭关锁国,妄自尊大,我国在清朝中后期渐渐落后于西方。随后,西方列强用坚船利炮打开我国大门,使我国沦为半殖民地半封建国家,不断重复着"落后就要挨打"的命运。随着以英美为首的西方国家经济崛起,西方的文化观和价值观在全世界范围内也流行开来。中国成为社会主义国家,在20世纪90年代东欧剧变、苏联解体时未曾倒下,但遭到西方国家的猜忌与围堵,妄图将中国拉回鸦片战争时代。但勤劳勇敢的中国人,用自己的双手创造一次又一次奇迹。中国共产党领导的中国,非但没有像西方国家所希望的那般倒下坍塌,反而越挫越勇。直至今日,中国已经成为世界第二大经济强国,并对世界经济的增长做出了突出贡献。中国政府的执政能力、思维方式、领导价值,被越来越多的国家所认同。重新认识中国的历史和文化,也成为许多国家的当务之急和未来的必修课。隋唐洛阳城是当时世界上最大的城市之一,不仅是古老中国发展的高峰,也是当今中国发展的参照。通过对隋唐洛阳城进行开发,全面展示隋唐时期中国的政治、经济、文化、民俗等内容,能够让外国人更加了解中国、认识中国。与此同时,他们也会认识到,中国是一个爱好和平的国家,从前的隋朝和唐朝可以兼容并蓄,与许多国家建立外交关系,实现友好、和平的交流,而今的中华人民共和国,也会和平发展,广交朋友,并借着"一带一路"的天赐良机,和其他国家一起"超越国度,跨越时空,加强不同文明之间的对话,求同存异、兼容并蓄、和平共处、共生共荣"①,实现互利共赢。

当然,也应该看到,文物保护之路是一条艰难的道路,景区开发之路,也同样充满险阻。只有"不辱使命,守土尽责,提高素质能力和依法管理水平,广泛动员社会力量参与,努力走出一条符合国情的文物保护利用之路"②,才能既无愧于历史,也无愧于时代,更无愧于后人。

第二节 隋唐洛阳城保护与开发的关系

文物不仅是祖先留给我们的丰厚遗产,也是我们传递给子孙后代的宝贵财富。只有实现文物的可持续性发展,才能既满足当代人的需求,也满足后代人的需求。并且,由于文物的独一无二和不可再生性,对文物进行保护理应受到重视。随着我国经济的发展,对城镇开发的步伐也在逐渐加快,地下文物的保护工作面临更大的挑战。隋唐洛阳城遗址不仅是全国重点文物保护单位,还是首批入选的国家大遗址。对隋唐洛阳城遗址进行保护,不仅是国家层面的要求,更是洛阳人职责所在。

隋唐洛阳城和现今的洛阳市区有所重合,其遗址深埋地下,洛阳在进行城市建设时便屡有发现。如果只是单纯的文物保护,放在已经寸土寸金的洛阳市区,不仅会造成严重的资源浪费,更会给城市发展带来不良影响。在保护的基础上,对隋唐洛阳城进行开发,使之成为洛阳旅游新形象,对于全国优秀旅游城市洛阳而言,则百利而无一害。况且,隋唐洛阳城的中心城区所在,正是洛阳市目前的城市中心。对隋唐洛阳城进行旅游开发,不仅可以推动洛阳的旅游发展,对于洛阳市整体经济发展而言,也能起到积极的推动作用。

事实上,保护和开发是针对不同的主体而言的。保护指的是文物、遗

---

① 李建红.建设"一带一路",实现共赢发展[N].人民日报,2017-4-17(1).
② 习近平.走出一条符合国情的文物保护利用之路[N].西安日报,2016-4-13(1).

址、遗迹,是文物部门规定的文保单位,开发指的是可供开发的历史文化旅游资源。以隋唐洛阳城为例,保护指的是隋唐洛阳城遗址以及在其范围内的文物和遗存;开发指的是隋唐洛阳城所涵盖的历史文化旅游资源。保护与开发,是相互依存的。具体说来,它们的关系应包含以下五个方面。

一、保护与开发,互存共生

对于文物和历史文化资源而言,保护与开发应该是和谐统一的,因为对文物进行保护,往往伴随着一定程度的开发。以博物馆为例,为了对文物更好地进行保护,建立博物馆进行存放。而以文物为主体,文物的摆放顺序、博物馆的建筑构造和设计风格等,则是基于文物资源的一种开发。博物馆开门迎客,不仅能够使游客欣赏到文物之美,还能从中受到教育和启发,这便是进行开发的重要意义。对隋唐洛阳城来说也是如此,如果只是单纯进行保护,原址回填,或者只是原址保护便足够了。不过,一来后续的城市建设可能会对珍贵的都城遗址进行破坏,二来也会出现文物资源的极大浪费,"养在深闺人未识",事实上也不利于文物保护。因此,对于大多数文物、遗址、遗迹而言,保护与开发是同时的。保护和开发的模式通常可以分为两种,一种是为了保护而开发,另一种是为了开发而保护,它们的不同点在于,前者将保护放在第一位,后者将开发放在第一位。对于隋唐洛阳城而言,应该采取第一种模式,但也可以同时使用这两种模式,因为这样能够充分利用文物资源,不仅能够使资源最优化,还能使价值最大化。位于西安的唐代大明宫遗址便是两种模式交互使用的最好例证,对于这样的先进经验,同样为宫城遗址的隋唐洛阳城可以进行借鉴。

二、开发与保护,相互矛盾

同时也要看到,在对文物资源进行开发时,开发与保护,往往是相互矛盾的。开发,往往意味着将对文物产生不同程度的破坏,因为开发需要局部进行建设,一旦进行建设,难免会损害文物资源的完整性。游客的旅游行为,也会对文物造成一定程度的破坏。在现实生活中,掠夺式开发与粗放型经营的现象比比皆是,对文物资源不知保护,为了获取经济利益,对文物资源进行改造、刻画,甚至损毁的事情屡有发生。首先,旅游景区的管理不善,不知节制,不懂控制,使游客的涌入量远远大于景区的承载量,给文物保护带来极大压力。其次,游客的不文明行为,如对文物进行随意涂抹、乱写乱画、不知限制地使用照相机、乱扔垃圾、污染环境等,都会使文物遗迹受到损伤。最后,文物本身自有其文化属性和历史价值,如果在开发过程中,毫无科学意识地进行开发,难免会造成外来文化的进入,这样一来,便会损伤文物的文化属性和历史价值,并且,这样的损伤几乎是不可修复的,一旦损伤,便无可挽回。作为国家大遗址和洛阳重要历史遗存,隋唐洛阳城在进行开发时,一定要慎之又慎,万不可因为开发给遗址和文物带来永久的损伤,否则便得不偿失。

三、保护第一,开发第二

2006 年 6 月 10 日,在进行"文化遗产日"调研时,时任浙江省委书记的习近平强调:"要正确处理文物保护与旅游开发的关系,做到保护第一、开发第二,坚决禁止破坏性开发。对文物项目的维修也要坚持保护第一、做到修旧如旧,坚持质量第一、做到进度服从质量。"[①]习总书记对文物保护的重视,令人备感欣慰,而习总书记对文物保护的重要指示,令人备受鼓舞。在对文化遗产进行开发时,无论在什么条件下,都应做到以"保护第一,开发第二"为原则。因为一旦开发不知节制,给文化遗产带来的伤害将是无法弥补的,损失也是不可估量的。宁愿要没有开发的保护,也不可有不知保护的开发。对于隋唐洛阳城来说更是如此,隋唐洛阳城作为城市的使用历史长达五百多年,是我国古代存在时间最长的都城之一,其平面布局、建筑形制对我国后世的城市建造曾产生深远影响,如日本、韩国等近邻国家也深受影响。正是其独一无二的遗产价值、内涵丰富的文化价值和独树一帜的历史价值,使得其开发一定要和保护并生并存,并且永远把保护放在第一位。

正如习近平总书记所强调的:"生态资源、风景名胜、文物古迹都是不可再生的资源,生态资源遭到破坏,人类生存环境就会恶化;风景名胜受到破坏,观赏价值就大打折扣;文物古迹遇到破坏,人文价值就荡然无存。生态

---

① 习近平. 习近平保护文物简史.［EB/OL］.（2015-01-11）［2020-3-21］. http://news.xinhuanet.com/politics/2015-01/11/c_1113951139.htm

资源和人文资源是发展旅游的基础,一旦破坏,旅游经济也成了无源之水、无本之木。"对于文物资源和文化遗产而言,保护是开发的前提,也是基础。人文资源一旦遭到破坏,旅游经济便会成为无本之木,无源之水。隋唐洛阳城以其独特的价值为国家所重视,为洛阳所倚重,只有将保护放在首位,在保护的同时进行开发,才能确保其完整性,才不会损伤其价值。与此同时,在开发的过程中,也要将保护放在心中,时刻以保护为念,谨慎小心;在进行开发时,加强监督和监管,既要保证施工方不破坏文物,又要保证开发商不做与文物保护相背离的事情。

四、开发是为了更好地进行保护

2003年9月27日,时任浙江省委书记的习近平在考察杭州西湖综合保护工程时曾对文物保护工作作出指示:"我们强调保护,并不是对这些自然景观和人文景观捂得严严实实的,一动也不能动,而是要在坚持保护的前提下进行适度合理开发和建设,通过适度合理开发和建设来实现更好的保护。不能把保护和发展对立起来,要坚持与时俱进,用改革的思路、创新的意识,把保护与开发、建设有机结合起来,不断开拓保护与发展'双赢'的新路子,最终实现生态效益、环境效益、经济效益和社会效益的辩证统一。"①与此同时,也应看到,过分强调保护,并非故步自封,思想僵化。在对文化遗产进行保护的同时,也要看到文化遗产的开发价值。做好文化遗产的开发,不仅对当地的经济发展有利,对文化遗产的保护工作,也利大于害。这便要遵循开发的前提,那便是为了更好的保护,因此应该开动脑筋,灵活运用保护与开发。对隋唐洛阳城而言,隋唐洛阳城遗址当然是要进行保护的,但隋唐洛阳城的内涵极为丰富,以文化旅游而言,就包含帝王游、皇城游、民俗风情游、影视游等多个种类,只要合理进行开发,总会找到开发的目标和方向。就隋唐洛阳城名人而言,隋炀帝、武则天、狄仁杰等便是极为丰富的旅游资源。在与他们有关的影视剧极度盛行的今天,以这些古人为开发对象,则更容易找到开发灵感,也更容易和游客拉近距离,并为他们所接受。

---

① 习近平.习近平保护文物简史.[EB/OL].(2015-01-11)[2020-3-21].http://news.xinhuanet.com/politics/2015-01/11/c_1113951139.htm

隋唐洛阳城既是目前洛阳文物保护的重点,也是旅游开发的核心,因此更要处理好保护与开发的关系,既灵活运用,也要坚持原则,争取将隋唐洛阳城的文物保护和旅游开发做到并行不悖。

第三节 隋唐洛阳城保护与开发的措施

由于占地面积广,涵盖区域大,涉及人员多,隋唐洛阳城的保护与开发任重而道远。这是一项艰难的任务,更是一个漫长的过程,既需要智慧,也需要胆量;既要有勇气,也要有魄力;既要一以贯之,又要众志成城。因此,制定科学合理的措施,使得保护和开发并举,开发和保护并进,才是一劳永逸之路,也是长治久安之策。具体说来,可以实施以下五条措施。

一、政府主导,科学规划,合理布局

隋唐洛阳城遗址保护是国家级大工程,不仅得到"国家遗址公园"的"冠名",更是得到国家文物局的专项资金支持。对洛阳而言,隋唐洛阳城国家遗址公园是洛阳市大遗址保护的先声之作,也是洛阳旅游开发的重点项目。正因如此,才必须由政府来主导,只有政府来主导,才会将遗址保护放在第一位,从而有效协调各方资源,调动一切可以利用的因素,确保这项重点工程不会中途夭折、功亏一篑,从而顺利建成。在进行整体规划时,要做到科学规划,合理安排,完美布局。虽然隋唐洛阳城在历史上曾经存在过,其建筑格局及风格在史书上有章可循,但建造隋唐洛阳城国家遗址公园不是对历史建筑群的简单复建和再造,而是为了充分保护文化遗产而建造的仿古建筑。为了吸引游客,还要开展一系列旅游项目。因此,要规划先行,科学布局,使之既有文化遗产的历史感和文化感,又符合当代人的审美。它不仅仅是一项文物保护工作,更对建筑、雕刻、文学、艺术等提出了很高的要求。在政府主导的前提下,适当引入一些民间财团和社会组织,让它们参与到隋唐洛阳城国家遗址公园的开发、设计和建设中去。一方面,可以减轻政府的资金压力;另一方面,也能起到集思广益的作用。只要有好的想法,有好的设计方案,民间团体也可以参与进来,为隋唐洛阳城国家遗址公园建设服务。

二、积极整合文化旅游资源，进行有序开发

对于隋唐洛阳城的旅游开发而言，可以运用的文化旅游资源数不胜数，可供参考的案例更是不胜枚举。第一，要组织相关专家学者，对隋唐洛阳城的文化旅游资源进行"大摸底"，做到心中有数。第二，要对这些文化旅游资源进行筛选和排查，找出历史地位高、优势突出、效益明显的文化旅游资源加以运用，尤其要推行品牌意识，找出最能代表隋唐洛阳城文化的旅游品牌。第三，要理顺文化旅游资源之间的关系，根据自身实际，按照轻重缓急进行设计和运用，要将最能彰显隋唐洛阳城品牌效应的旅游资源放在前面，提前、最先、最优使用，按照设计顺序，层层递进，做到有序开发。以隋唐洛阳城建筑群为例，坐落在中轴线上的"七天建筑"是隋唐洛阳城宫殿群的核心，因此应该重点对待。事实上，洛阳所实施的规划战略也正是按照这样的步骤来施行的。明堂、天堂建成并开门迎客，迅速打响隋唐洛阳城的旅游品牌，并以其庄严和厚重，成为洛阳市新的文化地标。对有形的物质文化遗产，要慎重对待，对无形的非物质文化遗产，也要密切关注、合理安排。像隋唐洛阳城的代表人物、历史典故、神话传说、诗词文学、民风民俗等都是可供开发的旅游资源，也是隋唐洛阳城进行旅游开发时取之不尽用之不竭的创作源泉。在将隋唐洛阳城的建筑框架和设计格局搭建起来之后，需要用这些非物质文化遗产来充实、来点缀，让"篱笆"上开出更多美丽的花朵。

三、坚持走可持续发展道路，推动综合开发

隋唐洛阳城虽然属于历史文化资源，但它也曾是一座山水园林城市。它的总设计师宇文恺别出心裁，将宫殿建筑和洛阳的山川地貌、风土人情结合在一起，从而体现出我国古代的"天人合一"思想，并深深影响着后世的宫城建设和园林设计。在进行隋唐洛阳城旅游开发时，不要让历史和文化禁锢了设计理念，限制了设计思维，而应该拥有更发散的思维，更广阔的设计空间，使之不仅要有人文情怀，还要有山水田园理念；不仅是"死"的建筑，还是"活"的景观；不仅是一处可供观赏游乐的旅游景点，同时也是一项功在当代、利在千秋的大型工程。因此，隋唐洛阳城的保护与开发，要走可持续发展的道路，既要坚持"保护第一，开发第二"的原则，又要做到自然风光和人

文景观和谐共存；既不损伤大遗址的文物价值和历史价值，又要彰显古代城市的艺术美感。正因如此，所以要进行综合开发。随着居民收入的逐步提高，人们对旅游的要求也越来越多样化。因此，在进行隋唐洛阳城的开发与设计时，要满足游客对旅游的多样化需求，使得隋唐洛阳城不仅仅是一座旅游观光之城，更是一座文化教育之城和休闲娱乐之城；不仅要满足文化爱好者的观光需求，更要满足不同层次，不同年龄段游客对观光、体验、娱乐、休闲、购物等综合化需求。可持续发展道路，是既满足当代人的需求，又不损害后代人满足其需求能力的道路，因此，在进行隋唐洛阳城旅游开发时，要有战略眼光，不仅要功在当代，更要利在千秋。它不仅仅作为一处文化旅游景点而存在，更是我们留给子孙后代的一笔文化遗产。

四、协调运用优势互补资源，实现联合开发

这里所说的优势资源互补，有三层含义。第一层是隋唐洛阳城之内的优势资源互补，如物质文化遗产和非物质文化遗产的搭配，古代文化遗产和歌曲、舞蹈、舞台剧等现代艺术形式以及声、光、电等现代科技形式的搭配，像少林寺的大型史诗舞台剧《禅宗大典》便与少林寺千年的历史联系起来，从而使游客能够更好地了解少林寺。隋唐洛阳城明堂内也有一些演出节目，表演武则天上朝、接受万国来朝等也是很好的例证。第二层便是洛阳市区之内的优势资源互补，像隋唐洛阳城与洛阳博物馆、龙门石窟都有着极深的联系。洛阳博物馆门前的铜柱便是"七天建筑"之一天枢的再造，龙门石窟两山对开，伊水中流所形成的伊阙便是"七天建筑"之一的天阙。此外，隋唐洛阳城还与隋唐大运河、丝绸之路有着很深的联系，它不仅是大运河的中心城市，还是丝绸之路的东方起点。第三层是城市与城市之间的优势资源互补，东北的旅游城市大连、沈阳、长春、哈尔滨联合在一起，组成水、雪、雾、冰的奇观，打组合拳，是城市之间优质资源互补的很好例证。而洛阳和省内的开封、郑州、安阳同为古都，洛阳周边三门峡和南阳的温泉优势较为明显，都可以进行优势互补，实现联合开发和营销，从而实现互惠互利，合作共赢。安阳的殷墟、开封的龙亭、洛阳的隋唐洛阳城，再加上夏都二里头和汉魏洛阳城，将串联起河南境内的古都游。不仅如此，洛阳还可以和西安联合。作为我国古都之中最耀眼的两颗明珠，洛阳和西安不仅有很多相似之处，还有

更多合作的空间。隋唐洛阳城便可以和西安大明宫、大唐芙蓉园等进行联合营销,共同推介,或者以大唐文化为主导,实现联合开发。

五、加强宣传,提高认识,全员参与

隋唐洛阳城不仅是大隋荣光、大唐荣耀,更是隋唐祖先们留给后世的一笔可贵的文化遗产。对于当前居住在洛阳的市民来说,有责任,也有义务对这笔文化遗产进行保护,并竭尽全力让隋唐洛阳城的开发取得成功。因此,要加强对隋唐洛阳城的宣传,加大对市民的知识普及和教育力度,设立"隋唐洛阳城免费旅游日",让更多市民和游客因为免费旅游的吸引来到隋唐洛阳城,在观赏美景的同时,从中受到教育和启发。要让每一个市民都成为隋唐洛阳城的义务宣传员,为推广隋唐洛阳城文化,推动隋唐洛阳城旅游不遗余力。在进行隋唐洛阳城旅游开发时,要借助民间的力量,以"PPP"、众筹等模式,广筹资金,使各种旅游项目都能得到顺利开展。要让广大市民参与进来,如在建的"两坊一街",便可以开设商铺,以租赁或者出售的形式,提供给市民经营,提高他们的参与热情,从而自发行动起来,为隋唐洛阳城的旅游发展做出贡献。积极引导关心文物事业、热爱祖国文化遗产的人士,成立洛阳市文物保护协会或者洛阳市文化遗产保护协会等民间组织,给它们以政策支持和资金扶持,广泛发动人民群众的力量保护文物资源和文化遗产,号召他们与一切破坏文物、损坏遗产的行为做斗争。

第九章

隋唐洛阳城与洛阳国际文化旅游名城打造

第一节　洛阳打造国际文化旅游名城的意义

在日本的文化名城京都之内,"洛阳"之名随处可见,城市的许多区域、街道都被冠以洛阳之名,如洛阳、洛南、洛京、洛中、洛北、上洛等;城市的许多部门、单位和企业,同样也有洛阳,如京洛运输、京洛庵、洛阳工业高等学校、洛阳病院、株式会社洛阳等。794年,恒武天皇将日本的都城从长冈京迁到旧称平安京的京都,一直到1868年,明治天皇将都城迁往东京,京都作为都城的历史有1075年。京都的别称便叫洛阳,其建筑规制和设计风格便是仿造唐代洛阳城而建设,因此便以洛阳命名。从此之后,洛、京洛、洛阳便成为日本人眼中的都城象征,即便在今天,日本人也把进京称为"上洛"或者"进洛"。由此可见,洛阳在日本人心目中独一无二的影响力。

无独有偶,在韩国也有一座城市曾以"洛阳"来命名,这便是庆尚北道的尚州市。尚州市古称洛阳,其建筑格局便是仿造唐代洛阳城。在当时的朝鲜,洛阳以东称洛东地区,洛阳以西称洛西地区,而从洛东地区经过的朝鲜境内最长的河流便称为洛东江。

在国内,除了洛阳市外,其他省份以洛阳命名的比比皆是。在江苏常州、福建惠安、广东惠安、湖北随州、广西环江,都有洛阳镇;在广西玉林,有洛阳乡;全国以洛阳命名的村子,有9个之多,分布在山西、河北、湖北、浙江、江苏、福建诸省;而以洛阳命名的桥、路等,在全国更是多不胜数。

洛阳是有着五千年文明史,三千余年建城史,一千五百余年建都史的千年帝都。因此,洛阳在全国乃至全世界,都拥有独一无二的历史地位。

洛阳在历史上曾先后六次跨入世界大都市的行列,它既是隋唐大运河的中心城市,又是丝绸之路的起点。而今的洛阳,作为我国四大古都之一,不仅是国家历史文化名城,还是世界文化名城;不仅是全国优秀旅游城市,还是全国文明城市。拥有 A 级景点 39 家,其中 AAAAA 级景区 5 家、AAAA 级景区 16 家、AAA 级景区 13 家,3A 级以上景区数量在全国地级市中名列前茅。① 以龙门石窟、白马寺、关林、白云山、老君山、鸡冠洞、龙潭大峡谷为代表的优秀旅游景区吸引国内外游客纷至沓来。此外,洛阳还拥有 3 项世界文化遗产,即龙门石窟、大运河和丝绸之路;6 处世界文化遗产,即龙门石窟、汉魏洛阳故城、定鼎门遗址、汉函谷关、回洛仓遗址和含嘉仓遗址。AAAAA 级景区和世界文化遗产的拥有量在河南位列首位,在全国也排在前列。

2016 年 10 月底,中国共产党河南省第十次党员代表大会在郑州召开,会议专门对古都洛阳的发展问题进行讨论,并给予洛阳新的战略定位,那便是"巩固提升洛阳中原城市群副中心城市地位,建设全国重要的现代装备制造业基地和国际文化旅游名城,推动豫西北各市与洛阳联动发展,形成带动全省经济发展新的增长极"②,将洛阳市的国际文化旅游名城建设提上河南省日程。事实上,早在 2011 年,建设"国际文化旅游名城"就已经列入洛阳市的"十二五"发展规划纲要中。2011 年 9 月,叶鹏曾在《洛阳日报》刊登《创建"国际文化旅游名城"的文化思考》一文,指出:"在创建'国际文化旅游名城'的实施过程中,在准确文化定位的基础上,围绕展示文化遗址,弘扬文化精神,建设文化设施,创造文化产品等方方面面,要做好大量的落实工作。"③紧接着,2012 年年初,洛阳市委政策研究室也在《洛阳日报》刊登文章《牢牢抓住"河洛文化"灵魂——关于我市建设国际文化旅游名城的若干思考》。文章认为,洛阳的灵魂是河洛文化,而洛阳城市的总体定位应当是"华

① 田宜龙.古都洛阳离国际文化旅游名城有多远?［N］.河南日报,2016–11–21(1).

② 田宜龙.新定位、新机遇、新使命:省十次党代会"洛阳四大战略定位"解读之一［N］.河南日报,2016–11–9(20).

③ 叶鹏.创建"国际文化旅游名城"的文化思考［N］.洛阳日报,2011–9–21(1–2).

夏文明原点,河洛文化之都",其形象表述语应当为"中国洛阳,河洛文化之都,一个国色天香的地方"。① 试图通过找出不足、明确定位、顶层设计、完善支撑和深入挖掘等步骤,为洛阳的国际文化旅游名城建设提纲挈领,指点迷津。而今洛阳的国际文化旅游名城建设,不再是洛阳市统筹安排的战略规划,而是由河南省委省政府操刀实施的省级大战略。

2011 年至 2017 年,洛阳发生了翻天覆地的变化。2011 年,洛阳市的游客接待量为 0.687 亿人次,旅游总收入为 348 亿元,到 2016 年底,洛阳市的游客接待量已经破亿,达到 1.142 亿人次,是 2011 年的近两倍,旅游总收入为 905 亿元,是 2011 年的近 3 倍。6 年来,洛阳市的旅游经济再上台阶。2011 年之前,洛阳市仅有龙门石窟一个 AAAAA 级景区,之后,随着白云山、老君山—鸡冠洞、龙潭大峡谷相继成为 AAAAA 级景区,洛阳市已经成为河南省 AAAAA 级旅游景区最多的城市,即便在全国地市级城市中,也名列前茅。2014 年,随着大运河和丝绸之路成功入选世界文化遗产,洛阳的世界遗产也由 1 项 1 处增加为 3 项 6 处。

2013 年 9 月、10 月时,习近平主席在访问中亚和东南亚国家期间,分别提出要共建"丝绸之路经济带"和"21 世纪海上丝绸之路"的重大倡议,得到相关国家的积极响应。2015 年 3 月,国际层面上的《推动共建丝绸之路经济带和 21 世纪海上丝绸之路的愿景与行动》发布,"一带一路"从此正式走向世界,时至今日,已经结出累累硕果。洛阳作为丝绸之路的东方起点,同时又和海上丝绸之路有着很深的关联,因此可以借助"一带一路"的时代背景,促进旅游发展和经济腾飞。

在国家"一带一路"倡议的背景下,洛阳国际旅游文化名城建设,可谓正逢其时。有历史的沉淀,有现实的机遇,有文化作为灵魂,有时代发展作为"翅膀",洛阳建设国际旅游文化名城的愿景定会实现。

洛阳国际旅游文化名城建设意义重大,具体说来有以下三点。

一、对洛阳来说,既是历史文化的积淀,又是时代发展的机遇

作为四大古都之一,洛阳的旅游业和其他古都相比却有着不小差距。

---

① 市委政策研究室.牢牢抓住"河洛文化"灵魂:关于我市建设国际文化旅游名城的若干思考[N].洛阳日报,2012-1-5(1).

2016 年,北京的游客接待量为 2.8 亿人次,旅游总收入为 5021 亿元;南京的游客接待量为 1.12 亿人次,旅游总收入为 1909 亿元;西安的游客接待量为 1.5 亿人次,旅游总收入为 1200 亿元。洛阳的这两个数据只有 1.142 亿人次和 905 亿元。如果只对比游客接待量,洛阳比南京还要多一点,但南京的旅游总收入却比洛阳多一倍,这不能不引起深思。和北京、南京、西安相比,游客在洛阳逗留的时间要更短,这也是洛阳和南京相比,有着差不多的游客接待量,而旅游收入却相差甚多的主要原因。

在四大古都中,北京是首都,南京和西安是省会,只有洛阳是非省会城市,在古都之中相形见绌。在历史上,洛阳曾长期是我国的都城,但在宋代以后,随着地理形势和政治格局发生变化,洛阳的地位开始降低,从古都到陪都,再到河南府所在地。但是,洛阳有悠久的历史,有丰富的文化,这是先人给洛阳的馈赠,因此开展文化旅游不仅有着得天独厚的发展条件,还有着广阔的市场前景。

正如前文中所谈及的叶老文章所强调的那样,"河洛文化的主流优势和智慧魅力,对周边的齐鲁文化、燕赵文化、秦晋文化、巴蜀文化、荆楚文化、吴越文化,产生了深远的影响和凝聚的力量。河洛的文化创造,为中华民族的文化记忆、文明进步做出了伟大的贡献。华夏文明,根在河洛,这是文化古都洛阳的骄傲。"与其他古都相比,洛阳发展文化旅游,建设国际文化旅游名城,最大的优势便是"华夏文明,根在河洛"。河洛文化以其原创性和主流优势,影响着周边文化,成为中华文化的根文化。由河洛文化衍生而来的姓氏文化、宗亲文化、寻根文化等将会哺育洛阳的文化旅游,使洛阳成为全球华人心目中的圣地,并为全世界所瞩目。

中国的发展,一日千里。时至今日,我国已经成为全球第二大经济体,并在多个领域处于世界第一的水平,在全球经济和政治格局中,扮演着极为重要的角色。尤其是"一带一路"的提出,使得我国和平发展的理念深入人心,与其他国家互利共赢,共同构建人类命运共同体的构想也为越来越多的国家所支持。一方面,随着国力的强盛,国内居民生活水平的不断提高,必将对精神追求提出更高要求,而旅游传达的欣赏美景、愉悦身心、休闲购物、实景体验等乐趣,能够使居民的精神追求得到一定程度的满足,从而被越来越多的居民所接受,并越来越受到欢迎;另一方面,随着我国国际地位的提高,全球影响力越来越大,将会有越来越多的外国人前来中国,了解中国的风土人情和历史文化。在历史上曾扮演重要角色,并为十三朝古都的洛阳,将会被越来越多外国人所熟知,再加上有国色天香的牡丹花的吸引,中外游客将会对洛阳更加向往。因此,洛阳建设国际文化名城,既是历史和文化的沉淀所导致的必然结果,也是时代进步和中国发展对洛阳提出的要求。

二、对河南省来说,有利于中原城市群的转型升级,优势互补

长期以来,河南省所在的中原地区都是我国的中心区域,自古以来便有"得中原者得天下"之说。在我国八大古都中,河南就占据四席,即十三朝古都洛阳、八朝古都开封、七朝古都安阳和夏商旧都郑州。也就是说,从公元前 2070—前 1600 年的夏朝,一直到北宋结束的 1127 年,河南都是全国的政治、经济、文化中心,是我国建都时间最长,建都朝代最多,古都数量最多的省份。历史悠久,文化厚重,在我国很难有其他省份与之相媲美。但是,宋代以后,随着政治中心向北转移,河南不再是中国的政治和文化中心。目前,河南省的常住人口有 9402 万,仅次于广东和山东,在全国排名第三;地区生产总值(GDP)仅次于广东、江苏、山东和浙江,位列全国第五位,在中西部省份中更是名列首位。因此来说,河南省不仅是人口大省,更是经济大省,以河南省为主体的中原城市群目前已经成为仅次于珠江三角洲、长江三角洲和环渤海经济带的我国经济增长第四极。

以郑州、洛阳为代表的中原城市群,肩负着中部崛起的重任。随着我国经济的转型升级,河南省的经济也正在面临升级和转型。未来的城市发展战略,城市与城市之间的合作是必不可少的,对于中原城市群来说更是如此。中原城市群的转型升级,需要各城市之间的精诚合作,实现资源的优势互补。洛阳是千年帝都,又是牡丹花城,随着一年一度的中国洛阳牡丹文化节和中国洛阳河洛文化旅游节的举办,洛阳的旅游发展蓬勃兴盛。洛阳市建设国际文化旅游名城,对中原城市群来说,不仅可以借助洛阳的名气和人气推动城市群旅游产业的发展,还可以洛阳建设国际文化旅游名城为契机,提升中原城市群的服务质量和水平。以旅游为例,中原城市群便可通过优势资源互补,实现旅游的整体发展,以促进河南省旅游大发展。在中原城市群诸城市中,郑州有交通优势、洛阳有牡丹花和河洛文化的优势、开封有大

宋文化的优势、平顶山有温泉优势、焦作有山水优势,开创了河南省旅游的新局面。

同时,在推动中原城市群旅游大发展的过程中,区域内的城市必须要打破地域偏见、城市偏见和行业偏见,真诚合作,集思广益,团结一心,众志成城,才能实现资源共享,优势互补,从而进行综合开发、联合营销、共同宣传,使中原城市群最终能够齐头并进,共同发展。

三、对于全国来说,能够找准文化定位,促进国民的文化自信

"中国"一词,最早出现在西周时期的何尊上,其中有"宅兹中国"语,实际上指的便是洛阳。中国之"中"和洛阳的地形也较为相似,四面环山,中间有一条洛河贯穿而过。洛阳,是最早的中国,是我国先民最早耕种捕鱼、休养生息的地方,伏羲氏、炎帝神农氏、黄帝等我国上古时代的领袖也都活动在以洛阳为中心的河洛大地。不仅如此,河图洛书在此出现,被认为是中华文明的最早起源。周公在此制礼作乐,不仅奠定我国礼仪制度的根本,还成为我国此后三千年伦理宗法制度的滥觞,以至于在多年之后,儒家圣人孔子还"入周问礼",前来洛阳学习周公所创下的礼仪制度。老子的道家思想在此形成,佛教于白马寺首传。可以说,洛阳不仅是最早的中国,还是中华文明之根,乃"华夏之源"。因此,如果要追溯五千年的中国,了解中国五千年的历史变迁,洛阳必定是其中重要的一站。

作为世界文化名城,洛阳通过建设国际旅游文化名城,使更多国家了解洛阳,吸引更多外国人来洛阳旅游。其实,也是在让他们了解中国,了解中国悠久的历史、灿烂的文化,了解作为东方文化的中华文化和以希腊文化、罗马文化为核心的西方文化有何不同,继而明晰我国和西方国家所走过的不同道路、所拥有的不同现在和希望到达的不同未来。以洛阳为代表的河洛文化,是姓氏文化,是宗亲文化,也是寻根文化,只有对河洛文化加以了解,才能明白中华文化为何能够源远流长,绵绵不绝;才能明白那么多华侨为什么认定自己是中国人,认为自己是龙的传人;才能明白中国人为什么忍辱负重,历经千难万险,也要实现中华民族的伟大复兴。河洛文化的核心正是以周公所创造的礼仪制度为代表的周文化,"《礼记》云:'乐者,天地之和也;礼者,天地之序也。'文化传统不是即将逝去的黄昏余晖,文化记忆在新

的诠释中,必将成为现代人的价值取向和追求目标。"礼仪文化所涵盖的"仁者爱人""礼之用,和为贵""克己复礼""己所不欲,勿施于人"等思想,是构建和谐社会的基础,是倡导天下大同的蓝本,它们不仅是中国人一贯坚持的生活准则,更是"放之四海而皆准"的共同准则。随着我国在世界上发挥着越来越重要的作用,这些古老思想也必将为人们重新认识。

以洛阳地区为代表的河洛文化,是中华民族自信的内涵表达,是中华文化自信的重要组成。中华文化是海内外中华儿女的共同基因,是中华民族的根和魂,是凝聚人心的理想信念,正如习近平同志所言:"文化自信,是更基础、更广泛、更深厚的自信。在5000多年文明发展中孕育的中华优秀传统文化,在党和人民伟大斗争中孕育的革命文化和社会主义先进文化,积淀着中华民族最深层的精神追求,代表着中华民族独特的精神标识。"[1]因此,洛阳建设国际文化旅游名城,对于我国来说,也是一次文化定位,能够借以重回中华民族的源头,重新领略古老的中华文化神秘而悠远的魅力,能够重新找回现今中国人的文化自信!

第二节　隋唐洛阳城的国际影响

隋代洛阳城始建于大业元年(605年),建成于大业二年(607年),在隋代时称东京,有时也称东都或者新都,为隋代著名建筑专家宇文恺所建造。据《资治通鉴》及《隋书》等记载,宇文恺"揣帝心在宏侈,于是东京制度穷极壮丽",建造东都时,"每月役丁二百万人",仅城墙"城周匝两重,延袤三十余里,高四十六尺。六十日成"。历时十个月,终于建成东都洛阳城,虽然规模要小于在长安营建的大兴城,但奢华程度并不亚于后者。史书上对东都洛阳城并没有太详细的描述,但根据考古学家现今的勘探,外郭城东墙长7300余米,南墙长7200余米,北墙长6100余米,西墙长6770余米,总计周长27500余米,格局为南宽北窄的不规则长方形,总面积达47万平方千米。瀍河和洛河穿城而过,将东京洛阳城分为南北两个区域。皇城和宫城建在东

① 习近平.习近平谈文化自信[N].人民日报海外版,2016-7-13(1).

都城的西北部。①

一、国外中国史里的隋唐洛阳城

《剑桥中国隋唐史》中这样形容隋炀帝营建的新都洛阳："它内部同样分为三个有城墙的建筑群：北面的皇城；在它南面的行政区；城的其余部分形成分为若干坊的不规则的 U 字形，洛水在东流至与黄河汇合处的半途经过其南城墙……这里没有明代两京制特有的重复设置高级官僚机构的任何迹象。但它在战略上和经济上是一个重要城市。对东部平原中这一被神话和历史蒙上神秘色彩的精英来说，它更是帝王权威的重要象征。"②

书中介绍，在唐代太宗时期，朝廷就曾三次迁到洛阳，在洛阳办公，并于657 年将洛阳定为帝国的第二首都，而并非皇帝常驻的行宫。最为明显的区分便是在洛阳，六部和诸衙门都已经有了分支机构。在 662 年时，东都洛阳还设立了国子监。此后，整个朝廷在洛阳处理事务的时间较多，政治中心渐渐随之而转移，"虽然在空荡荡的京师（长安）始终保留着一个小小的留守政府，但实际上不但整个皇室及其随从，而且中央政府的全部行政机构在这几次迁移中也转移一空"③。在唐高宗时期，朝廷前往洛阳的次数在七次以上。682 年，朝廷在高宗朝最后一次迁往洛阳。高宗去世后，武则天将洛阳定为神都，一直到 701 年再未迁移他处。

对于唐帝国迁都的原因，《剑桥中国隋唐史》总结出三点：一是政治原因。长安为帝国国都由来已久，为西北贵族集团所把持。随着唐王朝的发展，出身东部平原的官僚势力渐渐崛起，已经能够和西北贵族集团分庭抗礼。将地处东部平原的洛阳作为新都，更能赢得东部官员的支持，使他们能够更好地为唐帝国服务。二是经济原因。长安虽为国都，但相比东部平原，地处偏远，经济不发达，生产力落后，容易受干旱影响，光靠外部供给，费时费力。洛阳则不同，中原原本就土地肥沃，沃野千里，再加上隋朝时期修建

---

① 邵如林.运河中心话洛阳[M].北京:中国旅游出版社,2015:33-34.

② 崔瑞德.剑桥中国隋唐史[M].中国社会科学院历史研究所,西方汉学研究课题组,译.北京:中国社会科学出版社,1990:119-120.

③ 崔瑞德.剑桥中国隋唐史[M].中国社会科学院历史研究所,西方汉学研究课题组,译.北京:中国社会科学出版社,1990:231-234.

的河渠网系,货物运输和集散都更为方便。三是古代历史学家所强调的武则天的精神状态和情感因素。传说中武则天为了争宠,将王皇后和萧淑妃除掉以后,经常能够在长安的宫殿中见到她们的鬼魂,不堪其扰之下,便将都城永久迁往洛阳。

《剑桥中国隋唐史》认为,相比长安,武则天一直更偏爱洛阳,不仅为其命名为"神都",更将皇宫定名为"太初"。为了神化洛阳,武则天根据道教神话,将中书省更名为凤阁;将门下省更名为鸾台;将御史台更名为肃政。不仅如此,武则天还依照古制,恢复重建"明堂"。"明堂是向上帝献祭的建筑,它的设计适合举行最重要的礼仪,同时也是一个朝觐大殿。在明堂举行的仪式将反映皇帝(当然也包括皇后)的世俗权力以及与天的和谐关系。"①不过,由于学者们的意见不统一,直到高宗去世之后,武则天作为最高统治者时,才终于成功地将明堂建成。

为了彰显自己统治的正统性,武则天对自己的美化是不遗余力的,她开始制造自己作为神圣帝王的灵光。在神都洛阳,一系列宫殿、庙宇以及规模浩大的公共工程如雨后春笋般出现。在洛阳城,武则天的随从队伍也越来越豪华,使唐朝原有的国都长安城很快黯然失色。武则天经常在洛阳城主持威严庄重的礼仪,试图在公众心目中将自己的伟大形象和远古时期的周朝联系起来,甚至也将自己的统治称作"周","她的目的是,至少象征性地重新建立据历史声称已在第一个周代达到的至治之世"。

在唐朝时,洛阳出现佛教的极度繁荣和武则天也有很大关系。由于出身于虔信佛教的家庭,武则天不仅在洛阳城建立大量寺院庙宇,还在洛阳城南郊的龙门石窟雕刻大量佛像,使得佛教在中国最终成为能够和道教分庭抗礼的宗教。最终,在武则天登基之后,把佛教立为国教。

《哈佛中国史》是和《剑桥中国史》齐名的较为权威的研究中国史的西方著作,其中第三部为专门研究隋唐问题的唐代卷——《世界性的帝国:唐朝》。在该书看来,以洛阳为代表的中原地区在唐朝的政治和经济地位虽然不如以长安为代表的关中地区,但中原地区在文化上的优势是较为明显的。

---

① 崔瑞德.剑桥中国隋唐史[M].中国社会科学院历史研究所,西方汉学研究课题组,译.北京:中国社会科学出版社,1990:234.

尤其是曾经作为周朝和东汉都城而存在的洛阳,是东部文学和文化的自然中心。"几百年来,学者和诗人把洛阳作为中国和世界真正的中心来赞颂。'中原'一词狭义上指洛阳周边,但也能指代整个中国,象征文化上的'中心'。作为精神上的首都,洛阳拥有长安无法与之匹敌的特殊地位。"①因此,中国的历代统治者都认为"一个王朝是否具有正统性取决于它能否控制以洛阳为中心的中原地区"②。

《哈佛中国史》也注意到,虽然宫殿设置和城区功能较为相似,但洛阳的市场设立和跨地贸易却是和长安不尽相同的,它主要依靠水上交通网的联系,强调运河的功能。洛阳城由官方设立的三个独立市场,都设在水上运输较为便利的地方。洛阳城最重要的市场北市在洛河的北岸,而南市也在和洛河相隔两个里坊的位置,并且北市和南市通过运河彼此相连接。610 年,洛阳城又开设了在城市西南的西市,就位于通济渠上,它是大运河的一部分,连接淮河和黄河。因此,洛阳城的政府衙门选址和市场建造,已经不像长安城那样出于对称的考虑,而更注重便利性的现实考虑。洛阳所在的中原地区是当时中国生产力最为发达的区域,其所处位置对南方的货物运输更为有利,因而洛阳城有着符合贸易需要和运输需求的特点。所以说,洛阳城既具备唐帝国典型都城之特性,又具有因大规模水运而崛起的新型水运城市之特色,在唐代诸城市中,它是独一无二的。

与此同时,《哈佛中国史》对隋唐时期出现的花卉热做了专门研究。"花卉被用来装饰房屋、庙宇、公共园林和水池。在所有用来装饰的这些场所的花卉中,牡丹最重要。"③在武后时期,武后对牡丹的喜爱,使得牡丹的培育中心从长安转移到洛阳。除了君王贵族和宗教领袖对牡丹极为喜爱之外,城市中等阶层对牡丹的喜爱有着更为广泛而深远的影响。他们建造私人庭院和园林,精心培育"形状、色泽和香氛特异的花卉","在这方面,唐朝的牡丹

---

① 陆威仪.世界性的帝国:唐朝[M].张晓东,冯世明,译.北京:中信出版集团,2016:93.

② 陆威仪.世界性的帝国:唐朝[M].张晓东,冯世明,译.北京:中信出版集团,2016:93.

③ 陆威仪.世界性的帝国:唐朝[M].张晓东,冯世明,译.北京:中信出版集团,2016:157.

热和 17 世纪荷兰的郁金香热极为相似"。①

二、隋唐洛阳城独特的设计理念

隋炀帝时开建新都洛阳,虽然在设计上参考了长安大兴城,但洛阳城与长安城并不完全相同。洛阳城还参考了历史文化和山川地形等因素,所以具备更多较为独特的设计理念。

(一)隋唐洛阳城并非严格的中轴线对称制

从目前的考古挖掘以及历史资料看,我国的都城设计,最早可追溯到位于洛阳偃师二里头的夏都斟鄩,其第一号、第二号宫殿建筑便蕴含着"轴线"和"中心点"的设计思想。在都城规划史上,由宫城南出大街为中轴线的设计,有史可考的为三国曹魏时期的邺城,隋唐长安城便严格遵循这种设计理念,并将其发挥到极致,宫城承天门、皇城朱雀门、郭城明德门,形成一条笔直的中轴线,中轴线两旁宫殿建筑严格对称,使得长安城气势恢宏,威严庄重。隋唐洛阳城也有一条中轴线,即宫城应天门、皇城端门、郭城定鼎门,但由于宫城以及宫城中心明堂和天堂并不在洛阳城的正中,所以中轴线也并非严格意义上的中轴线。并且,洛阳城的布局设计也没有像长安城那样形成严格的对称,而是表现出依照地势地形而进行设计的特点。作为最高王权的象征以及整个洛阳城的重心,宫城设在洛阳城中心的偏东北处,这就使得以宫城为参照点的中轴线的位置也偏东。这是因为洛阳城东北地势偏高,而瀍河又从洛阳城东北位置流过。可以说,隋唐洛阳城是隋唐长安城的继承和发展,而在设计时又突出了洛阳的地形地貌,从而具有自我特色。

(二)隋唐洛阳城体现军事防御思想

在隋唐之前,洛阳不仅是夏商周三代都城,东汉、曹魏、西晋、北魏等朝代也将其作为都城。除经济和文化因素之外,洛阳优越的地理位置正是促使历代诸朝建都于此的重要原因。当然,长安也自有其优势,因此使得隋文帝在建立隋朝时将都城设在长安。但是,由于长安城地处关中地区,比中原偏西,从掌控全国,通达四方来说,自有不便之处。正因如此,隋炀帝才在地

---

① 陆威仪. 世界性的帝国:唐朝[M]. 张晓东,冯世明,译. 北京:中信出版集团,2016:157.

处中原、并为数代都城的洛阳建立新都,以此作为长安的补充。一国之都,是国之重心,也是最易遭受进攻的核心区域,因此,无论长安还是洛阳,在设计之初,蕴含军事防御的设计理念是显而易见的。隋唐洛阳城北有邙山之险,南有伊阙之阻,东西又有伊洛瀍涧四条河充当天然屏障,在皇城之前,又有洛水横流,已经展示出易守难攻的优点,这是自然因素。在宫城设计时,隋唐洛阳城又蕴含许多人为的军事防御思想,具体表现在:其一,宫城和皇城均在洛阳城东北的地势高处,可以俯瞰全城形势,加强对洛阳城的控制;其二,宫城隔城四重,周边建设诸多小城,对帝王居住的宫城形成重重包围之势,以便与市民居住的里坊区隔离开来,从而有着更为封闭的特性,形成更强有力的自我保护。

(三)仓城举足轻重

含嘉仓城是隋唐洛阳城的一大亮点。根据目前的考古挖掘,含嘉仓城位于东城之北,东西宽约 600 米,南北长约 700 米,比长安城的仓城——太仓城要大许多。并且,含嘉仓城与宫城、皇城以及东城一起,组成了洛阳城的主体结构,这种四体合一的格局为隋唐洛阳城所独有,而仓城在都城有着举足轻重的地位,更为隋唐洛阳城所首创。这是由洛阳的地理优势所决定的,洛阳地处天下之中的中原地区,再加上隋末大运河的开凿使洛阳成为全国的交通中心和商贸中心,"民以食为天"的民本思想决定了粮食对隋唐王朝的重要作用。因此,含嘉仓城在洛阳城的重要地位也得以凸显。与此同时,含嘉仓还是唐帝国的粮食中转站,通过运河,将江南富庶地区的粮食运往洛阳,汇集至含嘉仓,之后,再由洛阳运往长安,以保证对关中地区的粮食供应。既要进行粮食存储,又要组织粮食转运,含嘉仓城有着其他仓城所不及的规模,也是应当的。

(四)更有利于商品流通的里坊设计

里坊是都城进入成熟期的重要标志。里坊在曹魏时期的邺城开始出现,到北魏洛阳城时已经逐步完善。隋唐长安城有一○八坊,分列中轴线左右,形成严格对称,并且,等级明显,戒备森严。隋唐洛阳城的里坊区与长安城略有不同,每坊面积更小,建造更灵活,功能更健全,分工更明确,并且,里坊四面均有大门,这样一来,就更利于商品流通,并促进经济发展、商业繁荣。事实上,与长安城相比,隋唐洛阳城更注重营造商业氛围。与长安城的两市相比,隋唐洛阳城设有东市、西市和北市三市,其内货堆如山,商贾如云,其中穿梭着众多胡商,为我国与国外的商品流通、经济文化交流做出极大贡献。

(五)体现交通优势

隋炀帝时期开凿的大运河,北起涿郡,南至余杭,使东都洛阳与南城北郭因河相连,构建起发达的交通运输网,让北方和南方的货物,能够通过运河,源源不断地运送到洛阳,再由洛阳转运至长安,从而使得隋唐洛阳城成为全国的交通枢纽城市,也使得它成为独一无二的水上之都。不仅如此,发达的水系也融入洛阳城的设计之中,使得洛阳城四通八达,水上交通极为便利。具体表现在:其一,洛阳城的母亲河——洛河穿城而过,使洛阳城和外部的联系得到加强。其二,洛阳城内,河渠众多,北市依漕渠,南市连运渠,西市接通济、通津二渠。其三,城内水系发达,瀍河在北部流过,涧河在西部流过,水运条件,得天独厚。

三、隋唐洛阳城的世界影响

既秉承我国都城建造史上的优良传统,又突出自身特色并有所创新的隋唐洛阳城具有独特优势,这使得它在全国都城中是独一无二,卓尔不群的。它不仅影响着我国当时以及以后的都城建造与城市建设,就连日本、韩国等东亚近邻在进行都城建造时都受其影响。如日本的平安京,在建造时便蕴含着诸多隋唐洛阳城的设计思想,具体表现在:其一,平安京东西窄、南北长,并不像隋唐长安城那般方正,受隋唐洛阳城根据地形优势进行建造的影响较为明显。其二,平安京的里坊都为方形,格局小,交通发达,这和隋唐洛阳城的里坊设计理念如出一辙。其三,平安京的里坊,有铜驼坊、教业坊、宣风坊、淳风坊、安众坊、陶化坊、丰财坊和毓财坊等,都是以隋唐洛阳城的里坊名称作为参考。其四,平安京的朱雀大街南端的东西两侧,分别有宗教建筑,隋唐洛阳城也是如此,由此可见它们同出一源。其五,平安京朝堂院的南门称为应天门,显然也是由隋唐洛阳城的皇城南大门应天门得名。其六,平安京也称京洛、洛阳,可见它与洛阳有着极深渊源。

正如《隋书》所言:“今辽东诸国,或衣服参冠冕之容,或饮食有俎豆之器,好尚经术,爱乐文史,游学于京都者,往来继路,或亡没不归。"①如高句丽、新罗、百济这般倾慕隋唐制度,热爱中华文化的国家有许多,东亚还有日本,东南亚有越南、暹罗等,西域有高昌等。在当时,前来我国的外国人较多,如日本的阿倍仲麻吕、越南的姜公辅等都成为外国人在我国的代表。在隋唐洛阳城之中,曾经居住着大量外国人,他们在洛阳城学习、生活、经商、游乐,并对洛阳城产生极为深刻的印象。因此,日本、韩国等国家的都城参考、借鉴隋唐洛阳城也在情理之中。

隋唐,尤其是大唐,对世界的影响较为深远。这和大唐包罗万象、兼容并蓄的气度是分不开的。在外国吸收中华文化的同时,大唐也在吸收着他们的文化并融会贯通。在当时的洛阳城,吃胡食、戴胡帽、穿胡衣、着胡饰、跳胡舞、听胡曲、唱胡歌的例子很多,甚至连习俗都出现一定的胡化现象,但唐人并不以为然,渐渐将这些外来文化变成中华文化的一部分,从而使得中华文明更加博大精深,更加绚丽多姿。

第三节　隋唐洛阳城对于洛阳打造国际文化旅游名城的作用

隋唐时期是我国历史上经济发达、文化繁荣、思想开放的时代,也是我国封建社会发展的一座高峰。隋唐的制度、法律为周边诸国所效仿;隋唐的国家力量对周边诸国形成震慑;隋唐的思想文化为周边诸国所学习;隋唐的生活风俗为周边诸国所倾慕。隋唐时期的中国,日本人、朝鲜人、越南人、印度人、阿拉伯人和欧洲人,纷至沓来,他们或乘船往来于海上,或奔波在丝绸之路上,不辞辛劳,络绎不绝。欧洲人称中国人为唐人,称中国人聚集的地方为唐人街,称中国人所穿的衣服为唐装,正是大唐盛世带给他们的精神影响。隋唐洛阳城,是隋唐时期和长安城齐名的都城,是物质生活繁荣、商品交流发达、精神世界丰富的世界名城,是胡姬、昆仑奴们心生向往的梦幻神都,是阿倍仲麻吕、姜公辅们流连忘返、乐以忘忧的文化圣城。

而今,以"一带一路"为背景,以中原崛起为基准,在河南省委省政府的

---

① 魏征,等.隋书[M].北京:中华书局,1973:1828.

支持下,洛阳市吹响了建设国际文化旅游名城的号角。这是洛阳旅游大发展的"冲锋号",这是洛阳经济繁荣、文化复兴的"助威鼓"。在洛阳市进行国际文化旅游名城建设时,隋唐洛阳城将起着极为重要的作用。

一、隋唐洛阳城作为曾经的国际大都市,有着深远而持久的影响力

作为我国的历史文化名城,洛阳曾经有六次跨入世界最大城市之列。隋唐时期的洛阳,人口超过百万,是我国也是世界最早人口逾百万的少数城市之一。那时的洛阳,不仅是隋朝的新都,也是唐朝的东都,更是武周时期的神都,是名副其实的国际大都市。在隋唐洛阳城的里坊区,居住着众多外国人,东边的高句丽、新罗、百济、倭国;南边的林邑、赤土、真腊;西边的高昌、龟兹、于阗、波斯;北边的契丹、铁勒、突厥。四方宾客不可胜数。在东市、西市、北市三大市上,各国商品琳琅满目,货堆如山,顾客云集;各国商人穿梭其中,讨价还价,一派繁荣。在建国门外,设有国宾馆,专门接待外国使团和西域诸国使者。每年正月,万邦来朝,从都城端门到建国门,使者队伍排列如长龙,宴饮通宵达旦,令使者惊叹于中国之富庶强盛。从隋唐洛阳城运出去的丝绸、三彩、茶叶等货物,经陆上丝绸之路和海上丝绸之路,源源不断地供给亚非欧诸国,欧洲王室以穿着流银泻玉的中国丝绸为荣,以收藏流光溢彩的三彩瓷器为傲,并对中国这个梦幻般的国度充满好奇和想象,并心生向往之情。

隋唐洛阳城对世界的影响是持久而深远的。日本的都城平安京在设计和建造时,就曾以隋唐洛阳城为参考,尤其是隋唐洛阳城结合自身地形地貌进行设计的理念深深影响着平安京,使其成为洛阳城的"日本版"。而韩国、越南等这些身处儒家文化圈的国家,更是在制度、文化、文字和习俗上深受隋唐之风的影响。

隋唐洛阳城,代表着洛阳的光荣与梦想。洛阳的外国游客,以日韩为最多,他们所要寻找的,多半是理想中的洛阳。事实上,他们理想中的洛阳,正是盛唐洛阳,正是隋唐洛阳城。因此,在打造国际文化旅游名城时,借助隋唐洛阳城的世界影响力是必须考虑的重要因素。

二、以隋唐洛阳城为起点，洛阳可打造震撼世界的"五都荟洛"游

洛阳是十三朝古都，先后曾有夏、商、西周、东周、东汉、曹魏、西晋、北魏、隋、唐、后梁、后唐、后晋十三个朝代在此建都，因此留下大量都城遗址遗存。其中，以二里头夏都遗址、偃师商都遗址、汉魏洛阳城遗址、隋唐洛阳城遗址和东周王城遗址等最为绚丽夺目，它们分布在东西不足一百千米的洛河两岸，成为洛河边最为耀眼的五颗明珠，被称为"五都荟洛"。这种现象在中国独一无二，即便在世界范围内，也是绝无仅有的。在洛河沿岸的这五大都城遗址中，隋唐洛阳城遗址以其完整性和保护紧迫性，最早纳入国家保护范畴，并最早列入国家遗址公园。因此，隋唐洛阳城国家遗址公园不仅是洛阳大遗址保护的先声之作，也是洛阳都城遗址开发的典范之作，对于洛阳的文化旅游开发与保护来说，具有极为重要的意义。继隋唐洛阳城之后，已经纳入国家大遗址保护范畴的汉魏洛阳城国家遗址公园和二里头夏都国家遗址公园相继开建，未来还会有偃师商城遗址和东周王城遗址要进行积极保护。届时，洛阳的古都游将会更耀眼夺目，更引人瞩目。

国际文化旅游名城建设，需要以文化旅游为支撑，更需要以文化旅游景点打下基础和提供前提。除龙门石窟、白马寺和关林等传统文化旅游景区外，洛阳还需要更多夺人眼球、震撼人心的文化旅游景区，以吸引世界的目光。而以五大都城遗址为核心的古都游或者"五都荟洛"游将会惊艳世界。隋唐洛阳城作为五大都城中最先进行国家级保护与开发的都城遗址，对洛阳市建设国际文化旅游名城所起到的作用是巨大的。

如果五大都城遗址全面建成国家遗址公园，不仅会成为洛阳旅游的大亮点，还会使洛阳文化旅游发展壮大，从而为洛阳市建设国际文化旅游名城开创崭新的局面，进一步加速促进洛阳市国际文化旅游名城的全面建成。

三、隋唐洛阳城尤其中轴线"七天建筑"的复建，将成为国际 文化旅游名城的新名片

作为国际大都市的隋唐洛阳城，它在我国都城建造史和城市建设史上是独具一格的，唐代以后的都城建造和城市建设深受它的影响。在它的中轴线上，有著名的"七天建筑"，即天阙——龙门伊阙、天街——定鼎门大街、

天门——应天门、天津——天津桥、天枢——皇城端门外纪念碑、天宫——明堂、天堂——通天浮屠。它们对应天上的七个星座，使天上以"紫微垣"为核心的天上三垣(即紫微垣、太微垣、天市垣)在人间得以重现，让隋唐洛阳城成为神都，让明堂和天堂成为神之宫殿。自古以来，"七天建筑"便被誉为"我国最华丽的都城中轴线建筑群"。

"七天建筑"是洛阳历史上最著名，同时也是最宏伟的建筑群之一，它的复原，将会使洛阳再添新的文化旅游名片。而今，随着隋唐洛阳城国家遗址公园分批次开始建设，"七天建筑"也有望重现洛阳，复建的明堂和天堂已经建成，目前已经成为洛阳旅游的一大亮点；天枢坐落于洛阳博物馆之外，高耸入云，等待游客去"发现"；以龙门石窟为主要景色的伊阙游人如织；应天门保护工程和定鼎门大街复原工程整体已经完工；天津桥复建工程已经开始。在不远的将来，隋唐洛阳城中轴线上的"七天建筑"将会带给游客更好的旅游体验，也会以惊艳的面貌出现并打动人心。

国际文化旅游名城，离不开有特色的文化旅游景区。"七天建筑"将会以其独一无二性成为洛阳文化旅游的奇妙景观，也会成为洛阳这座国际文化旅游名城的名片。

四、隋唐洛阳城的文化底蕴，为洛阳的国际文化旅游名城 建设添彩

在隋唐洛阳城建设之前，洛阳便是前朝旧都和历史名都。周公在此制礼作乐，为儒家文化打牢根基，也为我国的伦理制度提供了很好的前提。不仅如此，老子的道家思想在此形成，佛教在此首次传入我国，玄学、建安文学在此鼎盛。正因如此，隋炀帝在建立新都洛阳时，事实上便已经考虑到洛阳的历史和文化影响。所以说，洛阳不仅是隋唐的东都，也是一座著名的文化之都。洛阳建设国际文化旅游名城，要充分利用洛阳的文化底蕴，使诗词文化、名人文化、墓葬文化、民风民俗等文化旅游资源，成为重要助力。

五、隋唐洛阳城的设计理念，为洛阳的国际文化旅游名城建设 提供更好的思路

隋唐洛阳城并非严格意义上的中轴线对称制的都城，而是充分考虑了

洛阳的山川风貌、地形地貌,将皇城建在整座都城的东北高地,而中轴线也一度偏东。正因如此,隋唐洛阳城才别具一格,形成自身特色。山水风景成为城池一部分的做法,为后世的城市和园林建设所效仿。

建设国际文化旅游名城,将对洛阳市进行整体规划,使之更利于出行,更适合出游,以使游客流连忘返,从而达到更好的旅游体验效果。这样一来,隋唐洛阳城的设计理念将会派上用场,在将洛阳市打造成国际文化旅游名城时可以隋唐洛阳城的设计理念为参照。具体说来,可供参照的部分共有三点:其一,隋唐洛阳城国家遗址公园建设可以此为参照,尤其是隋唐洛阳城内历史遗迹的保护和历史建筑以及文化景观的复建,更要做到不仅符合可持续发展观,还要接近历史真实,使游客有更为强烈的融入感,从而达到更好的旅游效果。其二,其他文化景观的设计,可以此为参照,使之既突出山水和历史,又符合现代人审美。其三,洛阳市有关城市修补和生态修复的"双修"工作,可以此为参照,使洛阳城不仅仅成为真正的山水园林之城,更成为风光秀美、环境优雅的历史文化名城,使洛阳的好评度和美誉度更高。凸显洛阳市在全国旅游城市中卓尔不群,别具一格,从而促进洛阳市国际文化旅游名城的全面建成。

六、作为丝绸之路的起点和大运河的中心,隋唐洛阳城使洛阳更易打造深度游和构建旅游联盟

洛阳之所以在隋唐时成为全国的一大中心城市,主要得益于其"形势甲于天下"的地理位置。以洛阳为中心的大运河最终成为我国贯穿南北的大动脉,以洛阳为起点的丝绸之路最终再度繁荣,成为我国与西域诸国以及亚非各国最主要的商品流通和文化交流途径,隋唐洛阳城功不可没。正因如此,洛阳才成为全国唯一的丝绸之路和大运河申遗的双入选城市。2014年,跨省区的大运河申遗和跨国度的丝绸之路申遗双双成功,使洛阳市继龙门石窟之后,又增添两项世界文化遗产。这对于洛阳文化旅游来说意义重大。

作为我国一项伟大的水利工程,同时也是世界上最长、开凿时间最早、规模最大的运河,大运河连通海河、黄河、淮河、长江、钱塘江五大水系,跨越北京、天津、河北、山东、河南、安徽、江苏、浙江八个省和直辖市,涉及城市和景点众多。如果能够实现大运河城市旅游合作,将会壮大大运河旅游的声

势,为大运河深度游创造更为有利的条件。丝绸之路也是如此,已经入选世界文化遗产的丝绸之路,涉及中国、吉尔吉斯斯坦、哈萨克斯坦三个国家,包含遗址遗迹 33 处,其中我国有 22 处,分布在河南、陕西、甘肃、新疆四个省、自治区。随着我国"一带一路"成为国际合作的典范,并越来越为世界各国所认可,丝绸之路旅游将会蓬勃发展。

大运河被国外称为"人类奇迹",丝绸之路更是为国外学者首先命名,并首先在欧洲国家产生影响继而延伸至国内,因此可以说,无论是大运河还是丝绸之路,其影响都是国际性的,并且是声势浩大的。作为隋唐大运河的中心城市,作为丝绸之路的起点,洛阳要想建成国际文化旅游名城,要想让洛阳旅游闯出知名品牌,创造国际影响力,以大运河和丝绸之路为突破口将会是很好的策略。

总之,洛阳市建设国际文化旅游名城,隋唐洛阳城将发挥巨大作用。因此,要做好隋唐洛阳城国家遗址公园的建设工作,不仅要使其成为洛阳大遗址保护的典范之作,更要使其成为洛阳文化旅游开发的经典之作,一举打开洛阳旅游的新局面。只有这样,在推进国际文化旅游名城建设的过程中,洛阳的文化旅游才会行稳致远,洛阳的旅游大发展才会很快到来!

第十章

全域视角下隋唐洛阳城旅游开发对策

第一节　全域旅游

一、全域旅游的含义

全域旅游,是我国旅游产业发展到现今崭新阶段的产物,它于近年叫响全国,并为诸多城市所接受。

全域旅游是由辽宁省大连市率先提出的。2010 年时,在大连市委十届七次会议上,提出"全域城市化"的发展理念,作为大连市未来城市发展的指导思想。之后,以"全域城市化"发展为指导,大连市针对旅游产业的发展,明确提出"全域旅游",倡导转变思想,更新观念,使大连旅游出现大发展,以此推动大连市的"全域城市化"。① 因此来说,全域旅游是具有我国特色和国情的旅游发展概念。在 2013 年之前,虽然有一些学者在研究城市旅游时曾经提到过全域旅游,但并未对其进行定义和解释,全域旅游的概念并不明晰。2013 年,由厉新建等学者专门提出"全域旅游"的概念,即"各行业积极

---

① 大连市规划局.大连市旅游沿海经济圈产业发展规划(2011—2020)〔EB/OL〕.(2012-08-10)〔2020-01-01〕.http://www.dlpdi.com/chengguo/city/2012-08-10/71.html.

融入,各部门共同管理,居民游客共同享有,充分挖掘目的地的吸引物,创造全过程与全时空的旅游产品,从而满足游客与居民全方位的体验需求。"[①]同时,还从资源观、产品观、产业观和市场观四个方面对全域旅游进行阐述,对构建全域旅游做出剖析(见图10-1),认为全域旅游的实施,要有全新的资源观、全新的产品观、全新的产业观和全新的市场观,以四个"全新"替代原有的发展理念。全域旅游的落实要涵盖八个层面,即全要素、全行业、全过程、全方位、全时空、全社会、全部门、全游客,八者缺一不可。

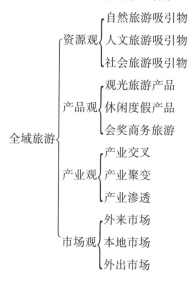

图10-1　全域旅游包含方面

同年,吕俊芳也对全域旅游进行了阐述。在她看来,全域旅游经济的到来至少要包含三个重要条件:其一,全民化旅游时代的到来;其二,非农业人口比重大幅增加;其三,旅游资源实现全域化。对于全域旅游来说,其发展的核心应该是对旅游资源进行重新整合,以旅游产品群或者旅游生态群的方式吸引游客[②]。究其原因,她认为,区域之内,各方面发展都要为旅游发展大局服务,使全域一体的旅游产品品牌形象最终得以形成。厉、吕之研究为

①　厉新建,张凌云,崔莉.全域旅游:建设世界一流旅游目的地的理念创新:以北京市为例[J].人文地理,2013(3):130-134.

②　吕俊芳.辽年沿海经济带"全域旅游"发展研究[J].经济研究参考,2013(29):52-56.

全域旅游的理论形成打下了坚实基础。此后,学者们在二人研究的基础上,对全域旅游提出更为完整的概念,使全域旅游理论逐步完善。

2016 年 2 月,国家旅游局局长李金早在《中国旅游报》上发表署名文章《全域旅游大有可为》,吹响全域旅游的号角。在文章中,他对全域旅游的概念进行准确定义,即"全域旅游是指在一定区域内,以旅游业为优势产业,通过对区域内经济社会资源尤其是旅游资源、相关产业、生态环境、公共服务、体制机制、政策法规、文明素质等进行全方位、系统化的优化提升,实现区域资源有机整合、产业融合发展、社会共建共享,以旅游业带动和促进经济社会协调发展的一种新的区域协调发展理念和模式"①。

2017 年,全域旅游更是上升到国家战略。国务院总理李克强同志在《2017 年国务院政府工作报告》中,针对我国旅游业发展,提出要"完善旅游设施和服务,大力发展乡村、休闲、全域旅游"。"全域旅游"不仅首次被写入政府工作报告,还成为国家层面的旅游发展指导思想。2016 年 2 月和 11 月,2 批国家全域旅游示范区创建名单先后公布,洛阳的栾川县和嵩县首批入选,洛龙区则是第二批入选。2017 年,在两会召开时,原国家旅游局局长李金早还总结了全域旅游的新模式,即"1+3+X"的综合管理模式。所谓"1",就是 1 个领导部门,旅游发展委员会,简称旅发委,旅发委由旅游局升格而来,由政府的直属部门升格为政府领导部门,是政府对旅游业重视的表现;"3",就是 3 个管理机构,即旅游警察、旅游巡回法庭、工商局旅游分局,这 3 个专门针对旅游设置的管理机构,有助于旅游市场秩序的有序化和旅游治安环境的和谐化;"X",指待选项,即当地工商、交通和公安部门可以和旅游系统联合执法,使旅游市场秩序得到更好的维护,使旅游治安环境得到更好的净化。全域旅游在全国范围内推进和实施,使我国旅游业的发展难题得到解决,极大地推动了旅游产业的发展。

二、实施全域旅游的原因

我国现代旅游业起步较晚,以往旅游开发的模式,无非建景区、修景点、开宾馆、开饭店,能够基本满足游客的观光需求即可。在很大程度上,没有

---

① 李金早.全域旅游大有可为[N].中国旅游报,2016-2-16(2).

考虑景区与周边环境之间的关系,也没有考虑景点与当地居民之间的联系,更没有考虑景区与游客之间的互动。事实上,即便现今,我国的多数旅游景区还停留在门票经济阶段,靠售卖门票取得营业收入,使得景区门票翻番增长,AAAAA级景区的门票涨幅更是惊人,除了故宫等少数景区之外,大多数AAAAA级景区的门票已经破百,更有甚者近年达到405元(黑龙江黑河五大连池景区)。所谓门票经济,便是把景区圈起来售卖门票,看似提高了经济收入,实际上也使得景区成为孤立、封闭的区域,让景区与外界隔离开来。于是,诸多问题开始出现,如景区与当地居民的矛盾冲突不断涌现;景区的环境问题频发;为了片面追求经济收入,景区欺客宰客现象不时发生,使许多景区遭到游客投诉等等。

经过改革开放四十多年的发展,经济日趋繁荣,居民收入不断提高,富裕起来的居民们开始追求生活质量,外出旅游成为越来越多人的休闲选择,旅游不再是少数人的专利,已经变成一种全民化的休闲方式。与此同时,旅游方式也从以前单纯的观光旅游逐渐向休闲旅游、体验旅游等转变,人们更注重旅游的体验性,在旅游过程中得到放松、有所收获,是游客对旅游业的更高要求。

目前,我国旅游业发展的矛盾,是旅游业的发展和游客日益增长的旅游需求不同步从而产生的系列矛盾。游客对旅游业的要求,不单单是购门票进景区的问题,而是包含到达旅游目的地的方方面面,如衣食住行等;对景区的要求,也不单单是看风景的问题,而是包含进入景区之后的方方面面,如景区的餐饮、休闲、娱乐、服务等。

总之,游客对旅游的需求是综合性的,全方位的。因此,旅游业的变革,一方面,要由封闭的旅游景区管理,向开放包容性较强的"旅游+"转变,即旅游业要和农业、林业、商业、金融、文化、体育、餐饮、卫生等行业进行融合,使旅游业的综合服务水平更高,沟通协作能力更强,也能实现旅游产业和其他产业的协调发展;另一方面,要由景区的围墙管理向全面管理转变,即旅游管理部门要和公安、物价、工商、交通等部门团结协作,积极实现联合执法,确保旅游市场的有序性,使游客游有所安,游有所乐。

在旅游市场的要求下,在游客的需求下,涵盖面更全、综合服务能力更强的全域旅游便应运而生。全域旅游的产生,使得旅游产业打破原有落后的局面,一举向大旅游、大产业开始转变。它是旅游业发展到新时代的标志,不仅代表着旅游业发展的方向,更预示着我国旅游业日趋走向成熟。

三、全域旅游的特征

(一)对于全域旅游来说,更强调资源的优化配置

全域旅游,是通过全域改造,达到旅游业和谐发展之路。全域改造不是强调景区饭店是否高档,景区的硬件是否符合星级标准,全域之内是否遍地开花,处处都是景区,而是强调资源配置的最优化,使景区风景更宜人,环境更优美,功能更齐全,服务更贴心。在全域旅游的规范下,不仅景区的硬件设施要达到标准,景区的软件也要满足游客的需求。首先,要实现景区资源的优化配置,重视景区对区域经济的带动作用,支持景区发展,为景区的发展营造浓郁的旅游氛围、优美的自然环境、和谐的人文环境等,达到全面为景区发展服务的目的。其次,要实现区域之内资源的优化配置,积极协调一切资源来发展旅游。旅游产业不是孤立的存在,它包罗万象,类型众多。自然风景、人文景观、工业遗存、农业建设、水利设施等都可以成为旅游资源,全域旅游所强调的,正是尽可能利用各种资源来推动旅游经济的发展。例如,可以发展观光农业,在满足农业生产需求的基础上,可以涵盖采摘、种植、餐饮、休闲等需求,一方面可以实现农业的多样化增收;另一方面,可以实现旅游的多样化发展。也就是说,所谓的资源优化配置,是在区域之内找准发展旅游的优势资源,使其成为区域旅游优势,从而实现区域之内旅游和其他产业的协调发展。

(二)对于全域旅游来说,更强调全域的统筹规划

全域旅游,便是强调旅游的全域性,使全域之内,处处风光秀美,处处风景宜人。以往把景区圈起来、围起来,建高墙、收门票的做法,是旅游业发展的原始阶段。但对我国多数景区来说,内外如同两个世界:内部鸟语花香,风光无限好;外部人声嘈杂,环境脏乱差。景区片面追求经济效益,使得内外部环境反差较大,判若天壤,即使景区之内湖光山色一片秀美,也会因为景区之外的环境不堪忍受而影响游客心情,使游客对景区的美好形象大打折扣,甚至给出负面评价。全域旅游的发展,一方面,要拆除景区的有形围墙和工作人员的"人心围墙",使景区融入全域,使景区与全域环境和谐共

存,同呼吸、共命运;另一方面,要对全域发展实施统筹规划,使景区全域化,让游客在进入全域之时便是进入景区,使全域之内,环境处处好,风景处处美,基础设施完善,卫生条件达标,居民文明友好,从而让游客如沐春风,收获更好的旅游体验。

(三)对于全域旅游来说,更强调旅游的综合管理

旅游资源的多样化,使得旅游种类也极为多元化。这样一来,便导致旅游管理的多元化。对于旅游业来说,政出多门,多重管理,管理部门相互推诿、相互扯皮的不良现象时有发生。全域旅游的发展,就是要在全域之内实现综合治理。这里的综合有两层含义,一是产业的综合发展,以旅游发展为契机,使全域之内的产业,或转化为旅游业,或与旅游业相联系,推动多种产业的协调发展;二是实现综合管理,打破以往多头管理的瓶颈,发挥政府的导向作用,以旅游发展为先机,推动区域经济的全面发展。综合管理,就是要创新全域之内的管理模式,实现旅游市场的综合监管,实现旅游执法模式的创新,使政府的主导作用和服务职能得到充分发挥,以实现全域旅游的又好又快发展。

(四)对于全域旅游来说,更注重旅游业和其他产业的深度融合

要实现全域旅游,就要在全域之内,使旅游业能够积极对接其他产业,以实现旅游业与其他产业的共同发展。旅游资源的丰富性和旅游种类的多样性,使得旅游业与其他产业的对接成为可能。自然风光较好的区域,可以在发展观光旅游的基础上,发展特色农业,为旅游业提供特产、手工业品等;人文景观富集的区域,可以建立人文景观,以此为带动,提升全域之内居民的整体生活水平;乡村可以发展乡村游、农家乐,开展农业种植、采摘、休闲娱乐等;小城镇可以通过特色小镇建设,一方面改善居民生活条件,另一方面发展特色旅游经济;工厂集中区域,可以发展工业游;利用当今社会信息化和网络化的特点,实现旅游和互联网的融合,使旅游更方便,更快捷,以此满足游客的多样化旅游需求,等等。全域旅游,便是将旅游深耕细挖,不仅要将旅游产业综合化,更要将综合产业旅游化。通过对全域之内基础设施和环境的改造,对管理能力和服务水平的提升,达到全域经济协调发展的目的。

（五）对于全域旅游来说，更注重全面参与

全域旅游，便是强调旅游的全域化。实现旅游的全域化，不仅是景区的责任，也是区域政府的职责。与此同时，全域居民也责无旁贷。身为全域的一分子，在进行全域旅游建设时，居民是迎接"四海八方客"的主人，也是全域旅游最大的受益者。通过旅游业的全域发展，当地居民可以挖掘更多商机。同时，全域旅游所强调的全域景区化，使当地环境更优美，当地经济更发展，当地居民的生活水平亦会随之提高。因此，在开展全域旅游的过程中，一方面，要教育当地居民，提高素质，提升服务水平，使自己成为一名合格的接待者和优秀的服务者；另一方面，要强调旅游的全民参与性，鼓励当地居民参与旅游建设，积极引导他们参与旅游管理，号召他们服务旅游发展，从而使居民成为全域旅游真正受益者。只有将居民的积极性调动起来，才能鼓舞他们的参与热情，才能有更大的力量服务全域旅游建设；只有让居民成为全域旅游的参与者和受惠者，才能促进当地旅游业的健康发展，才能盘活区域经济，实现旅游和经济的可持续性发展。

第二节　全域旅游与洛阳

洛阳是世界四大圣城之一，也是我国著名古都，建城史和建都史长，历史悠久，文化厚重，遗迹遗存多，作为全国优秀旅游城市和国内外游客最向往的旅游目的地，可供挖掘的文化资源众多。同时，洛阳山川秀美，风景如画，是游山玩水、休闲娱乐的好去处，也是非常适合发展旅游的城市。因此，洛阳市推行全域旅游对提升洛阳的整体旅游形象、洛阳旅游业的发展和经济的转型升级都具有重要的战略意义。

全域旅游的概念虽然在近几年才得以确定，但洛阳推行全域旅游还是较早的，2016年年初，原国家旅游局在旅游系统对全域旅游进行宣传和推广时，洛阳市便抓住时机，在全市范围内实施全域旅游。一方面，以旅游业为导向，调整产业结构，在巩固洛阳品牌的基础上，锤炼旅游相关产业，积极为旅游业服务；另一方面，以洛阳文化为基础，积极打造适合时代要求和游客需求的旅游产品，增强洛阳旅游业优势。

为响应省委省政府号召，洛阳市以"一带一路"倡议和中原经济区建设

为契机,积极实施国际文化旅游名城建设。事实上,国际文化旅游名城正与全域旅游不谋而合,两者都是要推动洛阳的品牌影响力,并促进洛阳旅游业的转型升级,以实现洛阳旅游的大发展。

洛阳市实施的一系列规划,制定的一系列措施,都是在为洛阳旅游发展服务。通过旅游和互联网的融合,洛阳的一大批旅游景区不仅实现了旅游服务的智能化,还实现了旅游景区"零现金"。以世界文化遗产龙门石窟为例,该景区不仅实现 WiFi 全覆盖,还可通过微信支付等手段实现购票、停车、餐饮和购物等,使得该景区不仅成为全国首家"微信支付旗舰景区",还被国家旅游局授予"互联网+"示范单位。① 通过旅游与节会的融合,洛阳举办的中国洛阳牡丹文化节、中国洛阳河洛文化节和新春河洛庙会等一系列节日逐渐闻名全国,也渐渐为世界所知晓,吸引了国内外游客,成为洛阳旅游的重要助推器。通过对旅游产品的开发,目前洛阳的旅游产品品种丰富,类型繁多,除了传统的唐三彩、仿古青铜器、牡丹瓷和牡丹饼,近些年,以老城十字街为代表的洛阳小吃街,以《河洛风》《功夫诗·九卷》为代表的大型文艺节目,以隋唐百戏城为代表的体验旅游产品也开始发力。

在洛阳,旅游产业发展较快的县区,如栾川县、嵩县和洛龙区等,进行整体推广的时间较早,品牌意识的关注度较高,对自身形象的把握较好,因此在全域旅游的推进方面能够走在全市前列,成为其他县区学习的榜样。如栾川县,早在 2012 年,就开始计划实施"全景栾川"的旅游战略,即"全区域营造旅游环境,全领域融汇旅游要素,全产业强化旅游引领,全社会参与旅游发展,全民共享旅游成果,通过旅游业的引领发展,努力打造宜游、宜居、宜业的美丽栾川、幸福栾川"②。也就是将全县整体形象提升作为发展目标,通过旅游引领、融合发展、产业集聚,实现该县经济效益、社会效益和生态效益的共同发展,事实上正和全域旅游的思路不谋而合。最近两年,栾川县通过全景栾川和全域旅游的对接,积极推进国家全域旅游示范区建设,使栾川旅游从资源驱动向创新驱动转变,不仅提升了栾川的整体旅游质量,还提高

---

① 智慧,等.构建"全域旅游",让洛阳更有魅力[N].洛阳晚报,2016 – 10 – 20(A03).

② 姜春辉,李艳."全景栾川"正崛起[N].洛阳日报,2012–12–8(2).

了栾川旅游的核心竞争力,实现了旅游强县和旅游富县的既定目标。①

但是,也应该看到,由于对信息把握的敏感度不够,对旅游产业的认识不足,洛阳的全域旅游与大连、北京、杭州、青岛和西安等全域旅游城市相比,洛阳还存在一定差距;即便是与开封等以全城之力发展旅游的省内兄弟城市相比,洛阳也稍显落后。

一、洛阳实施全域旅游战略存在的问题

(一)整体战略不清晰,区域发展不均衡

对于洛阳市整体而言,由于旅游资源较多,但分布却不均衡,并且各有偏重,如偃师、孟津以人文旅游资源为主,而栾川、嵩县以自然资源为主,市区则以人文资源居多,这就造成了区域旅游发展的不均衡。这种不均衡的原因除了县区旅游资源不均外,很大程度上是洛阳对自身的旅游定位不足所导致的整体战略不明晰,缺乏可以涵盖古都文化和洛阳旅游的大定位,使得洛阳旅游产业虽然有所发展,并没有实现突飞猛进。

(二)观念落后,存在一定的得过且过思想

无论是旅游产业的管理部门还是旅游景区,都存在得过且过的思想,这就导致洛阳旅游的发展步伐落后于其他古都,甚至是省内兄弟城市。目前的旅游业,正在由单纯的观光旅游向综合型旅游转变;正在由单一的门票经济向产业融合转变;正在由旅游景区向全域旅游转变。因此,旅游景区不再是单一的存在,旅游景区应和当地环境融为一体;旅游产业也不再是单一的存在,旅游产业应和当地经济共荣共生。再加上互联网的冲击,将促使许多产业的变革深化,旅游产业也是如此,如果不搭上"互联网+"的列车,将很快被飞速发展的时代淘汰。因此,谁把握住互联网的脉搏,谁就会加速产业内部的变革。所谓的变革,不是听听新名词,喊喊新口号就解决的,它是由内而外的,只有真正认识到旅游业变革的必要性,看清由国际文化旅游名城、全域旅游和"互联网+"这些新名词背后的时代机遇,才有可能以此为契机,推动洛阳旅游的改革深化,迎来洛阳旅游经济的大发展。

---

① 张莉娜.全域旅游助力栾川再出发[N].河南日报,2017-3-21(12).

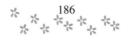

(三)旅游产业与其他产业融合度不高

就目前而言,洛阳的旅游产业和其他产业的融合度并不高。以观光农业为例,虽然出现了不同层次的农家乐以及以种植、采摘为手段的农业游,但档次较低、规模不大,就连洛阳市民也未尽知,更不用奢谈国内影响力和国外知名度。再如工业游,洛阳是老工业基地,位于涧西区的工业遗产街被评为"中国历史文化名街",成为洛阳市唯一入选的项目,也是全国唯一入选的工业项目,但洛阳的工业游并不具备影响力。事实上,在洛阳市区,有许多具有时代特色的老厂房、老建筑、老设备,如果开发得当,便会使洛阳出现较具规模的工业游。任何产业,只要具备可供旅游开发的资源,都能作为旅游表现形式。

(四)旅游产品品牌认可度不高

近些年,虽然洛阳对旅游产品的开发不遗余力,但品牌认可度并不高,最受国内外游客欢迎的,还是"一花三景",即牡丹花和龙门石窟、白马寺、关林。虽然出现老君山、白云山和龙潭峡等一些引人瞩目的自然景观,但对于以历史文化著称于世的古都洛阳来说,只能成为点缀和衬托,不能成为依仗和重心。近些年开发的明堂天堂景区、定鼎门遗址博物馆等,往往有卖点没看点,形式单一,内容空洞,难以满足游客对旅游的多样化需求。总而言之,洛阳缺乏像开封的清明上河园、西安的大唐芙蓉园那般集人文景观与自然风景于一身,集旅游观光和休闲娱乐于一体,能够代表古都文化和洛阳历史的大型综合性旅游品牌。相信随着隋唐洛阳城国家遗址公园整体工作的向前推进,以及汉魏洛阳城和二里头夏都遗址等国家遗址公园的陆续开建,这样的局面会有所改观。

(五)资金人才不足,服务水平有待提高

作为一座地处中原的三线城市,洛阳无论对人才还是对投资的吸引力,都远远比不上沿海发达城市。这就导致洛阳的旅游投资引进不足和旅游专门人才引入不足。首先,洛阳本地高校开设旅游专业的时间较晚,导致本地旅游人才不足;其次,本地旅游人才往往前往旅游更为发达的省份和城市,留在洛阳的几率较小;最后,出于发展前景考虑,外地人才来洛阳的概率更小。更关键的是,洛阳不仅缺乏专门从事旅游管理的人才,更缺乏训练有素

的基层服务人员队伍,这就导致洛阳的旅游业服务质量不高,服务水平有待提高。

二、洛阳实现全域旅游的对策分析

(一)制定目标明晰的整体战略

由于历史悠久、文化厚重,洛阳既是旅游资源大市,也是旅游发展潜力巨大的古都。想要"百尺竿头,更进一步",洛阳必须有目标明晰的旅游发展长远战略。"一带一路""国际文化名城建设"以及全域旅游,对于洛阳市旅游业发展来说是一个机遇,洛阳要以"一带一路"和中原城市群建设为契机,以旅游业为突破口,以旅游业带动其他相关产业,促进洛阳经济的转型升级。千年帝都、牡丹花城、丝路起点、运河中心、华夏之根、文明起源……洛阳的称谓太多,反而令人混乱,难以取舍。针对众多的旅游资源,洛阳市要排除干扰,大胆取舍,在众说纷纭之时,找出一条使洛阳旅游和洛阳经济相互促进的协调发展之路,从而制定出既代表洛阳历史形象,又适合洛阳现实定位的旅游战略。对于洛阳的旅游发展和全域旅游战略推进来说,这一条尤为重要,如果没有整体发展战略,洛阳市的旅游改革,便只会有小调整,不会有大变革;洛阳的旅游发展,便只会有小进步,不会有大提升。

(二)树立全域旅游发展理念

任何变革都是由内而外的,要想使洛阳的全域旅游战略整体向前推进,不仅旅游景区要适时动员,旅游管理部门更要更新观念,看到全域旅游之于洛阳的作用,看到全域旅游之于洛阳旅游的价值。正因如此,要树立全域旅游发展理念,以普遍联系的眼光看待洛阳旅游目前出现的问题,以发展的眼光看待洛阳旅游的未来。旅游景区的变革不仅仅在于旅游景区内部,与外部环境能否做到和谐共存也是旅游管理人员应该思考的问题。洛阳发展旅游业,一方面,要促进旅游与其他产业的融合,实现资源优化配置,以促进经济效益、社会效益和生态效益的最大化;另一方面,使更多新知识、新观念,尤其是信息技术等融入旅游业,实现旅游产业的转型升级,不断创新。不仅如此,更要有长远的眼光,不能以一己之私损坏全域整体形象,更不能片面追求经济效益而使资源和环境受到损伤。在进行旅游建设时,要心系当地群众,把本地居民当作优秀旅游资源来对待。只有更新观念,树立全域旅游发展的理念,以可持续发展为导向,才能顺利推进洛阳的全域旅游。

(三)倡导旅游与其他产业的融合

对于全域旅游战略的实施来说,旅游与其他产业的融合是必须的。只有这样,才能使全域成为有机整体,才有可能协同作战,使整体战略积极向前推进。一方面,要善于学习,借鉴省内外、国内外的先进经验,尤其是要运用互联网思维,利用网络资源集中、方便、快捷等特点,为旅游业与其他产业的融合进行服务;另一方面,要注重实践,善于利用一切本土因素,结合本地特点,走出一条适合自身发展的道路。旅游产业可以为其他产业服务,其他产业也可以为旅游产业服务;旅游可以融入其他产业,其他产业也可以融入旅游,积极调动一切可利用的旅游资源,达到发展全域旅游,服务全域经济的目的。

(四)积极开发全域旅游产品

全域旅游,还是要以旅游业为依托,达到旅游带动的目的。首先,要打造一批既符合洛阳历史文化特性,又符合现代游客审美,满足旅游多样化需求的精品景区。这些景区既要有卖点,又要有看点;既要有形式,又要有内容;既可以观光旅游,又可以休闲娱乐;既特征明显,又优势突出,使游客能够流连忘返,乐在其中。其次,要积极开发文创产品,尤其要从洛阳的历史文化、名人风俗等元素入手,开发出既有洛阳本土性格,又符合当代艺术审美的文创产品,在保证本土特色的同时,不妨更有趣、更多样、更前卫、更大胆。最后,要促进洛阳旅游产品的多样化,使游客的选择面更广,不同的旅游需求得到满足,在开发自然风光和人文景观的同时,也要开展农业游、工业游、文体游等形式;不仅要适合有人文情怀的游客,更要适合不同层次、不同年龄段的游客。

(五)创新旅游服务体系

首先,旅游服务体系的创新,离不开旅游管理人才。一方面,筑巢引凤,扩大洛阳的知名度,加大人才引进力度,使更多旅游人才回归洛阳,为洛阳的旅游发展服务;另一方面,与本地高校加强联系,密切合作,对旅游人才实行定向培养,定向就业,为洛阳的旅游发展留住人才。其次,完善人才培养体系,以培训、深造等形式,加强旅游从业人员的教育培训,提高他们的素质,锻炼他们的能力,提升他们的管理水平和服务水平。再次,积极运用现代科技和信息资源,实现旅游景区的硬件改造和软件升级,使旅游服务更方便、更快捷、更智能、更人性,使游客的好评度更高。最后,加强对市民的教育,让他们认识到全域旅游之于洛阳发展以及自身生活水平提高的作用,在全市倡导自由文明的生活环境与友好和谐的旅游环境。

第三节　全域旅游与隋唐洛阳城

全域旅游,是将全域当成一个整体,一个"大景区"来对待,通过优先发展旅游业,带动其他相关产业,尤其要有机整合区域资源,融合发展相关产业,共建共享社会元素,使区域经济得到全方位和系统化的优化提升。洛阳的全域旅游,便是以提升洛阳整体形象为目标,以促进旅游业转型升级为突破口,以实现资源的优化配置、融合产业和区域经济等为手段,确保洛阳全域经济的发展。

洛阳是"千年帝都,牡丹花城"。如今,牡丹花已经遍布洛阳城的大街小巷,牡丹观赏园更是品种丰富,争奇斗艳,洛阳是牡丹花城名副其实。但历经千年世事变迁,如今在洛阳地面上能代表古都文化的建筑和遗存却极少。

在洛河两岸,东西不足百里的范围内,存在着夏都二里头、偃师商城、西周成周城、东周王城、汉魏洛阳城和隋唐洛阳城六大都城遗址。如果说夏都二里头是洛阳帝都文化的起源,那么隋唐洛阳城便是洛阳帝都文化的最后荣光。隋唐时期的洛阳城,是洛阳历史上的巅峰时代,是当时世界上最大的城市之一,是名副其实的国际大都市,是洛阳古都文化的最佳代表。因此,在全域旅游视角下,隋唐洛阳城之于洛阳有着非凡的意义和巨大的作用。

一、全域旅游视角下隋唐洛阳城对于洛阳的作用

(一)隋唐洛阳城是洛阳的核心资源

洛阳全域旅游战略的推行,要有大量的核心资源尤其是旅游核心资源作为支撑,才能在实施全域旅游时,以此为突破口,积极挖掘旅游资源,融合其他相关产业,以点带面,带动区域经济的发展。隋唐洛阳城建城史有五百余年之久,曾经作为隋、唐、后梁、后唐、后晋的都城以及北宋的陪都存在,是

洛阳文化的有力代表。并且,隋唐洛阳城蕴含丰富的文化,如帝都文化、帝王文化、宫廷文化、世俗文化、名人文化、诗词文化等,都可以融入旅游产业和其他产业,以促进洛阳整体形象的提升和区域经济的发展。因此可以说,隋唐洛阳城是洛阳的核心资源,不仅是洛阳旅游发展潜力之所在,也是洛阳经济腾飞的强大助推力。

(二)隋唐洛阳城可以成为洛阳的优势景区

隋唐时期的洛阳城作为隋朝的新都,唐朝的东都和武周的神都,占地面积极广。仅以城市中轴线上的"七天建筑"而论,最北端在今天的明堂天堂景区,最南端在龙门石窟旁边的伊阙,涵盖今天洛阳的老城、西工、涧西和洛龙等主要城区。以隋唐洛阳城遗址为基础进行修建的隋唐洛阳城国家遗址公园跨越老城、西工和洛龙等三区,横跨洛河两岸,将成为洛阳最大的旅游景区。与此同时,由于隋唐洛阳城遗址和当今的洛阳市区高度重合,建成后的国家遗址公园将坐落在洛阳市主城区,无论旅游观光还是休闲购物,无论餐饮娱乐还是交通出行,都有着极大的便利性,不仅可以使游客拥有更好的旅游体验,还将使游客的旅游更为方便快捷,因此极易成为游客前来洛阳旅游的首选之地。总之,由于隋唐洛阳城国家遗址公园地处洛阳市区,同时又是洛阳最大的旅游景区,并且是洛阳古都文化的有力代表,因此隋唐洛阳城国家遗址公园将成为洛阳的优势景区,对于洛阳全域旅游来说,具有极为重要的意义。

(三)隋唐洛阳城将是洛阳全域旅游的典范之作

建成后的隋唐洛阳城国家遗址公园,不仅是国家级遗址保护的典范之作,更是洛阳旅游的集大成者。由于占地面积广,涉及区域大,覆盖人员多,较易开展全域旅游。如果能够成立隋唐洛阳城建设领导组织,不仅组织和主持隋唐洛阳城国家遗址公园的全面建设工作,对工程质量进行监督,更对全域之内的环境卫生、历史人文和民众教育等进行管理和监督,那么,一方面,能够使隋唐洛阳城国家遗址公园的全面建设得到顺利实施;另一方面,还能实现全域旅游在隋唐洛阳城国家遗址公园的顺利推进。而今的定鼎门遗址博物馆和明堂天堂景区已经开始接待游客,"两坊一街"工程也已竣工,顺利开始营业。接下来,随着九州池、应天门和天津桥等遗址保护项目的陆续建成,隋唐洛阳城将初具规模。这对于隋唐洛阳城全域旅游的开展来说,具有明显的推动作用。因此,隋唐洛阳城国家遗址公园将成为洛阳全域旅游的典范之作。

(四)隋唐洛阳城具有先声夺人的带头作用

由于是十三朝古都,从我国第一个朝代——夏代,一直延续到五代时期的后晋,洛阳作为古都的历史有一千五百余年之久,因此留下众多历史遗存。在2016年2月由国家文物局印发的《大遗址保护"十三五"专项规划》中,洛阳不仅位列七大片区(西安、洛阳、郑州、曲阜、成都、邢台、荆州)之一,入选国家大遗址的便有二里头遗址、偃师商城遗址、汉魏洛阳故城、隋唐洛阳城遗址和邙山陵墓群五项,而且,跨省域的大运河、丝绸之路和万里茶道等三项都涉及洛阳。隋唐洛阳城国家遗址公园是国家首批建设的国家遗址公园,同时也是洛阳首家国家遗址公园。隋唐洛阳城国家遗址公园之后,汉魏洛阳故城国家遗址公园已经投入建设,夏都二里头国际遗址公园也已经获批建设,随着洛阳多个以大遗址保护为核心的国家遗址公园建成,洛阳的旅游实力将得到空前壮大,分布在洛河两岸的几座国家遗址公园将成为洛河边的"明珠"和洛阳城的奇观。作为洛阳的首座国家遗址公园,隋唐洛阳城国家遗址公园,将起到先声夺人的带头作用,对洛阳全域旅游产生持久的推动力。

二、全域旅游视角下隋唐洛阳城旅游开发对策分析

(一)要有全域视野和全局眼光

隋唐洛阳城在我国历史上威声赫赫,声名更是远播海外,使东亚国家在建设都城时都受其影响。因此,在进行隋唐洛阳城旅游开发时,一定要具有全域视野和全局眼光,要对隋唐洛阳城整体有清晰的认识,要对隋唐洛阳城的国内外影响力有清晰的认识,要对隋唐洛阳城的发展潜力有清晰的认识,要对隋唐洛阳城之于洛阳的作用有清晰的认识。只有这样,才能高屋建瓴地看待隋唐洛阳城旅游开发,并制定切实可行的发展规划。

所谓全域视野,便是将隋唐洛阳城视为一个有机整体,着手建立隋唐洛阳城大景区,而不局限于某些特定景区。因此,在规划设计时,要积极营造隋唐洛阳城的旅游氛围,在突出宫廷文化的同时,也要有市井气息,不仅要威严庄重,也要热闹繁华。所谓全局眼光,便是将隋唐洛阳城和如今的洛阳

城联系起来,视为一个有机整体,不设围墙,不建高墙,使游客能够在隋唐洛阳城自由出入,入则锦绣繁华隋唐洛阳城,出则车水马龙今日洛阳城。建成后的隋唐洛阳城国家遗址公园,不仅是洛阳的"清明上河园"和"大唐芙蓉园",也是"洛阳版"故宫,更是隋唐影视城。因此,要全方位、多角度地看问题,只有这样,才能描绘出万千游客心中的大隋新都和大唐东都。

(二)要循序渐进,分步骤实施

在隋炀帝继位之初,著名建筑学家宇文恺用十个月便建成气势恢宏、雄伟壮丽的新都洛阳,但那毕竟是倾全国之力,能够运用各种势力、调动一切可以调用的力量。而今的隋唐洛阳城旅游开发,既不是对隋唐洛阳城照本宣科地完全复制,也不可能倾全国之力。因此,对于洛阳来说,隋唐洛阳城的旅游开发,理应规划先行。制定科学的战略规划,在发展规划的基础上,循序渐进,分步骤实施。首先,要做到抓大放小,重点突出。先选取隋唐洛阳城最具影响力、最有代表性的历史遗迹和文化建筑进行复建,力争取得实效,之后选取一些独具特色的历史建筑和人文景观,力争具备亮点和看点。其次,要先硬件后软件,对基础设施的建设是第一位的,之后是建立景观,在硬件的基础上,进行软件建设,可以声光电、歌舞、音乐等形式组织实景演出,营造文化氛围,使隋唐洛阳城不仅拥有当年的景观,还拥有当时的世俗气息,使游客耳目一新。最后,先易后难,结合实际,量力而行。隋唐洛阳城是国家大遗址,又是沿用五个多世纪的国都,因此隋唐洛阳城旅游开发不同于寻常旅游开发,不仅层次高,而且难度大,更会耗时长,结合自身实际,量力而行是必要的。充分利用现有资源,促进各特色景点建成,先易后难,渐渐由点成面,这样,建设阻力便会更小,隋唐洛阳城旅游开发才会顺利施行。

(三)旅游产品要彰显文化特色

历史上的隋唐洛阳城,山水环绕,风光秀美,锦绣繁华,是一座自然风景和人文情怀兼有的都城。隋唐洛阳城的旅游开发,便要营造这样的和谐氛围,重现当年的繁华景象。因此,在设计旅游产品时,要融入洛阳的自然风光和历史人文。作为古都而存在的隋唐洛阳城,历史人文色彩要更加突出。因此,亭台楼阁要具有复古风格,山水环境也要具有人文气息。与此同时,旅游产品还要具有时代特色,尤其是要融入受年轻人欢迎的流行、时尚元素,并注重文旅产品的实用性。广义来讲,隋唐洛阳城并不只是一座都城城池,而是众多文化汇集而成的人文之都,因此在进行旅游产品设计时,对于一些与隋唐洛阳城有关的文化元素可以实行拿来主义,如女皇手机壳、狄仁杰钥匙链、唐诗地图、隋唐风鼠标垫等,都可以进行尝试。事实上,不仅旅游产品,在隋唐洛阳城之内,几乎一切产业都可以融入隋唐洛阳城的文化元素。如以讲故事的形式主打隋唐宫廷美食,尝试开发以隋唐文化为背景的游戏,还原、复制隋唐时期的体育项目,进行以武则天、狄仁杰和隋炀帝为代表的隋唐文化影视剧开发等。文化不是束缚,而是载体。隋唐文化不是形式,而是内容。武则天和狄仁杰不仅是历史人物,也是热门IP。故事传说不仅仅存在口头上和书页中,也可以与时俱进,开拓创新。只有实现旅游产品全域化,并彰显其文化属性,才能在全域旅游实施过程中,事半功倍,卓有成效。

(四)倡导全民共建共享

隋唐是我国封建王朝的鼎盛时代,隋唐洛阳城是历史上的洛阳骄傲。神都洛阳再现,明堂巍峨,天堂雄伟,对于游客来说,是极大的看点;对于生活在洛阳的市民来说,也是一份光荣。隋唐洛阳城的旅游开发,离不开全体市民的支持。首先,需要全民动员,为隋唐洛阳城营造友好文明的旅游环境。要让市民认识到隋唐洛阳城之于洛阳经济发展的重要性,加强对他们的隋唐文化和洛阳历史文化教育,使每个市民都能充当隋唐洛阳城的旅游解说员,激发他们的自豪感、荣耀感,使他们能够自发行动起来,为隋唐洛阳城旅游服务。其次,需要全民参与隋唐洛阳城的旅游开发。隋唐洛阳城旅游开发要以政府来主导,但仅仅靠政府主导还是不够的,要加强市民的全员参与度,鼓励他们参与隋唐洛阳城的旅游开发,以此提高收入,改善生活水平。只有让市民从隋唐洛阳城的旅游开发中获得实利,他们才会发自内心地赞成和支持当地的旅游开发,并为洛阳的旅游发展不遗余力。最后,鼓励成立隋唐文化研究会、隋唐洛阳城文物保护机构等民间组织,对其进行政策扶持和资金支持。只有发动人民群众的力量,才能切实做好隋唐洛阳城的文物保护和旅游开发工作。总之,倡导全民共建共享,推动全域发展,可以使隋唐洛阳城旅游走上可持续发展的健康之路。

第十一章

智慧旅游背景下隋唐洛阳城旅游开发研究

第一节　智慧旅游

一、智慧的含义

"智慧"，即聪明才智。《孟子·尚贤》篇有云："若此之使治国家，则此使不智慧者治国家也，国家之乱，既可得而知已。"晋代文学家嵇康《大师箴》也曾有言："下逮德衰，大道沉沦，智惠日用，渐私其亲。"宋代诗人梅尧臣《桃花源》诗云："英雄灭尽有石阙，智惠屏去无年华。"此处"智惠"通"智慧"，也是聪明才智的意思。

另外，智慧也是佛家语，为梵语"般若"的意译，意思为已经超越世俗认知，达到掌握真理的能力。如《大智度论》其中卷四三便有"般若者，一切诸智慧中最为第一，无上无比无等，更无胜者，穷尽到边"的记述；《敦煌变文集·维摩诘经讲经文》则称"神通能动于十方，智惠广弘于沙界"，都是超越世俗认知的智慧之意；在南北朝大学者颜之推所撰写的《颜氏家训》中，也有"万行归空，千门入善，辩才智惠，岂徒七经、百氏之博哉"之语，智惠亦表现为大智大慧。

在"智慧旅游"一语中，所谓的"智慧"，有智慧化表述，其意为更加精细、更加动态的管理方式,倡导应用、用户以及整个旅游产业链的升级。①智慧旅游之"智慧"与智慧城市有关。2008年,美国IBM公司首次正式提出"智慧地球"②,在该公司看来,智慧地球是一种利用先进的生产力和技术,对商业运作模式进行改善,对公共服务能力进行提升的美好愿景,它的核心便是用一种更为智慧和智能的方式,应用更为先进的信息技术,来改变政府与公司、公众,公司与公众,公司与公司,公众与公众之间的关系,使之向更好的方向发展。这种改变更重视交互信息的灵活性、效率性、明确性以及便捷性。"智慧地球"之后,IBM公司又提出"智慧城市"的概念③,智慧城市建设的目标,是要使城市建设更加灵活、安全、便捷、参与合作更广泛、更有吸引力、生活质量更高。而IBM所说的智慧城市,分别从食品、医疗、电力、交通、城市应急系统以及城市规划等方面入手,针对城市面临的诸多问题提出一系列解决方案。智慧城市的概念传入我国之后,先后有上海、南京、深圳、杭州和成都等城市提出要建设智慧城市,智慧旅游便是在此基础上应运而生。

二、智慧旅游的含义

智慧旅游也就是俗称的智能旅游,它不仅是智慧城市极为重要的组成部分,还能依靠它的某部分功能来完善智慧城市建设,并且,智慧城市的发展成果还能反馈智慧旅游,使得旅游的智慧功能得到更好体现。不过,智慧旅游和智慧城市的内涵不尽相同,它不仅可以在城市实现,在广阔的城市周边、远离城市的山村乡野、森林草原也能实现。

智慧旅游是新生概念,虽有学者对智慧旅游进行定义,但并未形成统一定论。2011年时,鲍豫鸿和王吉在探讨智慧旅游运用现代信息时,便曾提出,智慧旅游便是以云计算和物联网等新技术为手段,借助互联网,通过方便快捷的终端上网设备,对有关旅游资源、旅游经济以及旅游活动等多方面信息进行发布和捕捉,以达到信息宣传与公布,使人们得以及时了解这些旅

① 黄思思.国内智慧旅游研究综述[J].地理与地理信息科学,2014(2):97-101.
② 许晔,孟弘,程家瑜,等.IBM"智慧地球"战略与我国的对策[J].中国科技论坛,2010(4):20-23.
③ 张换兆.智慧地球,赢在中国?:对IBM"智慧的地球"战略的思考[J].高科技与产业化,2011(2):62-65.

游信息,进行旅游计划安排和调整,使各方面的旅游信息能够被智能感知,并方便进行利用,通过智能手段使游客享受更优质的服务。① 2012 年时,金卫东在探讨智慧旅游和旅游系统公共服务建设体系之间的关系时,对智慧旅游进行如下定义:智慧旅游是一类以物联网和云计算等现代科技为支撑,借助电脑、触屏以及智能手段等各类服务终端,最终实现为旅游管理部门、旅游企业以及广大民众进行多种旅游公共类服务的综合性应用平台。② 也就在同一年,张凌云等人对智慧旅游的定义以及理论体系进行探讨,对 2011 年以前出现的各种有关智慧旅游的定义进行梳理,之后进行总结。他们认为智慧旅游乃是从新一代计算机技术出发,为了不断满足游客对旅游的个性化需求,并为游客提供品质更高,服务更好的旅游产品,以此达到旅游资源和社会资源的联系和共享,从而实现的一种系统化更强、集约化更高的管理变革。③ 也是在 2012 年,沈萍和舒卫英认为,所谓的智慧旅游,是一种新的旅游形态,它对云计算以及互联网等高新技术加以利用,对旅游资源、信息资源进行系统化高度整合,使得游客以及旅游管理者能够运用便携式终端上网设备,对旅游相关信息主动感知,以实现旅游虚拟体验、旅游行程规划,费用网上结算、旅游行业监管以及旅游行程安全保障等诸多功能的崭新旅游形态。④ 同年,姚国章也对智慧旅游进行定义,他认为智慧旅游是一种新的旅游运行模式,它围绕游客展开,以智慧技术作为手段,利用现代智能设备,如移动设备、计算机以及智能终端等作为工具,并以包括智慧商务、智慧服务、智慧政务和智慧管理等作为主要表现形式,使游客在吃、住、行、玩、购、乐、游等方面的全方位服务得到满足作为主要目标,且以使游客、景区、旅行社、饭店、酒店以及政府主管部门等旅游参与各方所创造的利益和价值达到最大作为主要任务的全新旅游运行模式。⑤

上述文献虽然对智慧旅游进行了定义,并且也将旅游的主要表现形式,

---

①　鲍豫鸿,王吉.浅谈信息化建设在"智慧旅游"的应用[J].计算机光盘软件与应用,2011(11):3.

②　金卫东.智慧旅游与旅游公共服务体系建设[J].旅游学刊,2012(2):5-6.

③　张凌云,黎巎,刘敏.智慧旅游的基本概念与理论体系[J].旅游学刊,2012(5):66-73.

④　沈萍,舒卫英.期待"智慧城市"助力智慧旅游[J].浙江经济,2012(1):48-49.

⑤　姚国章."智慧旅游"的建设框架探析[J].南京邮电大学学报,2012,6(2):13.

如旅游者需求、所用到的技术、提供的服务和服务对象等都进行明确界定，并就其中智慧部分，着重进行描述，但也应该看到，这些定义并没有完全覆盖智慧以及智慧旅游这一新型旅游形式，具体不足表现在以下三个方面：一是对需要用到的核心技术概念不清，各部分划分不明显，再加上各种新技术概念理解上有偏差，导致对技术类表述极不准确。二是服务对象没有做到完全涵盖，由于对智慧旅游的内涵理解有偏差，导致服务对象和受益主体都混乱不清，对应用机制的准确性表述不完整。三是性质没有得到很好界定，由于对智慧旅游建设主体和运营主体的理解错位，导致对智慧旅游的推广和应用无法清晰表述，以至于使其对智慧旅游的完整性无法完全表达。

总之，所谓智慧旅游，即在旅游业中引入现代化信息技术，使旅游可以不断满足游客的多样化需求，增强游客的体验效果，使游客的旅游更便利、更安全，从而对旅游景区进行更为满意的评价。

三、智慧旅游的特征

(一) 智慧旅游的核心是以人为本

智慧旅游，是让旅游更智慧，是针对游客而推出的信息技术私人订制服务。因此，对每个游客来说，智慧旅游所提供的旅游智慧化和智能化都旨在为游客提供更为满意、质量更高的旅游服务。游客可以通过旅游网站、旅游景区网站、微信公众号，查看旅游景区的有关知识，上面的图片、视频和文字能够让游客对旅游网站有个大致了解，旅游景区还可以通过现代 VR 技术，使游客展开虚拟旅游；游客可以通过电子支付或者扫码等形式购买门票，以减少排队购票环节，从而节省游客的旅游时间；游客可以通过电子设备或者微信公众号了解景区内每个景点的历史，从而增强旅游体验感。总之，借助智能手机、电子设备以及景区智能服务系统，使旅程和出游变得更为方便快捷，以增加旅游体验效果，得到更多旅游乐趣。与此同时，游客也可以通过智能手机和现代网络，直播旅游活动、分享旅游感受、表达旅游心情，做到实时更新。因此和传统旅游相比，智慧旅游可谓是更高层面的旅游形式。

(二) 智慧旅游的营销手段更为多样

传统营销手段，无非是印发宣传单、做户外广告、在电视台做广告、直接上门面谈等。借助现代信息技术的智慧旅游出现后，大大拓宽了宣传渠道，使营销手段更为多样化,更加直观化。智慧旅游营销不仅可以借助文字,还能通过视频、音频、全景相机和 VR 技术等,将想要表达的信息准备无误地传达给游客。旅游景区借助景区智慧系统,可以及时掌握游客信息,继而对游客的年龄、身份和职业等信息进行实时掌控,并对游客的旅游活动进行监控,便于旅游景区及时调整营销手段和宣传策略,使宣传营销不断满足动态化市场需求。利用现代信息技术,旅游景区在选择营销策略时,可以有更大的选择空间。

(三)智慧旅游的要点是信息技术在旅游业的应用

智慧旅游不能简单理解为数字旅游。数字旅游是在旅游产业中融入现代信息技术,但智慧旅游是数字旅游的更高形式,不仅强调信息技术与旅游的融合,更强调融合之后为旅游企业工作带来便利,为游客出行提供方便。因此,智慧旅游对信息技术和旅游的融合提出更高要求,它不仅是旅游的发展,也是信息技术的改造与创新,进一步说,它是信息改造的集大成者,是信息创新的集中展示。智慧旅游使得资料和信息数字化,还通过建立信息化平台,使旅游产业脱胎换骨,焕然新生。

(四)智慧旅游的直接目标是促进旅游业走向成熟

当智慧旅游出现以后,旅游业的服务项目更加规范,管理水平不断提高,服务能力也不断提升,使旅游业的发展迅速向前推进。事实上,智慧旅游的直接目标便是促进旅游业不断走向成熟。通过产品溯源等技术手段,旅游产品的质量不断提高;通过精准营销,使得旅游营销手段大大创新;通过投诉反馈机制,使得游客投诉能够得到处理,并将处理结果及时反馈给游客;游客可以在网络问卷调查中对旅游景区做出评价,使景区能够及时调整宣传营销政策,提升管理和服务水平。旅游产业能够从关注自身建设转移到关注游客上来,以满足游客多样化需求,方便游客的旅游出行为核心,便是该产业走向成熟的标志。通过对游客要求的了解和掌握,旅游企业更加关注游客的旅游体验度,还能够结合自身实际,扬长避短,使旅游产品不断创新,使服务水平不断提高,最终,最大受益者其实还是游客。

(五)智慧旅游的终极目的是实现旅游业的可持续发展

通过智慧旅游的实施,旅游产业将从粗放型经济向精细化经济转变;旅游管理从人员管理转向科学管理。尤其智慧旅游为旅游管理的科学化和智能化提供了更为便利的条件。与此同时,基础设施建设也在发展战略的科学规划下稳步实施;通过建立旅游政务管理服务平台,政府的管理水平也得到提高,尤其是开设旅游服务与评价窗口,能够使游客和旅游企业对政府的满意度大大提高,使得政府的整体形象得到稳步提升。因此,智慧旅游便是这样的旅游方式,即通过改变旅游管理方式,使旅游资源得到优化配置,社会资源得到整合与提升,使旅游产业的经济效益、社会效益和生态效益达到最大化,从而实现旅游业可持续发展。也就是说,智慧旅游的终极目的便是实现三种效益的利益最大化,并促进旅游业的可持续发展。

第二节　洛阳智慧旅游现状研究

一、洛阳智慧旅游城市建设简述

"智慧旅游"这一概念在国内最早出现是在 2010 年。这一年,江苏省镇江市提出要构建"智慧旅游"之后,国内各大城市陆续响应,并出现"智慧旅游城市""智慧城市"和"智慧景区"等多种提法,智慧旅游开始在全国拥有广泛影响力,被列入国家旅游局"十二五"重点项目建设。在原国家旅游局的支持下,各省市纷纷启动建设智慧旅游的工作。2012 年,智慧旅游建设现场会在四川都江堰市举行。在会上,原国家旅游局提出,要在未来十年之内,在全国初步建成"智慧旅游"的总目标。在 2012 年 5 月和 2013 年 1 月,原国家旅游局分两批批准全国 33 个城市成为"国家智慧旅游试点城市"。

洛阳作为首批国家智慧旅游试点城市,也是河南省当时唯一入选的城市。洛阳旅游局公布了《洛阳市智慧旅游城市建设方案》,将洛阳市建设智慧旅游城市的总框架定为"1148 工程":第一个"1"指一个中心,即旅游基础数据库暨云计算中心;第二个"1"指一个基础,即智慧旅游基础设施建设;"4"指四个平台,即智慧旅游公共服务平台、智慧旅游综合监管平台、智慧旅游电子商务平台、智慧旅游市场营销平台;"8"指八个智慧旅游业态,即智慧旅游景区、智慧旅游饭店、智慧旅游餐饮、智慧旅游购物、智慧旅游乡村、智慧旅行社、智慧旅游交通、智慧旅游娱乐。

2012 年年底,洛阳市和中国电信达成战略合作,共同促进洛阳市智慧旅游城市的建成,①使洛阳市智慧旅游城市建设工作进入实质性阶段。2014 年年底,洛阳市又公布了《洛阳智慧城市发展规划(2014—2020 年)》,提出到 2016 年时,洛阳市智慧城市建设将主体完成。而洛阳市的智慧旅游工作也取得阶段性成果,如旅游门户网站集群、旅游年票、手机二维码电子门票(电子优惠券)、12301 旅游服务热线、无线旅游平台(手机看牡丹、手机导游)等项目已建成并投入使用,旅游信息化项目如洛阳多媒体旅游体验网、旅游 ORM 系统、多媒体数据库系统、办公 OA 系统等,初步建成。②

由于智慧旅游城市建设成效明显,2015 年年初,在江西南昌召开的第四届中国旅游产业年会上,洛阳入选"2014 十佳智慧旅游城市",成为河南省唯一入选的城市③。也就是在同年,洛阳市又和国内知名网络公司腾讯合作,共同致力于洛阳市智慧旅游城市建设,洛阳市借助腾讯公司在大数据和新媒体方面的优势,使智慧旅游城市建设进入快车道④。除腾讯外,洛阳市还与百度、阿里、携程和国际在线等互联网企业、新媒体达成合作,实施平台对接和数据共享,使"互联网+"智慧旅游城市为智慧旅游插上腾飞的翅膀。联合国世界旅游组织还将洛阳列为"河南省首家观测点城市",对洛阳市建设智慧旅游城市的案例进行研究推广。

2016 年 9 月,洛阳市智慧旅游项目全面建成。来洛阳旅游,游客在出行前,可以点开微信,选择景区,预订酒店,还可以浏览洛阳文化、洛阳小吃以及旅行社、导游等资讯;在旅游景区,游客可以使用手机购票,免除排队之苦;可以连上 WiFi,扫码听取景点和历史典故介绍等。旅游后,游客可以在公众号上留言,提出对洛阳旅游的意见和建议。⑤

依托智慧旅游城市建设,洛阳旅游迈入新时代。2015 年和 2016 年,洛阳市均发布《洛阳智慧旅游大数据》,该数据以洛阳市旅游、交通、公安、通信

---

①　戚帅华.中国电信助力我市智慧旅游城市建设[N].洛阳日报,2012-12-28(2).

②　林鹏,李瑞佳.2016 年我市智慧旅游将完成主体建设[N].洛阳商报,2014-12-3(5).

③　化雅楠,薛国芳.洛阳入选 2014 十佳智慧旅游城市[N].大河报,2015-1-15(7).

④　王妍,王妹婷.与腾讯公司携手,洛阳智慧旅游城市建设搭上互联网巨头的"快车"[N].洛阳晚报,2015-1-26(6).

⑤　智慧,姚姗姗,郑宝亚.洛阳智慧旅游项目预计 9 月全部完成[N].洛阳晚报,2016-8-11(9).

等部门数据为基础,结合百度、腾讯、携程、途牛等互联网其他数据,对洛阳游客来源、游客关注热点、旅游信息供给、洛阳旅游资源等进行精准分析,为洛阳旅游营销策略的调整打下基础①。不仅如此,龙门石窟、中国洛阳牡丹文化节等都利用大数据进行营销。龙门石窟成为全国首家"互联网+"智慧景区,"通过建设龙门石窟大数据平台,分析游客的行为轨迹、高峰阈值等信息,提升了景区的游客服务、精准营销和精准管理能力"②。2017年,洛阳还举办"2017'一带一路'中原智慧旅游博览会",与全国各大城市一道,共同探索智慧旅游新策略。

智慧旅游城市虽然在洛阳初步建成,但洛阳的智慧旅游城市建设却是无止境的。在目前的信息时代和大数据时代,伴随着互联网进步,科学技术日新月异,社会发展极为迅速。因此,洛阳应借助互联网的东风,与各大网络平台密切合作,时刻紧跟时代步伐,开创智慧旅游的新局面。

二、洛阳智慧旅游城市建设存在的问题

由于地处中部,又受限于经济条件,洛阳市的智慧旅游城市建设虽取得阶段性成果,但并非尽善尽美,还存在下列问题。

(一)信息化建设工程量浩大,单靠一个地级市难以支撑

智慧旅游的信息化体系,包含基础网络、数据中心、应用平台、信息感知技术、信息采集技术和客户端等,是一项复杂而烦琐的系统工程,工程量浩大。洛阳在经济能力上独力难支。虽然洛阳市能够与国内信息技术公司实现共建共享,但具体到每个旅游景区时,便会有一定难度。我国信息化基础工作建设是较为落后的,地处中部地区的洛阳市信息化基础工作又不及东部沿海城市,因此,只有在现有条件下,整合优势资源,使信息化建设工程循序渐进展开。

(二)大数据时代数据共享难度较大

对于旅游产业来说,大数据是实施旅游对策、实现精准营销的基础。但

---

① 佚名.洛阳市发布智慧旅游大数据报告,大数据解析洛阳旅游新变化[N].洛阳晚报,2016-8-1(4).

② 陈曦,苟华云,刘强.大数据让洛阳更智慧[N].洛阳日报,2017-9-20(1).

是,现实是复杂多变的,必须要依靠尽可能多的大数据,才有可能达到最真实的数据。因此,不仅要和传统电信企业合作,还要与新媒体和网络企业合作。然而,也应看到,在大数据时代之下,大数据便是企业的核心竞争力,为了确保自己在竞争中保持优势地位,无论是传统电信企业还是新型网络公司,都不愿意对其他公司分享自己的大数据。尽管洛阳市和移动、电信等传统企业以及百度、腾讯等互联网企业进行合作,但如旅行社、旅游景区等单位提供的数据未必是完全真实的,这使得洛阳市的旅游大数据存在一定的不真实风险,使智慧旅游的整体形象受到一定损害。

(三)现有信息技术不能满足智慧旅游的发展

网速是检验一个国家互联网发达与否的重要标志。经过近些年的发展,我国的互联网和信息技术已经日臻成熟,像阿里、腾讯和百度等互联网企业已经成为世界知名企业。但就网速而言,我国还不尽如人意。据全球最大互联网内容分发网络服务商 Akamai 发布的《互联网发展状况》报告显示,在 2017 年第一季度,中国大陆的平均宽带网速只有每秒 7.6 兆,全球排名 74 位,平均移动网速更是低于每秒 10 兆,在全球主要经济体中仅高于巴西和印度,排名较为靠后。尽管到 2020 年,中国移动网络速度在全球排名第三位,达到每秒 78.56 兆,但固定宽带网速排名却并不靠前。显然,位于中部地区的洛阳,无论宽带网速还是移动网速,更是远远低于东部地区。物联网技术是智慧旅游的关键技术之一,我国的物联网技术目前还不是十分成熟,各种云技术还有很大提升和成长的空间,而其中的共享和安全问题也不尽如人意。虽然网络支付得到较快发展,但用户多为中青年群体,手机支付还需要进一步普及和发展。而洛阳旅游的网络化,无论微信公众号还是独立开发的 App,受限于游客手机存储量和游客接受度,普及使用还需要一定时间。总之,信息技术在客观上和主观上的各种制约,使洛阳目前的信息技术难以完全满足智慧旅游的推广和发展。

(四)旅游企业和景区缺乏主动性

对于许多旅游景区和旅游企业而言,推广信息技术,发展智慧旅游,当然是有着无限利好的重要大事。但对旅游景区的网络技术进行更新,对陈旧设备进行更换,对办公软件和管理软件进行升级,都需要相应的资金支持。由于耗资较多,费时费力,许多旅游景区和企业主动性有限,积极性不高,因此洛阳的智慧旅游推广受到一定程度的制约,产生一定阻力。毕竟,在洛阳的旅游企业中,大型旅游企业有限,中小型旅游企业较多。这些旅游企业规模小、业务单一,得过且过的思想较为严重,对信息的把握度不够重视,再加上资金相对不足,对智慧旅游的推广要么有心无力,要么有抗拒心理,所以洛阳智慧旅游的推广和发展,还有很长的路要走。

(五)多头化管理使智慧旅游受阻

对智慧旅游的推广,不光对洛阳市的旅游业有利,对整个洛阳市来说,也是一次技术革新和产业革命。由智慧旅游拓展而来的智慧城市,使城市信息技术更发达,信息更通畅,对于洛阳市的发展和进步来说,无疑是福音。然而,尽管旅游部门积极性很高,其他部门因为各司其职、各管其事,对于智慧旅游的推广并没有多少积极性,顶多是配合旅游部门的工作。智慧旅游的推广,尤其是信息技术工程的实施和开展,牵涉面多,涉及范围广,需要多个部门的配合与协作。在现实工作中,由于使用旅游资源不同,旅游景区的管理部门却是不同的,有些景区甚至有多个管理部门,出现管理多头的现象。在这种情况下,智慧旅游的推广工作就变得难以顺利开展。如公共景区资源,宪法规定由建设部门统一管理,但同时也规定了其他部门对公共景区资源监督和管理的权力,并且归属当地政府管辖,管理多头化导致相互推诿的现象时有发生,会对智慧旅游的推广产生不良影响。

(六)智慧旅游的理论研究基础薄弱

智慧旅游不仅是一个新兴概念,也是各级旅游部门在实际工作中摸索出来的一条路子,可以说是先有的实际行动,而后有的概念和理论。时至今日,智慧旅游的概念还没有完全确定,还在进一步的发展和探索中。概念尚且如此,更遑论理论。虽然原国家旅游局出台了智慧旅游的相关计划,各省市也积极发布智慧旅游的实施方案,但对于现阶段的我国各省市来说,智慧旅游还未成熟,理论基础极为薄弱,它们的探索还只是在黑暗的隧道里行走,是摸着石头过河。随着我国智慧旅游的成功案例增多,对智慧旅游的研究逐步深入,相信在不远的将来,我国将出台有关智慧旅游的评价标准,实施智慧旅游的相关认证,并建立智慧旅游的评价指标,使我国的智慧旅游理论逐步完善。

第三节 隋唐洛阳城发展智慧旅游的对策

一、隋唐洛阳城智慧景区建设

国内对智慧景区,目前没有统一概念。北京市于2012年5月发布的《北京智慧景区建设规范(试行)》对智慧景区的定义如下:"指景区能够通过智能网络对景区地理事物、自然资源、旅游者行为、景区工作人员行迹、景区基础设施和服务设施进行全面、透彻、及时的感知;对游客、景区工作人员实现可视化管理;优化再造景区业务流程和智能化运营管理;同旅游产业上下游企业形成战略联盟,实现有效保护遗产资源的真实性和完整性,提高对旅游者的服务质量;实现景区环境、社会和经济的全面、协调和可持续发展。"因此,智慧景区不仅仅是旅游景区和智慧旅游的融合,更是旅游景区通过现代信息技术实现全面管理的升级版旅游景区。

洛阳市已经进入智慧旅游发展的2.0版,对于隋唐洛阳城来说,实施智慧景区建设工程也是必须的。只有做好隋唐洛阳城智慧旅游建设工作,才能促进相关信息技术的规划和实施,使隋唐洛阳城旅游开发不走弯路,顺利进行。

总体来说,隋唐洛阳城智慧景区建设主要包含七大工程,即景区综合管理工程、景区通信网络工程、门户网站和电子商务系统、电子门票和电子门禁工程、数字景区和虚拟旅游工程、游客服务和互动体验工程、智慧景区建设规划工程等。具体内容如图11-1所示。

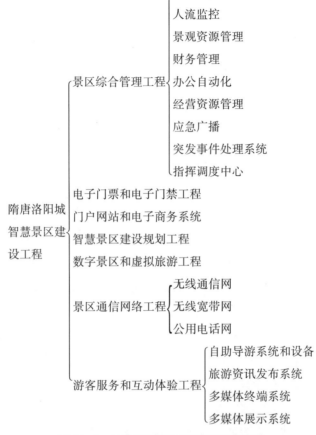

图 11-1 隋唐洛阳城智慧景区建设工程

(一) 景区综合管理工程

景区综合管理工程是隋唐洛阳城智慧景区建设工程中最重要的工程之一,通过景区综合管理工程,隋唐洛阳城可以实现对旅游景区的全面管理工作。景区综合管理工程包含人流监控、视频监控、办公自动化、财务管理、景观资源管理、经营资源管理、突发事件处理系统、应急广播、指挥调度中心 9 项内容。

(1)人流监控包含景点游客总量实时统计系统、出入口人流统计系统、流量超限自动报警系统及游客滞留热点地区统计和监控等子项。

(2)视频监控要做到对景区全覆盖,尤其是客流集中地段、重要景点以及事故多发地段能够做到重点监控,另外,视频监控还应该具有对违规闯入者进行警告、检索及调看录像、实时远程观看图像、监控 3G 物联网视频等功能。

(3) 办公自动化系统是隋唐洛阳城的办公系统,应该包含流程管理、文档管理、审批管理、会议管理、公文流转、考勤管理、电子邮件、人员动态展示、工作日历、财务结算管理、新闻、公告、通知、个人信息维护等子项。

(4) 财务管理系统是隋唐洛阳城进行财务管理的系统,在采购时,应注意应用财务方面的专业软件,它应包括资产管理、筹资管理、投资管理、营业收入统计、收费缴纳、利润核算、成本费用控制等管理内容,并能够应用财务预测、财务决策、财务预算、财务控制、财务分析和财务审计等财务管理方法。

(5) 景观资源管理系统可以对隋唐洛阳城的景观资源进行系统管理,它应包括监控和检测自然资源和环境,如空气质量检测、气象监测、生物监测和水质监测等内容,并能够使景观资源实行数字化和信息化,如文物资源、各种遗迹遗存、景观建筑遗迹博物馆收藏品等,对其进行监控、检测、记载、记录、保存、保护、维护、修缮等,能够查询和检索景观、建筑和文物的数据。

(6) 经营资源管理是对隋唐洛阳城的经营资源进行管理,它主要包含商业资源部署、经营监管、商铺经营、物业规范以及合同管理等子项。

(7) 突发事件处理系统用于隋唐洛阳城突发事件的处理工作,主要包含旅游应急预案及应急响应系统,可以对游客咨询、旅游投诉及突发事件等运用现代通信呼叫系统进行应急处理。

(8) 应急广播即隋唐洛阳城的广播系统,它覆盖整个景区,声音清晰洪亮,在遇到紧急情况时,可以向游客发出警示。

(9) 指挥调度中心是隋唐洛阳城的管理枢纽部位,能够对车辆、人员、监控终端以及其他应急资源进行协调、组织、管理以及控制。

(二)景区通信网络工程

隋唐洛阳城的通信网络工程,主要包含无线通信网、无线宽带网以及公用电话网等内容。

(1) 无线通信网能够使游客接受运营商发出的无线信号,使游客和外界保持联系。

(2) 无线宽带网是游客使用手机、平板电脑、电脑上网的信号源,方便游客在隋唐洛阳城的无线网络使用。

（3）公用电话网是隋唐洛阳城的公用电话数量系统，要确保景区之内公用电话充足，设备完好能够使用，并且，在景区内，要设置有电话报警点，对隋唐洛阳城的咨询电话、救援电话和投诉电话进行公示，以保证在遇到紧急情况时，游客可到报警点或者拨打报警电话求助。

（三）门户网站和电子商务系统

门户网站是智慧景区建设的一部分。通过门户网站，游客可以浏览隋唐洛阳城的基本信息，查询主要景点，查阅旅游线路，规划行程等，并且，门户网站还要具备以下功能：交通导航、景区推介服务、官方微博链接、微信公众号扫码、下载服务以及多语言信息服务等。除此之外，门户网站还要具备电子商务的功能，游客预定门票，购买隋唐洛阳城的旅游产品、旅游纪念品等都可以通过门户网站来进行。

（四）电子门票和电子门禁工程

电子门票可以减少游客排队购买门票的时间，大大方便了游客，电子门票可以通过自动售票机来进行，还可通过微信、支付宝扫码等付款方式购买。电子门禁可以对电子门票进行识别，当电子门票识别成功后，门禁系统对游客放行，使其顺利通过景区入口。目前最常用的门票门禁系统是智能票务系统，不仅可以用来购票、验票，还可用来查询、退票，并拥有电子导游服务，对游客进行定位，遇到紧急情况实施救援，并确定景区的游客容量，在超过容量时进行警示等。

（五）数字景区和虚拟旅游工程

数字景区和虚拟旅游是景区智慧性的体现。游客通过浏览数字景区实现虚拟旅游，通过虚拟旅游，增强对景区的体验感和融入感。数字景区和虚拟旅游工程在隋唐洛阳城的门户网站上会有展示，以方便游客及时浏览。另外，游客还可在景区之内的导览机上观看，也可在自己的智能手机上通过关注公众号查询观看。

（六）游客服务和互动体验工程

游客服务和互动体验工程是隋唐洛阳城通过智慧旅游建设为游客服务，增强游客体验度的工程的统称。它主要包含自助导游系统和设备、旅游资讯发布系统、多媒体终端系统和多媒体展示系统等。

（1）现代自助导游设备安装有景区电子导游图，可以对游客进行旅游引导，还可向游客讲解有关景点的历史典故，对其内容进行介绍；可通过扫码的方式，将导游软件下载到游客的手机里，以便游客能够自主选择旅游线路、进行查询和搜索，并聆听景点解说等。

（2）旅游资讯发布系统能够发布隋唐洛阳城的旅游资讯，它主要包括电子屏、多媒体服务终端机和自助导游终端系统等，使游客能够及时观看旅游资讯，并做出判断。当然，隋唐洛阳城发资讯的方式还有很多，如手机短信、微信以及公众号对话等。景区的旅游资讯一般包含：实时动态感知信息，如温湿度、紫外线、光照、水温水质和空气质量等内容；智能参考信息，如景区景点内的车流量、客流量以及停车场空余位置等内容。此外，还包含市政府、旅发委等上级主管部门要求发布的资讯和信息。

（3）多媒体终端系统一般放置在景区内，通过多媒体终端系统，游客可以对隋唐洛阳城留言，进行投诉等，还能进入虚拟景区进行旅游和休闲。当然，多媒体终端系统实际上是一台功能更为齐全的电脑，能够在上面查看隋唐洛阳城门户网站，并查询旅游产品、旅游资讯、旅游线路和交通线路；查看相关景点介绍；进行门票订购等。

（4）多媒体展示系统主要通过现代多媒体技术与现代地理信息系统结合而成的立体成像技术、3D技术，对隋唐洛阳城全貌进行模拟展示，以增加景区的美感，使游客得到更好的旅游体验效果。

（七）智慧景区建设规划工程

智慧景区建设规划工程，能够通过现代计算机技术，提供完善专业的景区建设与规划，并可以制作虚拟景区和数字景区。通过VR技术，能够使游客如同身临其境一样进行虚拟旅游。

此外，隋唐洛阳城还开设微信公众号。每个微信公众号都有三个菜单，每个菜单下面又设置五个子菜单，旅游景区的微信公众号一般有"微网站""微相册""语音讲解""导览地图""停车缴费""门票购买""免费WiFi""旅游资讯"和"互动游戏"等诸多功能，不仅能够让游客对旅游景区有大致了解，还能够为游客出行和旅游提供方便。此外，微信公众号能与游客进行互动，接受游客留言、投诉，并及时进行回复。

二、发展智慧旅游的对策建议

(一)集中力量,加强合作,推进景区内外基础设施建设

隋唐洛阳城发展智慧旅游,推进智慧景区建设,离不开洛阳互联网技术和信息技术的发展,如实现 WiFi 信号覆盖,使无线上网速度更快等都需要洛阳电子通信企业的配合。虽然隋唐洛阳城所涵盖的景点基本都处在市区之内,但要做到 WiFi 信号全覆盖,还有些困难。毕竟,洛阳市地处中部地区,无论网速还是流量,都和东部沿海城市有较大差距。并且,隋唐洛阳城的景点是较为分散的,广泛分布在西工、老城和洛龙等区域,景区大部分面积实际上都在公共区域,并且分属三个城区,存在一定的多头管理现象,各主管部门之间容易相互推诿。因此,一定要集中力量,加强合作,开动脑筋,促进各部门之间的通力配合。

不仅如此,还要加强和互联网企业的合作,如和腾讯公司合作建立微信公众号,开通微信支付,实行扫码购票等;可以在携程网、飞猪网的帮助下,建立隋唐洛阳城旅游网站,搭建旅游服务云平台;可以加强和政府部门的合作,实现大数据共享,在利用大数据进行分析的基础上,实现精准营销,并及时更改营销策略;可以加强与电子通信企业的合作,推动 4G 网络信号全覆盖等。

(二)加大对隋唐洛阳城智慧景区的支持力度

隋唐洛阳城智慧景区建设,不仅仅是隋唐洛阳城的形象提升工程,更是洛阳市推行智慧旅游和智慧城市的重点工程。工程耗资巨大,远非一力所能完成,因此加大对隋唐洛阳城智慧景区支持是必要的。其一,可以争取政府的资金支持,使隋唐洛阳城的智慧景区建设能够在无资金压力的情况下,按照原计划顺利完成;其二,可以争取将隋唐洛阳城智慧景区建设的采购工作归于政府采购范畴,做到质优价廉,并提高信息技术企业对工程的重视程度,提高他们的参与积极性;其三,可以争取政府的指导和协助,洛阳市是全国智慧城市建设的先行者,在智慧旅游推广方面已经做出骄人成绩,因此隋唐洛阳城智慧景区建设,相关部门加大对隋唐洛阳城智慧景区的执导和协助,可以避免走弯路,确保顺利进行;其四,可以加大政府的技术支持,以隋唐洛阳城智慧景区为洛阳市智慧旅游的试点机构,便能在技术上优先应用

和推广,使更多新技术和新应用运用到隋唐洛阳城智慧景区建设中去。

(三)全方位、全过程为游客提供优质服务

隋唐洛阳城的营业项目和服务项目都是针对游客而设计的,智慧景区建设也是如此。智慧旅游的最终目的是为了方便游客,使游客的旅游体验更好,对隋唐洛阳城的美誉度更高。因此,隋唐洛阳城智慧景区建设一定要全方位、全过程为游客提供优质服务。

第一,坚持换位思考。站在游客角度上去考虑,在旅行前,最想获知的旅游信息便是旅游当日景区的天气状况、客流量、门票价格等。只有获得这些信息,游客才能正确制定旅行计划,最终得以成行。因此,在设计门户网站、微信公众号时,一定要向游客提供这些信息。

第二,重视细节关照。在制定门票价格时,一定要结合大数据,考虑游客的消费能力以及前来洛阳时的消费水平,使门票价格合理、适中;考虑到游客中有擅长智能手机操作的中青年,也有对现代技术认识落后的老年,因此在设计电子门票时,一定要保证其多元化,不仅可以通过微信、支付宝"扫一扫"购票,还要在游客大厅安装多台智能购票系统,使游客能够以现金和银行卡的方式购买门票。

第三,强调全局意识。从整体考察隋唐洛阳城内部的电子设备,无论自助服务电子设备还是多媒体终端系统,都要像智能手机一样,功能越全越好,服务越完善越好,操作越简单越好。这样才能方便游客使用,提高游客对隋唐洛阳城的好评度。

第四,提高工作效率。隋唐洛阳城要实时更新旅游信息,尤其是门票优惠、节目预告、免费旅游项目告知等,使游客及时掌握相关信息,使旅程更充实,出行更快乐。不仅如此,隋唐洛阳城还要通过电子屏、多媒体终端、微信公众号等,发布洛阳市的餐饮价格和住宿价格参考,并向游客推荐受其他游客好评的饭店和酒店等。

这是个多变的时代。对于隋唐洛阳城来说,信息变化万千,技术日新月异,而不变的,是游客的好评与支持。因此,只有做到让游客满意,才能令其青睐。

(四)综合运用各种相关旅游资源

即将建成的隋唐洛阳城国家遗址公园,是洛阳市首家国家遗址公园,也

是洛阳旅游近些年的天字第一号项目,更是对洛阳帝都文化的集中展示。因此,对于洛阳旅游来说,隋唐洛阳城至关重要。与此同时,隋唐洛阳城智慧景区建设也会成为洛阳市智慧城市建设的重要组成部分。对于隋唐洛阳城来说,只有善于运用各种资源,才能促进智慧景区建设的顺利进行。

智慧旅游已经上升到国家层面,我国准备在十年之内,推动智慧旅游的完善和建成。河南省对发展智慧旅游也是不遗余力。2017 年 8 月,《河南省"十三五"旅游产业发展规划》发布,在"第三章重点任务"的第七节,便重点阐述了智慧旅游的实施,提出加快洛阳智慧城市建设步伐,加快智慧旅游景区打造,并提出"至 2020 年,全省 AAAAA 级景区及部分 AAAA 级景区建成智慧旅游景区"的要求。洛阳的智慧旅游城市建设已经进入 2.0 时代,未来对各种硬件和软件的改造升级还在继续。对于隋唐洛阳城来说,各级政策都是可遇而不可求的,因此要善于运用各种资源。

(五)强强联合,打造智慧景区联盟

随着智慧旅游在全国范围内的广泛推广,在不远的未来,以智慧为基础的智慧景区将成为深受游客欢迎的旅游景区,从而产生品牌效应。当智慧旅游评价标准建立以后,在未来,智慧旅游景区就会和 A 级旅游景区一样,成为游客认可的品牌,游客更愿意去有智慧景区标志的旅游景区。因此,发展智慧旅游,对于隋唐洛阳城来说,是抢占先机,迎头赶上其他景区的大好良机。不仅如此,如果能够发起洛阳市智慧景区联盟,联合已经发起智慧旅游的旅游景区组团打天下,不仅能够增加智慧景区的品牌效应,还能通过和其他景区的学习、交流,得到更多宝贵的经验,为自身智慧景区建设服务。

一是成立洛阳市智慧景区联盟,可以避免对智慧旅游产品的盲目性开发,集中优势资源,促进隋唐洛阳城和洛阳市其他智慧景区共同进步;二是成立洛阳市智慧景区联盟,资源共享,取长补短,优势互补,可以使优势资源重复使用,从而节省隋唐洛阳城的人力、财力和物力;三是成立洛阳市智慧景区联盟,通过和洛阳市的智慧景区先进单位如龙门石窟、白云山等组成优势团队,可以提高隋唐洛阳城的知名度,扩大其影响力。

(六)打造智慧旅游体验中心,扩大智慧旅游宣传

要想全面建成智慧景区,就要使智慧旅游和智慧景区获得更多游客的认可。因此,要扩大对智慧旅游和智慧景区的宣传,使智慧旅游在游客心目

中落地生根,从而在旅游时认可智慧旅游品牌,认准智慧景区标志。智慧旅游体验中心,是智慧旅游的集中展示平台,通过现代信息技术与现代工业的结合,打造虚拟现实,实现虚拟生活、虚拟旅游等。通过在智慧旅游体验中心的参观和体验,提高智慧旅游在游客心目中的接受度,从而扩大智慧旅游宣传,以便智慧旅游和智慧景区产生更大的影响。全国首家智慧旅游体验馆于2012年5月在浙江象山建成,河南开封也于2016年3月建成智慧开封展示体验中心,"通过多媒体展示技术及虚拟现实、增强现实等展示手段,全面展现了大数据、云计算应用背景下,开封智慧发展的现实成果和远景蓝图,提供国内外智慧城市建设的经验借鉴"①。洛阳市至今还没有智慧旅游体验中心出现。如果隋唐洛阳城能够促成洛阳智慧旅游体验中心落户隋唐洛阳城,或者隋唐洛阳城构建自己的智慧旅游体验中心,使游客能够体验现代信息技术带给生活的方便快捷,并领略洛阳的城市之美和隋唐洛阳城的景区之美,对隋唐洛阳城智慧旅游的发展,将有着巨大的助推作用。

---

① 付艳波.智慧开封展示体验中心正式开馆[N].汴梁晚报,2016-3-26(2).

第十二章

隋唐洛阳城时尚旅游开发研究

第一节　时尚旅游

一、时尚与时尚旅游

（一）时尚

时尚，即当时的风尚。"时尚"一词，在我国古代便有。南宋学者俞文豹在其所著《吹剑四录》中便曾言："夫道学者，学士大夫所当讲明，岂以时尚为兴废。"这里的时尚可以理解为当时的流行思潮。清代学者钱泳曾著学术随笔《履园丛话》，其中《艺能》篇"成衣"条曰："今之成衣者，辄以旧衣定尺寸，以新样为时尚，不知短长之理。"这里的时尚可以理解为流行风潮，和今天的时尚几无差别。

对于今天的人们来说，时尚并不是一个陌生词汇，它在生活中普遍存在，并经常出现在报纸杂志和新闻媒体上。时尚的近义词为前卫、流行和时髦等。所谓"时"，即时下，也就是说当下，有着在一定时间段内的概念；所谓"尚"，可以理解为崇尚，即活跃于当下的流行风潮。

而今所谓时尚的内涵，多半带有一些西方色彩。时尚翻译成"fashion"是不错的，即"样式，方式，流行，风尚，时样"，然而时尚并不仅仅是"fashion"

这么简单,它可翻译成"fad",即"一时流行狂热,一时的爱好";可以翻译成"mode",即"方式,模式,时尚";可以翻译成"style",即"风格,时尚,风度";可以翻译成"vogue",即"时尚,时髦,流行,风行";可以翻译成"trend",即"趋势,倾向"。总之,在西方文化里,时尚是具有前沿性、先锋性和革命性,可以说是领一时风气之先的。

不过,时尚应当是多元的。有人以奢靡为时尚,有人以节约为时尚;有人以繁复为时尚,有人以简单为时尚;有人以超前为时尚,有人以复古为时尚。思想不同,理解便不同。但总体来说,时尚可以带给人美的愉悦,这是毋庸置疑的。它关乎快乐的心情、优雅的穿着、纯粹的性格、独特的品位,它是与众不同、特立独行的。它既包括外在的穿衣打扮,又包括内在的气质神韵,是外在物质和内在精神的合二为一,相得益彰。通过追求时尚,人类变得更加健康向上,更加朝气蓬勃,更加神采奕奕。时尚,使人类的生活更美好。

(二)时尚旅游

时尚旅游,主要有两层含义。一层是时尚产业和旅游产业的融合,例如,因"巴黎时装周"而带来的巴黎的旅游热,便是一种时尚旅游;另一层主要表现为旅游产业的时尚性,像蹦极、跳伞、潜水、攀岩和过山车等极限运动,都是时尚旅游的表现方式。

不过,对于时尚旅游,国内外目前没有形成定论,因此没有统一概念。"百度百科"建有"时尚旅游"词条,但仅有两个含义,一个是由时尚星光传媒原创的一档大型生活服务类节目,另一个是时尚传媒旗下刊物。实际上,这两个词条也传达着制作人对"时尚旅游"的理解,前者是"由外景主持人或明星旅行体验者,带领镜头走近目的地,开始一段陌生的魅力放松心灵之旅",着重介绍旅游者的旅游感受以及风景地的风土人情。后者是"通过提供独特的旅行阅读体验,鼓舞读者探索世界"。由此可见,时尚旅游是以游客为核心的,重在旅游的体验性和探索性。

"时尚旅游"虽然经常见于报纸和网络新媒体,但学者们以"时尚旅游"为专题研究的不是很多。2007年时,徐佩印提出要"建构时尚旅游新概念"。在他看来,作为时尚、新潮的旅游方式,时尚旅游包含八个方面的内容:①探索自然奥秘,学习科学知识与放松心情、愉悦心境、陶冶情操等相得益彰;

②旅行中要做到自然与人文并重,从两个方面捕捉科学知识,即自然和社会知识;③旅行要在安全的前提下,做到探险与审美的融通;④做一个美景的保护神,将对自然的欣赏和关爱、护卫结合起来,坚定地守护美、创造美;⑤旅游提高品位,力求从浅游迈向深游、神游;⑥寻求志同道合的旅游组合;⑦亲和、敬畏、感恩大自然;⑧到西部去,做现代文明的播火者①。但很遗憾,他并未对时尚旅游进行定义。2008年,常红生认为知性旅游是传统而时尚的旅游形式。在他看来,"知性旅游是指人们除了在旅游过程中充分放松身心之外,还希望能把旅游也当作一次轻松学习的机会,在大自然的怀抱和浓郁的人文科技氛围中继续接受知识的沐浴和文化的洗礼,以陶冶情操、增长阅历、开阔视野的游历。它既强调旅游的观赏性、休闲性和趣味性,也重旅游的知识性"②。从定义来看,知性旅游和时尚旅游是有共通之处的。2016年,王茗蕾等对黑龙江旅游产业和时尚产业的融合进行了研究,认为"旅游和文化本身就是时尚产业,时尚又是旅游和文化产业融合的最佳催化剂。旅游时尚文化融合发展能够增强旅游产业的文化底蕴,促进旅游产业引导时代潮流,最大限度地为人们带来福祉"③,并提出要开发时尚旅游新产品,如自驾车旅游、高铁游、邮轮旅游、低空飞行旅游、冰雪艺术游和冰雪度假游、养生旅游和演艺旅游等,可以说涵盖了时尚旅游的许多方面。2012年,李乡状、陈璞出版了《未来的时尚旅游》一书,书中对未来的时尚旅游进行了畅想,认为随着未来科技的发展,会为深山密林游、直升机旅游、高山缆车游等时尚旅游方式提供更为安全的保障措施④。

与学术界对时尚旅游的提法较为谨慎不同,报纸等新闻媒体对时尚旅游的表述较多。早在2000年时,玉成便发表署名文章,提议"时尚旅游游出另类感觉"⑤。之后,有多人撰写文章,认为"家庭游""体育游""探险游""乡

① 徐佩印.以天地自然为大美,建构时尚旅游新概念[J].湖南城市学院学报,2007(5):45-48.
② 常红生.知性旅游:传统而时尚的旅游形式[J].武汉商业服务学院学报,2008(4):56-58.
③ 王茗蕾,等.黑龙江省旅游时尚文化融合发展研究[J].黑龙江社会科学,2016(5):72-76.
④ 李乡状,陈璞.未来的时尚旅游[M].东北师范大学出版社,2012:38-39.
⑤ 玉成.时尚旅游游出另类感觉[N].人民政协报,2000-9-15(2).

村旅游""文化旅游""主题游""生态游"等旅游方式能成为旅游新时尚。2006年,《中国旅游报》报道《豫南三市共推时尚旅游线》①。河南省的驻马店、南阳和漯河三市推动以嵖岈山、南湾湖和南街村为主要景区的时尚旅游线路。辽宁省大连市、山东省平度市于2008年前后也推出时尚旅游。2014年,温州市对时尚旅游进行探索,在打造"时尚之都"的基础上,"融合时尚元素,发展高品质的房车、温泉、禅修、运动休闲等旅游产品"②。近几年,江苏的苏州、河南的中牟、浙江的舟山群岛、山东的青岛、黑龙江的哈尔滨、海南的琼海等地都在打造"时尚旅游之都"。重庆的南滨路在2014年亚洲年度时尚旅游盛典上,还获得了"亚洲年度时尚旅游胜地大奖"③。

随着时尚旅游在全国的叫响,相信未来会出台一些时尚旅游的评价标准,使时尚旅游更加科学化、合理化和规范化。那时,时尚旅游的准确定义和统一概念也会一同出现。

二、时尚旅游的背景

随着我国的社会进步和经济发展,人民生活水平极大提高,并开始追求精神世界的丰富和灵魂的自由。外出旅游,不仅能够吸收知识,增长见识,更能够放松心情,愉悦身心。以观光为主的旅游方式越来越少,取而代之的是休闲游、娱乐游,旅游方式朝着休闲旅游的方式转变。休闲旅游,更注重旅游的效果,游客觉得物有所值,或者游有所值,自然会对旅游景区做出更好的评价。反之,哪怕拥有再优秀的旅游资源,由于旅游景区的管理不到位,服务不全面,游客难以取得愉悦的旅游感受,也会对旅游景区做出较为负面的评价。在未来,休闲旅游将会变得越来越重要,越来越为大众所接受,从而成为一种深受大众喜爱的旅游方式。

在雷明德、雷慕梅看来,休闲旅游应分为三种,其一是依托大自然之美形成的休闲游,如游览森林公园、居住度假村、欣赏湖光山色、越野露营等;其二是能够提高人文素养的休闲游,如参观名胜古迹、去烈士陵园扫墓、游览文史博物馆、造访著名园林等;其三是足不出户的卧游,如在家看纪录片、

① 张明灿.豫南三市共推时尚旅游线[N].中国旅游报,2006-3-20(4).
② 徐宏.温州:时尚旅游方兴未艾[N].中国旅游报,2014-9-10(4).
③ 佚名.南滨路获亚洲年度时尚旅游胜地大奖[N].重庆商报,2014-11-6(2).

欣赏景区图片、上网进行虚拟旅游等。① 刘丽丽、李宏则把休闲旅游分为五种形式,其一是回归自然游;其二是健康养生游;其三是健身康体游;其四是求新求知游;其五是购物游等。②

时尚旅游虽然是一个新名词,但它是休闲旅游的一种,可被视为休闲旅游的拓展和延伸。通过时尚旅游,游客更注重自己的旅游感受,更注重旅途的探索与发现,这无疑属于休闲旅游范畴。

传统旅游业,或立足于自然美景,或着眼于人文情怀,把旅游资源圈起来,就能开门迎客售卖门票。在节假日时,做好接待工作。资源好的景区,每每人满为患,根本不用营销宣传;到了非节假日的淡季,就以降价的方式吸引游客。无论经营方式还是营销方式,都很被动,很守旧。但因为我国处于急速变革的时代,目前的社会矛盾是"人民日益增长的美好生活需要和不平衡不充分的发展之间的矛盾"③,人民的旅游需求大,旅游业发展落后,所以造成上述局面。随着游客对旅游的呼声渐高,能够满足游客更高要求的旅游形式便会出现,并且会越来越受到游客欢迎。

时尚旅游便是这样的旅游方式,因其时尚性,从而能够吸引追求时尚的年轻游客;因其包容性,从而能够吸引不同年龄段、不同阶层的游客;因其与传统旅游方式迥然不同的新颖性,从而能够吸引追求旅游体验和休闲效果的游客。不仅如此,时尚旅游是追求品味的,具有小众性和高端性色彩,正因如此,才能满足不同的游客群体,为游客提供更为尽心、周到的服务。

三、时尚旅游的特征

(一) 时尚性

时尚旅游,顾名思义,具有时尚色彩的旅游方式,因此它的时尚性是较为明显的。虽然人们对时尚的认知不同,但时尚旅游却体现出与传统旅游方式截然不同的特征。以农业游为例,之前的农业游也就是参观"农业学大

---

① 雷明德,雷慕梅.试论休闲旅游发展的趋势和对策[J].旅游科学,2007(18):33-35.

② 刘丽丽,李宏.北京郊区休闲旅游产业发展问题研究[J].首都师范大学学报(自然科学版).2004(2):75.

③ 习近平.决胜全面建成小康社会　夺取新时代中国特色社会主义伟大胜利[N].人民日报,2017-10-28(1).

寨"的典型村庄,之后的农业游可以采摘瓜果蔬菜,住农家宾馆,吃农家菜,时尚旅游时代到来之后,农业游便更具有体验色彩,农民可以把土地租给游客,农民日常代为管理,游客闲暇时可以前去锄地割草,到了收获季节可以亲自收获。因此说,融入时尚的农业游,更注重游客的体验性,可以让游客感受拥有土地的喜悦感、亲自劳作的成就感,从而更有乐趣,并达到更好的体验效果。时尚性也是时尚旅游有别于其他旅游方式的独有特征,是时尚旅游之所以能成为时尚旅游的最为重要的特征。

(二)小众性

时尚旅游有着不同于普通大众的小众色彩。无论是较为刺激的极限运动,还是争奇斗艳的时装秀,都是小众群体的专长,因为并不是所有游客都对时装秀感兴趣,也并不是所有游客都敢于挑战极限。就时尚本身而言,就带有明显的小众色彩,少数人喜欢,少数人坚持,少数人穿着,少数人持有等普及广大人民群众,到了"烂大街"的程度时,时尚就不再为时尚,便会迅速转移到其他方向。时尚旅游也是小众的,无论穿越高山大河还是上天入地,永远都是少数人的事情。而且,时尚旅游有着传递方向标的作用,流行风潮过去,时尚消逝,以时尚为载体的时尚旅游便也会走向没落。

(三)开放性

时尚旅游具有开放性,它不拒绝任何新鲜事物,且能够以任何形式成为一种时尚元素,又转而成为一种全新的旅游方式。以唐诗宋词为例,在多数人的意识里,它们是掩埋在故纸堆里的老旧事物,但如果唐诗宋词的意境融化到流行歌曲里,就会变成周杰伦或者弦子的中国风歌曲;如果配成曲子,通过声光电,以现代舞蹈的形式表现出来,就会变成《梦回唐朝》或者《东京梦华》;如果融入建筑之中,就会变成一座具有唐代风格和宋代风情的古代城池,不仅会成为一处人文景区,还可能成为一座影视城;如果融入时装之中,就会变成带有中国元素的时装,在时装周上大放异彩。也正是时尚旅游的开放性,才保证了时尚旅游能够不断接纳新事物,不断融合新元素,使更多时尚旅游方式出现,从而能够持续满足游客的好奇心,永远留住游客的关注。

(四)包容性

时尚旅游具有包容性,能够海纳百川,推陈出新。时尚旅游的包容性是由时尚的包容性决定的。时尚能够容纳万物,哪怕是对立的元素,都能融入时尚,变成令人耳目一新的时尚。向古代去,复古能成为时尚;往未来去,前卫也能成为时尚。时尚旅游也是如此,古人的风花雪月、踏雪寻梅、折柳送别,能成为时尚旅游的表现形式;后现代建筑,对工业的反思,对反乌托邦的追求,也能成为时尚旅游的表现形式。时尚旅游正是以其包容性,千变万化,精彩纷呈,并且花样翻新,令游客乐此不疲,优哉游哉。

(五)开拓性

时尚,是前卫的,是时髦的。因此,时尚旅游也有着前卫、时髦的影子,并因与时俱进,开拓创新,永远站在旅游的最前沿。随着信息技术的日益发达,互联网和智能手机正快速改变着国人的生活方式,也正快速改变着旅游方式,使各种时尚旅游不断闯入国人的视野,让游客应接不暇,眼花缭乱。对于每天通过智能手机接收大量信息的现代人来说,时尚旅游只有求新求变,才能抓住眼球,引起兴趣,从而产生旅游的可能性。而且,现代社会生活压力很大,大家在繁忙的工作之余,会选择放松,时尚旅游可以满足人们的休闲心理。而且,随着生活圈子越来越小,在小圈子内流行的时尚旅游方式也会逐渐兴起。

(六)新颖性

科学在发展,科技在进步,社会节奏越来越快,以往走马灯式看风景的旅游方式非但缓解不了生活压力,反而会使生活压力越来越大。因此,当一种新型旅游方式出现时,它必须是新颖的,这样才能吸引游客的关注。随着科学的发展和科技的进步,时尚领域便会以更前卫、更新颖、更符合现代人审美要求和更体现时代特征的形式出现,所以说,时尚旅游的新颖性是时代发展对时尚旅游提出的一大要求。只有永远保持新鲜感,保持崭新的形象,时尚旅游才能称为"时尚"旅游,才能不掉队、不落伍。

四、我国发展时尚旅游的前景

(一)时尚旅游有文化基因

我国的传统文化,具有很强的包容性。中华文明是世界上唯一延续数千年而不间断的文明,即便是现今,也保持着旺盛的生命力,从而绵延不绝。

文化的包容性使得国人用足够的胸怀来了解时尚,拥抱时尚旅游,并乐于尝试,勇敢追求。我国文化中的"仁者乐山,智者乐水""天性豁达""五岳寻仙不辞远,一生好入名山游"等思想,能够使国人乐于旅游,乐于尝试新鲜事物,乐于"玩一玩"时尚旅游。

(二)时尚旅游有经济基础

我国在改革开放以后,打开国门,走向世界,经济取得了长足发展,目前已经是世界第二大经济体,每年对世界经济增长的贡献更是超过30%。而今的中国人,要比改革开放以前的中国人甚至20世纪末的中国人更自尊,更自信;新一代的中国人比老一辈的中国人,要更自尊、更自信。与此同时,也将更注重对个性的表达,更注重对生活品质的追求。因此,随着现代科技的长足进步和网络技术的迅猛发展,我国的时尚旅游将会越来越受游客,尤其是新一代游客的欢迎。因此来说,时尚旅游将有着更为广阔的前景。

(三)时尚旅游有市场需求

我国的现代旅游业,起步较晚,与西方国家相比,具有一定滞后性。每逢"十一""五一"等法定节假日,外出旅游就会成为国人嘴里的一大槽点,心里的一大痛点。大部分景区都是人山人海,人满为患,在熙熙攘攘的人流中,在酒店涨价的痛骂声中,在找不到停车位的尴尬中,再好的旅游心情也会变得糟糕。越来越多的游客对走马观花式的旅游方式产生厌烦情绪,由追逐旅游景区的名气开始向追求旅游的质量转变。时尚旅游的时尚性、趣味性、探索性能够满足游客对旅游的多样化要求,让他们乐在其中,快乐出行,因此会受到越来越多游客的欢迎。

(四)时尚旅游有上升空间

时尚旅游是和社会发展密切相关的,是紧紧走在社会前沿的。并且,时尚旅游是和时尚紧密相连的,时尚本身就有前卫、现代、摩登等意思。因此,时尚旅游会与社会发展同发展,与时尚变迁同变迁,与科技进步同进步。例如,随着互联网的发展,社会已经越来越虚拟化,以虚拟穿戴为代表的VR技术渐渐取代原来的逛街购物。旅游行业也已经出现虚拟旅游,足不出户,躺在家里的沙发里,戴上VR设备,就能游历祖国的名山大川,玩蹦极、游泳、滑雪、低空飞行、高空跳伞,享受着无穷无尽的旅游乐趣,又免受奔波之苦,最重要的是安全性能极高,绝对万无一失。所以说,时尚旅游与时俱进,可以融入的元素很多,上升空间巨大。

第二节　时尚旅游与洛阳

一、洛阳时尚旅游现状

青山绿水环绕、历史文化悠久、人文底蕴深厚的洛阳开展时尚旅游,具有得天独厚的优势。

近年来,洛阳的时尚旅游开展得如火如荼。中国洛阳牡丹文化节和中国洛阳河洛文化旅游节,以名扬天下的洛阳牡丹、中国民族的根文化——河洛文化为载体,带动洛阳的节庆旅游,使每年4月和9月的洛阳城,游人如织,人声鼎沸。在牡丹文化节和河洛文化节期间,五彩缤纷的节目形式,来自全国各地、五湖四海的演员们或跳舞,或玩杂技,或歌唱,成为洛阳城最美的风景,而各具特色的群众文化活动,更是让游客应接不暇。当旅游产业和文化、体育、农业等形式融合之后,将时尚旅游的别具一格恰如其分地表现出来。

伏牛山滑雪是近些年在洛阳兴起的时尚旅游新形式。由四季滑雪馆、室外滑雪区、湖滨观光区、高山观光区和冰雪文化生态园区等组成的伏牛山滑雪度假乐园吸引追求时尚的年轻人和热爱滑雪人士纷纷前往。从2003年开始,已经连续举办十多届的"伏牛山滑雪节"更是通过节庆营销,成为洛阳市乃至河南省响当当的时尚旅游品牌。

作为一种新兴的时尚旅游,温泉旅游以其健康性、休闲性成为旅游界的新宠。洛阳的温泉旅游形式多样,景区众多,如凤翔温泉、五龙山温泉、雅文虎山温泉和银杏山庄温泉等,以优秀的温泉资源为依托,将温泉文化和当地历史文化结合起来,增加时尚元素,增强温泉旅游的活泼性,使得温泉旅游在洛阳悄然兴起。如临近龙门石窟的凤翔温泉采山之灵、得水之名,以"世界文化遗产、AAAAA级景区、森林公园、高矿温泉"四位一体的稀缺资源,吸引着广大温泉爱好者。

漂流以其刺激性、娱乐性成为向往大自然的游客最喜欢的时尚旅游之一。漂流之旅既可享受河流两岸的奇峰、怪石、沙滩、茂林、修竹、奇花、异草，又可在激流险滩之中尽享旅游乐趣，融旅游和时尚于一体，令游客流连忘返。洛阳的洛河漂流、伊河漂流、重渡沟漂流、恐龙谷漂流等，都是近些年兴起的漂流品牌。据不完全统计，目前，洛阳的漂流有三十余条线路。

寻根之旅近些年来正成为客家人和海外华人华侨青睐的时尚旅游形式。洛阳是人文始祖伏羲的生活地，是黄帝、大禹等三皇五帝活动的中心区域，是河图洛书的发源地，是武圣关羽的首级埋葬地。根在河洛，成为海外游子的共识，洛阳也因此成为海内外客家人和华人华侨的魂牵梦萦之地。因此，洛阳的寻根游渐渐兴起。此外，寻找黄河文明、洛河文化的文化河流探险游也在洛阳方兴未艾。

近几年，特色小镇游已经成为市民和游客自驾或群体出游极受欢迎的一种时尚旅游形式。由于风光秀美、历史悠久，文化深厚，洛阳的知名小镇众多，如"三彩之乡"朝阳镇；一沟一景，皆是美景的车村镇；层山叠翠、大河奔流的下峪镇；夏天观赏荷花的最佳去处会盟镇；原生态古村落风景优美的喜鹊小镇；千年银杏蔚然成林的白河镇等以各具特色的景观吸引游客纷纷前往。

新建旅游景点，也成为时尚旅游的有力载体。卫坡村因其拥有洛阳最大、保存最完整的清代民国建筑群，曾被评为"'中国美丽乡村'创建试点村"和中国传统村落，它集观赏、游览、娱乐、休闲、购物于一体的旅游形式，成为洛阳时尚旅游的新宠。位于老城区的洛邑古城，既有传统古文物，又有时尚元素，将古典与现代有机结合，将古代文化和科技创新有机结合，因而成为洛阳时尚旅游的新贵。

除此之外，被人民日报官方微博评为"全国十大小吃名街"的老城十字街小吃街以及洛阳的水席、浆面条、糊涂面、牛肉汤、羊肉汤、驴肉汤、不翻汤、烫面角和锅贴等餐饮小吃成为全国游客来洛阳争相品尝的美食，熙来攘往的小吃街市本身就是时尚领域的一部分。涧西区以"一五"期间兴建的各大厂矿而闻名，留存至今的苏式厂房与建筑，成为我国著名的工业遗产。在涧西工业遗产群落里"探索与发现"，已经成为洛阳时尚旅游深度游的重要形式。各景区定期、不定期举办的啤酒节、篝火晚会等，都是洛阳时尚旅游的有力点缀，使洛阳"时尚之都"的文化品位和品牌形象大为提升。

总之,洛阳市以节庆活动为抓手,以各种新潮流、新时尚为基准,积极整合优质旅游资源,突出文化效应和时尚元素,打造集旅游和文化、体育、娱乐、会展、节庆等相互融合的旅游经济综合体,从而使旅游产业和时尚产业的融合越来越纵深,联系越来越紧密,成效越来越显著,也使得时尚旅游的概念不断深入,内涵不断扩展,从而使洛阳的时尚旅游能够保持良好的发展态势,促进洛阳市时尚旅游的不断提高和进步。

二、洛阳时尚旅游存在的不足

洛阳时尚旅游发展也存在一些不足,具体表现在以下六方面。

(一)时尚旅游起步较晚

2017年8月,《河南省"十三五"旅游产业发展规划》出台,提出要"引入国际知名的休闲娱乐、免税购物、商务会展、动漫游戏等品牌,发展现代时尚旅游",并且,对洛阳旅游产业发展专门提出要求,"加快建设一批国际文化旅游、文化创意、旅游商品研发设计、旅游装备制造等项目,推进华夏历史文明传承创新区建设。加强龙门石窟世界遗产文化园区、白马寺佛教文化园区、关圣文化园、国家考古遗址公园、老城历史文化街区、玄奘文化景区、二里头遗址博物馆等项目建设,推出丝绸之路游、国学研修游、河洛寻根游、黄河文化游、生态山水游、温泉养生游、博物馆游、工矿体验游、特色乡村游等精品旅游线路,将洛阳建设成具有古都特色、中原风格的国际文化旅游名城"。但洛阳市旅游产业和时尚产业的融合还处于初级阶段,我国时尚旅游的发展也处于起步阶段,理论研究不够,成功案例不足,甚至对时尚旅游还没有形成统一概念,对时尚旅游的发展方向还没有形成完善的理论。对于部分景区而言,对时尚旅游的开展不知道如何下手,思路不清晰,发展方向很模糊,导致洛阳时尚旅游的发展往往无法落到实处。

(二)亮点虽多精品却少

尽管洛阳在近些年兴起了多项时尚旅游形式,如节庆游、滑雪、温泉、漂流、皮划艇、深度游、特色小吃等,推动了洛阳市旅游产业的发展,并成为洛阳时尚旅游的亮点,但真正作为时尚旅游发展起来的旅游方式却很少,并且,洛阳的许多时尚旅游空有形式,内容不足。由于时尚旅游较少,这些时尚旅游形式在洛阳市内尚具备一定竞争力,但与周边兄弟城市和其他省份的城市相比,实力差距较为明显。如洛阳的温泉旅游和平顶山相比有一定差距;洛阳的深度游也不及同为古都的西安。因此,洛阳的时尚旅游亮点虽多,精品却少,成为洛阳市时尚旅游发展的短板。由此看来,洛阳时尚旅游的发展缺乏大手笔的投入,缺乏长远的发展规划,缺乏特色明显的创意,由此可见,在发展的初级阶段,洛阳时尚旅游还会存在一些不足。

(三)具体项目碎片化

就洛阳市具体时尚旅游项目而言,碎片化还是较为严重的。一些时尚旅游项目并不是旅游景区独立开设的,而是以外包的形式承包给他人,或者以合作分成的方式进行,无论从投入上还是正规性上来说,这些项目都非"正规军",其安全性是无法保证的,一旦出现事故,不仅会影响旅游景区的口碑,还会对洛阳的时尚旅游发展产生不利影响。如重渡沟和卧龙谷漂流项目,是由他人独立运营的,和重渡沟、卧龙谷关系不大。并且,洛阳市目前几乎没有一个景区是针对时尚旅游专门开设的,大多与其他旅游形式相重合,使时尚旅游从一开始便失去了它的独立性,造成成功经验无法被总结,特点不突出、成效不明显,从而损伤了旅游景区对开发时尚旅游项目的积极性。

(四)产品体系不完善

时尚旅游是进入新世纪之后,才由学者提出的概念。虽然时尚旅游这一名词在我国已经流行了十多年,但很少有学者对它专门进行诠释和总结。理论的先天不足,导致虽然许多省市都在发展时尚领域,但都处于"摸着石头过河"的阶段,再加上时尚旅游的包容性带来的复杂性,使各省市时尚旅游的发展带有较为强烈的地域特色,而无法为其他省市所效仿。不仅如此,各省市在发展时尚旅游时,往往会单纯地利用本省市的自然、人资资源,简单地进行融合,虽冠以"时尚旅游"之名,但缺乏真正有创意的时尚旅游项目。洛阳市的时尚旅游也处于摸索阶段,时尚旅游产品体系不完善,产生的效益不明显,还需要较长时间的成长和发展。

(五)管理机制不健全

虽然洛阳市对时尚旅游的发展较为重视,在省委省政府的领导下,不断推进时尚旅游的发展与建设工作,一系列措施的制定,一系列项目的实施,使洛阳市的时尚旅游已经得到较快发展,并做出了一些成绩。但也应该看到,洛阳市政府和旅游企业之间沟通不够,协调不足,针对时尚旅游项目的实施工作,双方并没有建立解决矛盾和处理问题的磋商机制,缺乏互动性。也就是说,政府和市场之间,并没有进行很好的对接,时尚旅游的发展缺乏长远规划,时尚旅游的管理机制不健全,尤其是对旅游产业和时尚产业的融合认知不足,重视不够,导致许多时尚旅游项目在洛阳市不能落到实处,从而无法真正实施和开展。

(六)全面型旅游人才缺乏

随着网络新媒体、动画漫画、网游手游、数字产业、会展博览、信息产业等新兴时尚产业的兴起和发展,洛阳市以此为基础的时尚旅游产业也正在迅速和这些时尚产业融合,并取得一些成果。但产业融合是一个复杂的过程,而在时尚旅游资源的挖掘整理、时尚旅游项目的规划实施、时尚产业成果的转化、时尚旅游的经营管理等方面,都需要专业技能人才。限于洛阳市在动漫网游、信息技术等产业的发展状况,这些专业技能人才是较为缺乏的。未来的产业发展,不仅需要专业技能人才,更需要全面发展,对不同产业都了解和熟悉的全面型人才,但作为非一二线城市的洛阳,对人才的吸引力不足,只能呼唤"我劝天公重抖擞,不拘一格降人才"了。

三、洛阳时尚旅游发展对策

(一)将洛阳打造成"时尚之都"

一个城市时尚旅游的发展,离不开时尚氛围的营造,对于古都洛阳来说也是如此。在历史上,洛阳不仅是千年帝都,还是举世闻名的时尚之都,曾长期引领我国的时尚风潮。即便在当地,洛阳的时尚文化元素也是比比皆是,尤其是将本土文化和时尚文化相结合,从而产生许多时尚文化产品,令游客为之赞叹,令世界称奇。如洛阳的三彩艺和牡丹瓷,成为洛阳时尚文化产业的经典之作,经常被领导人作为国礼使用;如龙门石窟利用现代科技打造的"夜游龙门",以其动态感、时代感和民族化,受到游客喜爱,从而成为龙门石窟的时尚旅游品牌项目;如将古代乐曲和现代舞蹈相结合的"大唐武皇十万宫廷乐舞",使强盛的大唐风采再现当世,使濒临失传的古代乐曲艺术重见天日,因此被河南省原省长李成玉盛赞为"与少林寺武术齐名的河南省文化名片";牡丹文化和糕点制作工艺相结合的洛阳牡丹饼,成为深受游客喜爱的洛阳特产。

但要想让时尚旅游在洛阳落地生根,开花结果,还是要为其提供更为肥沃的土壤、更为适宜的环境。对此,洛阳应该有更高的追求,要在时尚文化上有更高的追求,要立足洛阳自身实际,善于运用外界条件,将洛阳打造成在中原地区乃至中部地区有广泛影响的"时尚之都"。洛阳应该有明确目标,有长远规划,有具体实施步骤,争取尽快建成"时尚之都"。首先,要以古代文化为依托,挖掘洛阳的时尚文化,深耕洛阳的艺术内涵,不断开发既有文化底蕴,又有现代时尚的文创产品和旅游产品,增强洛阳的旅游时尚感,使洛阳在文化洛阳打造之余,也能塑造时尚洛阳的概念,让游客能感受到洛阳的时尚文化;其次,要营造洛阳的时尚氛围,以龙门石窟、白马寺、关林等著名景点为依托,打造文化与时尚并重的休闲区,以老城十字街、涧西工业遗产街、洛龙区泉舜购物广场、涧西牡丹广场、南昌路王府井、解放路新都汇等为依托,融入轨道交通商业圈,打造极具都市时尚的现代街市;再次,要做大做强时尚文化产业,加强政策的指导性和政府的引导性,对时装产业、文创产业、文化产业、艺术产业加以重视,加强学习,引入国内外先进经验,以此为抓手,促进这些产业的发展,并注重它们与洛阳本地文化的融合;最后,以洛阳的名山大川为依托,注重挖掘休闲度假产品,引入高端休闲业,使洛阳成为真正的"休闲度假之都,宜居宜商之城"。

(二)做好时尚旅游产品的开发

时尚旅游的发展,离不开时尚旅游在洛阳的真正落地。而真正落地便是时尚旅游产品。由于时尚包罗万象,时尚元素五花八门,时尚旅游产品也多种多样。要想做好时尚旅游产品的开发,必须注重时尚文化与当地文化的结合,注重时尚产业与当地旅游产业的结合,要从当地的历史文化和现实状况出发,打造既彰显本土特色又突出时尚文化的时尚旅游产品。洛阳境内有四通八达的公路网,不仅有环城高速,也有连霍、二广、宁洛、郑卢等多条通往省外的高速,并且有多条高速连通下属县区,因此洛阳可以发达的交通网为依托,推动时尚自驾游,推出多条自驾游线路,使更多景区成为自驾游的旅游目的地;洛阳境内有郑西高铁和呼南高铁,同时又开通有多条通往其他城市的城铁,因此可推动时尚高铁游,联合省内外其他城市,尤其是古都,客源互送,利益共享,实现共赢;洛阳四面环山,伊洛瀍涧黄五河中流,地势开阔,空中景象美不胜收,可以以此为依托,打造滑翔机、滑翔伞、空中跳伞等低空飞行时尚旅游产品;洛阳山川秀美,森林覆盖率大,地质形式多样,尤其是以栾川、嵩县为代表,有着"北国江南"之称的气候地貌,使得洛阳有着良好的养生度假氛围,因此可以打造时尚养生健康旅游产品;洛阳历史悠久、文化丰厚、名人众多、传说出众,宫廷歌舞、民间乐曲、诗词吟哦、曲赋传唱,使得洛阳有着较好的文化底蕴以及乐曲舞蹈编排底蕴;而琴棋书画在洛阳都有着很好的传承,因此洛阳可以打造时尚演艺文化,通过美轮美奂的舞蹈、宛转悠扬的弹唱、悦耳动听的乐曲,表现千年帝都的厚重历史文化,展现洛阳人民在各个时期的奋斗进取精神,彰显中华儿女倔强不屈、热爱艺术、爱好和平的个性,使这些演艺项目观赏性和艺术性并举,文化性和时尚性同具,从而受到游客的欢迎和好评。

(三)开展精准营销

随着信息时代的到来,互联网正深刻地改变着我们的生活,而智能手机的普及更是让我国提前进入智能时代。与之相对应,许多行业也因为互联网和智能手机的出现面临着深刻的市场变革。旅游行业也是如此,当旅游搭上互联网的快车之后,出现了智慧旅游、智能旅游,使旅游行业得到前所未有的发展;当旅游"遇见"智能手机,迎来微时代之后,官方微博、官方微信,正悄然改变着旅游产业的经营方式和营销策略。

目前,洛阳市已经和电信、移动等电信行业巨头达成战略协议,并和腾讯、百度、携程等互联网公司进行合作,推进旅游行业的智能化和智慧化,并开始利用大数据进行精准营销。洛阳时尚旅游的发展,需要以信息时代和微时代为抓手,以大数据为参考,开展精准营销,通过公众号进行宣传和推广,与粉丝游客产生互动;通过官方微博,加强与游客的交流,听取他们的意见,采纳他们的建议,在上项目时,以游客满意为基准,主推那些时代特色明显、深受游客欢迎的时尚旅游项目。

(四)推进餐饮住宿时尚化

时尚旅游的发展,不仅需要洛阳市有一个时尚的文化氛围,还需要在全市之内推进时尚产业和各行业的全面融合。餐饮产业和住宿产业是旅游产业的关联产业,餐饮水平的高低,住宿质量的好坏,将深刻影响游客对洛阳旅游产业的评价。因此,推进洛阳时尚旅游的发展,不仅要推进餐饮的时尚化,更要提高住宿的时尚化水平。

对于餐饮业来说,所谓的时尚化不是要使用新鲜时尚的词汇进行包装,而是要推进餐饮的绿色、生态、健康、环保,使游客吃得美味、吃得健康。洛阳四面环山,绿水中流,东北部为伊洛平原,其余大部分为山地。因此,农业资源极为丰富,不仅有供应全市的粮食、瓜果和蔬菜,山间的土特产也是野趣十足,美味异常。所以说,洛阳物产丰富,能够确保餐饮的时尚化得到顺利实施。

对于住宿业来说,所谓的时尚化不是要有多么漂亮动感的房间布置,多么奢侈豪华的住房标准,而要让游客住得温馨,住得舒适。较有特色的豫西窑洞是洛阳住宿可以利用的元素,可以豫西窑洞为参照,推进住宿民俗化,使之彰显地方特色。同时,可以满足游客的多样化需求,无论农家宾馆还是汽车旅馆,无论帐篷住宿还是温泉宾馆,都要注重住宿的舒适性,使游客在多样化选择之余,能够住得舒适,让游客在忙碌的游览之余,能够安然入睡。

第三节　时尚旅游与隋唐洛阳城

一、隋唐洛阳城与时尚旅游融合的可行性

(一)隋唐洛阳城有着显著的时尚文化基因

隋唐时期,洛阳是与长安齐名的全国最大、最重要的两座城市。隋炀帝将都城搬到洛阳,并开通大运河,勾连南北,使全国的商品都能向洛阳集中,也由此奠定洛阳在全国商品流通中的重要地位。唐朝实行双都制,洛阳是唐朝的东都,更是武则天的"神都",和长安一起成为当时全国的经济文化中心。隋唐时期洛阳的时尚,不仅在全国居于遥遥领先地位,还伴随丝绸之路传播至西方。因此,隋唐洛阳城有着显著的时尚文化基因,可以加以挖掘,使其成为洛阳旅游的文化底蕴和时尚元素。如果能够通过演艺、影视、现代技术的方式,使大隋荣光、大唐风流在隋唐洛阳城重现,必将成为隋唐洛阳城时尚旅游的重要表现形式,对游客产生强烈的吸引力。

(二)隋唐洛阳城可以成为时尚的载体

时至今日,隋唐洛阳城遗址已经深埋地下,成为历史遗迹,成为中国辉煌和洛阳荣耀的见证。但遗址和遗存,既是历史文物,也是时尚之源头。隋唐洛阳城遗址经过发掘和打磨,便可重现当年辉煌,再次引领时尚。

首先,隋唐洛阳城所蕴含的众多文化可以成为时尚产业的思路和启发,无论是影视剧的服装道具还是现代流行服饰,都可以融入隋唐洛阳城的文化元素,使之或成为点缀,或成为主题,或成为灵魂,能够使人眼前一亮,耳目一新。其次,隋唐洛阳城所蕴含的众多文化,可以成为时尚旅游产品进行设计时的参考和凭借,如隋唐洛阳城推出的女皇手机壳、唐风钥匙链、古风鼠标垫等,都是很好的例证,可以为相关设计提供启发。再次,由隋唐洛阳城衍生的影视文化,能够成为时尚旅游取之不尽、用之不竭的文化素材,从而推动旅游产业的时尚化、流行化,如近些年以隋炀帝、武则天和狄仁杰为题材的影视文化已经蔚为大观,其中的服饰、故事、背景等都能成为一时风尚。最后,作为洛阳旅游的"天字第一号工程",又是古都旅游的最佳代表,隋唐洛阳城国家遗址公园本身便可容纳诸多时尚元素,自身便能代表一定时期的旅游时尚。未来的文化旅游,应该是海纳百川、包容万物的,而不仅仅是让游客获得历史知识,获取经验见识的存在。随着游客对文化旅游提出更高的要求,文化旅游本身的求新求变也是顺理成章的事情。如果能够让隋唐洛阳城时尚起来,既有文化内涵,又有现代气息,必能引领洛阳旅游的时尚潮流。

(三)时尚可以成为隋唐洛阳城旅游发展的推动力

如前文所述,时尚具有阶层性、短暂性、时代性和包容性四大特征,而时尚旅游产业又具有时尚性、小众性、开放性、包容性、开拓性和新颖性六大特征,如果将时尚旅游融入隋唐洛阳城,将会增加隋唐洛阳城的时代感,使游客在感受隋唐洛阳城厚重历史的同时,又能浸润在具有时代感的音乐和舞蹈之中获得更多旅游快乐;如果将时尚旅游融入隋唐洛阳城,将会增加隋唐洛阳城旅游的新颖感,使游客收到更好的旅游效果;如果将时尚旅游融入隋唐洛阳城,能够增加隋唐洛阳城的时尚感,使游客有轻松、愉悦的游览体验,而不会感到枯燥无趣,从而增强对隋唐洛阳城的好感;如果将时尚旅游融入隋唐洛阳城,能够使隋唐洛阳城更具文化包容性,做到历史和现实的对接,过去与未来的穿插,旧与新的传承,从而使游客流连忘返,乐在其中。因此,时尚元素的融入,能够使隋唐洛阳城旅游更加丰富、更有品位,使游客的旅游体验更有层次、更有乐趣。也就是说,时尚不仅可以成为隋唐洛阳城旅游的"卖点",使隋唐洛阳城更有吸引力,还可以成为隋唐洛阳城旅游发展的推动力,促进隋唐洛阳城旅游产业的转型与升级,扩展市场容量,增强旅游需求,使隋唐洛阳城能够在这个变化万千的时代与时俱进、开拓创新。

(四)两者相互影响、共同促进

时尚和旅游,本身便同属一种文化。时尚代表着人们的审美趋向,代表着人们对美的欣赏,对自由的向往,是个性化的体现,也是追求美的象征;旅游代表着人们对未知事物的探求,代表着人们对自我的表达,对自由的追寻,也是个性化和追求美的体现。因此,时尚和旅游,不但不相冲突,反而能够相互促进,共同发展。作为一种文化旅游方式,隋唐洛阳城和时尚也是能够相互影响,共同促进的。时尚可以推动隋唐洛阳城的旅游时尚化,促进时尚旅游产品的产生,从而引领旅游消费,促进旅游产业和其他产业的融合;隋唐洛阳城的历史和文化也是时尚的载体,能够促进时尚产业求新求变。因此,时尚可以和隋唐洛阳城旅游共同发力,促进洛阳区域经济发展,使隋唐洛阳城成为洛阳旅游发展和时尚产业发展的重要引擎。

二、隋唐洛阳城时尚旅游发展对策

(一)积极开发时尚文化旅游商品,刺激游客需求

对于一个旅游景区来说,琳琅满目、各具特色的文化旅游商品能够为旅游景区增色,并刺激游客的消费需求,从而产生购买欲望。因此,对于隋唐洛阳城来说,积极开发文化旅游商品,不仅能够增加隋唐洛阳城的收入,还能增加隋唐洛阳城的美誉度,从而使游客做出更为正面的旅游评价。在开发文化旅游商品时,增加时尚元素,无疑会起到锦上添花、画龙点睛、事半功倍的效果。如以隋唐宫廷饮食文化为参考的洛阳牡丹饼,在进行包装时,进行个性化设计,不同的口味,采用不同的包装设计,或融入隋唐宫廷文化,或增加隋唐历史名人,或传播隋唐文化知识,使游客耳目一新。如果配上印有隋唐文化元素的餐巾纸、垃圾袋、食品夹等,效果会更好。推而广之,洛阳的历史文化、民俗风情、名优特产,都可以经过时尚包装,与隋唐文化相融合之

后,开发成独特的文化旅游商品,为隋唐洛阳城时尚旅游发展服务,为洛阳的旅游产业提升和经济发展服务。

(二)发展时尚产业,与旅游产业形成优势互补

时尚旅游的发展,离不开时尚产业的推动,像时装产业、游戏产业、影视产业等都能推动时尚旅游的发展。因此,隋唐洛阳城要想发展时尚旅游,不仅要推动景区的旅游经济,更要发展时尚产业。隋唐洛阳城可以隋唐洛阳城的历史、文化、名人、典籍、故事和传说为抓手,或自主发展,或引入,或合作,推进时装、游戏和影视等产业与隋唐洛阳城历史文化的融合,借助具有隋唐风情的时装引领一时潮流;借助游戏推广隋唐洛阳城的知名度;借助影视带动隋唐洛阳城风情游、时尚游、深度游等旅游形式的发展,使得时尚产业和旅游产业形成优势互补,推进时尚旅游在隋唐洛阳城遍地开花,为隋唐洛阳城的可持续发展提供强有力的支撑。以影视为例,近年来,以武则天时期的洛阳为故事发生地的影视剧很多,如2011年由刘晓庆主演的电视剧《武则天秘史》,徐克执导的电影《狄仁杰之通天帝国》(2010年)和《狄仁杰之神都龙王》(2013年),这些都能够成为展示隋唐洛阳城历史风貌的影视资料馆,届时,将成为隋唐洛阳城旅游的一大亮点。

(三)大力发展时尚演艺节目,提高旅游质量

大型演艺节目对旅游景区的经济拉动效果是极为明显的,像国内的《印象·刘三姐》《印象·海南岛》《印象·西湖》系列以及《大梦敦煌》等都带动当地旅游热;省内景区如登封少林寺的《禅宗少林·音乐大典》、开封清明上河园的《大宋·东京梦华》等也是响当当的旅游品牌;洛阳市也先后制作《河洛风》《大唐武皇十万宫廷乐舞》《功夫诗·九卷》《武则天》等大型时尚演艺节目。隋唐洛阳城要想使游客在游览之余,能够对隋唐洛阳城有更丰富的联想、更直观的感受,推出自己的大型演艺节目是较为必要的。虽然明堂天堂景区每天定期有展示武则天上朝议政的实景演出,但因为规模太小,无法形成隋唐洛阳城的核心竞争力。因此,隋唐洛阳城要以此为基础,打造更绚丽、更精彩的演艺节目,融入隋唐历史文化,展示我国隋唐时期在诗歌、绘画、建筑、音乐、舞蹈和艺术等方面的辉煌成就。这样,不仅能够对游客形成强烈的吸引力,还能提升隋唐洛阳城的旅游品质,使得旅游形式更丰富,游客对隋唐文化的了解也会更加直观。

(四)带动健康养老产业,拓展时尚旅游空间

随着我国社会的发展,人口老龄化程度正在加剧。随着越来越多的居民步入老年,养老产业在未来将会是朝阳产业,以健康养老、休闲养老为内容的养老会越来越为国人所重视,从而成为时尚旅游的重要组成部分。隋唐洛阳城在历史上是著名的长寿之都,女皇武则天于 82 岁时去世,是我国历史上最长寿的皇帝之一;名相狄仁杰于 71 岁去世,已经到了古稀之年,也是较为长寿的;大诗人白居易享年 75 岁,是著名的香山九老之一——香山九老也是我国历史上长寿的代名词,据说,白居易是其中年龄最小的,其他如张浑 77 岁、卢真 82 岁、郑据 85 岁、刘真 87 岁、吉皎 88 岁、胡杲 89 岁、如满 95 岁、李元爽 136 岁。长寿文化可以带动隋唐洛阳城健康养老产业的发展,拓展时尚旅游空间。因此,可在隋唐洛阳城国际遗址公园打造康体休养园,借助"两坊一街""九州池"等项目,推动养老产业在隋唐洛阳城的发展;加强隋唐洛阳城的复古风格建造和环境美化工作,让隋唐洛阳城美景重现洛阳城,使隋唐洛阳城的养老产业成为洛阳的一大亮点,从而为洛阳打造健康长寿之都,推动整体养老产业的发展做出重要贡献。

(五)开拓时尚休闲市场,促进旅游形式多样化

要想促进隋唐洛阳城旅游的长远发展,必须促进旅游形式的多样化。时尚旅游有着包容性的特征,能够包罗万象,积极融入其他产业。因此,时尚旅游这种旅游形式也会为隋唐洛阳城所依仗。由于隋唐洛阳城范围大、面积多、覆盖广,而洛河两岸的秀美风景,也会被隋唐洛阳城所收纳。因此,隋唐洛阳城可以以洛阳打造休闲之都为契机,发展休闲旅游产业,开拓时尚休闲市场,不仅要以隋唐洛阳城为依托,建设休闲度假旅游区,还可开设水上休闲、体育竞技等时尚旅游项目。此外,还可以靠近洛河的"两坊一街"为基础,开发独具洛阳地方特色的名吃一条街、文旅商品一条街、书画一条街和民俗风情一条街等休闲项目,促进隋唐洛阳城旅游多样化,延长游客逗留时间,提升隋唐洛阳城的旅游质量,提升隋唐洛阳城在游客心目中的好评度和美誉度,从而拓展隋唐洛阳城的时尚旅游空间。

(六)营造健康和谐的时尚旅游环境

时尚旅游的发展,离不开整体旅游环境的营造,因此隋唐洛阳城发展时

尚旅游,就要积极营造健康和谐的时尚旅游环境。首先,要加强对时尚旅游载体的建设。以"两坊一街"为重要支点,建设具有隋唐民俗风情,反映当时洛阳城风物风貌的历史文化街区,使街区不仅具有文物价值和游览价值,还具有经济价值和时尚价值,突出隋唐时期的时尚文化元素,以具有隋唐风味的文旅商品为依托,突出隋唐洛阳城的休闲性和时尚性,使隋唐洛阳城的时尚风情深入人心。其次,要加强对时尚旅游平台的建设。中国洛阳牡丹文化节和中国洛阳河洛文化旅游节是洛阳市每年一度的两大旅游盛会,届时,国内外游客云集洛阳,极大地推动了洛阳旅游的发展和洛阳当地经济的增长。隋唐洛阳城可以和两大节庆对接,争取成为节庆的举办地,并通过建造牡丹园区和弘扬牡丹文化,借此分得一杯羹。与此同时,隋唐洛阳城还要举办自己的节庆,比如洛阳隋唐风情游、洛阳女皇文化节等,通过精彩纷呈的旅游形式和花样翻新的旅游项目,打造隋唐洛阳城的节庆旅游品牌。最后,要积极营造时尚旅游氛围。要通过微信、微博等宣传营销平台,以短小精悍、轻松自如的叙述方式,拉近和年轻人的联系,加强互动,听取他们的意见,参考他们的建议。景区之内,也要做到严肃、活泼,既有文化景区之厚重,又有时尚景区之轻盈,使游客能够拥有快乐轻松的旅游体验,从而提升隋唐洛阳城的品牌影响力和景区知名度。

下编　个例研究

第十三章

女皇文化、"神都洛阳"深度开发利用研究

第一节 女皇文化——独一无二的帝王文化

一、女皇生平

女皇武则天,本名珝,后改名曌,并州文水(今陕西文水县东)人,是荆州都督武士彠的次女。武家以木材生意起家,家道殷实,武士彠曾资助李渊太原起兵,因而以唐朝开国功臣的身份担任工部尚书、荆州都督,并受封应国公。武则天于武德七年(624年)在四川利州(今四川广元)或者长安(今陕西西安)出生,有异母兄长两人(武元庆和武元爽),同母姐妹两人(武顺和郭夫人)。

武则天于贞观十一年(637年)十一月入宫,当时的她还未满十四岁。那时的皇帝是唐太宗李世民。李世民听说武则天容颜美丽、举止优雅,便封其为五品才人,并亲自赐号"武媚",后世所称的武媚娘便是由此而来。入宫前两年,父亲武士彠便因病去世。在临行前,武则天对哭哭啼啼的母亲说:"能够服侍天子,是我的福气。不用哭哭啼啼,做小女儿之态。"贞观二十三年(649年),李世民因病去世,按照唐朝成例,武则天便和部分没有子嗣的嫔妃们一起被送往国都长安的感业寺做了尼姑。但在李世民病重期间,武则天和太子李治相逢并产生感情,这成为她人生的第一个转折点。

永徽元年(650年),李治继位,是为唐高宗。他前往感业寺进香祭拜父亲,又与已为尼姑的武则天相逢。两人满心满眼的思念被一同上香的王皇后看在眼里,她向皇帝请求将武则天再度召入宫中,李治当即应许。事实上,王皇后只是想给自己找个帮手,共同打击受宠的萧淑妃。永徽二年(651年),武则天二度入宫,并生下儿子李弘,次年被封为二品昭仪。在宫中,武则天成功获得李治的宠爱,王皇后想不到竟然给自己找了更为强大的对手。此时,工于心计的武则天寻找机会陷害王皇后,她屡屡数落王皇后的过错,使李治有了"废王立武"的打算。

但李治的想法遭到长孙无忌、褚遂良等元老大臣的反对,他们认为武则天先后侍奉两任皇帝,无法母仪天下。李治也因此意识到自己的权力受到很大制约,便开始培植自己的势力。有大臣看到皇帝和元老们的对立,以为有利可图,便上书主张"废王立武",竟得到皇帝赞赏。之后,上表要求"废王立武"的大臣越来越多。李治终于在永徽六年(655年)十月将王皇后和萧淑妃一并废黜,并立武则天为皇后。天资聪颖的武则天成为李治最好的政治帮手,打击以长孙无忌为首的关陇集团不遗余力。显庆四年(659年),长孙无忌等元老重臣被免去官职,逐出长安,李治从此真正完全掌握权力。显庆五年(660年),李治风疾发作,不能处理朝政,便让武则天代替自己处理国家大事,之后,他发现武则天有着极强的政治欲望,便想废掉她,不过,却在武则天的软磨硬泡下改变主意。从此,李、武二人一同上朝,共称"二圣"。上元元年(674年)八月,李治称天皇、武则天称天后,国家权力渐渐转移到武则天手里。

永淳二年(683年)十二月,李治驾崩,太子李显继位,是为唐中宗。但在第二年,武则天便找借口废黜李显,改立第四子李旦为帝,是为唐睿宗,并临朝称制。武则天的专政遭到李氏皇族和文武大臣的反对,他们纷纷起兵,却屡屡以失败告终。武则天也终于于公元690年自立为帝,改唐为周,改元"天授",以洛阳为都城,称"神都"。是年,武则天67岁,成为我国即位年龄最大的皇帝。几年之后,她便进入古稀之年,皇位继承人的问题摆在面前,最终,武则天还是听从狄仁杰等大臣的建议,立李显为皇太子,重续李唐王朝血脉。神龙元年十一月二十六日(705年12月16日),82岁高龄的武则天在洛阳上阳宫去世,她成为我国历史上仅次于乾隆皇帝(89岁)和梁武帝萧衍(86 岁)的长寿皇帝。去世前,遗命省去帝号,称"则天大圣皇后"。次年,与高宗李治合葬在乾陵,并在陵前树立无字碑,功过任由后人评说(根据《新唐书·则天皇后传》撰写)。

二、独特的女皇文化

(一)武则天是我国唯一的正统女皇帝

在我国历史上,即便出现了不少杰出的具有政治谋略的女性,如战国时期秦国宣太后芈八子、西汉高后吕雉、北魏冯太后、清朝孝庄太后和慈禧太后等,但真正敢冒天下之大不韪,以女性身份自立皇帝的只有武则天一人。在以儒家文化为主导的我国古代,纲常伦理制度是王朝的维系和命脉,由女性登基需要莫大勇气。正如清代学者翟蔼在《九畹史论》中所言:"武氏以一妇人君临天下二十余年,是不比于母后之称制者,而直自帝自王也,此其智有过人者。"①正因为武则天是我国历史上唯一一位正统女皇帝,才被历代史家不断评论,也为历代小说家津津乐道。她虽然已经去世一千三百余年,至今仍为人们所关注,有关她的研究汗牛充栋;有关她的戏曲小说多若牛毛;有关她的电影和电视剧仍在不断上演。这便是武则天的魅力,这便是独一无二的女皇文化所形成的吸引力。

(二)武则天是我国著名的有为君主

武则天在男权社会中,冲破伦理道德,以女性身份坐上皇位,令后世史家多有贬低之词。如《旧唐书》的作者刘昫便对武则天评价极低,他极为愤慨地写道:"观夫武氏称制之年,英才接轸,靡不痛心于家索,扼腕于朝危,竟不能报先帝之恩,卫吾君之子。俄至无辜被陷,引颈就诛,天地为笼,去将安所? 悲夫! 昔掩鼻之谗,古称其毒;人彘之酷,世以为冤。武后夺嫡之谋也,振喉绝襁褓之儿,菹醢碎椒涂之骨,其不道也甚矣,亦奸人妒妇之恒态也。"又有"龙漦易貌,丙殿昌储。胡为穹昊,生此夔魖? 夺攘神器,秽亵皇居。穷妖白首,降鉴何如"②的评语。在理学盛行的明清之际,更是对其多有批评。但实事求是地评价武则天,她称得上是一位有为君主。在她当政期间,重视

---

① 翟蔼.九畹史论[M].北京:商务印书馆,1985:7.
② 刘昫.旧唐书[M].北京:中华书局,2000:88-89.

人才,知人善任,使狄仁杰、张柬之、桓彦范、敬晖、姚崇等中兴名臣得以崭露头角;复兴文化,开一代风气之先;用兵边疆,使丝绸之路畅通无阻,唐朝疆域得以巩固;注重发展农业,轻徭薄赋,与民生息。在其晚年,还能将政权平稳过渡,不得不说一代女皇之英明,即便和汉武帝、宋太祖、明太祖等一代雄主相比也毫不逊色。也正因为历史上对其毁誉参半的评价,才使得她一直拥有较高知名度和较热传播度。

(三)武则天有着波澜诡谲的个人奋斗史

抛却功过不谈,单说武则天的个人奋斗史,也是极为精彩的,比电视剧里经常上演的宫斗还要惊心动魄。武则天能够以没落官宦之女的身份跻身后宫,在极为不利的情况下二度进宫,并先后战胜萧淑妃和王皇后,专宠后宫,最终母仪天下,也是极为不易的。其之魅惑,其之工于心计,其之阴毒,其之隐忍,远非常人所能及。不过,计谋只是武则天做事情的手段。在她执政之后,虽然有宠幸男宠和滥用酷吏的污点,但她的知人善用也是有目共睹的,为国为民更是尽心尽力。她在唐朝的历史地位,就像清朝上承"康熙之治",下启"乾隆盛世"的雍正皇帝,武则天能够上承唐太宗李世民的"贞观之治",下启唐玄宗李隆基的"开元盛世",使唐朝国力不断强盛,并在唐玄宗时代达到顶峰。正因为波澜诡谲的个人奋斗史,武则天才成为影视剧乐此不疲的话题和学者、作家争相研究的对象,以至于她的形象不断被重新书写和演绎。

(四)武则天是我国历史上为数不多的全面型皇帝

在文治武功方面,武则天称得上有为君主,一代明君。正如翦伯赞在《中国通史纲要》中所说:"武则天的打击门阀贵族和提拔普通地主做官的政策,是符合当时社会发展趋势的,因此她的作用是积极的……武则天在巩固封建国家的边疆方面,也做了不少工作。"①除此之外,她还有着不错的文学才华,《全唐诗》收录其诗作46首,如《如意娘》:"看朱成碧思纷纷,憔悴支离为忆君。不信比来长下泪,开箱验取石榴裙。"②也是一首脍炙人口的七言绝句,将女子的相思之苦写得活灵活现。不仅如此,她还撰写有《垂拱集》100

① 翦伯赞.中国史纲要[M].北京:北京大学出版社,2006:253-256.
② 彭定求.全唐诗[M].北京:中华书局,1960:58.

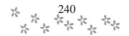

卷、《金轮集》10卷、《臣轨》2卷。在书法方面,武则天精通飞白书和行草书,由其书写的飞白体"太子升仙碑",成为受历代书法爱好者珍视的艺术珍品。也正如北宋末年编撰的《宣和书谱》所言:"武后本喜作字,初得晋王导十世孙王方庆者家藏祖父二十八人书迹,摹拓把玩,自此笔力益进,其行骎骎稍能,有丈夫胜气。"①此外,她还自创汉字,如为自己改名"曌",取"日月当空"之意,又如"瞾",取"双目在空"之意,在一定程度上拓宽了汉字和汉语,并暗含一定的女性觉醒意识。武则天创造的汉字还流传到日本和韩国,在国外流传和使用,对汉字的国际化具有一定推动作用。因此,武则天称得上是我国历史上为数不多的全面型皇帝,对其文治武功、诗词书画等进行研究,成为研究女皇文化的重要组成部分。

(五)武则天的胸怀坦荡,即便男性皇帝也少有人能及

在乾陵前,树立有两块石碑,一块为唐高宗李治所有,写满其功绩,另一块为武则天所有,上面一片空白,这便是后人所称的"无字碑"。对于无字碑的来历,历代众说纷纭,莫衷一是,但最有可能的说法,便是功过任由后人评说之意,说明武则天的胸怀坦荡。如果上述对无字碑的解释只是后人对武则天的臆测,那么她在临死前,不仅赦免情敌王皇后和萧淑妃的族人,还将褚遂良、韩瑗、柳奭等元老大臣的亲属尽数释放的做法,便不失为胸怀坦荡之举。看来,武则天当时虽然已经82岁高龄,却并不糊涂,这一点,历史明君鲜有能和其相提并论者。

(六)武则天成为各种传说的主角

正因为武则天是我国历史上独一无二的女皇,才在帝王纷纷,你方唱罢我登场的千年帝都洛阳,至今还流传着许多与其有关的传说与佳话。如牡丹的传说、水席的传说、牡丹燕菜的传说、牡丹饼的传说等等。其中,以牡丹被贬洛阳的传说最能体现女皇性格。相传有一年冬天,身在长安城的武则天想要在冰天雪地的大冬天赏花,还赋诗一首作为圣旨:"明朝游上苑,火速报春知,花须连夜放,莫待晓风吹。"百花惧怕女皇威严,于第二天都灿然开放,只有牡丹依然是残枝败叶。武则天一怒之下,便将牡丹逐出长安,贬至洛阳。谁知,借助洛阳的地脉,牡丹开得更为娇艳,这令武则天也无可奈何,

---

① 范文澜,蔡美彪.中国通史·第3册[M].北京:人民出版社,2009:168-170.

只得随它。正是这个传说，使得"洛阳牡丹甲天下"，更增添了许多令游客迷醉的魅力，也为牡丹在洛阳的娇艳，增添了更多真实性，从而使洛阳牡丹更受到国内外游客的钟爱。诸如这些与武则天有关的神话传说，已经融于独具洛阳特色的饮食、特产、民风和民俗之中，不仅成为洛阳古都文化的一部分，也成为女皇文化的一部分。武则天虽不是土生土长的洛阳人，但已经成为洛阳各行各业的代言人，甚至是洛阳城的代言人。因此，女皇文化，本身便是洛阳文化的一部分。

第二节 "神都洛阳"——大放异彩的古都文化

一、"神都"历史

唐文明元年（684 年），武则天的第四子，豫王李旦继位，是为唐睿宗。但真正的权力并未掌握在睿宗手里，而是被其母后武则天牢牢掌控。睿宗即位之后，武则天临朝称制，并将东都洛阳改为"神都"。此后，武则天便为自己称帝积极准备。垂拱四年（688 年），在神都洛阳，武则天为自己加尊号，曰"圣母神皇"，和神都洛阳相匹配。两年之后的载初元年（690 年），武则天正式称帝，改唐朝为周朝，表明与历史上由周武王建立的周朝具有承继关系，以此彰显武周的神圣。事实上，早在西周初年，周公旦便营建东都洛邑，并在此制礼作乐，成为洛阳城的开端。称帝后的武则天将神都洛阳作为武周王朝的首都，使神都之名传扬海内外。神都洛阳作为都城的历史一直持续到武则天去世的神龙元年（705 年），之后，唐中宗李显再次继位，将都城定在长安，洛阳仍为东都。也就是说，洛阳在武则天治下，被称为神都的历史，从684 年一直持续到 705 年，共有 22 年历史。

事实上，神都之名，却非武则天的首创。在北魏学者郦道元所著《水经注》之《谷水》篇中，便有："夫洛阳考之中土，卜惟洛食，实为神都也。"[①]也就是说，洛阳被称为神都的历史，当不晚于北魏时期。

根据洛阳著名文化学者蔡运章先生的考证，神都之名，应该来源于神州

---

① 丁海斌.中国古代陪都的名与实[J].辽宁大学学报(社会科学版),2014(6):23-27.

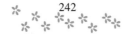

这个称呼。在《史记·孟子荀卿列传》中,记载战国阴阳家驺衍曾将中国称为"赤县神州",神州为我国古代国家的中心区域,同时也是中央之神后土居住的地方。《文选·左思(咏史)》中有"灵景耀神州"句,后有吕向的注释:"神州,京都也。"左思所处的西晋时期的京都正是洛阳市境内的汉魏洛阳故城。而《文选·孙楚(为石仲容和孙皓书)》中有"土则神州中岳"句,后有刘良的注释:"神州,洛阳也。"也就是说,魏晋时所称神州,便是指洛阳,或者以洛阳为中心的河洛地区。魏晋南北朝时期,将洛阳称呼为"神京"和"神都"的例子屡见不鲜。如《晋书·王导传》有"当共戮力王室,克服神京"。可见,对于身处江左地区的王导来说,所要克服的"神京",自然是指西晋时的都城洛阳。因此洛阳之所以被称为"神都"或者"神京",是因为在当时人看来,这里便是神人居住的地方,而这个神,便是我国主掌中央的大神后土①。不过,按照我国研究神话的知名专家袁珂先生的说法,后土只是辅助上帝,同时也是中央之帝黄帝的大神②,黄帝才是掌管中央乃至全天下的"众神之神"。在《山海经》中,有"青要之山,实惟帝之密都"③的说法,即在洛阳境内新安县的青要山,是黄帝的密都。由此可见,洛阳之"神都",可指为黄帝、后土等神人居住之都。

武则天在唐睿宗时,将东都洛阳命名为神都,实际上是为自己称帝做准备。在当时,洛阳为东都,其政治重要性本不如都城长安,只有赋予其"神性",使洛阳成为名副其实的"神圣之都""神之都城",才有可能将洛阳和长安的位置反转,成为武则天君临天下的崭新舞台。武则天也一直赋予自己"神性",上元元年(674年),称天后;垂拱四年(688年),称"圣母神皇";长寿二年(693年),又加封自己为"金轮圣神皇帝",将"天""神"这些字眼和自己联系起来。与此同时,她又利用佛教打压李唐王朝的"本家宗教"——道教,宣称自己是"菩萨女身转世",利用天、神、佛,来维持自己作为女性帝王的正统性。神都,正和神皇相匹配。

---

① 蔡运章,赵晓军."中国"、"河南"诸名称与古都洛阳[J].河南科技大学学报(社会科学版),2011(6):5-8.

② 袁珂.中国古代神话[M].上海:华东师范大学出版社,2017:86-88.

③ 袁珂.山海经译注[M].上海:华东师范大学出版社,2017:79.

二、"神都"文化

(一)洛阳是我国历史上唯一被命名为"神都"的城市

西安、洛阳、北京、南京、开封、安阳、杭州和郑州,被称为我国的"八大古都",它们都是我国历史上闻名遐迩的古都。像西安,曾有西周、秦、西汉、新莽、东汉、西晋、前赵、前秦、后秦、西魏、北周、隋、唐十三个王朝在此建都,作为国都的历史有近千年之久;像北京,是金、元、明、清四个朝代的都城,建都史有六百余年,现在是我国首都。它们都是我国都城建造史上的明珠,但并未冠以"神都"的称谓。在我国灿若星汉的古都中,被命名为"神都"的只有洛阳。洛阳,先后成为夏、商、西周、东周、东汉、曹魏、西晋、北魏、隋、唐、后梁、后唐、后晋十三个王朝的都城,建都史有一千三百余年之久,是名副其实的千年帝都。在历史上,洛阳有多种称呼,如斟鄩、西亳、洛邑、雒阳、洛京、王城、成周、京洛、洛城、东京、中京、东都和西京等,但名头最为响亮的,还是神都。神都者,神之都城,神圣之都,以其神性,在我国古都史上卓尔不群,在世界古都史上熠熠生辉。

(二)神都时期的隋唐洛阳城是我国都城建造史上的巅峰之作

隋唐洛阳城虽然在隋朝炀帝时期便开始建造,并作为隋朝的东都存在,但在唐初时便已经废弃不用。贞观六年(632年),只是将洛阳改称洛阳宫,直到显庆二年(657年)才升格为东都,并开始建造。但真正大规模建造,使其真正拥有一国之都的模样,还是在武则天执政时期。其一,长寿二年(693年),武则天令李昭德增筑都城外郭城,城高八尺,不仅使神都洛阳的防御能力大大增加,也使隋唐洛阳城更为威严壮观。建成之后,"前直伊阙,后倚邙山,东出瀍水之东,西出涧水之西,洛水贯都,有河汉之象焉"①;其二,建造上阳宫,使隋唐洛阳城增添一处极尽奢华的帝王宫殿建筑群,上阳宫也是武则天的长期居所,无论是政治意义还是都城建造意义,都十分重要;其三,改隋会通苑为神都苑,并进行扩建翻修,使之成为隋唐洛阳城面积最大的一处皇家园林,为王维、白居易等历代诗人所吟咏;其四,隋唐洛阳城中轴线上最华丽的建筑群——"七天建筑",大多修建于武则天时期,并完成于武则天时

---

① 徐松,张穆.唐两京城坊考[M].北京:中华书局,1985:37.

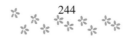

期,七天建筑即天阙(伊阙)、天街、天门(应天门)、天津(天津桥)、天枢、天宫(明堂)、天堂。天枢、天宫和天堂便建造于武则天时期,并和武周王朝的命运息息相关。正如《旧唐书·礼仪志》所言:"永昌中,则天以东都为神都。尔后渐加营构,宫室百司,于是备矣。今之宫室百司,乃武氏改命所备也。"[①]隋唐洛阳城的建造,成为中国都城建造史上的典范之作,正是得益于武则天时期的一系列建设,使其真正拥有一国之都的模样,并成为后世垂范。

(三)神都洛阳的明堂、天堂是隋唐洛阳城的标志,也是洛阳今天的新地标

明堂、天堂,一为武则天处理朝政之处,一为武则天礼佛之处,是"七天建筑"之中最奢华的两处,也是整个隋唐洛阳城中最高大雄伟的两座建筑,可以说是隋唐洛阳城最显著的标志。不仅其建筑规格,其政治意义也是不言而喻的。明堂,称"天宫""通天宫""万象神宫"或者"紫微宫",对应天上星宿三垣的中垣"紫微宫"。因天上紫微宫在北天中央位置,明堂也成为隋唐洛阳城的重心所在,可以说是整个武周王朝的政治中心。天堂是"七天建筑"中最高的建筑,是武则天感应四时,与天沟通之所在。它不仅是武周时期的御用礼佛圣地,还是当时名副其实的佛教中心。也就是说,明堂和天堂不仅是隋唐洛阳城的象征,也是女皇武则天的象征。而今,洛阳市在明堂和天堂的原址上对其进行保护性复原,新明堂和新天堂建成后,以其华美的建筑制式、恢宏的气势、优雅的风貌,受到中外游客的关注,迅速成为古都洛阳的新地标,也让有着"千年古都"之称的洛阳从此多了一处"古都观景区"。

(四)神都洛阳文化璀璨,内涵丰富

神都时期的洛阳城,不仅是隋唐洛阳城发展的顶峰,也是古都洛阳的最好时代之一。在武则天统治下,洛阳城无论从政治层面还是从城市建造方面与之前相比,都有了较大程度的改观。并且,洛阳城有了一国之都的崭新风貌,各项事业欣欣向荣,同时也造就了璀璨的文化。其一,武则天召集周茂思、范履冰等学者,主持编撰了《要览》《字海》《乐书要录》等书籍,其中,《字海》收录有武则天创造的全部汉字,《乐书要录》是一部具有较高学术价值的乐律文献,在我国音乐史上具有极为重要的意义;其二,在武则天时代,

---

① 刘昫,等.旧唐书[M].北京:中华书局,2000:361-369.

诗人名家辈出,如陈子昂、骆宾王、杜审言和上官婉儿等人,就连武则天自己,也是一名诗人,在《全唐诗》中收录有其诗作;其三,武则天时期,佛教文化兴盛,像大福先寺、佛授记寺、大遍空寺、长寿寺和天竺寺等或修建于武则天时期,或兴盛于武则天时期,为当时的佛教发展做出巨大贡献,龙门石窟最显著的建筑奉先寺和卢舍那大佛,也建造于武则天时期;其四,武则天以周代唐之后,便以周礼取代唐,周朝在明堂主持和处理战争、祭祀、诸侯纷争等国家大事,是国家的礼制所在,因此武则天便建立明堂。此外,她还在洛阳修建武氏宗庙和社稷,并树立天枢,以彰显功德,恢复"周礼",以"周官"制度选拔官员等,通过一系列礼仪制度的实施,使武周王朝的正统地位得以彰显;其五,撰写《臣轨》,教化官员,成为文化中国官德教化史上第一部有系统、成体系、指向明确、体例完整的简明官德教化读本[①]。武则天时期造就的灿烂文化,成为神都文化的重要组成部分,使得神都洛阳历久弥香,魅力无穷。

(五)神都在一定程度上也成为女皇的代名词

根据上文所述,"神都"一词,虽非武则天所创,并且,由朝廷官方将洛阳定为"神都",也并非在武则天称帝之后,而是在唐睿宗时期。但神都和女皇武则天却有着天然联系。一来,尽管最迟在北魏时,我国便有将洛阳称为神都的叫法,但神都洛阳却是经由武则天叫响,继而影响全国,并影响至韩国、日本等东亚周边国家;二来,"神都"一词是和武则天相匹配的,武则天为了彰显女性治国的正统性,便以"天后""圣母神皇""金轮圣神皇帝"自居,将武则天作为女皇的神性和洛阳作为都城的神性连接起来,使洛阳成为神皇统治下的神都,也使武则天成为神都至高无上的神皇;三来,将东都洛阳定为神都,并将神都作为武周时期的国家都城,正是武则天一人的手笔,武则天去世后,继位的唐中宗李显便取消洛阳的"神都"称号,复称东都。也就是说,神都洛阳的称号,由女皇武则天而起,也由女皇武则天而灭,在此之前,洛阳无神都的官方称呼。因此,神都在很大程度上便是女皇武则天的代名词,神都和女皇,洛阳和武则天,自始至终便联系在一起,使洛阳的神都文化流泻千里,蔚为大观。

---

① 谭继和.武则天与文化中国[J].西华大学学报(哲学社会科学版),2014(6):8-16.

第三节　女皇文化的旅游开发对策

一、隋唐洛阳城开发女皇文化的优势

(一)女皇文化是特立独行的历史存在

武则天不仅是唐朝唯一一个女皇帝,也是我国历史上唯一一个正统女皇帝。她上承唐太宗的"贞观之治",下启唐玄宗的"开元盛世",在位时,整饬吏治,奖励农桑,注重选才,使得在她当政期间,人才辈出,贤臣云集,如当时的贤达之士娄思德、狄仁杰,以及在后来的唐玄宗朝担任宰相的姚崇、宋璟等人。就连《新唐书》也不得不称赞她:"太后不惜爵位,以笼络四方豪杰自为助,虽妄男子,言有所合,辄不次官之;至不称职,寻亦废诛不少纵,务取实材真贤。"①当然,武则天远非尽善尽美,她任用酷吏,残害皇室,尤其是晚年奢靡成风,独断专行,颇多弊政,从而影响对她的更高评价。

但不可否认,女皇武则天是我国历史上特立独行的历史存在。因其唯一性,成为独具特色、优秀的历史文化旅游资源。围绕她的故事和传说众多,正史记载和野史戏说更是汗牛充栋,只要开发得当,便能成为隋唐洛阳城旅游开发的亮点。从当今男女平等、女性意识觉醒的角度看,武则天更是有着其他帝王难以匹敌的开发优势。与此同时,她也是最具国际影响力的中国皇帝之一,尤其是她的女性身份,成为西方学者争相研究的对象,正如《剑桥隋唐史》在谈及她时所言:"对于这位敢于推翻李唐皇室并像男人一样泼辣地实行统治的女人,尽管儒家历史学家都进行恶毒攻击和抱敌对态度,但是武曌显然具有特殊的才能,对政治具有天赋,并且非常善于操纵宫廷的权力结构。她之所以能非凡地攫取到权力,是由于她的杰出的才能、坚毅的决心和识别人的能力,再加上她的冷酷、肆无忌惮和政治上的机会主义。她对敌人和对手表现出的残忍和报复心,这在中国历史上很少有人能与之相比。"②

---

① 欧阳修,等.新唐书[M].北京:中华书局,2000:2848-2854.
② 崔瑞德.剑桥中国隋唐史[M].北京:中国社会科学出版社,1990:220-221.

（二）女皇和隋唐洛阳城有着很深的渊源

隋唐洛阳城和女皇有着很深的渊源。隋朝和唐朝，实行的都是双都制，隋代大兴城和洛阳城并称，唐代长安城和洛阳城并称，虽然并称，但长安作为政治、文化中心的地位是毫不动摇的。只有在经济上，洛阳借助地处中原的优越地理位置和大运河中心的优势，成为隋朝和唐朝的经济中心。而在女皇统治的武周时期，武则天将都城彻底搬迁至洛阳，将洛阳命为"神都"，虽然是在向世人标榜她作为女性统治天下的正统性，但也使得帝国的政治中心和文化中心转移到洛阳，凸显了洛阳统领全国的地位。不仅如此，中国历史上都城中轴线上最华丽的建筑群——隋唐洛阳城中轴线上最著名的"七天建筑"，也是在武周时期建成，尤其是武则天处理朝政的明堂以及礼佛堂天堂的建成，不仅提高了隋唐洛阳城的规格，还提升了其历史地位。不仅如此，武则天主政洛阳期间，在洛阳大规模修建宫城，扩建东市、西市和北市，奠定了隋唐洛阳城的建筑格局。

目前正在兴建的隋唐洛阳城国家遗址公园，其中多处景点都是在武周时期建成或扬名。如明堂和天堂为武则天的上朝、礼佛之处；九州池是当时的后花园；上阳宫是武则天的寝宫；天枢是武则天的歌功颂德碑；洛阳八景之一的"天津晓月"所在地，同时也是"七天建筑"之一的天津桥也是在武则天时期所修建。可以说，武则天是隋唐洛阳城名人文化的代表和象征。因此，开发女皇文化，洛阳和隋唐洛阳城具有其他城市和景区所不具备的独特优势。

（三）女皇文化是洛阳牡丹文化和饮食文化的缘起

女皇文化在洛阳有着悠久的历史和深远的影响。在民间传说中，象征河南省特色饮食文化的洛阳水席，也和武则天有关。相传道士袁天罡根据天象预测到武则天要临朝称制，便设计了汤汤水水——拥有二十四道菜的水席，汤汤水水预示武则天称帝是水到渠成，二十四道菜预示着武则天可以在洛阳治理天下二十四年。水席中的经典菜牡丹燕菜，据说也是为武则天所创造。即便到今天，洛阳牡丹文化和洛阳饮食文化仍然在"消费"着武则天现象，使用着女皇文化，由此可见女皇文化的生命力。事实上，女皇文化作为洛阳独特的文化现象，影响洛阳的方方面面。因此，隋唐洛阳城的女皇文化有着一千多年的文化基础，具备较强的文化优势。

（四）女皇被影视化的次数较多，有着广泛的群众基础

由于武则天在历史上的唯一性，同时又是存在较大争议的历史人物，她的故事不断被戏说和演义，直到今天仍然层出不穷。从 20 世纪 80 年代直至今，以武则天为主角的电视剧和电影便有几十部之多，如 1984 年的《武则天》、1985 年的《一代女皇》、1995 年的《武则天》、1999 年的《大明宫词》、2004 年的《至尊红颜》和《无字碑歌》、2006 年的《日月凌空》、2010 年的《美人天下》、2011 年的《武则天秘史》、2012 年的《梦回唐朝》和《唐宫燕》等。以武周时期为背景的电视剧和电影更是比比皆是，被武则天赏识提拔的著名宰相狄仁杰在影视领域的热度也助长了武则天的热度，尤其最近几年，几乎每年都能在荧屏上看到武则天的身影。（详见表 13-1）

表 13-1　以武则天为主角的影视剧汇总

年份	影视类型	剧名	饰演者
1984 年	电视剧	《武则天》	冯宝宝
1985 年	电视剧	《一代女皇》	潘迎紫
1986 年	电视剧	《一代公主》	潘迎紫
1990 年	电视剧	《唐明皇》	朱琳
1993 年	电视剧	《唐太宗李世民》	孟蕾
1995 年	电视剧	《武则天》	刘晓庆
1997 年	电视剧	《镜花缘传奇》	王男
			汪明荃
1998 年	电视剧	《大唐御史谢瑶环》	斯琴高娃
1999 年	电视剧	《大明宫词》	归亚蕾
2001 年	电视剧	《大唐情史》	秦岚
2001 年	电视剧	《护国良相狄仁杰之京都疑云》	王姬
2002 年	电视剧	《护国良相狄仁杰之古墓惊雷》	王姬
2003 年	电视剧	《护国良相狄仁杰之风摧边关》	王姬
2003 年	电视剧	《天子寻龙》	罗冠兰
2004 年	电视剧	《月上江南》	陈莎莉
2004 年	电视剧	《至尊红颜》	贾静雯

续表 13-1

年份	影视类型	剧名	饰演者
2004 年	电视剧	《无字碑歌》	温峥嵘
			斯琴高娃
2004 年	电视剧	《神探狄仁杰》	吕中
2006 年	电视剧	《神探狄仁杰 2》	吕中
2006 年	电视剧	《日月凌空》	刘晓庆
2006 年	电视剧	《贞观之治》	张笛
2007 年	电视剧	《神探狄仁杰 3》	吕中
2007 年	电视剧	《大唐儒将开漳圣王》	王思懿
2008 年	电视剧	《盛世仁杰》	陈秀珠
2009 年	纪录片	《大明宫》	李翠翠
2010 年	电视剧	《神断狄仁杰》	吕中
2010 年	电视剧	《神探狄仁杰前传》	王静
2010 年	电影	《狄仁杰之通天帝国》	刘嘉玲
2011 年	电视剧	《大唐女巡按》	王姬
2011 年	电视剧	《美人天下》	张庭
2011 年	电视剧	《武则天秘史》	殷桃
			刘晓庆
			斯琴高娃
2011 年	电视剧	《大唐文宗》	王姬
2012 年	电视剧	《太平公主秘史》	刘雨欣
			李湘
2012 年	电视剧	《梦回唐朝》	王力可
2012 年	电视剧	《唐宫燕》	惠英红
2013 年	电视剧	《少年神探狄仁杰》	林心如
2013 年	电视剧	《唐朝好男人》	尹丹丹
2013 年	电影	《狄仁杰之神都龙王》	刘嘉玲
2013 年	电视剧	《隋唐英雄 4》	于莹莹
2013 年	电视剧	《唐朝好男人 2》	翁艺嘉

续表 13-1

年份	影视类型	剧名	饰演者
2014 年	电视剧	《美人制造》	邓萃雯
2015 年	电视剧	《隋唐英雄之薛刚反唐》	惠英红
2016 年	电视剧	《神探狄仁杰之琼花金人案》	周洁

对于国人来说,武则天是最受关注也最受欢迎的皇帝,她的情史、她的上位史、她的八卦,时至今日仍为人们津津乐道。因此,女皇文化有着极为广泛的群众基础,并已经在群众之中产生深远影响。

经过电视剧、电影的多次演绎,武则天和她的神都洛阳形象更加深入人心。因此,隋唐洛阳城对女皇文化进行开发,可以迅速在群众心目中产生吸引力,并极大地推动隋唐洛阳城的旅游发展。

二、女皇文化的开发对策

(一)对女皇文化的内涵进行全方位解构

名人文化虽然有着品位高、知名度高、公众认同性高等"三高"特征,但名人文化也自有其局限性,即市场开发度有限、观赏度低等缺点。要想使名人文化成为旅游发展的优势资源,就要对名人文化的内涵和外延进行挖掘。只有在充分了解名人的前世今生、知名度、影响等基础上,才能确定其经济价值、旅游价值和开发潜力,从而推动名人文化从文化层面向经济层面和现实层面的转换。女皇文化便是如此。武则天的历史贡献巨大。第一,武则天是我国唯一的正统女皇帝;第二,武则天的武周王朝,上承"贞观之治",下启"开元盛世",为大唐的繁荣昌盛做出了很大贡献;第三,武则天打击门阀制度,重用寒门士子,加强中央集权;第四,开启科举考试的殿试,使我国科举考试制度趋于完善;第五,劝农桑、薄赋役,使农业、手工业和商业均衡发展,促进唐朝的经济繁荣;第六,开疆拓土,使大唐声威远播,使丝绸之路畅通无阻,加强了东西方的商品和文化交流;第七,确定李氏为继承人,使权力平稳交接,国家没有生乱;第八,死后在墓前树无字碑,功过任由后人评说,胸怀坦荡;第九,创造文字,成为中华民族的一笔财富。不仅如此,她的感情史、她的个人奋斗史,都是值得大书特书的。除此之外,武则天还是个全面发展的人才,她的诗作可读性很强,曾出版有诗集,《全唐诗》收录其诗作46首;她精于书法,擅长飞白书、行书和草书,为纪念已故太子李弘所撰写的《升仙太子碑》,为唐代书法珍品。由此可见,武则天不仅是我国历史上唯一一个正统女皇帝,还是历史少有的女政治家,她经历丰富,智慧过人,才华横溢,不仅有治国之才,还有知人之才。因此来说,女皇文化可以利用和转化的资源颇多。

事实上,要想将女皇文化诠释全面,应该从三方面去解读。第一,存在于正史记载里的武则天,如《旧唐书》《新唐书》《资治通鉴》等,科学严谨,史料价值高。第二,存在于野史和文学作品里的武则天,如《镜花缘》《武则天正传》《大唐明月》等,虽然史料价值不高,但故事跌宕起伏,文学性高,对于武则天的评价,也有一定参考价值。第三,存在于民间的神话和传说,如洛阳地区流传的"武则天贬牡丹""武则天与水席""武则天与燕菜"等众多传说,尽管史料价值有限,但适合延伸和拓展,成为老百姓猎奇的焦点和游客兴趣之所在。在对女皇文化进行解构时,一定要坚持求真务实,以不歪曲历史人物为原则,但也要参考野史小说和民间传说,使得女皇文化更为世俗化、时尚化,以拉近和游客的距离。

(二)对女皇文化品牌系统进行构建

构建女皇文化品牌系统,首先要确定女皇文化的核心价值所在。女皇文化可从四个层面来阐述:第一,国家层面,她是我国历史上唯一的正统女皇帝,也是做出巨大贡献的女政治家。第二,区域层面,她是隋唐洛阳城的"女神",隋唐洛阳城因她而辉煌百代,功耀古今。第三,人群层面,她是我国女性的伟大象征,是女性觉醒的先驱。第四,个人层面,她有着艰难的个人奋斗史,足以为后来者提供借鉴。在这四个层面上,将武则天的历史功绩和现实意义连接起来,树立女皇文化的品牌形象,打造女皇文化品牌系统。

构建女皇文化品牌系统,其次要规范女皇的形象识别系统。虽然洛阳和"女皇故里"四川广元、陕西文水、陕西西安等地都在打女皇牌,并且在旅游纪念品和城市标志物上,有关女皇的形象比比皆是。但女皇形象较为混乱,造型更是五花八门,不一而足,尤其以卡通形象较多,无法给游客留下深刻印象。因此,隋唐洛阳城要打造女皇文化,就要对女皇形象进行规范,建议从历史典籍中对武则天的描述去寻找,参考唐代后期画家张萱所绘《唐后行从图》和明代刻本《历史古人像赞》,并结合"女皇故里"四川广元皇泽寺的唐代石刻"武后真容图"和龙门石窟的卢舍那大佛造像,力求还原女皇的"真容"。并且,对其形象进行重新设计,使之更简洁,更流畅,更符合真实的女皇:威严而不失灵动,智慧而不失美丽,端庄而不失妩媚。以此为蓝本,设计女皇形象识别系统,使其抽象化、现代化、时尚化,增强识别性和标志性,从而更为游客所接受,更深入人心。

构建女皇文化品牌系统,最后要构建女皇形象品牌保护系统,重视劳动成果和知识产权。在女皇形象构建成功之后,向工商局提交品牌申请,注重自我保护。在进行女皇形象设计时,可面向社会征集作品,一方面,集中群众智慧,争取打造真实度最高、最受欢迎的女皇;另一方面,潜移默化培养女皇的粉丝群,凝聚他们的忠诚度,使他们成为女皇文化的忠实守护者和关爱者。此外,在洛阳市范围内普及女皇文化,介绍女皇的历史功绩,肯定她的历史地位,提高女皇在市民心目中的认可度和美誉度,扩大女皇形象的品牌影响力。不仅如此,还可邀请曾饰演过女皇、有较高影响力、符合女皇气质的影视演员担任隋唐洛阳城的女皇文化宣传大使,提升女皇文化在国内外的影响价值。加强对女皇文化的宣传,与影视集团进行合作,以女皇为主角,以隋唐洛阳城为故事发生地,打造质量高、口碑好的影视剧等。争取从法律、舆论、宣传等不同方面,对女皇文化进行品牌保护,使女皇文化品牌系统得以建立,使女皇的品牌价值不断提升。

(三)对女皇文化旅游体系进行建设

隋唐洛阳城开发女皇文化旅游资源,重点在于建设女皇文化旅游体系。

第一,要以女皇文化核心价值为基准,挖掘女皇文化旅游"痛点"。如果洛阳城的守护神是洛神,那么隋唐洛阳城的守护神便是女皇。通过旅游产品设计,塑造一代女皇风采,营造女皇亲民、果断、睿智、美丽的英明女政治家形象,使女皇成为智慧与美丽的化身。与此同时,以女皇为主角,打造文化旅游产品,如文学作品、歌曲舞蹈、综合演艺等形式,使女皇形象更加深入人心。可尝试打造女皇玩偶,如以女皇形象为主导,打造美丽女皇、智慧女皇、亲民女皇、威严女皇、奋斗女皇、诗人女皇、艺术女皇、伟大女皇等为题材的"八面女皇"玩偶,增强旅游产品的趣味性和娱乐性,从而更受游客欢迎。

第二,要以游客为视角,挖掘女皇文化旅游卖点。当今之世,年轻人是时代先锋官,是旅游主力军,他们乐于学习,乐于吸收知识,增长见识,有着对未知事物强烈的探索精神。不仅如此,年轻人还是时代弄潮儿,是时尚代言人,他们乐于接受新鲜事物,并能够熟练运用现代网络和通信工具,使信息传播得更快,使知识传播得更远。以往的文化旅游,针对的游客是中年人,抑或是有一定文化担当和人文情怀的知识分子。事实上,如果抓住年轻人的眼球,受到他们的力挺和欢迎,则旅游开发便成功了一大半。因此,在进行女皇文化旅游开发时,一定要针对青年游客开发旅游产品。一般来说,要以女皇文化为主题,增加旅游产品的时尚元素,使之更符合年轻人的审美,与年轻人的价值观不谋而合。在针对女性游客进行旅游商品设计时,突出武则天的"女王范儿",推崇女性意识觉醒、女性价值担当;在针对男性游客进行旅游商品设计时,突出武则天作为中华伟大女性的优良品德。

第三,要结合洛阳地方文化,抢占女皇文化旅游"制高点"。洛阳是武则天功成名就的地方,也是建功立业的地方。无论是作为女皇故里的四川广元,还是作为陵寝所在的陕西西安,都不具备和洛阳相媲美、一决高下的实力。因此,隋唐洛阳城要积极开发旅游产品,抢占女皇文化旅游"制高点"。要结合洛阳当地色彩浓厚的特色文化,以"人无我有,人有我新,人新我先"的态势,积极开发女皇文化,争取"一战成名"。如甲天下的洛阳牡丹,名扬中外的洛阳水席,我国历史上最华丽的中轴线建筑——"七天建筑",都和女皇渊源已久。在设计女皇形象时,要融入地方特色,使游客印象深刻;在开发旅游产品时,注重融入洛阳本土文化,使产品亮点十足;在普及女皇文化时,要增强女皇魅力,使女皇重回人心。

第四节 "神都"洛阳的旅游开发思考

一、隋唐洛阳城开发"神都"旅游的可行性

(一)隋唐洛阳城是我国历史上唯一被命名为"神都"的城市

我国历史悠久,朝代众多,由洛阳、西安、北京、南京组成的四大古都更是以历史悠久、影响深远而闻名遐迩。据不完全统计,在我国能被称为古都的城市,有二百余座之多,而仅河南一省,就有洛阳、开封、安阳、郑州、商丘

和许昌六座,如果算上偃师、登封、新郑等县级城市,更是有十余座之多。虽然古都众多,但只有洛阳,是我国历史上唯一被命名为"神都"的城市。"神都"之名,有两种含义,一种为"神州大地之都",另一种为"神之都城"。神州大地之都,即中华大地的都城,这是就地域概念而言,也是就时间概念而言。也就是说,古今几千年,只有洛阳可以称为都城。神之都城,赋予洛阳以神性,武则天称处理朝政的明堂为"万象神宫",也是依照后一种意思。无论哪种解释,"神都"这个称呼,对我国的都城建制来说都是开创性的。

隋唐洛阳城曾经见证了"神都"洛阳的辉煌与没落,成为"神都"洛阳的现实载体和文化载体,因此隋唐洛阳城开发"神都"旅游可谓名正言顺。

(二)"神都"为隋唐洛阳城"代言"

隋唐洛阳城,是隋朝的新都,但规模不及隋朝的都城大兴城(即西安);同时,隋唐洛阳城也是唐朝的东都,但只是承担唐朝首都的部分功能,如水运、交通功能等,唐朝初期皇帝处理朝政,还是在长安居多。但武则天执政时,洛阳成为真正意义上的都城,国家权力中心也从长安转移到洛阳。武则天以洛阳为都城有其私人原因,但对洛阳的意义却是巨大的。一来,洛阳有幸成为武周时期的国家都城;二来,洛阳被冠以"神都"之名,使洛阳多出一个响亮的"口号",能够在众多古都中脱颖而出。

从旅游开发的现实角度出发,如果要发展旅游业,继续使用"隋唐洛阳城"这个考古名称,不仅和汉长安城、隋唐长安城、北宋汴梁城、南宋临安城等区别不大,即便是放在曾经有十三个朝代在此建都的洛阳,和西周成周城、东周王城、汉魏洛阳城等称呼放在一起,也只是"混同众人",看不出其独特性,无法彰显特色。如果冠以"神都洛阳"之名,即便仅仅是一句旅游口号,也会响亮许多,更不用说以此为基础,进行旅游开发了。

(三)"神都"是隋唐洛阳城的发展巅峰

称洛阳为"神都"时,是唐睿宗文明元年(684 年),武则天临朝称制,改东都洛阳为"神都"。载初元年(690 年),武则天称帝,以"神都"洛阳为首都。唐朝(武周)的权力从此东移洛阳,使后者成为名副其实的一国之都。为了符合"神都"概念,武则天对洛阳的建设是不遗余力的,她不仅在原有隋代洛阳城的基础上进行扩建,还仿造我国礼仪制度的典范——周朝制度,建立国家的最高权力中枢——明堂,并修建武氏宗庙、社稷以及歌功颂德碑——天枢。不仅如此,武则天还仿造天上三垣,在中轴线上确定著名的"七天建筑",使之成为我国都城建造史上最华丽的中轴线建筑群,也最终使隋唐洛阳城完成最为闪耀的蜕变。武则天之后,隋唐洛阳城一跃而成"神都",成为我国都城建造史上最华丽的建筑群,影响深远,不仅波及后世,还散播至东亚诸国。可以说,"神都"洛阳是隋唐洛阳城的发展巅峰,也是我国古代建筑巅峰时期的代表作。因此,隋唐洛阳城发展"神都"文化旅游,不失为明智之举。

(四)"神都"是隋唐洛阳城连接女皇文化和名臣文化的有力媒介

"神都"洛阳是武周时期的都城,见证了我国唯一一个正统女皇帝武则天的兴起并最终问鼎天下;见证了武则天治下的唐朝(武周)君子满朝、名臣辈出。近些年,以武则天和名臣狄仁杰为主角的电影、电视剧层出不穷,在荧屏上几乎每年都会有这对君臣的身影出现。"神都"洛阳以武则天和狄仁杰为首的名人文化,在未来很有可能成为隋唐洛阳城最富潜力的优秀旅游资源。因此,隋唐洛阳城如果进行女皇文化和名臣文化开发,"神都"洛阳是它们之间的最好连接媒介。

二、"神都"洛阳旅游开发策略

(一)理顺"神都"洛阳内涵

文化内涵是旅游文化的载体。对于隋唐洛阳城来说,要以"神都"洛阳为基点进行文化旅游开发,就要理顺"神都"洛阳的文化内涵。"神都"洛阳的文化内涵,主要表现在"一概念,五方面"。"一概念"是指"神都"洛阳的概念,即神州大地之都和神之都城。五方面是指:①洛阳是我国古都之中唯一被命名为"神都"的古都,是洛阳在古都之中最特立独行的表现;②"神都"洛阳的"七天建筑",对应天上三垣,成为我国都城建筑史上最华丽的中轴线建筑;③"神都"洛阳是隋唐洛阳城五百余年发展史上的巅峰;④"神都"洛阳和女皇文化密不可分;⑤"神都"洛阳是诸多故事传说的载体。

"神都"洛阳是一座神圣之都,它是国家政治中心,明堂更是国家最高权力中枢。它是武周王朝的象征,天堂和明堂是我国历史上最华丽、也是最高的建筑之一。它是一座商品交易、文化交流之都,武则天对东市、南市和北市等三市的扩建,使得洛阳城能够容纳更多商品交易,吸引西域诸国商品纷至沓来。它是佛教文化中心,在武周时期,洛阳城寺庙林立,佛教文化兴盛。天堂之中供奉的"通天浮屠",是我国历史上最大的一尊佛教造像,而天堂本身,也成为我国历史上高度最高、面积最大的礼佛堂。

"神都"洛阳城的这些文化内涵,都可以加以利用,转化成隋唐洛阳城的旅游资源。

(二)叫响"神都"洛阳旅游宣传口号

无论城市还是景区,都需要一个响亮的旅游口号。洛阳市"千年帝都,牡丹花城"的旅游口号叫了多年,几经变化,均不如意。2016年年底,洛阳市曾面向全国征集旅游口号,尽管有数万人参与,也未有比"千年帝都,牡丹花城"更为合适的旅游口号入选,最终只能空缺,只选出"千载中国梦,一品洛阳城""寻历史长卷,觅河洛老家"两个口号作为备选项①。由此可见,选择一个合适的旅游宣传口号是何等困难。

隋唐洛阳城在进行宣传推广时,自然也需要合适的旅游宣传口号。事实上,以"神都"洛阳作为隋唐洛阳城宣传口号的主题再合适不过。因为"神都"洛阳代表着隋唐洛阳城的最高成就,并能够使洛阳在我国众多古都中脱颖而出。明堂是隋唐洛阳城的最高权力中枢,也是"神都"洛阳的象征。因此,隋唐洛阳城的旅游宣传口号可以将"神都"洛阳和万象神宫进行搭配,既突出隋唐洛阳城的核心价值,又通俗易懂,朗朗上口,使游客更容易记住。如"千年帝都看洛阳,万象神都看隋唐""'神都'洛阳,万象更新""'神都'气象,女皇风采——隋唐洛阳城欢迎您"等。"万象"既契合万象神宫,又象征隋唐洛阳城之中千态万象,精彩纷呈。第三个口号,重点突出"神都"和女皇,这两者是隋唐洛阳城的核心竞争力。

(三)树立"神都"洛阳品牌形象

品牌形象的确立,离不开品牌形象识别系统的建立。神都之名,在古都之中是唯一的,因此可将重点放在古代典籍,如《旧唐书》《新唐书》《资治通鉴》《考工记》《天工开物》等古籍上进行挖掘,将明堂和天堂形象作为参考,同时参照历史建筑,设计出既彰显隋唐洛阳城文化特色,又突出"神都"洛阳历史地位和文化内涵的品牌形象。以"神都"洛阳的品牌形象为基准,构建

---

① 尹红磊.我市旅游主题宣传口号评选结果揭晓[N].洛阳商报,2017-9-7(10).

"神都"洛阳形象识别系统。在隋唐洛阳城之内,统一"神都"洛阳品牌。

与此同时,专门开辟"神都"文化博物馆,对"神都"洛阳的文化内涵、历史知识、文物古迹、历史功绩、名人文化、诗词文化、佛教文化等进行介绍,使游客对"神都"洛阳进行深入了解。加强对洛阳市民的宣传教育,为他们普及"神都"洛阳的历史文化知识,让他们了解"神都"洛阳的与众不同之处以及对于洛阳的重要性,从而为身为"神都人"而自豪,并自发行动起来为"神都"做宣传;成立"神都"洛阳历史文化研究会,对洛阳的"神都"文化进行专门研究,期待发掘更丰富的史料,出现更深入的研究。通过这些策略的实施,使"神都"洛阳之名更深入人心,从而树立起"神都"洛阳的品牌形象。

(四)打造"神都"洛阳优势文化旅游产品

要想使"神都"洛阳旅游在隋唐洛阳城兴起,就要有与之相配套的文化旅游产品做支撑。在开发关于"神都"洛阳的文化旅游产品时,一定要与"神都"洛阳的文化内涵紧密结合,"神都"洛阳文化内涵丰富,如果加以利用,便会成为优质资源,从而开发出相对应的文化旅游产品;一定要以游客尤其年轻游客为中心,年轻游客是旅游队伍的中坚力量,他们思维开阔,接受能力强,因此要确保"神都"洛阳文化旅游产品的时尚性、实用性和趣味性,使其内容更丰富,产品更娱乐,更为年轻游客所接受。此外,还要注重和现代信息技术和网络技术的结合,使其成为"互联网+旅游产品",从而在今天的智能手机时代,有着更强感染力,更易推广;一定要与洛阳本地文化相结合,使文化旅游产品既有时尚元素,又有地域色彩,同时有文化内涵,最终成为洛阳文化旅游产品的独特优势。

(五)构建"神都"洛阳旅游体系

"神都"洛阳旅游推广是否能够成功,最终还是要看"神都"洛阳旅游体系在隋唐洛阳城能否建成。旅游体系的建立,是一个极为复杂的综合性工程,不仅要有旅游吸引物,还要有旅游景点形象或标志物,更要有游客。因此,在前两者建立之后,要扩大宣传,加大推广力度,从而对游客形成强有力的吸引。对于隋唐洛阳城来说,"神都"洛阳是其核心旅游价值,更是其核心竞争力,所以,要以"神都"洛阳为宣传重点,采用朗朗上口、简单易记、通俗易懂的旅游宣传口号,使游客过目不忘,一听便能记住。

针对目前人们使用手机较为频繁,并以手机作为信息接收媒介的特点,可开设官方微博微信,增强与粉丝的互动,以见面会形式,扩大与他们的交流;利用微信公众号推送有价值的文章吸引粉丝,增加粉丝黏性,巩固他们的忠诚度。可以听取他们的意见,采纳他们的建议。在必要时,可以公开征集宣传口号和对隋唐洛阳城旅游开发的建议,集思广益,发动群众之力,使"神都"洛阳的品牌形象稳步提升。

在旅游景点开发上,除了要复建历史上的"七天建筑"之外,还要针对武则天时期洛阳的其他地标性建筑进行复建,冠以"神都"之名,使"神都"洛阳的品牌形象更具体、更丰满,从而推动"神都"洛阳品牌旅游体系的顺利建成。

第十四章

隋唐洛阳城文创产品开发研究

第一节　文创产品

一、文创产品的概念和理论

文创产品,是指文化、创意两者融合而成的产品,既指具有文化色彩的创意产品,也指具有新颖创意的文化产品。要理清文创产品的概念,就要先搞清楚文化、创业和产品这三个概念。

《新华词典》对"文化"一词的解释如下:"①人类在社会历史过程中所创造的物质财富和精神财富的总和。特指精神财富,如教育、科学、文艺等;②运用文字的能力及一般知识,例如学文化;③考古学指相同历史时期不依分布地点为转移的遗迹、遗物的综合体,表现为相同的工具、用具、制造技术等。如大汶口文化。"①文化,既可以在物质之内,又可以在物质之外,它是国家、民族、区域、地方的地理历史、风俗习惯、风土人情、行为方式、文学艺术、思维形式和意识形态等的统称。综合两种说法,文化可以被认为是"受到某

---

① 商务印书馆辞书研究中心.新华词典[M].北京:商务印书馆,2013(8):1054.

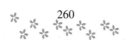

群体广泛认知,并形成群体思想与行为系统的精神与物质内容"①。

《新华词典》对"创意"的解释如下:"①创造性的思想,例如这种设计颇具创意;②提出创造性的思想,例如这项活动最初由三班创意发起。"②创意是对事物拥有的新认知、新想法、新观点和新行为。创意是对传统的改造、反叛,是对固守的打破,是不破不立,是破旧立新,是智慧碰撞,是创造观念,是创新思维。因此可以说,创意是通过文学、艺术、音乐和美术等方式对旧有内容所做出的新解读和新创造。按照约翰·霍金斯的理解,创意是才艺、才能和智慧的代名词,在他看来,无论是从无到有还是以旧代新,都应该在创意范畴之内。蒋三庚也认为所谓创意,是从人类头脑之中产生,借助头脑的加工与创造,从而将原有产品转化成新产品,并出现新服务,产生新机会。事实上,对创意可以如此理解:即人的智慧,以及由智慧转化而来的直接产物,它的具体表现可以是创意路径的另辟蹊径,是方法用途的新颖别致,是技能拓宽的延伸延展等,它是人的潜能、技能以及创造力,并由此带来的价值提升。

文化创意产品是文化、创意和产品的三者结合,既要以文化为主题,又要突出产品,同时还是要有独特市场价值的商品。文化创意产品有狭义和广义之分,狭义的文化创意产品便是指产品,即具备文化特色,蕴含独特创意的商品,是一种有形的物质化形态;广义的文化创意产品不仅指产品,也指服务,即与文化相关,创意独特的商品以及所提供的服务,既包含有形的物质化形态,又包含无形的非物质化形态,它是物质和非物质两者之间的结合。

文创创意产业最早见于英国。早在 1998 年,英国便提出"文化创意产业"这样一种概念,其中明确规定文化创意产业有十三个,即广播影视、音像、动漫、视觉艺术、传媒、工艺与设计、表演艺术、环境艺术、雕塑、服装设计、广告装潢、软件和计算机服务。随着在全球的文化扩张,美国渐渐成长为世界文化创意产业的帝国,以迪士尼、华纳、派拉蒙等为主的文化公司不断攻城略地,使全世界都受其影响。

---

① 陈泽恺."带得走的文化":文创产品的定义分类与"3C 共鸣原理"[J].现代交际,2017(2):103-105.

② 商务印书馆辞书研究中心.新华词典[M].北京:商务印书馆,2013:148.

我国文化创意产业历史悠久，文化深厚，像笔墨纸砚、琴棋书画、诗词曲赋等都属于文化创意产业的一部分。但到了当代，由于对文化创意产业重视不够，使得我国的文化创意产业落在后面。随着加入世贸组织以后，我国经济与世界经济出现深度融合，才最终与西方国家打交道中增长了阅历，丰富了见识，从而使眼界更宽，思路更广。我国有着丰富的历史文化资源，如果利用好，惊艳世界不在话下。这些年，我国的影视产业、表演艺术、计算机服务等产业也走出国门，成为我国软实力的象征。

在庆祝中国共产党成立95周年大会上，习近平总书记明确提出中国共产党人"坚持不忘初心、继续前进"，就要坚持"四个自信"，即"中国特色社会主义道路自信、理论自信、制度自信、文化自信"。与此同时，他还强调指出，"文化自信，是更基础、更广泛、更深厚的自信"。坚持文化自信，做大做强文化创意产业，推动我国软实力的发展是必不可少的。这是塑造大国形象的一部分，是增强民族自信的重要因素。因此，推动文化创意产业的发展，增强文化创意产品的好评度和美誉度，是我国当前必须做的。

也正如中国人民大学文化创意研究中心执行主任金元浦先生所言："文化创意产业是在全球化的条件下，以消费时代人们的精神、文化、娱乐需求为基础的，以高科技手段支撑为前提，以网络等新的传播方式为主导的一种新的产业发展模式。它以文化和经济全面结合为自身特征，是一种跨国、跨行业、跨部门、跨地域、跨领域重组或者创建的新型产业集群。它是以创意创新为核心，以知识产权为根本，贯穿生产、流通、消费等产业发展全过程的新型产业集群，向大众提供满足其文化、娱乐、精神和心理等方面需求的新兴产业形态。"①

二、文创产品的分类

从形态上来分，我国的文创产品可以分为三种，即传统文化产品、常态文化创意产品和新业态新创意产品。传统文化产品就是由传统文化产品衍生出来的产品，主要以传统文化资源为基础进行发展而来，如因传统的历史

---

① 金元浦. 我国文化创意产业发展的三个阶梯与三种模式[J]. 中国地质大学学报（社会科学版），2010（1）：20-24.

文物遗迹、物质文化遗产、非物质文化遗产等资源开发衍生而出,即文化旅游产品、文艺演出产品、工艺品和旅游纪念品等;常态文化创意产品就是通过常态文化产业衍生而来的创意产品,如广播节目、电影、电视剧、新闻出版物、节庆与会展产品、文化艺术产品、画作、艺术品、拍卖品和休闲娱乐产品等;新业态新创意产品就是指在新时代,以信息产业、计算机产业、现代科技综合发展而成的文化产品,如网络产品、新媒体、动漫、网游、创意设计、体育与户外运动产品等。但这只是对文化创意产品的简单分类,在实际生活中,三种文化创意产品相互关联,相互促进,相互融合,相互支持,常常你中有我,我中有你,展现出不同的状态,呈现出蓬勃发展的局面。

我国目前的文化创意产业具有发展不均衡性。一般来说,东部地区发展势头较快,并且以新业态新创意产品为主,而对于中西部地区来说,文化创意产业还是以传统文化产品和常态文化创意产品为主。因此,对于东部地区来说,应继续保持领先优势和先进地位,使用新技术,采用新成果,不断吸取国外发达国家的先进经验,让文化创意引领全国,走向世界;对于中西部地区来说,要处理好物质文化遗产和非物质文化遗产之间的关系,处理好公共产业和文化产业之间的关系,要在传承古代文化的同时,有所创新和发展,在保留现有历史文化资源优越性的同时,多开发创意产品,并能够以地方特色、文化魅力打动游客,赢得好评。

从产业类型看,文化创意产品可分为两种,即一体型文化创意产品和IP衍生型文化创意产品。一体型文化创意产品强调文化类型、内容和创意要融为一体,内容离开文化类型不能独立生存;创意离开内容也不能独立生存,三者是共生共存,三位一体的。如洛阳牡丹瓷,便是典型的一体型文化创意产品,即将洛阳的牡丹文化和我国古老的制瓷工艺相结合,以洛阳地区的特色高岭土为原料,通过现代瓷器烧制技术而完成。牡丹瓷上的牡丹,有着红玉瓣、黄金蕊、琥珀枝、翡翠叶,栩栩如生,千姿百态,永远绽放,永不凋零,从而被称为"永不凋谢的洛阳牡丹"。IP衍生型文化创意产品。即从文创IP出发,使现代时尚产业、新兴产业或者传统产业与文创IP进行融合,从而产生出来的文化创意产品。像北京故宫博物院将故宫作为一个文创大IP,从而开发的一系列故宫文创产品便属于IP衍生型文化创意产品。故宫文创产品,不仅有手机壳、电脑包、手机链等时尚生活用品,更有香皂盒、凉拖、棉被等传统生活用品,五花八门,不一而足。据不完全统计,约有八千余种,每年销售收入超过 10 亿元。不仅如此,故宫还从文物出发,衍生出许多小型文创 IP,如以雍正皇帝的御笔为 IP,开发出拼装玩具、家具、茶具、福筒、折扇、顶戴花翎伞帽和口罩等,简直应有尽有。

总之,文化创意产品,关键还是要看创意,将创意融入文化产品之中,既有文化内涵,又有地方特色,同时创意十足,使人耳目一新,眼前一亮。只有这样,才能在越来越激烈的文创产品竞争中突围而出,出奇制胜。

第二节　洛阳文创产品开发

一、洛阳文创产品开发意义

(一) 文化和创意的融合是大势所趋

党的十九大报告中指出:"文化是一个国家、一个民族的灵魂。文化兴则国运兴,文化强则民族强。没有高度的文化自信,没有文化的繁荣兴盛,就没有中华民族的伟大复兴。"文化自信,"既是一种文化的自觉与自豪,也是反对'西方文化中心论'的有力武器,还是吹响推动中华民族复兴的精神号角"①。文化自信事关国运兴衰,文化自信事关文化安全,文化自信事关民族精神的独立。因此,做大做强文化产业,做精做细文化创意产业,使我国人民既能强健体魄,也能昂首挺胸;既能身体站起来,也能精神站起来,是我国发展到现阶段的要求,也是我国在新的历史时期的发展方向。

早在 2014 年 2 月时,国务院便出台关于《推进文化创意和设计服务与相关产业融合发展的若干意见》,其中明确提出:"必须坚持整合文化和旅游资源,鼓励社会力量积极参与文化旅游产业发展,打造文化旅游品牌,努力营造以文化丰富旅游内涵、以旅游促进文化消费的良好局面。"2016 年 5 月,国务院又转发《文化部等部门关于推动文化文物单位文化创意产品开发若干意见》,提出"充分运用创意和科技手段,注意与产业发展相结合,推动文化资源与现代生产生活相融合,既传播文化,又发展产业、增加效益,实现文化

---

① 黄杰.文化自信的三重功能[N].北京日报,2017-12-25(3).

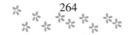

价值和实用价值的有机统一。力争到 2020 年,逐步形成形式多样、特色鲜明、富有创意、竞争力强的文化创意产品体系,满足广大人民群众日益增长、不断升级和个性化的物质和精神文化需求。"从国家层面上,多次对文化创意产业提出要求,并要形成具有我国特色的文化创意产品体系,使之不断满足人民群众的多样化需求。

随着我国工业基础的不断完善,对经济结构的调整也势在必行。随着信息技术的发展和互联网技术的日益发达,我国的文化事业得到前所未有的发展,在互联网的连接之下,集思广益,推陈出新越来越成为可能。再加上休闲旅游的兴起,使游客在旅游观光的基础上,对旅游多样化提出更多更高要求。因此,文创产品表现得越来越活跃,越来越创新。

事实上,文化和创意之间本身就有着天然的联系。文化是创意的支撑,是创意的灵魂,而创意则是文化的发展趋势,是文化的创新驱动。因此,当文化和创意结合之后,便显现出更为旺盛的生命力。

新的时代,新的要求,新的融合,新的创造,使得文创产业成为时代的要求,使得好的文创产品的出现成为时代的一种呼唤。

(二)加强文化创意是洛阳旅游业发展的要求

洛阳市是国务院首批公布的国家历史文化名城,是四大古都之一,是我国优秀旅游城市,更是河南省旅游产业的创新发展驱动的重要力量。随着我国经济的发展,以高速公路、高铁为代表的现代交通体系日益完善,洛阳市的旅游经济得到突飞猛进的发展。但与此同时,洛阳旅游也正面临着挑战,其中重要一项便是面临周边省市的竞争。比如,洛阳和省会郑州面临休闲旅游竞争;和同为古都的开封、陕西省会西安面临文化旅游竞争;和山东菏泽面临牡丹旅游竞争。再靠之前的"老三篇",即龙门石窟、白马寺和关林已经无法留住更多游客。如何使游客的"一日游"变成"三日游","三日游"变成"七日游",是洛阳旅游面临的一大难题,也是当前亟待解决的问题。

与省内外其他城市相比,洛阳有着极为丰富的历史文化资源。早在五千年前,我国先民便在河洛大地上繁衍生息,创造出灿烂辉煌的文明,这些是洛阳旅游发展的极大凭借。如何使古老文化焕然一新? 如何使陈旧历史脱胎换骨? 如何使厚重文明焕发生机? 文化创意产业恰逢其时! 尤其在洛阳旅游面临转型发展的今天,利用好文化创意产业,可以使洛阳旅游产业插上腾飞的翅膀。

不仅如此,与原有旅游观光为主的旅游方式相比,而今的旅游越来越向休闲旅游转变。无论是旅游产业还是旅游产品,都要更有创意,更加创新,以创新和创意吸引游客,使游客产生向往心理和购买欲望,这也是未来旅游业发展的要求。因此,做好旅游产品的文化创意,已经成为洛阳市旅游产业发展的一大要求。

(三)文化创意能够成为洛阳核心竞争力

随着社会的进步、经济的发展以及人民生活水平的提高,我国的旅游方式也越来越从片面追求旅游景区数量,到追求旅游质量转变。在过去,人们总是向往"诗和远方",向往远方的风景,但远处的风景未必迷人。每逢长假期间,各大著名旅游景区人满为患的场面,已经让越来越多的游客心有余悸,不敢再选择长假外出旅游,哪怕窝在家里,也比堵在高速上、挤在景区里要舒服一些。而今的人们,越来越追求旅游的舒适和休闲,游客从"五一""十一"的长假游开始向利用休息日和节假日进行周边游和"一日游"转变。

但我国旅游业发展的主要矛盾依旧是旅游业的发展状态和游客的旅游需求不相匹配的矛盾。在旅游业蓬勃兴起之后,旅游景区、旅游景点如雨后春笋般出现,自然风光秀美的地方被开发成自然景区,文化资源丰富的地方被开发成文化景区,即便在无一凭借的城市开发中,也会建立以休闲娱乐为主的欢乐谷、娱乐园,圈起地来,放置几台设备,就能开园营业,卖票收钱。随着大大小小的旅游景区越来越多,景区的同质化越来越严重。自然景区,无非山水,景观相似;文化景区,无非仿古建筑,文化相似;游乐场更是随处可见,这边倒闭,那边营业,此起彼伏。全国同名的旅游景区众多,全国争抢名人资源、文化资源的例子更是比比皆是。

在如此"千城一面,千景一色"的情况下,要想提高旅游竞争力,就要增加旅游产品的创意。只有以文化为基础,以地域为特色,深度挖掘文化的深层内涵,加强文化与其他产业的融合,制作出能够满足游客需求的文创产品,才能在激烈的竞争中立于不败之地。文旅产品要实现与同类文旅产品的差异化,才能给游客留下深刻印象,从而增加对洛阳这座旅游城市的好感。

洛阳曾被中央电视台评为"倾国倾城:最值得向世界介绍的十大中国名

城"。真正能够倾国倾城、走向世界的,不仅仅是魅力景区,更是一座城市的风土人情、风情风貌,而这座城市独具特色的旅游产品,将会为这座城市增添无穷魅力,成为这座城市的核心竞争力。

(四)文化创意产品能够满足游客的多样化需求

随着生活水平的提高,国民外出旅游的次数越来越多,出行也越来越频繁。对于多数游客来说,能够在旅行途中找到出行快乐,能够通过流连忘返的风景获得安静与舒适,能够通过和家人的结伴出游增加家庭的亲和度以及与家人的亲密度;能够通过与亲朋好友组团旅游增加彼此的亲密度和感情。然而,随着越来越多的国民走出去看风景,多数景区都是人满为患,尤其在"五一"和"十一"长假期间,更是人潮汹涌,熙熙攘攘,使得旅游质量严重下降,不仅游客的体验感减弱,对旅游景区的好感也随之降低。如果再看到千篇一律的文旅产品,更是会感叹旅游难有所值。

旅游,事实上,最注重的便是旅游感受。去一个陌生的地方,看陌生的人群和风景,以不一样的心情,面对不一样的环境。如果处处雷同,没有新鲜感,便会使旅游体验感大大降低。一种成功的文创产品,不仅代表着新奇、新鲜、与众不同,更代表着当地的文化风采、民俗风情、风土风物,是一种较好的文化输出、创意输出和价值输出,不仅能够带给游客精神享受,还可以带给游客心灵震撼,使游客拥有更强烈的旅游体验感、更热切的文化满足感,从而一鸣惊人。

正因如此,在进行文创产品和文旅产品开发时,要尽可能挖掘更深层次的文化内涵,要尽可能更具文化创意,更代表当地的文化特色和创意水平。所以,在开发文创产品时,要开动思维,用心创作,打破行业壁垒,破除思维界限,不仅向文创产品的纵深去延伸,更要向文创产业的上游和下游去发展。以特色出奇制胜,增强个性化;以游客为根本,增加人性化;强调附加值和全功能,增加多元化,使产品更有创造力、震撼力和吸引力,从而更有竞争力,并不断满足游客日益增长的多样化旅游需求,最大限度地符合游客的审美要求。

(五)文化创意产品是洛阳历史文化资源与时俱进的有效路径

作为四大古都之一,洛阳有着五千年文明史、三千多年建城史、一千多年建都史,是我国著名的历史文化名城。五千年的文化沉淀,使得洛阳历史源远流长,文化厚重伟岸,名人如恒河沙数,故事更是灿若繁星,这是洛阳的骄傲,也是河南的荣耀。但如果不进行合理利用,文化洛阳只能存在于"二十四史"里,暗然无光。必须要重新赋予文化以旺盛的生命力,使之虽悠久却年轻,虽厚重却活泼。因此,从文化的深度和广度入手,积极研究文化的内涵和外延,挖掘内在和外在的文化,使之重现生机,使得洛阳历史文化资源能够与时俱进,开拓创新。这对于我国传统文化的发展和继承来说,具有极为重要的意义。

文化创意产品,或给文化带去灵感,或让创意增添文化,或使创意别具一格,或使文化更具特色,对于洛阳历史文化资源的开发来说,是一条可行之路。洛阳深厚的历史文化,独具特色的地域文化,一旦转化成文化创意产品,则会以其强烈的地域色彩和浓重的洛阳痕迹使文化创意产品与众不同,从而使其不仅难以模仿,更难以复制,难以超越。因此,文化创意开发之路,对于文化灿烂的洛阳来说,也是一条万全之策。

二、洛阳文创产品开发思路

(一) 要挖掘"最洛阳"的文化元素

在现今洛阳旅游市场上,大众化文创旅游产品多,小众化能体现洛阳特色的文创旅游产品少。也就是说,逛洛阳文化旅游市场,和逛其他城市的文化旅游市场没有多大区别,相似的风景,相似的穿着打扮,相似的文化旅游产品,各色小玩物、小首饰、小吃食,都是大众化的,在许多城市都能见到。较有特色的便是牡丹瓷、唐三彩,动辄几百元的价格,让普通游客望而却步;还有一些牡丹画、剪纸、字画等,一来价格太贵,二来太过小众,也只是看的多、买的少。目前,洛阳制作文创旅游产品的公司有百余家,但由于对文创产业缺乏足够认识,对洛阳自身文化又缺乏足够了解,所以他们生产的文创旅游产品特色有限,较为平庸。事实上,对于洛阳文创旅游产业而言,要尽可能覆盖整个文创旅游市场,不仅要有高端产品,还要大力发展中端产品和低端产品,尤其是为普通游客所接受的低端产品,以低廉的价格、独具洛阳特色的创意、浓厚的文化色彩,赢得游客青睐,使游客产生购买行为,从而留下洛阳印迹。不仅要有生活用品,还要有时尚产品;不仅要照顾到男性游客,还要照顾到女性游客;不仅要考虑到儿童游客,还要考虑到老年游客,达到全方位、多角度覆盖,使洛阳文创旅游市场既具有创意风采,又能彰显洛阳特色。

对于洛阳文创产业而言,最主要的,是要充分挖掘洛阳的文化元素,要抓住最能代表洛阳文化,最能彰显洛阳特色,最能体现古都风情的文化符号,使文创产品洛阳味儿浓烈,弥漫着历久弥香的洛阳魅力。2012年,洛阳市地方史志办公室、洛阳理工学院、洛阳日报报业集团曾联合主办"洛阳十大文化符号"评选活动,经过市民推荐、评选和专家学者筛选、论证,最终入选的有河图洛书、二里头遗址、杜康、周公、白马寺、关林、龙门石窟、牡丹、水席和"东方红"拖拉机①。在一定程度上,这十大文化符号最能体现洛阳的文化内涵,最能彰显洛阳特色,因此在进行文化创意时,可以此为参照。不过,文化符号和文化创意还有一定距离,洛阳的文化符号并不代表它的开发价值就高、开发潜力就大,要从易于挖掘、较受欢迎、较有特色的文化符号入手,使沉睡的古老文化苏醒,重新焕发青春,再度充满活力。

(二)要具备创意性和实用性双层标准

洛阳目前的文创旅游市场,文创产品文化气质足够,历史气息浓厚,但严重缺乏创意性和实用性。如一把写有李白诗、绘有清明上河图的折扇,或者一部雕刻有《论语》的竹制卷轴,对于洛阳文旅市场来说,是可有无可的。折扇和卷轴,经常会出现在表现古代才子佳人的电视剧中,成为表现才子文雅多才的道具,但对于今天的人们来说,已经毫无实用性,还不如手机壳和钥匙链来得实在;而且,创意性极差,所谓的文化创意,文化在先,创意在后,文化是灵魂,创意是魅力,没有灵魂的魅力显得空洞,没有魅力的灵魂则更易为人所忽视,像折扇和卷轴这般,只有简单的文化符号堆砌,非但没有魅力,更会让物件失去灵魂,是很容易被旅游市场所淘汰的。但像折扇、卷轴这般,既不彰显洛阳文化特色,又不具备实用性,并且毫无创意可言的文化旅游产品,在洛阳旅游市场上却是随处可见。

因此,对于洛阳的文创旅游产品而言,既要以洛阳的文化符号为基准,彰显洛阳的文化特色,突出洛阳的典型特征,又要具有令人耳目一新的创意。同时,还要具有实用性,使游客能够在生活中使用,让他们经常欣赏把

---

① 赵佳.十大文化符号——为您解读[N].洛阳日报,2012-5-31(11).

玩,从而记住洛阳魅力。洛阳魅力,能够让游客怀念洛阳,再次出游。与此同时,通过游客的使用,在游客的亲朋好友圈进行传播,能够成为洛阳旅游和古都文化的一大宣传利器。所以说,洛阳在进行文创旅游产品开发时,一定要制定能够通行的行业标准。这个行业标准,一定要以创意性和实用性为准绳,使之同时具备两种特征。

(三)要注重与当今信息技术的结合

当今是互联网时代,以计算机、智能手机为代表的互联网设备,已经成为人们的工作必备品、生活必需品,尤其智能手机,甚至已经成为人们生活的一部分,早上睁开眼要看手机,晚上睡觉前,要使用手机消遣娱乐,吃饭、工作、交际等都离不开手机。随着电子支付时代的到来,智能手机的重要性进一步凸显,人们不再携带现金,而用手机支付购买生活用品,生活效率进一步提高。因此,在互联网、智能手机已经如此深入游客生活的情况下,文创旅游产业如抓住互联网这个要点,倡导文创产品与当今信息技术的融合,则会碰撞出不一样的火花。

"互联网+"不仅仅是一个新鲜名词,更代表着在互联网时代,各行各业借着互联网的东风,趁势而起,完成产业转型与升级、变革与更新。互联网不仅能够和旅游产业融合,更可以和文创产品融合,使文创产品更具知识性、趣味性和实用性。文化创意代表着一种创新革命,"互联网+",也代表着一种创新革命,因此两者融合相得益彰,近乎珠联璧合。

不仅文化创意产品的独特创意需要"互联网+",文化创意产品的营销和推广也需要"互联网+"。这是互联网变革的时代,淘宝网一天的营业额,可以比传统商场一年的营业额还多,这便是互联网的魅力。故宫进行文创产品售卖,不仅依靠线下商店售卖,更多的是靠网上销售,通过互联网,全国各地的游客都能实现购买。因此,洛阳要建立自己的文创产品销售网站,不断完善功能,使之不仅可以实现网上预定、付款和销售,还可以通过建立客户档案、查阅浏览记录等进行公众化营销,使网站商城产品更丰富,销售策略更吸引人,营销手段更高明。不仅如此,洛阳文创旅游产业更要与天猫、京东、携程等网站密切合作,推出独具特色的文创旅游产品,使之成为洛阳文化的象征、洛阳特色的代表。

（四）要广拓渠道，多方合作

在倡导团队精神、提倡抱团打天下的今天，仅仅靠单打独斗是不行的。要形成规模、形成气候，就要广拓渠道，多方合作，推动洛阳文创旅游产业的健康发展。首先，洛阳文创旅游产业之间，要密切合作，在行业间建立协会、机构等组织，经常沟通，相互促进，相互激励，避免多家做同一种产品，产生同质化竞争，造成不必要的浪费。如条件允许，可以由政府挑头，建立行业组织领导机构，加强对文创产业的领导和管理，促进行业和谐发展；倡导有序竞争，坚决打击无序竞争和恶性竞争，扰乱市场规则和秩序的行为；建立洛阳市文创产品售卖中心或者营销商城，对入驻商家进行严格挑选和管理，要使最能代表洛阳特色的文创商家入驻，对于实力不足但潜力较大者，可以减免租金和税收。线下实体店和线上网站商城并举，达到线上和线下无缝对接。其次，要积极联合省内外甚至国内外制作文创旅游产品的商家，加强与它们的交流和合作，对独具创意的文旅产品，进行洛阳本土化再改造，实现本土定制和私人订制。可以开发自己的文创产品，让它们制作，但要严格控制合作流程、积极做好记录，加强对知识产权的保护，切莫让他人窃取劳动成果。最后，在进行营销宣传时，不仅要与互联网企业进行合作，组织网上售卖等，还要与旅游景区、旅行社、酒店合作，在旅游景区的游客中心，开设洛阳特色文创旅游产品展示平台，在酒店开辟文创旅游产品专卖店等，使洛阳最具特色的文创旅游产品入住每一处景区，每一个旅行社，每一家酒店。

（五）要筑巢引凤，以人为本

文创产品的开发，离不开人的智慧；文创产品的售卖，离不开人的头脑；文创产品的推广，离不开人的创意。因此，要想使洛阳文创旅游产业出现更为繁荣的发展局面，就要广招贤才，尤其是那些从事文创产品设计与开发的专门人才。对于地处河南省西部的洛阳而言，虽然文化氛围浓厚，旅游环境较好，但由于市场潜力相对不足，开发基础较为薄弱，无法对人才形成足够吸引力。因此，要下大力气，加大力度，放宽人才的入选条件，给人才以丰厚待遇。对于那些有志来洛从事文创旅游产品开发以及自主创业的人员，要重点照顾和扶持，使人才能够落地生根，真正落户洛阳。

在进行产品开发时，要以游客满意为基准。因此，要想游客之所想，思游客之所思,急游客之所急,以满足游客的不同喜好,以多样化需求为主要原则,将游客放在第一位来考虑。只有满足游客需求的产品,才是被市场认可的产品;只有受到游客欢迎的产品,才会成为市场上的畅销商品。因此,以各种渠道搜集游客对文创旅游市场的意见和建议,聆听游客对文旅产品的想法和需求,是很有必要的。在此基础上,才能开发出特色文创产品,使产品开发与人才引进、培育、使用形成良性互动,更好地满足洛阳旅游经济发展的需要。

第三节　隋唐洛阳城文创产品开发

一、隋唐洛阳城文创产品开发的可行性

(一)隋唐洛阳城有着较高的历史文化价值

隋唐洛阳城既是洛阳历史风云的最佳写照,又是古代中国沧桑巨变的历史缩影。其中蕴含的文化数不胜数。皇城文化、宫廷文化、城建文化、帝王文化、女皇文化等都是重要文化元素,使隋唐洛阳城在进行文创旅游开发时,能够顺手拈来,受用无穷。

(二)隋唐洛阳城本身便有着极高的创造和极好的创意

隋炀帝大业元年(605年),宇文恺奉皇帝之命,开始在河洛大地上建造大隋新都——洛阳城。虽然以都城——大兴城(即后来的长安城)为蓝本,但洛阳城和大兴城不尽相同。在建造时,洛阳城并非传统的对称结构,而是将洛阳的山川地理融入城市,使得洛阳城不仅具有皇城威严,在一定程度上还体现了"天人合一"的思想,成为后世城市建造的范本。它的影响甚至波及海外,日本的故都——东京在进行设计和建造时,就曾参考和借鉴隋唐洛阳城。

武则天定洛阳为神都,并废除长安都城的职能,使洛阳真正成为帝国的政治、经济和文化中心时,对洛阳城也进行了大规模扩建和修整。尤其是隋唐洛阳城中轴线上"七天建筑"的成型,使得洛阳闪耀着熠熠光辉,成为我国古代都城建造史上一颗耀眼的珍珠。"七天建筑"被后世称为"我国都城建造史上最华丽的建筑群"也并非过誉之词。尤其有着"万象神宫"之称的明

堂和有着"通天浮屠"之称的天堂,更是成为洛阳城的象征。现今只是对其进行稍稍复原,便成为洛阳今天的地标性建筑,当日的辉煌与华丽可想而知。

除此之外,洛阳城还有着许多新颖的创意。比如隋唐洛阳城与大运河相连接,使城内千流万系,城外四通八达,成为我国城市建设的范本,使后世许多因河而建的城市,都将隋唐洛阳城作为参考对象。

因此来说,隋唐洛阳城本身便有着极高的创造和极好的创意。在进行文创旅游产品开发时,可以直接进行"拿来主义",或稍加创作,便会具有很好的创意。但是,如果要立志于隋唐洛阳城文化创意产品的设计与开发,就要熟悉隋唐洛阳城的历史,并对隋唐洛阳城蕴含的丰富文化了解甚多,知之甚深。否则,即便有如此丰厚的历史和文化作为参考,故步自封,闭门造车,不懂得如何去使用,也是无济于事的。

(三)隋唐洛阳城能够塑造文化自信

隋唐洛阳城,是我国文化自信展现的较为充分的时代。隋炀帝曾在新都洛阳建成时,在宫门外大摆宴席,招待前来中国的各国酋长、使者。在洛阳城的里坊间,各国货物堆垒如山,各国商人云集,熙熙攘攘,一望无际。从此之后,这种繁荣的商品交流场面在隋唐洛阳城更是成为日常。在朝廷专门开设的东市、西市和南市上,有来自不同国家、着装服饰形形色色的外国人,也有身穿外国服装的中国人。胡人的装束、乐曲、舞蹈、绘画、雕塑、宗教等传入中国并产生广泛影响,但中华文化博大精深,深邃悠远,非但没有被其同化,反而将其融合、吸收,融会贯通,使之成为中华文化的一部分。这正是我国在隋朝和唐朝时文化自信的表现,也是中华文化富有生命力、具有包容性的有力证明。

隋唐时期,日本先后向中国派出遣唐使有十余次之多。这些遣唐使在中国学习、生活、居住,有的还参加中国的科举考试,并金榜题名,继而入朝为官成为朝廷要员。像中文名为晁衡的阿倍仲麻吕便是其中最为著名的。阿倍仲麻吕虽是日本人,唐朝人士并没有因此对他产生歧视心理,反而以礼相待。阿倍仲麻吕在唐五十四年,历仕玄宗、肃宗、代宗三朝,备受厚遇,官至客卿,荣达公爵,和李白、王维、储光羲等诗人多有唱和,王维写有《送秘书晁监还日本国》诗,李白写有《哭晁衡》诗,表达对晁衡回国的不舍以及对晁衡遇难的痛惜之情。除晁衡等人长期在中国做官、定居外,大多数日本人带着唐朝典籍回到日本,使中国的律令制度、文化艺术、科学技术以及风俗习惯等得以在日本流传,极大地推动了日本文明向前发展。对于遣唐使们对中国文化典籍的搜集,唐朝人非但没有阻拦,反而力所能及给予帮助,大国胸怀,文化自信,一览无遗。

因此,隋唐洛阳城在进行文创旅游产品开发时,可以对照隋唐时期洛阳城的文化自信,使我国的文化自信得以重塑,得到彰显,从而使文创旅游产品更具创意,更富神采,并成为我国文化自信的一部分。

(四)隋唐洛阳城能够体现地域特色

使用长达五个多世纪之久的隋唐洛阳城是洛阳作为一国之都的最后辉煌,正因为使用年限久,才使得洛阳的山川风物、风土人情,受到隋唐洛阳城的广泛影响。时至今日,游客仍能看到洛河边的悠悠美景,站在天津桥遗址旁发思古之幽情,便有隋唐洛阳城的一份功劳。不仅如此,名扬天下的牡丹,是在隋唐时从长安移植到洛阳,并在洛阳青出于蓝的。包括武则天贬牡丹的传说、牡丹名品、花王姚黄的故事,都与隋唐洛阳城有着很深的关系。洛阳最富特色的饮食——洛阳水席,相传也是由唐代宫廷传承下来。河南首个世界文化遗产、有着"洛阳第一景"之称的龙门石窟,其造像以隋唐时期居多,尤其是奉先寺高 17.14 米的卢舍那大佛,被认为是龙门石窟艺术水平最高、整体设计最严密、规模最大的一处,它便雕琢于武则天时期,相传是依照武则天的形象塑造的。丝绸之路的东起点,大运河的中心,这些洛阳文化的有力代表正是在隋唐时期打通、开凿。即便今日,洛阳的旅游发展也离不开隋唐洛阳城,如定鼎门遗址博物馆已经成为世界文化遗产,明堂天堂景区也成为代表帝都洛阳的地标性建筑。正在建设中的隋唐洛阳城国家遗址公园,是洛阳首个国家大遗址保护工程,也将是开启洛阳旅游新篇章的代表作。

因此,如果进行文创旅游产品开发,隋唐洛阳城便是洛阳的代表者。并且,隋唐洛阳城文化是洛阳地域文化的集大成者,能够体现洛阳地域特色,彰显洛阳地域风采。隋唐洛阳城是最能代表洛阳的文化符号之一,就文化和地域代表性而言,隋唐洛阳城当仁不让。隋唐洛阳城开发文创旅游产品,将是洛阳市开发成功可能性最大的旅游景区之一。

（五）隋唐洛阳城本身便是一个超级 IP

由于作为国都的历史较长，历经我国历史上国力强盛的两个朝代隋和唐，以及我国历史上文化最繁荣的朝代北宋。因此，隋唐洛阳城本身便是一个资源丰富、潜力无限、前景广阔的超级大 IP。隋唐洛阳城，见证了隋炀帝浩浩荡荡的龙船出游；见证了武则天一步步走向最高权力中心；见证了狄仁杰的离去和回归；见证了李白、杜甫的相遇；见证了白居易和刘禹锡的生死情义；见证了大唐盛世；见证了安史之乱；见证了邵雍的逍遥、司马光的严谨、二程的刻苦勤奋；更见证了许许多多悲欢离合，恩怨情仇。难怪司马光有"若问古今兴废事，请君只看洛阳城"的感慨。正因如此，隋唐洛阳城才能在进行文化创意时，不断挖掘新事物，创造新思维，富有新气息，产生新气象，不断推出成功案例。

在隋唐洛阳城这个超级大 IP 之下，还有许多可供开发的 IP，如现在影视资源已经灿若星辰的女皇武则天；被过度开发和曲解的大唐名相狄仁杰；不断演绎着生死哀歌的隋炀帝。杜甫、白居易、刘禹锡、元稹、颜真卿、姚崇、司马光、二程、邵雍、富弼、吕蒙正，等等，仅仅以名人而论，便能有丰富解读，使之成为隋唐洛阳城文创产品开发取之不尽、用之不竭的文化 IP。

二、隋唐洛阳城文创产品开发对策研究

（一）坚持资源保护与创意开发并举

作为首批入选国家大遗址保护的遗址，同时又是洛阳作为古都的见证者，隋唐洛阳城历史悠久、文化丰厚，遗存等级高、遗址规格高，因此任何形式的文创创意开发和旅游开发，都要以保护隋唐洛阳城历史文化旅游资源为前提。历史文化旅游资源是隋唐洛阳城最为重要的组成部分，它们具有典型的时代特征，是隋唐时期的历史文化遗存，是深埋地下的历史活化石，属于典型的不可再生资源。所以，要保证隋唐洛阳城文化创意开发的细水长流，保证隋唐洛阳城旅游开发的可持续性和长久性，就要积极对这些历史文化旅游资源进行保护。

因此，在进行历史文化资源开发时，要坚持"保护第一，合理开发"的原则，在不改变历史文化遗存本质和属性的前提下，促进遗址保护与文创开发的协调发展，最终使隋唐洛阳城的文创产品开发走上可持续发展之路。一

方面,注重对历史文化资源的保护,隋唐洛阳城诸如定鼎门遗址保护、明堂天堂遗址保护、应天门遗址保护等一系列保护工程的实施,使得隋唐洛阳城的遗址遗迹处于有效保护之下;另一方面,注重对非物质文化遗产的保护,如隋唐洛阳城的民间传说、舞蹈乐曲、风俗民俗、餐饮小吃等,要进行积极保护。这些非物质文化遗产是隋唐洛阳城最具特色的文化资源,是进行文化创意开发的有力基础,所以要对其进行积极保护,并申请加入各级非物质文化遗产名录。

保护文化遗产和历史文化旅游资源,政府责无旁贷。政府作为公共利益的守护者,是事实上的遗产资源的占有者和主要的监督者。[①] 就目前而言,我国文化遗产的保护和经营模式,有"政府主导"和"企业自主经营"两种模式,但对于国家级大型文化遗产,都是由政府来主导,隋唐洛阳城也是如此。但政府并不擅长经营和管理旅游景区,应该积极与民间资本和财团合作,共同开发,可以尝试遗产所有权和经营权分离的模式,政府拥有遗产所有权,企业拥有遗产经营权,这样才能推动文化遗产的灵活经营。在进行文化创意时,企业就拥有更大、更灵活的自主空间,从而能够推出文化气息更浓、创意度更高、更为游客所认可的文化创意产品。

(二)打造具有隋唐洛阳城特色的文创产品

随着游客对旅游的需求越来越多样化,对旅游质量的要求越来越高,旅游市场的竞争会越来越激烈。要想在激烈的竞争中脱颖而出,就要打造旅游景区品牌,同时保持旅游景区的核心竞争力。

如何保持核心竞争力? 这是一个值得思考的问题。隋唐洛阳城拥有厚重的历史和文化资源,但厚重的历史和文化资源并不等同于核心竞争力,而是打造核心竞争力的一种有力凭借。只有开动思维,加强创造,将隋唐洛阳城的历史文化旅游资源转化成竞争优势,才有可能在激烈的市场竞争中立于不败之地。以隋唐洛阳城特色历史文化旅游资源为基础,融入时尚创意,使历史资源更有可看性,使文化资源更有体验性,使旅游资源更有娱乐性,

---

① Zijun Tang. "Does the Istitution of Property Rights Matter for Heritage Preservation? Evidence from China", in Cultural heritage politics in China, Tami Blumenfield and Helaine Silverman(eds.). New York:Springer,2013,p.23.

只有这样,才能增加文创产品的历史厚度和时尚美感,使其能够集文化和创意于一身,从而丰富游客的体验乐趣,刺激游客的购买欲望,增加游客对旅游景区的好评度。

要打造具有隋唐洛阳城特色的文创产品,就要深度挖掘隋唐洛阳城的历史和文化,将文化遗产转化成文创旅游产品。虽然文化遗产不能直接拿来开发,但可以利用文化遗产优势,使其成为旅游景区。龙门石窟便是如此,对石窟造像本身要进行保护,但利用龙门山色、伊阙伊河、香山寺、大诗人白居易墓地"白园"以及龙门石窟周边,打造龙门石窟风景区。此外,还能利用龙门石窟造像艺术、石刻艺术和书法艺术等,深度开发文创产品。《文化旅游与文化遗产管理》一书麦克切尔和克罗斯便指出,"所有成功的文化旅游吸引物似乎都有一些共同的特征",那便是讲述一个故事,使资产生动化,富有创意和激发力;使体验具有可参与性;使体验对游客具有相关性;突出质量和真实性等①。通过深度解读,将晦涩难懂的学术信息转化成游客喜闻乐见、易于接受的视频、图片、文字、文化符号等;还可以将其转化为游览效果更好、观赏效果更佳、体验效果更好、娱乐效果更佳的文创产品。

此外,还可以利用隋唐洛阳城530余年的使用历史,重现当年的历史场景,使隋唐洛阳城的锦绣繁华重新展示给观众,以更为强烈的文化旅游体验使游客得到更好的旅游体验乐趣。随着游客越来越追求旅游质量,"人们正在从基于追求特定目的地的出游,转向基于特定活动体验的出游。换言之,人们出游活动的开展已不再只是为了前去访问某地,旅游消费者所希望的是,能使自己较为充分地置身于该地的文化与活动之中,以获得某种真正令自己满足的旅游体验"②。因此,以隋唐洛阳城历史文化为基础,对文创旅游产品进行时尚、科技、创意、娱乐等形式的包装,使文创产品的内涵更丰富,体验感更强烈,能够受到游客的更多欢迎。如开封的清明上河园对北宋画家张择端的著名画作《清明上河图》进行情景再现,推出大型演艺节目《大宋·东京梦华》,都是增强文化旅游体验感的较好做法。

---

① 麦克切尔,克罗斯.文化旅游与文化遗产管理[M].朱路平,译,天津:南开大学出版社,2006:132.

② 查尔斯·R.格纳德,J·R·布伦特·里奇.旅游学(第12版)[M].李天元,徐虹,黄品,译,北京:中国人民大学出版社,2014:450.

(三)推动文创旅游商品的品牌建设

文创旅游商品,不仅是旅游景区推出的旅游特色,更是旅游景区的重要组成部分。如果旅游景区推出好的文创产品、旅游商品,不仅能增加游客对旅游景区的好评度,还能提高游客对旅游的体验感。因此,在推出文创旅游产品时,要强调文创旅游产品与旅游景区自身实际的结合以及与旅游景区的文化融合,彰显地域文化特色,蕴含旅游景区特色文化,以鲜明的标志、深厚的文化、独特的创意赢得游客青睐,从而打造旅游景区文创旅游商品品牌,使之成为旅游景区的一大特色。

在进行旅游商品品牌建设时,要坚持以"十个必须"为原则,即"必须要先注册商标;必须重视质量;必须有诚信;必须有服务;必须有品牌文化;必须追求创新;必须具有地方特色;必须有可靠的卖场;必须有长期的计划;必须有宣传推广"①。因此,隋唐洛阳城要打造文创旅游商品品牌,就要在"十个必须"上下功夫。注册商标是对知识产权的一种保护,这是进行品牌建设的前提;质量是产品的生命线,是进行品牌建设的基础;诚信经营是品牌走向长远的有力支撑;服务是增强品牌认可度的最佳策略;品牌文化是品牌具有生命力的表现;创新是品牌可持续发展的灵魂;地方特色是品牌维系自身特色的重要手段;可靠的卖场能够推动产品销售,是铸造品牌的保证;长期的计划能够使品牌战略顺利实施;宣传推广能够使品牌形象更为人知。因此,对于文创产品的经营和品牌建设来说,这十点是必须的。

也就是说,要维护文创旅游商品的品牌形象,就要严把质量关,以当地文化为基础,融合当代科技、时尚理念、全新概念、流行文化等元素进行集成创新,使文创旅游商品更为游客所关注,更能引起游客共鸣,从而铸造文创旅游商品品牌。对于隋唐洛阳城来说,不仅能够以隋唐洛阳城文化为基础,更能够以洛阳特色和河洛文化为参照,因此具有独特优势。但同时也应该看到,要打造隋唐洛阳城文创旅游商品品牌,就要增加文创旅游商品的文化内涵,加大创新力度,同时注重与其他行业的融合,确保隋唐洛阳城的文创旅游商品与众不同。

2014 年 8 月,国务院出台《关于促进旅游业改革发展的若干意见》,针对

---

① 陈斌.旅游商品品牌建设要稳步快行[N].中国旅游报,2014-12-19(9).

旅游商品的品牌建设,尤其指出要"扩大旅游购物消费。实施中国旅游商品品牌建设工程,重视旅游纪念品创意设计,提升文化内涵和附加值,加强知识产权保护,培育体现地方特色的旅游商品品牌。传承和弘扬老字号品牌,加大对老字号纪念品的开发力度。"也是在为隋唐洛阳城文创旅游商品的品牌建设提供政策支持。

(四)加强文旅产品的线上、线下营销

2018 年 1 月 31 日,中国互联网络信息中心(CNNIC)发布第 41 次《中国互联网络发展状况统计报告》。报告显示:"截至 2017 年 12 月,我国网民规模达 7.72 亿,全年共计新增网民 4074 万人。互联网普及率为 55.8%,较 2016 年底提升 2.6 个百分点。截至 2017 年 12 月,我国手机网民规模达 7.53 亿,较 2016 年底增加 5734 万人。网民中使用手机上网人群的占比由 2016 年的 95.1% 提升至 97.5%,网民手机上网比例继续攀升。"①也就是说,随着信息技术的深入和智能手机的普及,互联网和智能手机已经成为我国居民沟通交流和接受信息的主要渠道。人们在天猫、淘宝、京东等网站购物的次数越来越多。有关数据显示,仅 2017 年 11 月 11 日一天,全网总销售额达 2539.7 亿元,产生包裹 13.8 亿个。其中,天猫销售额占全网比例 66.23%,京东占比 21.41%,苏宁易购占比 4.34%,亚马逊占比 1.95%,唯品会占比 3.43%,其他电商平台占比 2.64%②。也就是说,网上商城一天的销售额便相当于许多实体商城一年的销售额,并且,这个数字每年都在增长。越来越多的民众选择网上购物,即便是实体超市,也有越来越多的居民使用手机支付,互联网和智能手机正快速改变着世界和人们的生活。因此,创旅游产品借助互联网的东风,扩大销售额、提升品牌度,也是势在必行。

(五)完善隋唐洛阳城文旅产品体系

隋唐洛阳城文旅产品质量的提高,离不开文化产业和旅游产业的融合;文化产业和旅游产业的融合离不开政府的推动。因此,洛阳市政府要发挥

---

① 中国互联网络信息中心报告:我国网民达 7.72 亿. [EB/OL]. (2003 - 07 - 01) [2020 - 05 - 10]. http://www.cet.com.cn/itpd/szsh/2003701.shtml.

② 2017 双 11 全网销售额达 2539.7 亿手机销售额占比 8.7%. [EB/OL]. (2017 - 11 - 12) [2020 - 05 - 10]. http://tech.sina.com.cn/i/2017 - 11 - 12/doc - ifynstfh5860794.shtml.

积极作用,一方面,对隋唐洛阳城文旅产品开发给予足够的政策支持和融资支持;另一方面,要对现有文化资源和旅游资源予以融合,使文化产业和旅游产业协调发展,以使更多的文化旅游产品在洛阳落地生根,开花结果。

在洛阳市政府的支持和推动下,隋唐洛阳城要逐步完善文化旅游产品体系,使产品多样化、丰富化;使产品开发科学化、正规化;使产品营销手段时尚化、全面化;使服务贴心化、生活化。尤其在这个同质化竞争较为严重的时代,要想做到以一己之力使文旅产品标新立异,与众不同是不太可能的。因此,隋唐洛阳城要借助洛阳市政府的力量,一方面,积极融合自身文化资源和旅游资源,促进以隋唐洛阳城自身特色为主导的隋唐洛阳城文化旅游产品体系建立;另一方面,要积极与洛阳市其他旅游景区展开合作,团结协作,众志成城,提高洛阳市文化旅游产品的竞争力,提升洛阳市文化旅游产品的整体水平,打造独具特色的洛阳市文化旅游产品体系,使具有本土特色的文化旅游产品能够让前来洛阳旅游的游客耳目一新,以此推动洛阳市文化旅游产业的发展,提升洛阳市文化旅游产品在游客心目中的好评度。与此同时,对于洛阳市各大旅游景区来说,不仅要避免同质化竞争,还要推动异质化互补,推动各景区特色文化资源和旅游资源的融合与开发,联合推出特色旅游线路,积极引导各大特色文化旅游项目的上马,鼓励特色文化旅游产品的制作与销售,使洛阳成为有机整体。这样,才能"大河有水小河满",以洛阳市文化旅游产品产业的发展,带动隋唐洛阳城文化旅游产品体系的建立和完善。正如张颖岚所言:"积极探索和实践区域旅游合作,形成资源互补发展模式,降低恶意竞争风险。"①这是很有必要的。

---

① 张颖岚.文化遗产地管理对策研究:以秦始皇帝陵为例[M].北京:科学出版社,2013:178.

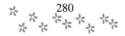

第十五章

第一节　影视对当代旅游的推动作用

一、影视带热当代旅游

影视是一种较为复杂多变的艺术形式,它不仅可以直观展现生活之美、幻想之美、艺术之美,更可以融文学、美术、音乐、舞蹈、戏剧、摄影等艺术形式于一体,给观众以美的欣赏。因此,从影视出现至今,虽不过百余年的时间,但影视作品以其多变的艺术形式受到大众欢迎并迅速普及,成为目前人民群众喜闻乐见的一种艺术形式。

我国的影视剧可以追溯到 1905 年的京剧电影《定军山》,至今已经有百余年的历史。不过,我国影视的真正发展还是在改革开放以后,尤其进入 20世纪之后的近 20 年,不仅银幕块数大量增加,影院数量也大幅增加,影视剧的产出数量更是飞快增长,电影票房也水涨船高。以电影票房为例,2017年,全国电影票房为 559.11 亿元,同比增长 13.45%(详见表 15-1 和图 15-1、图 15-2)。

表 15-1　2008 至 2017 年全国票房收入汇总

年份	全国票房（亿元）	同比增长率/%
2008	43.41	30.48
2009	62.06	42.96
2010	101.72	63.91
2011	131.15	28.93
2012	170.73	30.18
2013	217.69	27.51
2014	296.39	36.15
2015	440.69	48.69
2016	457.12	3.73
2017	559.11	22.31

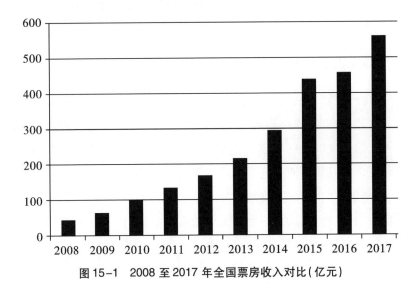

图 15-1　2008 至 2017 年全国票房收入对比（亿元）

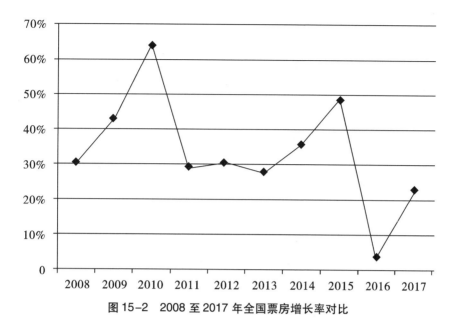

图 15-2 2008 至 2017 年全国票房增长率对比

从 2008 年至 2017 年,全国票房收入从 43.41 亿元增长至 559.11 亿元,增长近 13 倍,年均增长率达到 33.49%。也就是说,我国电影行业展现出良好的发展势头,成为我国增长速度最快的产业之一。

与此同时,影视业的发展,也带动了旅游产业的发展。一方面,各大影视城,不仅成为影视剧拍摄的热点区域,也成为备受游客欢迎的旅游胜地,如横店影视城、上海影视乐园、象山影视城和焦作影视城等;另一方面,在旅游景区拍摄的影视剧的播出,带热了当地旅游,如驻马店的嵖岈山,因《西游记》的拍摄一举成名,目前已经被评为 AAAAA 级景区;因由美国著名导演詹姆斯·卡梅隆执导的好莱坞大片《阿凡达》的播出,哈利路亚山的原型湖南张家界的"南天一柱"迅速走红,促使景区直接将南天一柱更名为哈利路亚山,成为名动一时的旅游热点。

国内许多城市和旅游景区已经看到影视对旅游的巨大推动作用,纷纷与影视制作公司展开合作,在影视作品中以风景片或者植入广告的形式,向观众展示城市和景区的风景之美,并取得不错的效果。2003 年,由国内著名导演张纪中担任制片人,著名导演周晓文、于敏等执导的古装武侠剧《天龙八部》热播,并以其精良制作受到观众认可和欢迎,其主要外景地桂林阳朔也一举成名,成为全国游客前往广西旅游的最佳旅游目的地之一。2008 年,西溪湿地和国内著名导演冯小刚合作,推出爱情轻喜剧《非诚勿扰》,并以 3.25 亿元的票房收入问鼎当年的票房冠军,也使得西溪湿地名声大噪,一举成为闻名遐迩的爱情圣地。2014 年,重庆武隆区和好莱坞著名导演迈克尔·贝合作,在后者的商业大片《变形金刚4:绝迹重生》中融合被评为"世界自然遗产"的喀斯特芙蓉洞和"国家 AAAAA 级旅游景区"的天生三桥景区的优美景色,使得当地旅游热度猛增,并一举打响武隆的世界知名度。2017 年,由国内著名导演陈凯歌执导的《妖猫传》以大唐盛景惊艳全国,并走红日本,成为在日本上映的票房最高的中国电影。拍摄《妖猫传》的场地为襄阳影视城唐城影视基地,后者专门为制作该电影而进行建设,因为一部电影,不惜巨资建设一座影视城,《妖猫传》和襄阳影视城唐城影视基地成为影视制作和旅游开发合作的典范之作。

随着我国影视产业的日趋繁荣,相信在不远的未来,以影视剧带热旅游业,以旅游业的发展推动影视剧制作的情况将会越来越常见。最终,也会使影视产业成为我国旅游产业发展的巨大推动力量。

二、影视对当代旅游的影响

电影的热映、电视剧的热播,不仅能够促进取景地的旅游发展,还能带热当地经济的发展,促进当地相关产业的进步。可见,影视产业不仅对旅游业,对其他相关产业的影响也是巨大的。越来越多的成功案例证明影视作品的巨大作用,具体而言,它对当代旅游的影响具体表现在以下五个方面:

(一)能够使游客产生旅游兴趣

通过观看影视剧,观众可以愉悦身心,而影视剧借助人物和剧情,以灯光、音效和特效为手段,可以为观众展示旅游景区之美,同时彰显旅游景区的迷人气质,使得观众产生旅游兴趣,从而为前往旅游景区旅游打下良好基础。旅游景区的迷人景色、特色文化、民风民俗等可以培养观众对旅游景区的浓厚兴趣,使其来到旅游景区之后,不仅有如面对熟悉景区和熟悉风情般故地重游之感叹,还有着寻找与众不同的好奇心,通过对比,重塑旅游景区在心目中的形象。一旦现实景观超过想象预期,游客就会觉得不虚此行,从而建立对旅游景区的好评度和美誉度。

（二）能够提升旅游景区的旅游形象

影视是一门综合艺术，虽然取材于旅游景区，但为了达到更好的效果，会通过拍摄手法、构图方式、美术工艺、特效制作等手法进行表现，事实上已经对旅游景区的景色进行了再加工。不仅如此，通过深入挖掘传统文化和当地文化，影视剧能够使旅游景区的内涵更丰富，形象更生动，观众也能通过观看影视剧，对旅游景区进行更好地了解，并对旅游景区产生出游兴趣。以有着"天下第一名刹""禅宗祖庭"之称的河南嵩山少林寺为例，正是得益于1982年由张鑫炎执导，我国著名动作演员李连杰主演的《少林寺》的热播，才极大宣传了少林寺的风景，传播了少林寺的文化，使得中外游客为"少林""功夫"的盛名所吸引，纷纷前往少林寺。

（三）具有广告宣传效应

与宣传片相比，影视剧的故事可以更有深度，传播速度会更快，传播范围会更广。因此，对于旅游景区形象的树立和提升来说，有着更为明显的优势。我国目前的电影票房冠军为著名动作演员吴京自导自演的《战狼2》，最终票房为56.8亿元，而其观影人次也创造新高，达到1.59亿人次[1]；像《青云志》《芈月传》和《花千骨》等电视剧，网络点击量更是突破200亿，分别达到254亿、239亿和209亿[2]，由此可见影视剧巨大的影响力和惊人的传播速度。对于旅游景区来说，在影视剧中植入广告，远比在报纸媒体和网络上做广告都要拥有更为持久的广告效应。与此同时，旅游景区也可以借助影视剧的热播，进行推广和宣传，使得广告宣传达到事半功倍的效果。例如，2016年，武隆景区就以《变形金刚4:绝迹重生》的制作方美国派拉蒙公司未按照合同约定执行宣传为由，将其告上法庭[3]，最终胜诉，并获赔200万元。通过这次事件营销，提高了武隆景区的知名度，达到很好的广告宣传目的。

（四）能够增长旅游需求

影视剧组入驻旅游景区，会成为旅游景区的一大旅游亮点和宣传卖点，

---

① 《战狼2》56.8亿票房收官，三个月观影人次达1.59亿.[EB/OL].(2017-10-26)[2020-05-10].http://news.163.com/17/1026/18/D1MNM9PT000187VE.html.

② 点击量破百亿的12部电视剧，这三部过了200亿！你看过几部.[EB/OL].[2020-05-10].http://news.china.com/news100/11038989/20170617/30759888_all.html.

③ 吴国富.武隆景区状告《变形金刚4》，本周四宣判[N].重庆晨报,2016-10-24(5).

不仅剧组本身能够给旅游景区带来一定的旅游收入,因而吸引到更多游客,在一定程度上也使旅游需求得到增长。影视剧的拍摄工作是工程量浩大,需要许多工种、许多产业共同作用,如灯光、道具、群众演员、摄像器材供应,以及摄制组的吃穿用度、衣食住行等,将会使旅游景区的旅游需求大幅增长。尤其以影视拍摄为主要目的的影视城,在其周边区域,更是汇集了影视相关产业的诸多人群,对当地经济的发展和旅游收入的提高具有很大推动作用,由此带来的旅游效更能够使旅游需求大幅增加。如作为《鸦片战争》《英雄》《夜宴》《无极》《满城尽带黄金甲》和《甄嬛传》等众多知名影视剧拍摄地的浙江横店影视城,便借助影视剧拍摄的东风,每年吸引国内外上千万游客,其中,"来横店观光的游客大多渴望与剧组和明星邂逅。殊不知,旅游收益才是横店影视城赢利的重点"。① 横店影视城的飞速发展成为影视促进旅游需求增长的最好例证。

(五)能够彰显旅游景区的旅游文化

影视剧通常有人物,有故事,并且还会有时代背景和历史文化融入,如果能够将旅游景区文化和影视剧进行很好的融合,不仅能够使影视剧的故事更精彩迷人,还能使得旅游景区的独特文化通过影视剧得到更好的表达。优美的自然风光吸引游客产生向往心理,厚重的历史人文则容易吸引游客探踪揭秘,激发游客身上的冒险气质。经过影视剧的再加工,旅游景区的自然风光会更加绚丽多彩,旅游文化会更加迷人多姿,则更容易使游客流连忘返,乐在其中。由国内著名导演张艺谋执导的大制作《英雄》于2002年开创了"大投入、大制作"的中国式商业大片的先河,也将四川九寨沟美轮美奂、风光旖旎的秀美景色通过镜头语言恰到好处地呈现出来,其纯净、奇丽的旅游文化在《英雄》的画面中得到了很好地表达,从而使《英雄》上映之后,前去九寨沟旅游的游客日渐增多。

三、国外相关案例分析

英美等西方诸国,影视起源较早,发展历史较长,因此其影视工业发展

---

① 刘航.本报记者探访中国"梦工厂",旅游收入成横店影视城盈利重点[N].北京晚报,2016-12-17(C03).

更为成熟,影视和旅游的联系也更为紧密。一方面,其旅游业借助影视剧的传播和推广提升知名度,从而获取可观的旅游收入;另一方面,其影视业借助旅游景区的名气,推动电影票房的水涨船高,两者互惠互利,从而推动两项产业的共同发展。如英国旅游局,每年都会为游客奉上一份"英国电影地图",其中,对67部经典影视作品的110个取景地和故事发生地进行详细介绍。游客通过这张旅游地图,一边了解影视知识,设想当时场景,一边游览这些旅游胜地,从而收到美的享受。美国迪士尼公司的迪士尼乐园也是将影视业和旅游业进行融合的很好例证。该公司的唐老鸭、米老鼠、猫和老鼠、白雪公主、狮子王等经典卡通形象受到全世界青少年的欢迎,以这些经典卡通形象为主题营造的迪士尼乐园成为迪士尼继影视剧之外最为重要的一大吸金利器。欧洲三大电影节——柏林电影节、戛纳电影节和威尼斯电影节是世界上最古老、同时也是知名度最高的电影节。每年三大电影节期间,柏林、戛纳和威尼斯不仅有影视界的明星大咖云集,就连游客也会纷纷前来,从而推动三个城市旅游业的发展和当地经济收入的提高。影视剧对国外旅游的巨大推动作用,国外学者曾进行过专门研究①,根据其所提到的案例,笔者进行专门整理(详见表15-2)。

表15-2　国外影视剧对当地旅游业影响一览表

影视剧	导演	主演	拍摄场地或故事发生地	前者对后者的旅游影响
《与狼共舞》	凯文·科斯特纳	凯文·科斯特纳、柯克·鲍兹等	堪萨斯州(美国)	电影上映后,当年的旅游收入增长近四分之一

---

① TOOKE N,BAKER M. Seeing is Believing:The Effect of Film on Visitor Numbers in Screened Locations〔J〕. Tourism Management,1996(17):87-94.

续表 15-2

影视剧	导演	主演	拍摄场地或故事发生地	前者对后者的旅游影响
《勇敢的心》	梅尔·吉布森	梅尔·吉布森、苏菲·玛索、凯瑟琳·麦克马克等	苏格兰	电影上映后,游客增长 300%
《小妇人》	梅尔文·勒罗伊	彼特·劳福德,玛格丽特·奥布赖恩,伊丽莎白·泰勒等	马萨诸塞州康科德果园房(美国),为同名原著作者路易莎·梅·奥尔科特的故居	电影上映后,游客增长 65%
《指环王》	彼得·杰克逊	伊利亚·伍德、伊恩·麦克莱恩、维戈·莫特森等	新西兰	从 1998 年至 2003 年,前来新西兰的欧洲游客年均增长 100% 以上
《哈利·波特》	克里斯·哥伦布、大卫·叶茨等	丹尼尔·雷德克里夫、艾玛·沃特森、鲁伯特·格林特等	英国	系列电影上映后,带热了英国旅游,与电影相关的景点营业收入平均增长 50% 以上
《最后的莫西干人》	迈克尔·曼	丹尼尔·戴-刘易斯、玛德琳·斯托等	北卡罗来纳州(美国)	电影上映后,营业收入增长四分之一
《碟中谍2》	吴宇森	汤姆·克鲁斯、多格雷·斯科特、桑迪·牛顿等	悉尼国家公园(澳大利亚)	电影上映当年,旅游收入翻一番

续表 15—2

影视剧	导演	主演	拍摄场地或故事发生地	前者对后者的旅游影响
《海滩》	丹尼·鲍尔	莱昂纳多·迪卡普里奥、维吉妮·拉朵嫣、蒂尔达·斯文顿等	泰国	电影上映第二年,欧洲游客激增近四分之一
《拯救大兵瑞恩》	史蒂文·斯皮尔伯格	汤姆·汉克斯、汤姆·塞兹摩尔、马特·达蒙等	诺曼底(法国)	电影上映后,前往诺曼底的美国游客增加40%
《四个婚礼和一个葬礼》	迈克·内威尔	休·格兰特、安迪·麦克道威尔、詹姆斯·弗雷特等	安玛森皇家酒店(英国)	电影上映后,该酒店至少有三年都客人爆满
《特洛伊》	沃尔夫冈·彼得森	布拉德·皮特、艾瑞克·巴纳、奥兰多·布鲁姆等	Fort Ricasoli(马耳他共和国)	当年旅游收入增长73%
《阿甘正传》	罗伯特·泽米吉斯	汤姆·汉克斯、罗宾·怀特等	乔治尼亚州(美国)	游客增长7%
《迈阿密风云》	迈克尔·曼	杰米·福克斯、科林·法瑞尔、巩俐等	迈阿密(美国)	电影上映后,德国游客比往年增长1.5倍
《欢乐酒店》	詹姆斯·伯罗斯等	特德·丹森,莱亚·皮尔曼,约翰·拉岑贝格等	波士顿(美国)	剧集从1982年的第一季,到1993年的第十一季,播出十二年,为波士顿每年赚取平均近7亿美元的广告费用

其中,最典型的案例当属《指环王》(又名《魔戒》)对新西兰旅游业的影响。新西兰南部是广阔山地夹杂着的平原,在《指环王》拍摄之前,那里虽然风景优美,却人迹罕至,在新西兰人口中,南部山区成为落后、蛮荒的代名词。闯荡好莱坞多年的新西兰籍导演彼得·杰克逊在准备将英国著名作家

托尔金的魔幻名著《指环王》搬上银幕时,首先想到的故事场景便是新西兰南部的这片广阔山地,这里符合托尔金的故事设定,也就是书中所说的"中土世界"。于是,他便将新西兰作为《指环王》三部曲的摄制之地。2001年,《指环王:护戒使者》上映,以其宏大的故事背景、气势恢宏的场景、曲折动人的故事受到全世界观众的追捧,最终在全球豪取8.72亿美元票房,新西兰也因此成为"中土世界"的代名词,吸引欧美游客纷纷前去。紧接着,2002年和2003年分别上映的第二部《双塔奇兵》和第三部《王者归来》更是取得9.26亿美元和11.20亿美元的票房,使《指环王》三部曲成为全球影史上最卖座、最受好评的系列电影之一。看到《指环王》的巨大效应,新西兰政府对旅游业的定位便是"中土世界"和"魔界之国"。该国积极整顿新西兰旅游业,推出以新西兰自然风光为主导的"魔戒主题游",使全世界前来新西兰的游客为新西兰的岛屿山地风光所吸引,为《指环王》的故事所迷醉,从而推动新西兰成为世界驰名的旅游胜地。新西兰旅游局的问卷调查表明,在前来新西兰的游客之中,约有十分之一的游客是《指环王》的粉丝,并因为《指环王》的吸引才前来新西兰旅游。旅游业因此成为新西兰的支柱产业,其中,不得不说是得益于《指环王》的巨大魔力。时隔九年之后,彼得·杰克逊推出《指环王》前传《霍比特人》三部曲,主要取景场地依旧是新西兰。从2012年至2014年,《霍比特人》三部曲以每年一部的速度上映,在全球分别取得10.21亿美元、9.58亿美元、9.56亿美元的票房佳绩,由此带动了新西兰旅游的再度升温。而今,在《指环王》系列电影中有所呈现的霍比特人村、汤加丽罗国家公园、尼尔森、皮鲁斯河、特威泽尔等景点已经成为全球《指环王》粉丝心中的圣地,同时也是新西兰访问指数较为靠前的旅游景点。

第二节　隋唐洛阳城影视开发的可行性

一、徐克导演与洛阳

2010年9月29日,是徐克执导的古装悬疑大片《狄仁杰之通天帝国》上映的日子。这部由刘德华、刘嘉玲、邓超、李冰冰、梁家辉等知名演员主演的商业大制作是徐克继2005年的《七剑》之后,暌违五年推出的历史巨制。该影片是徐克献给洛阳的一封"情书",不仅电影故事发生在洛阳,徐克还利用电脑特效,还原了当时的神都洛阳城,尤其是和故事紧密联系的"通天浮屠"被认为是大唐盛世的写照,而通天浮屠正是以武则天时期的天堂为原型,后者是隋唐洛阳城中轴线上著名的"七天建筑"之一。除此之外,徐克还在电影中虚构了一个美轮美奂的洛阳城,不仅有着象征鼎盛繁华的通天浮屠,还有藏污纳垢、蝇营狗苟的丰都鬼市,令故事更加丰满。

时隔三年之后,徐克再度打造狄仁杰的洛阳故事,这便是 2013 年 9 月 28 日上映的《狄仁杰之神都龙王》,虽然请了新生代演员赵又廷、冯绍峰、林更新和杨颖等人出演,但洛阳城的秀美风貌依旧让人眼前一亮。影片不仅再现了神都洛阳城的风采,还还原洛阳的市场、码头,使得隋唐洛阳城的繁华气息扑面而来。此外,故事还巧妙融入西域人、东瀛人等,突出西域、日本和唐朝之间的国家关系。影片最终取得 6.02 亿元票房,位列我国当年票房排行榜第六名。

由徐克执导的"狄仁杰"系列的第三部《狄仁杰之四大天王》于 2018 年 7 月 27 日上映。乾元殿、胡姬酒肆、宗庙等历史景观和场景的再现,令观众再次沉浸于隋唐洛阳城的迷人景象。除此之外,在 2017 年 12 月 14 日上映,由徐克监制,著名动作指导袁和平导演的《奇门遁甲》中,洛阳也有幸成为故事的主要发生地。在该片中,洛阳的世界文化遗产龙门石窟作为重要场景出境,不仅龙门奉先寺和卢舍那大佛群雕成为江湖五大掌门的降妖伏魔之地,就连龙门西山、东山和伊河在影片中都有实景展现,将洛阳美景"秀"给全国观众看。尽管影片口碑不如人意,票房取得差强人意的 3 亿元票房,但洛阳和龙门石窟给观众留下了深刻印象。

据悉,徐克曾曝光"狄仁杰"系列概念图 23 张。也就是说,徐克要打造 23 部《狄仁杰》[①]。假以时日,如果徐克这 23 部《狄仁杰》全部问世,将会是我国历史上数量最多的系列电影,也会通过不同角度和层面将"神都"洛阳城的富丽堂皇、奇伟瑰丽展现得淋漓尽致。

---

① 徐克详解 23 部《狄仁杰》,续集筹拍刘德华或回归. [EB/OL]. [2020-05-21]. http://www.1905.com/news/20131012/695999.shtml#p1.

徐克曾称赞洛阳为"大唐盛景,神都洛阳",认为"唐朝是一个盛世朝代,我觉得当时洛阳城的面貌在世界上是一个奇观"[①]。由此可以看出,曾来洛阳进行游览参观的徐克对大唐盛世,对"神都"洛阳城,有着浓浓的文化情结。在前来内地发展的香港导演中,徐克是最受观众认可和好评的导演之一,也是最有票房号召力的导演之一。其个人导演票房已经超过41亿元,这样的成绩,目前仅次于吴京、周星驰、林超贤和陈思诚等少数导演,在国内导演中名列前茅(详见表15-3)。

表 15-3　2000 年以来,徐克在内地上映电影作品信息汇总表

电影	上映年份	主要演员	豆瓣评分	内地票房	当年票房排名
《蜀山传》	2001 年	郑伊健、张柏芝、古天乐等	6.4 分	2000 万	第 8 名
《七剑》	2005 年	甄子丹、黎明、杨采妮等	5.8 分	8345 万	第 4 名
《铁三角》	2007 年	古天乐、任达华、孙红雷	6.3 分	2828 万	第 21 名
《女人不坏》	2008 年	周迅、桂纶镁、张雨绮等	6.0 分	2124 万	第 34 名
《深海寻人》	2008 年	李心洁、梁洛施、张震等	5.8 分	2125 万	第 33 名
《狄仁杰之通天帝国》	2010 年	刘德华、刘嘉玲、邓超、梁家辉等	6.4 分	29 219 万	第 5 名
《龙门飞甲》	2011 年	李连杰、周迅、陈坤等	6.7 分	55 600 万	第 4 名
《狄仁杰之神都龙王》	2013 年	赵又廷、冯绍峰、林更新等	6.5 分	60 200 万	第 6 名

---

①　李砺瑾.《奇门遁甲》近日上映,看徐克的洛阳情结[N].洛阳晚报,2017-12-19(7).

续表 15-3

电影	上映年份	主要演员	豆瓣评分	内地票房	当年票房排名
《智取威虎山》	2014 年	张涵予、梁家辉、林更新等	7.7 分	88 266 万	第 4 名
《西游·伏妖篇》	2017 年	林更新、吴亦凡、姚晨等	5.5 分	165 592 万	第 5 名

注：根据豆瓣电影 https://movie.douban.com/、中国票房 http://www.cbooo.cn/和电影票房 http://58921.com/三大专业电影网站相关数据制成。

由表 15-3 可知，徐克的电影质量大多在及格线以上，观众的好评度和认可度较高；电影票房在当年的国内票房排行榜上名列前茅；和其合作的大多是我国的一线演员，具有较强的票房号召力。因此来说，徐克电影在我国影视圈有着无与伦比的影响力。可以大胆预测，如果洛阳、隋唐洛阳城能够与徐克展开合作，不仅能够借助徐克的电影，使隋唐洛阳城知名全国，走向世界，还能借助徐克的"《狄仁杰》电影宇宙"，使隋唐洛阳城的文化内涵更丰富，更立体，更丰满。通过徐克的《狄仁杰》系列电影，再造隋唐洛阳城的奇异景象，将会使隋唐洛阳城旅游如虎添翼。

二、隋唐洛阳城影视开发论证

隋唐洛阳城作为国家的都城和陪都，从隋朝末年一直沿用到北宋末年，前后有五个多世纪的历史。其间，发生过多少波澜诡谲的政治事件，又发生过多少悲喜交集的爱情故事；有着多少王孙公子的叹息，又有着多少墨客骚人的吟唱；有着长生殿里的生离死别，也有着石壕村里的悲欢离合；见证过佛教的鼎盛繁华，也见证过道教的香火延续；见证过许多奇迹，也历经不少平凡；看过洛河边杨柳依依，也看过宫墙边美人如画。见识过隋炀帝杨广、唐太宗李世民、唐高宗李治、武则天、唐玄宗李隆基等帝王的威严，见识过上官婉儿、狄仁杰、姚崇、娄师德、郭子仪等名臣良将的成长与衰老，更见识过李白、杜甫、白居易、颜真卿、元稹、刘禹锡等诗人名家的千秋华章，如椽之笔。《隋书》《旧唐书》《新唐书》《旧五代史》《新五代史》《宋史》《资治通鉴》等这些史书里记载的人物大多和隋唐洛阳城有关联，里面记录的多数事件也和隋唐洛阳城有着千丝万缕的联系。因此,对于这些历史人物、历史故事,或正说,或戏说,或偏于人物,或长于故事,都可以进行改编和创造,从而成为影视剧。

具体说来,隋唐洛阳城进行影视开发具有以下四大优势。

(一)隋唐洛阳城中涌现的历史名人,可以作为影视剧主角

作为一座沿用五百余年的国家都城,在隋唐洛阳城出生、成长、游历、居住的历史名人众多,尤其以隋炀帝杨广、武则天、狄仁杰、白居易等人最为显著。武则天作为我国历史上唯一一位正统女皇帝,她的成长史、奋斗史、治国史和情爱史极易成为影视作品挖掘的对象,几乎每年都会有1至2部讲述武则天故事的影视剧出现。死后葬在洛阳白马寺的大唐名相狄仁杰也是如此。经过清代公案小说《狄公案》和荷兰汉学家高罗佩在20世纪50年代创作的系列侦探小说《大唐狄公案》的铺陈渲染,狄仁杰已经成为我国在西方知名度最高的侦探家。与狄仁杰有关的影视剧汗牛充栋,并且每年都会有新作品出现,如徐克导演便准备将狄仁杰做成有着23个故事的系列电影。诸如武则天、狄仁杰等历史名人常读常新,只要细心挖掘,便会有新的剧情,新的故事。因此来说,隋唐洛阳城所蕴含的名人资源是影视剧取之不尽、用之不竭的财富源泉,进行影视开发的可能性非常大。

(二)隋唐洛阳城里发生的历史故事,可以作为影视剧的情节

在隋唐洛阳城里发生的历史故事不可胜数,除了《隋书》《旧唐书》和《新唐书》等正史记载之外,还有一些笔记小说、唐传奇、宋话本可以探寻,再加上后人的戏说和演义,民间故事,志怪小说等更是多如牛毛,这些故事或跌宕起伏,或曲折动人,或九曲回肠,或坎坷艰难,都可以成为影视剧中的精彩片段和主要情节。像隋炀帝建新都、开凿大运河;李世民攻打洛阳城;武则天称帝、礼佛;唐玄宗平乱等正史记载的历史故事,加工之后,便会是很好的影视剧。据不完全统计,以武则天为主角的书籍便有10余种之多,如辽宁作家王占君所著《武则天》;江苏作家苏童所著《武则天》;陕西作家杨焕亭所著《武则天》;南宫搏所著历史小说《武则天》;天津作家王晓磊所著历史小说《武则天》;刘芳芳所著历史小说《武则天》;陕西学者赵文润所著传记《武则天》;著名武侠小说家梁羽生所著武侠小说《女帝奇英传》也是以武则天为主角,他的另两部武侠小说《龙凤宝钗缘》和《武林三绝》等对武则天也有涉及;

日本女作家原百代以《新唐书》《旧唐书》《资治通鉴》《大唐西域记》等为参考，并借鉴了《全唐诗》和唐以来的演义小说，写成学术价值极高的人物传记《武则天》等。最为值得一提的是我国现代知名作家林语堂先生所撰写的《武则天传》，被认为是林氏在传记文学方面的最高成就。仅以这些书籍为素材，就可以使以武则天为主角的影视剧情节曲折动人，内容精彩纷呈。

（三）隋唐洛阳城里写就的经史子集，可以作为影视剧的素材

隋唐洛阳城是隋朝的新都，是唐朝的东都，是武周的神都，是五代后唐、后梁和后晋的都城，是北宋的陪都。它不仅是当时中国的一大经济中心，也是举世闻名的文化之城。因此，在其中写就的诗词歌赋、经史子集等不胜枚举。如史学著作《隋书》《大唐西域记》《北史》《晋书》《贞观政要》《旧唐书》《旧五代史》《新唐书》《新五代史》《资治通鉴》《唐鉴》《帝学》等都在洛阳完成；《隋炀帝集》《武则天集》《韩昌黎集》《白氏长庆集》《李长吉集》《宋之问集》《范文正公集》《欧阳文忠公集》等文学作品的部分诗词文章写成于洛阳；《教坊记》《历代名画记》《琴史》《画史》《书史》《金石记》等金石书画乐曲类专著也完成于洛阳；《食疗本草》《黄帝内经太素》《黄帝内经明堂》《洛阳牡丹记》《菊谱》《伤寒补亡论》等中医科技论著也与洛阳密切相关[①]。这些书籍，涉及方方面面，内容丰富，在进行影视剧创作时，可以作为素材使用，以推动故事情节的发展、人物性格的变化、时代背景的转换等。此外，服装、道具、配乐和歌曲等都是影视剧的重要组成部分，与隋唐洛阳城大有关系的服装特色、建筑风格、琴棋书画、诗词歌赋等都可以被影视剧进行"拿来主义"，以充实和提高影视剧的质量。

（四）隋唐洛阳城的建筑人文，可以作为影视剧的场景

隋唐洛阳城是我国历史上最为著名的都城建筑群之一，尤其是其中轴线上的"七天建筑"，更被誉为我国历史上最华丽的中轴线建筑。"七天建筑"包括天阙（伊阙）、天街、天门（应天门）、天津（天津桥）、天枢、天宫（明堂）、天堂。目前，"七天建筑"的明堂和天堂已经复建，成为隋唐洛阳城国家遗址公园之中最著名的建筑，也成为古都洛阳的新地标，而其他"七天建筑"如天街、天津桥等也都在复建之中。建成后的隋唐洛阳国家遗址公园，将

---

① 杜茂功,孙新科.九都典籍[M].北京:中国科学文化出版社,2001.

最大限度地使隋唐洛阳城重现,因此将成为洛阳最美丽的景点。如果以隋唐洛阳城为背景,拍摄隋唐故事,讲述宫廷政变、历史风云、帝国烽烟、爱恨情仇,不仅可以带给观众更真实、更直观的视觉冲击,还能借此为隋唐洛阳城国家遗址公园做宣传,并收到事半功倍、一举多得的效果。

第三节　隋唐洛阳城影视开发对策研究

由于历史长久,文化厚重,名人众多,内容丰富,隋唐洛阳城因此具有得天独厚的影视开发条件。一旦和影视剧相结合,隋唐洛阳城将会通过影视剧的传播,迅速为全国观众所熟识,从而快速打响"隋唐洛阳城"这一旅游品牌。因影视剧的播出带热旅游的现象是显而易见的,尤其是在全国观众心目中颇有影响力的女皇武则天,更很容易受到观众追捧。如果隋唐洛阳城如法炮制,则会借助影视剧的传播和明星效应,使名气迅速打响。

具体说来,隋唐洛阳城进行影视开发,可以实施以下六点策略。

一、树立影视开发意识,使旅游发展与影视开发相融合

目前,影视剧已经成为最受欢迎的艺术形式之一,并且是全民普及度最大的消遣娱乐形式,影视剧的巨大影响力不言自明。并且,我国影视剧目前处于高速发展的繁荣阶段,未来还会有巨大的发展空间,因此具有无限商机。由于影视剧的带动作用,旅游景区游客猛增的例子前文已经详细叙述,在此不再赘述。对于隋唐洛阳城来说,应该树立影视开发意识,一方面,寻找机会,从隋唐洛阳城的历史和文化入手,进行影视开发;另一方面,发展影视旅游,借助影视剧,实现自身旅游发展。因此,要注重旅游发展与影视开发的融合,积极探讨旅游和影视相结合的可能性,寻找切入点,以旅游文化促进影视开发,以影视开发促进旅游发展,以旅游发展反哺影视开发,使旅游发展和影视开发并行不悖,相得益彰。

目前,我国的影视产业已经从发展期走向成熟期,影视工业体系正在稳步形成。借助互联网发展,影视产业突飞猛进,传统影视剧越来越注重质量,网络影视剧正在向传统影视剧看齐,从而吸引更多观众观看,以此形成巨大的宣传和广告效应。这是旅游景区正要借助的优势,因此树立影视开

发意识,积极协调旅游发展和影视开发,必将使隋唐洛阳城国际遗址公园在同类景区中出类拔萃。

二、与国内外知名导演合作,打造反映隋唐洛阳城历史文化的影视剧

导演对影视剧的带动效应较为明显。尤其是导演前期作品质量过硬时,经过口碑的发酵,对其后续作品具有巨大的推动力量。以 2018 年春节档的电影为例,关注度最高的 5 部作品,《捉妖记 2》《唐人街探案 2》《西游记之女儿国》《红海行动》和《熊出没之变形记》,都是续集作品,并且和前作一般,出自同一导演。而最终靠票房逆袭胜出的《唐人街探案 2》和《红海行动》,正是得益于观众对影片导演和质量的认可。隋唐洛阳城可以寻找机会,积极和国内外知名导演合作,深入挖掘隋唐洛阳城的历史文化,共同打造能够反映隋唐洛阳城历史变迁、政治斗争和情爱纠葛的剧本,推出反映隋唐洛阳城历史文化的影视剧。借助导演的知名度和影视剧的快速传播速度,使隋唐洛阳城迅速知名全国,并在世界范围内拥有广泛影响。

像前文专门开辟章节介绍的导演徐克便是隋唐洛阳城的很好合作对象,首先,徐克之前的作品在观众心目中大多拥有不错的口碑,徐克也因此成为较受观众欢迎并且较少失手的鬼才导演,其《新龙门客栈》《黄飞鸿》系列、《青蛇》《智取威虎山》等都已经成为观众认可的经典,无论票房号召力还是个人影响力,都在国内导演中名列前茅。其次,徐克是一位具有洛阳情怀的导演,其执导的《狄仁杰之通天帝国》《狄仁杰之神都龙王》《狄仁杰之四大天王》和监制的《奇门遁甲》,对洛阳都有呈现,尤其是武则天时期的洛阳,更是被其渲染得魅力无穷,描绘得五彩缤纷,这也使得他和隋唐洛阳城的合作成为极大可能。最后,徐克手中拥有我国世界影响力和票房号召力最大的侦探 IP 之一——狄仁杰,他准备以狄仁杰为主角,打造 23 部电影,目前已经上映多部,还有近 20 部等待制作,并有更多部等待开发。因此,隋唐洛阳城如果能够和徐克进行合作,将有着巨大发展潜力,也有着广阔的合作空间。对于徐克来说,隋唐洛阳城的历史和文化能够为其后续的《狄仁杰》系列电影提供更为丰富的素材,对影片质量和在观众心目中的口碑,都有着很好的推动作用。当然,国内其他导演也可以合作,只有方法得当,形式得法,

便可以影视形式推动隋唐洛阳城的旅游发展。

三、与国内外知名影视公司达成战略合作,深入挖掘隋唐洛阳城文化

隋唐洛阳城所在的洛阳,不仅是十三朝古都,中国八大古都之一,还是丝绸之路的东起点,隋唐大运河的中心城市,万里茶道的重要一站,是中原地区最为重要的历史文化名城,历史悠久,文化深厚,并拥有一定的经济实力,具备影视开发的潜力,也拥有发展影视的能力。洛阳市政府也看到影视对本地旅游发展和地方经济的推动作用,于近些年加大了对影视剧制作的力度。如 2012 年与深圳世为投资集团合作,打造中国动漫之都(洛阳)产业园,准备以动漫人才培养和动漫创意聚集为两个基本点,建成全球最大规模的动漫制作基地;3D 动画电影《牡丹》于 2013 年开始在洛阳制作,其预告片曾登陆美国纽约时代广场;2013 年,和中央电视台中央新影集团合作,建造中原地区规模最大的影视产业园——中央新影中原影视文化产业园,建成之后的规模大于当时亚洲最大的影视城横店影视城;2014 年,洛阳市联合国内知名影视公司投拍 60 集历史大剧《光武中兴》[①]和 42 集历史大剧《丝路长歌》,两剧分别于 2016 年 7 月和 11 月开机[②];等等。

作为我国从隋朝到北宋时期的中心城市,隋唐洛阳城有着可以进行影视剧开发的优越条件。隋唐洛阳城要以洛阳市发展影视业为契机,借助我国影视业大发展的巨大商机,在洛阳市政府的领导和配合下,积极与国内外知名影视公司取得联系,与知名影视集团达成战略合作,深入挖掘隋唐洛阳城文化,打造观众喜闻乐见的影视剧。借助影视剧在全国的热播,推动隋唐洛阳城品牌战略的实施。如徐克的《狄仁杰》系列是国内知名影视集团华谊兄弟传媒股份有限公司的重点项目,隋唐洛阳城可以借助《狄仁杰》的热度,与华谊兄弟达成战略合作,共同开发"狄仁杰"这个影视大 IP。其他知名影视公司如中影、光线传媒、博纳、万达、上影、环亚、安乐和嘉映等都是隋唐洛阳城重点合作的对象。

---

① 李三旺.洛阳市将拍摄大型历史题材电视剧《光武中兴》[N].洛阳日报,2013-2-21(2).

② 李三旺.《丝路长歌》7 月在洛开机[N].洛阳日报,2016-4-27(2).

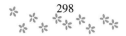

四、开辟影视展馆，开展隋唐洛阳城影视游

隋唐洛阳城进行影视开发的主要目的，便是推动隋唐洛阳城影视游的兴起。隋唐洛阳城虽然是国家级遗址公园，但如果只是以文化遗迹、历史遗存为主要展示方式进行经营，便显得枯燥而单调。随着游客对旅游认识的逐渐加深，旅游也会朝着体验化、丰富化和多样化等方向转变。只有旅游项目更加多样，旅游形式更加丰富，才能让游客拥有更好的体验感，从而对旅游景区评价更高。随着我国影视业的向前发展，影视剧已经成为国人心目中喜闻乐见的艺术形式和消遣方式，观众可以通过影视剧了解历史，获得艺术享受。因此，隋唐洛阳城应以此为契机，专门开辟以隋唐洛阳城历史和文化为主要内容的影视展览馆，使游客通过影视剧将隋唐洛阳城的历史和现实对接起来。这样一来，不仅可以获得丰富的艺术体验，还能丰富隋唐洛阳城的旅游内容。由于隋唐洛阳城历史悠久，文化厚重，与之相关的影视剧汗牛充栋，选取其中核心的影视剧填充电影展览馆，能够使展览馆特色更突出，内容更丰富。

隋唐洛阳城影视展览馆，不仅能够以海报、图片搭配文字的形式对影视剧进行介绍，还能够通过声光电等艺术形式，突出 3D 效果，使游客身临其境，乐在其中，从而获得别有风情的艺术体验效果。互联网技术、人工智能、智慧网络、现代科技等都要加以运用，不断推出更受年轻游客欢迎的影视文化主题游。除此之外，隋唐洛阳城还要专门制作 3D 动画，以纪录片等形式，对隋唐洛阳城的构造、历史和文化进行介绍，使游客通过纪录片更全面地了解隋唐洛阳城。

五、与洛阳其他景区合作，构建代表洛阳历史文化的影视城

有着五千年文明史、三千余年建城史、一千多年建都史的洛阳历史悠久、文化厚重，不仅有着夏都二里头、偃师商城、东周王城、汉魏洛阳城和隋唐洛阳城五大都城遗址，更有着白马寺、关林和龙门石窟等历史遗存，同时还是丝路东起点、运河中心和茶道重镇，具备影视开发的条件。由中央电视台中央新影集团投资的中央新影中原影视文化产业园以洛阳文化为重点内容进行建设，逐步建成以"影视为表，旅游为里，文化为魂"的文化旅游胜地、

中国中部影视文化及创意产业高地、国内最大的综合性影视文化产业综合体。① 如果建成,无论对洛阳市的旅游发展还是经济转型,都具有极为重要的带动意义。隋唐洛阳城是洛阳古都文化最为重要的一个环节,并且,拥有武则天、狄仁杰等备受观众欢迎的影视大 IP,因此隋唐洛阳城要积极和中央新影中原影视文化产业园展开合作,打造能够反映隋唐洛阳城历史文化的宫殿建筑,复原隋唐洛阳城昔日的繁盛场景,从而使游客对隋唐洛阳城有更深的文化体验和旅游体验。与此同时,隋唐洛阳城还可以建立自己的影视拍摄基地,通过对隋唐洛阳城内主要历史建筑进行还原,一方面,弥补隋唐洛阳城主要遗址不能大规模建设的缺憾;另一方面,满足影视剧的拍摄条件,使相关影视景区能够投入使用,从而能够与制作公司展开合作,并借以吸引更多游客。

六、借助影视剧进行宣传,积极为自身旅游发展造势

所谓"打铁还要自身硬",隋唐洛阳城进行影视开发,最终目的还是要借助影视剧开发,实现自身的旅游发展。首先,隋唐洛阳城可以通过和国内外知名影视公司、知名导演的合作,共同制作影视剧,在影视剧中展示隋唐洛阳城的历史文化和优美景色,使观众产生兴趣,从而吸引更多游客来隋唐洛阳城旅游。其次,隋唐洛阳城可以在影视剧中以植入广告的形式进行宣传,扩散隋唐洛阳城的知名度,使隋唐洛阳城为更多潜在目标游客所熟知,从而前来旅游。再次,隋唐洛阳城可以借助影视剧拍摄,以合作方、拍摄地的形式进行宣传,通过影视剧的名气来提升隋唐洛阳城的人气,使游客不远千里,纷至沓来。最后,即便不与影视集团和导演进行合作,当与隋唐洛阳城有关的影视剧上映时,也可以进行热点营销,如徐克的《狄仁杰之四大天王》上映时,以"女皇施威处,神探破案地"等标语口号进行宣传,借助影视剧的知名度达到推销景区、宣传自我的目的。总之,隋唐洛阳城可以影视剧的拍摄、播出、宣传为契机,进行热点营销,利用一切宣传手段为旅游发展造势,让隋唐洛阳城被国内外更多游客熟知。

---

① 孙自豪.中央新影华夏文化产业园项目规划汇报会召开[N].洛阳日报,2015-2-7(1).

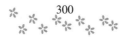

参考文献

一、专著

[1]沈约.沈隐侯集·卷二·悲哉行[M].清光绪十八年善化章经济堂重刊本.

[2]翟蔼.九畹史论[M].北京:商务印书馆,1937.

[3]彭定求.全唐诗[M].北京:中华书局,1960.

[4]李昉等.太平广记[M].北京:中华书局,1961.

[5]班固.汉书[M].北京:中华书局,1962.

[6]李白.李太白全集[M].北京:中华书局,1977.

[7]彭定求,等.全唐诗·则天皇后[M].北京:中华书局,1980.

[8]萧涤非,等.唐诗鉴赏辞典[M].上海:上海辞书出版社,1983.

[9]张玉书,等.佩文韵府[M].上海:上海书店(据商务印书馆本影印),1983.

[10]何国治,等.唐诗鉴赏辞典[M].上海:上海辞书出版社,1983.

[11]王孝通.中国商业史[M].上海:上海书店,1984.

[12]徐松,张穆.唐两京城坊考[M].北京:中华书局,1985.

[13]彭定求,等.全唐诗[M].上海:上海古籍出版社,1986.

[14]曹寅,等.全唐诗[M].上海:上海古籍出版社,1986.

[15]洛阳文物工作队.洛阳出土历代墓志辑录[M].北京:中国社会科学出版社,1991.

[16]徐金星,许桂声.河洛史话[M].河南:中州古籍出版社1995.

[17]范晔.后汉书·郑弘传[M].河南:中州古籍出版社,1996.

[18]魏征,等.隋书·音乐志[M].北京:中华书局,1997.

[19]陈振鹏,章培恒.古文鉴赏辞典[M].上海:上海古籍出版社,1997.

[20]刘肃.大唐新语[M].北京:中华书局,1998.

[21]范振安,霍宏伟.洛阳泉志[M].兰州:兰州大学出版社,1999.

[22]王建.全唐诗·行宫词[M].北京:中华书局,1999.

[23]刘昫,等.旧唐书·牛僧孺传[M].北京:中华书局,2000.

[24]刘昫.隋书·旧唐书·则天皇后武曌[M].北京:中华书局,2000.

[25]魏征,等.隋书[M].北京:中华书局,2000.

[26]欧阳修,等.新唐书·则天皇后传[M].北京:中华书局,2000.

[27]刘昫,等.旧唐书·礼仪志四[M].北京:中华书局,2000.

[28]司马迁.史记[M].北京:中华书局,2001.

[29]欧阳修.欧阳修全集(第二册)[M].北京:中华书局,2001.

[30]曹自立,周景巧,韩忠厚.九都洛阳历史文化丛书 九都宰辅[M].北京:中国科学出版社,2001.

[31]赵荣珣.九都洛阳历史文化丛书 九都释道[M].北京:中国科学出版社,2001.

[32]陈贻焮.增订注释全唐诗(第一册)[M].北京:文化艺术出版社,2001.

[33]范晔.后汉书卷八十八·西域传[M].北京:中华书局,2001.

[34]李恒雀,等.九都洛阳历史文化丛书 九都名人[M].北京:中国科学出版社,2001.

[35]杜茂功,孙新科.九都洛阳历史文化丛书[M].北京:中国科学出版社,2001.

[36]司马光.资治通鉴·隋纪五[M].长春:黑龙江人民出版社,2002.

[37]李浩.唐代园林别业考录[M].上海:上海古籍出版社,2005.

[38]韦述,辛德勇.两京新记[M].西安:三秦出版社,2006.

[39]翦伯赞.中国史纲要[M].北京:北京大学出版社,2006.

[40]李斌城.中国古代思想史·隋唐五代卷[M].广西:广西人民出版社,2006.

[41]张仁忠.中国古代史[M].北京:北京大学出版社,2006.

[42]蒋三庚.文化创意产业研究[M].首都经济贸易大学出版社,2006.

[43]乐史.太平寰宇记·河南道三·西京一[M].北京:中华书局,2007.

[44]司马温公集编年笺注[M].李之亮,笺注.成都:巴蜀书社,2009.

[45]梅庆吉.唐诗之春[M].辽宁:大连出版社,2009.

[46]范文澜,蔡美彪.中国通史·第三册[M].北京:人民出版社,2009.

[47]周维权.中国古典园林史[M].北京:清华大学出版社,2010.

[48]李乡状,陈璞.未来的知性旅游[M].东北师范大学出版社,2012.

[49]张颖巧.文化遗产地巧逊的对巧研究:以秦始皇帝陵为例[M],科学出版社,2013.

[50]钟蕾,李杨.文化创意与旅游产品设计[M].中国建筑工业出版社,2015.PH

[51]邵如林.运河中心话洛阳[M].北京:中国旅游出版社,2015.

[52]袁珂.中国古代神话[M].上海:华东师范大学出版社,2017.

[53]袁珂.山海经译注[M].上海:华东师范大学出版社,2017.

[54]欧阳修,等.洛阳牡丹记(外十三种)[M].上海:上海书店,2017.

二、期刊

[1]宿白.隋唐长安城与洛阳城[J].考古,1978(6):409-426.

[2]刘丽丽,李宏.北京郊区休闲旅游产业发展问题研究[J].首都师范大学学报(自然科学版),2004(2):75-80.

[3]徐佩印.以天地自然为大美　建构时尚旅游新概念[J].湖南城市学院学报,2007(5):45-47.

[4]常红生.知性旅游:传统而时尚的旅游形式[J].武汉商业服务学院学报,2008(4):56-58.

[5]乔凤岐.武则天封禅嵩山略论[J].淮北煤炭师范学院学报(哲学社会科学版),2009(3):34-36,78.

[6]许晔,孟弘,程家瑜,等.IBM"智慧地球"战略与我国的对策[J].中国科技论坛,2010(4):20-23.

[7]金元浦.我国文化创意产业发展的三个阶梯与三种模式[J].中国地质大学学报(社会科学版),2010(1):20-24.

[8]马依莎.隋唐东都洛阳城水系浅析[J].洛阳理工学院学报(社会科学版),2011(2):4-8.

[9]张换兆.智慧地球,赢在中国?:对IBM"智慧的地球"战略的思考[J].高科技与产业化,2011(2):62-65.

[10] 蔡运章,赵晓军."中国"、"河南"诸名称与古都洛阳[J].河南科技大学学报(社会科学版),2011(6):5-9.

[11] 鲍豫鸿,王吉.浅谈信息化建设在"智慧旅游"的应用[J].计算机光盘软件与应用,2011(21):3.

[12] 金卫东.智慧旅游与旅游公共服务体系建设[J].旅游学刊,2012(2):5-6.

[13] 张凌云,黎巎,刘敏.智慧旅游的基本概念与理论体系[J].旅游学刊,2012(5):66-73.

[14] 沈萍,舒卫英.期待"智慧城市"助力智慧旅游[J].浙江经济,2012(1):48-49.

[15] 姚国章."智慧旅游"的建设框架探析[J].南京邮电大学学报(社会科学版),2012(2):13-16,73.

[16] 厉新建,张凌云,崔莉.全域旅游:建设世界一流旅游目的地的理念创新:以北京市为例[J].人文地理,2013(3):130-134.

[17] 吕俊芳.辽宁沿海经济带"全域旅游"发展研究[J].经济研究参考,2013(29):52-56,64.

[18] 肖俊玲.李德裕与平泉山庄:一个私人领域的文化解读[J].西安文理学院学报(社会科学版),2013(6):20-25.

[19] 谭继和.武则天与文化中国[J].西华大学学报(哲学社会科学版),2014(6):8-16.

[20] 丁海斌.中国古代陪都的名与实[J].辽宁大学学报(哲学社会科学版),2014(6):187-194.

[21] 黄思思.国内智慧旅游研究综述[J].地理与地理信息科学,2014(2):97-101.

[22] 王茗蕾,徐淑梅,王闯.黑龙江省旅游时尚文化融合发展研究[J].黑龙江社会科学,2016(5):72-76.

[23] 陈泽恺."带得走的文化":文创产品的定义分类与"3C共鸣原理"[J].现代交际,2017(2):103-105.

三、报纸

[1] 玉成.时尚旅游游出另类感觉[N].人民政协报,2000.

[2] 张明灿.豫南三市共推时尚旅游线[N].中国旅游报,2006.

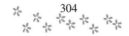

[3]杨雪梅.大遗址保护将建"六片四线一圈"[N].北京:人民日报,2011.

[4]李岚等.我市荣获"世界文化名城"称号[N].洛阳:洛阳商报,2011.

[5]石蕴璞.通济渠:运河首期工程 黄淮贯通水道[N].洛阳:洛阳日报,2011.

[6]叶鹏.创建"国际文化旅游名城"的文化思考[N].洛阳:洛阳日报,2011.

[7]孙自豪.我市召开会议专题听取隋唐洛阳城"一区一轴一带"项目推进工作汇报[N].洛阳:洛阳日报,2012.

[8]市委政策研究室.牢牢抓住"河洛文化"灵魂:关于我市建设国际文化旅游名城的若干思考[N].洛阳:洛阳日报,2012.

[9]姜春辉,李艳."全景栾川"正崛起[N].洛阳日报,2012.

[10]赵佳.十大文化符号一为您解读[N].洛阳日报,2012.

[11]戚帅华.中国电信助力我市智慧旅游城市建设[N].洛阳日报,2012.

[12]姜春晖,邓新波.含嘉仓:深埋地下的隋唐传奇[N].洛阳日报,2013.

[13]习近平.同各界优秀青年代表座谈时的讲话[N].北京:人民日报,2013.

[14]郑贞富.且尽卢仝七碗茶:洛阳城里访茶仙[N].洛阳晚报,2013.

[15]李三旺.洛阳市将拍摄大型历史题材电视剧《光武中兴》[N].洛阳日报,2013.

[16]赵明仁,肖云.民族伟大复兴要以中华文化发展繁荣为条件[N].北京:光明日报,2013.

[17]习近平.建设社会主义文化强国,着力提高国家文化软实力[N].北京:人民日报,2014.

[18]林鹏,李瑞佳.2016年我市智慧旅游将完成主体建设[N].洛阳商报,2014.

[19]李伯谦,等.解读大遗址保护的洛阳模式[N].北京:光明日报,2014.

[20]杜金鹏.解读大遗址保护的洛阳模式[N].北京:光明日报,2014.

[21]徐宏.时尚旅游方兴未艾[N].中国旅游报,2014.

[22]佚名.南滨路获亚洲年度时尚旅游胜地大奖[N].重庆商报,2014.

[23]潘婧瑶.习近平谈文物保护工作的三句箴言[N].北京:人民日报,2014.

[24]郑贞富.伊洛河边兽中王:洛阳狮子记[N].洛阳:洛阳晚报,2014.

[25]刘修兵.让保护与发展和谐共赢 河南大遗址保护初显成效[N].北京:中国文化报,2014.

[26]杨柳.以旅游助推丝绸之路经济带建设[N].北京:人民日报,2014.

[27]杨元勇.丝绸之路申遗成功,三国联合申报规模罕见[N].广州日报,2014.

[28]常书香."双申遗"成功!洛阳世界遗产跃至6处[N].洛阳日报,2014.

[29]郑贞富.天枢最后的秘密:波斯大酋长迁居洛阳记[N].洛阳晚报,2014.

[30]佚名.古代普通话[N].广东:羊城地铁报,2014.

[31]陈斌.旅游商品品牌建设要稳步快行[N].中国旅游报,2014.

[32]化雅楠,薛国芳.洛阳进中国城市国际影响力20强,唯一非省会城市[N].河南:大河报,2015.

[33]徐金星.义净与洛阳—兼说洛阳与海上丝绸之路[N].洛阳晚报,2015.

[34]孙自豪.中央新影华夏文化产业园项目规划汇报会召开[N].洛阳日报,2015.

[35]化雅楠,薛国芳.洛阳入选2014十佳智慧旅游城市[N].大河报,2015.

[36]王妍,王妹婷.与腾讯公司携手,洛阳智慧旅游城市建设搭上互联网巨头的"快车"[N].洛阳晚报,2015.

[37]隋笑飞,等.留住历史根脉 传承中华文明—习近平总书记关心历史文物保护工作纪实[N].北京:北京青年报,2015.

[38]姜春晖.定鼎门:东方农耕文明鼎盛的见证[N].洛阳日报,2016.

[39]冯鹏志.从"三个自信"到"四个自信"—论习近平总书记对中国特色社会主义的文化建构[N].学习时报,2016.

[40]智慧,姚姗姗,郑宝亚.洛阳智慧旅游项目预计9月全部完成[N].洛阳晚报,2016.

[41]佚名.洛阳市发布智慧旅游大数据报告,大数据解析洛阳旅游新变化[N].洛阳晚报,2016.

[42]李金早.全域旅游大有可为[N].中国旅游报,2016.

[43]习近平.走出一条符合国情的文物保护利用之路[N].西安:西安日

报,2016.

[44] 习近平. 习近平谈文化自信[N]. 北京:人民日报海外版,2016.

[45] 付艳波. 智慧开封展示体验中心正式开馆[N]. 开封:汴梁晚报,2016.

[46] 李三旺.《丝路长歌》7月在洛开机[N]. 洛阳:洛阳日报,2016.

[47] 吴国富. 武隆景区状告《变形金刚4》,本周四宣判[N]. 重庆:重庆晨报,2016.

[48] 刘航. 本报记者探访中国"梦工厂",旅游收入成横店影视城盈利重点[N]. 北京:北京晚报,2016.

[49] 田宜龙. 古都洛阳离国际文化旅游名城有多远?[N]. 郑州:河南日报,2016.

[50] 田宜龙. 新定位、新机遇、新使命:省十次党代会"洛阳四大战略定位"解读之一[N]. 郑州:河南日报,2016.

[51] 智慧,等. 构建"全域旅游",让洛阳更有魅力[N]. 洛阳:洛阳晚报,2016.

[52] 张莉娜. 全域旅游助力栾川再出发[N]. 郑州:河南日报,2017.

[53] 黄杰. 文化自信的三重功能[N]. 北京:北京日报,2017.

[54] 尹红磊. 我市旅游主题宣传口号评选结果揭晓[N]. 洛阳:洛阳商报,2017.

[55] 李建红. 建设"一带一路",实现共赢发展[N]. 北京:人民日报,2017.

[56] 戚帅华,郑宝亚. 2016年度洛阳旅游行业盛典举行[N]. 洛阳:洛阳日报,2017.

[57] 耿超,邢军杰. 以"四个自信"推进中国特色社会主义事业[N]. 南昌:江西日报,2017.

[58] 陈曦,苟华云,刘强. 大数据让洛阳更智慧[N]. 洛阳:洛阳日报,2017.

[59] 李砺瑾.《奇门遁甲》近日上映,看徐克的洛阳情结[N]. 洛阳:洛阳晚报,2017.

[60] 洛阳师范学院大运河研究中心. 洛阳在隋唐大运河的历史地位与现实影响[N]. 洛阳:洛阳日报,2018.

四、外国文献

[1] 埃玛纽埃尔-爱德华·沙畹. 西突厥史料[M]. 冯承钧,译. 北京:中华书局,1958.

［2］崔瑞德. 剑桥中国隋唐史［M］. 北京：中国社会科学出版社,1990.

［3］Tooke, N. and M. Baker. Seeing is Believing：The Effect of Film on Visitor Numbers in Screened Locations ［J］. Tourism Management, 1996.

［4］麦克切尔(Mckercher. B.),克罗斯(Cros,H.).文化旅游与文化遗产管理［M］. 朱路平,译,天津：南开大学出版社,2006.

［5］约翰·霍金斯. 创意经济：如何点石成金［M］. 上海：三联出版社,2006.

［6］Zijun Tang. "Does the Istitution of Property Rights Matter for Heritage Preservation? Evidence from China", in Cultural heritage politics in China, Tami Blumenfield and Helaine Silverman(eds.). New York：Springer,2013.

［7］查尔斯·R·格纳德,J·R·布伦特·里奇：《旅游学》(第 12 版),李天元,徐虹,黄品,译,北京：中国人民大学出版社,2014.

［8］陆威仪,等. 哈佛中国史　世界性的帝国:唐朝［M］. 北京:中信出版集团,2016.

后 记

本书完稿之际,正值"第39届中国洛阳牡丹文化节"盛大开幕之时。2021年3月底开通的地铁1号线,载着八方来客去感受洛阳的杨柳春风与繁华胜景。凌波桥下、国花园里、白马寺中,到处是身着汉服的轻盈身影。春日游,杏花吹满头,绿鬓红颜,玉树临风的少年和花儿让凝重陈厚的历史古都焕发出勃勃生机。

洛阳是一座古城,也是一座不断建设、吐故纳新,开拓奋进、蓄势待发的现代化都市。丰富的历史文化资源,是洛阳发展旅游产业的根基底蕴;优越的地理区位和便利的交通条件,是洛阳发展文化旅游的交通优势;"一带一路"和大运河,是洛阳发展文化旅游的战略优势;集保护和开发为一体的"洛阳模式",是洛阳发展文化旅游的实践优势。

以文化旅游带热传统文化,是洛阳的时代要求;以文化旅游推动旅游发展,是洛阳的经济需求;以文化旅游激发民族自豪感,是中华民族的呼声与自信展现。

习近平总书记提出:"在5000多年文明发展过程中,中华民族创造了博大精深的灿烂文化,要使中华民族最基本的文化基因与当代文化相适应、与现代文化相协调,以人们喜闻乐见、具有广泛参与性的方式推广开来,把跨越时空、超越国度、富有永恒魅力、具有当代价值的文化精神弘扬起来,把继承传统优秀文化又弘扬时代精神、立足本国又面向世界的当代中国文化创新成果传播出去。"

本书对洛阳文化旅游文化产业的分析、开发、规划与保护研究,与党和国家的新时代文化建设思想和需求高度契合。这是使命的自觉,也是一种责任。

本书在写作过程中,得到了专家学者、各方旅游从业者和相关部门的大力支持,尤其是在实证研究阶段,团队的每一位成员都不畏辛苦,勤奋积极,为本书的完成贡献了自己的力量。在这里,对所有参与本书调研,以及写作的专家和团队成员表示由衷的感谢。对于参考和引用的相关文献资料,以及政府的旅游建设报告等资料,在本书的撰写过程中都已在参考文献内列出。这些参考文献为本书的撰写奠定了扎实的理论基础,是本书顺利完稿的理论保障。

本书的研究具有一定的局限性,在今后的研究过程中,一定会更加科学、严谨,呈现出更具有实用性、创新性的研究成果。